U0928605

教育部人文社会科学研究青年项目
《〈经济、社会和文化权利国际公约任择议定书〉与中国》
（项目编号：09YJC820029）最终成果

ON INTERNATIONAL HUMAN RIGHTS REMEDY MECHANISMS AND ASSISTANCE SYSTEM
——Centered on Optional Protocol to the International Covenant on Economic, Social and Cultural Rights

国际人权救济机制和援助制度研究

——以《经济、社会和文化权利国际公约任择议定书》为中心

郭曰君等◎著

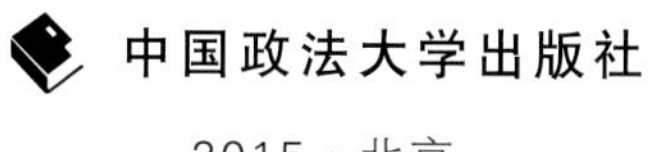

中国政法大学出版社

2015·北京

总序

General Preface

东海之滨，黄浦江畔，乘着依法治国建设社会主义法治国家的东风，一所年轻的法学院正以追求卓越的精神砥砺前行，她就是华东理工大学法学院。

华东理工大学法学院于2006年成立，其前身是始建于2000年的人文学院法律系。建院以来，法学院依托学校理工优势学科，努力探索一条以文理交叉为特色的新型法学院发展之路。法学院现有在编教职员工35人，拥有一支高素质的专职教师队伍。在27名专职教师中，教授8人、副教授11人，博士和博士候选人20人，有海外留学经历的13人。此外，还有国内外兼职教授16人。

根据法学院“十二五发展规划”，法学院确立了三个重点研究方向：一是以法社会学为特色的法学理论方向；二是发挥我校化工科学基础学科与法学专业有机结合的优势，文理兼容，以知识产权法、能源法、食品药品安全监管法为特色的经济法方向；三是充分关注我国当前乃至相当长的时间内非常重要且法学界基本处于相同研究水平的社会立法研究领域，以司法制度创新、劳动与社会保障法、社会管理法为特色的社会法方向。以这三个学科带动法学院学科建设整体水平的提高，形成“强化优势、突出特色、相互支撑”的学科体系，把法学院建成优势学科与特色方向居于国内法学先进行列、在相同和相近学科领域拥有较高国际知名度的研究型法学院。

为凝聚研究力量，培育和发展优势学科，法学院先后成立了能源和资源环境法研究中心、知识产权法研究中心、法社会学研究中心、食品药品监管研究中心、人权与法治研究中心等研究机构，有效地推动了学院科研水平的提高。2010年以来，法学院教师共承担科研项目116项，其中省部级以上纵向课题32项，横向课题84项；发表论文300多篇，其中核心期刊论文150多篇；出版学术专著和教材共计28本，参编专著和教材共计11本。科研水平的提高带动了法学院的学科建设，学院现有法律社会学二级博士点，法学专业一级学科硕士点，法律硕士（法学、非法学）专业学位授予点以及法学、知识产权第二学士学位两个本科专业。

2011年，为支持法学院的发展，学校设立了“法学学科建设暨青年教师卓越促进计划”。2012年10月，法学院在激烈的竞争中脱颖而出，获得“上海市卓越法律人才培养基地”建设立项。通过“卓越促进计划”和“卓越法律人才培养基地”的建设，建设一支卓越的教师队伍，产出一批卓越的科研成果，培养出一大批卓越的法律人才，将华东理工大学法学院建设成为一所卓越的法学院。呈现在读者面前的这套“华东理工大学卓越法学文库”的成果就是我们的阶段性成果，是法学院教师特别是青年教师科研成果的一次集体亮相，我们很高兴能够与各位读者分享我们的成果并接受学界同行的检验。

华东理工大学卓越法学文库编委会

2015年4月28日

序言

Preface

在我国，“人权”曾经是一个长期被批判被否定的概念。1991年11月，中国政府发布《中国的人权状况》白皮书拨乱反正，指出人权是个“伟大的名词”。自那时以来，特别是2004年3月“人权入宪”以来，中国的人权事业在实践上得到了前所未有的发展，进入了历史最好时期，我国的人权学术研究也逐渐繁荣起来，取得了丰硕成果。郭曰君教授等学者的《国际人权救济机制和援助制度研究——以〈经济、社会和文化权利国际公约任择议定书〉为中心》一书，就是中国人权学术研究百花园中的一朵奇葩。

在粗读这部书稿之后，我深感选题和内容很有理论和实践价值，开卷有益。我想其他读者也是会有同感的。

没有救济的权利不是真正的权利。人权的救济问题，特别是经济、社会和文化权利的救济问题，是国内和国际人权保护的难点，也是人权学术研究的难点。郭曰君教授等学者敢于担当，以极大的学术勇气迎难而上。他们深刻地分析了《经济、社会和文化权利国际公约》实施机制薄弱的原因，梳理了经济、社会和文化权利的可诉性理论与救济机制的运行和发展情况，全面论述了国际人权法上的经济、社会和文化权利的救济问题，完成了一项重要的研究工作。

该书运用法律解释学、法律社会学以及比较研究的方法，对《经济、社会和文化权利国际公约任择议定书》等国际人权文书进行了立体的多方位的研究，思路新颖。该书注重运用人权事务委员会等人权条约机构、国际劳工组织和联合国教科文组织有关机构的“判例法”，言之有物，持之有据。该书不以学科归属画地为牢，是跨学科的学术成果。读者可以分享作者在国际人权救济制度方面的丰富思想和数据资料。

作者根据历史的或逻辑的顺序，主要论述了如下问题：联合国人权理事会等基于联合国宪章的人权机构的申诉和调查等特别机制；联合国教科文组织、国际劳工组织等联合国专门机构的人权保护机制，国际劳工组织结社自由委员会审议的涉及中国的6起团体申诉案例的相关问题；联合国各个核心人权条约，特别是《经济、社会和文化权利国际公约任择议定书》规定的个人来文（申诉）机制、国家间指控机制、调查机制、国际援助和合作制度。这样将国际人权救济机制作为整体进行系统研究，该书无疑是首次的成功尝试。

核心人权条约的个人来文（申诉）机制，尽管大多以任择条款或任择议定书的形式加以规定，但无疑是各国国内人权保护机制的必要补充。接受核心人权条约的个人来文（申诉）机制的国家的数目一直呈现不断增加的趋势。但在联合国安理会的五个常任理事国中，中美两个大国目前尚未接受任何核心人权条约的任择条款和任择议定书规定的个人来文（申诉）机制，而法国、英国、俄罗斯联邦都是有所接受的。20世纪80年代以来，中华人民共和国政府陆续参加了核心人权条约及个人来文机制的任择议定书的谈判和约文的议定工作。参加的目的显然包括维护我国的立场和利益，以便在适当的时候签署和批准有关条约及议定书。近年来，在中国、美国接受普遍定期审议时的有关文件中、在条约机构审议中国、美国的履约报告的意见中，常常看到或听到呼吁中国、美国接受个人来文（申诉）机制的建议。这样的被动局面不应长期存在下去。

要全面建成小康社会和实现社会主义现代化强国的目标，我国需要持续地以人权为动力促进发展，并让发展的成果惠及人权。适当地利用国际人权机制是在情理之中的事情。郭曰君教授等作者把对国际人权机制的研究与中国的实践密切结合，在书中评析了我国在《经济、社会和文化权利国际公约任择议定书》的约文谈判过程中的立场和意见，分析了背后的制约因素，提出了有针对性的意见和建议。作者认为，接受此类机制"既是挑战也是机遇"，采取积极应对的态度，可以促进中国人民的经济、社会和文化权利的保障和实现；作者指出，我国在短期内甚至在较长一个时期内可能不具备接受关于个人来文（申诉）机制、国家间指控机制的条件，并不意味着可以无所作为。作者建议我国政府加强和完善人权保障的立法、行政和司法措施，尤其是加强和完善人权救济特别是司法救济制度，通过深化改革，借助争取批准国际人权文书的"倒逼"的动力，为早日批准有关人权文书、进一步改善人权状况积极创造条件。这些建议是实事求是的，是植根本土适合国情的，也是具有国际视野和前瞻性的。

当然，指出该书的上述优点并不是说该书没有不足之处，如书中有些文字表述的准确性还有继续推敲的余地，但这并不影响该书的理论价值和实践意义。

相对于我国日益提高的国际地位和国家发展的战略需要而言，人权学术研究，特别是国际人权法的研究，仍显薄弱。国家需要若干有志者持久地埋头苦干，写出启迪智慧，开阔视野，砥砺学问的创新力作，为国家发展提供精神动力和智力支持。郭曰君教授等作者是对人权研究有兴趣有基础的学者，是坐得住冷板凳、下得了真功夫、不臻于至善不罢休的学者。相信他们潜心撰写的这部专著的问世，将对我国的人权事业产生积极影响。这促使我把读后的一些心得体会写出来，以表祝贺。

赵建文

2015 年 6 月 1 日

前言

Foreword

《经济、社会和文化权利国际公约任择议定书》（以下简称《任择议定书》）的通过和生效意味着经济、社会和文化权利国际救济机制的全面建立和实施，标志着经济、社会和文化权利已经在国际法上处于与公民权利和政治权利完全相同的地位，开始得到公平和平等的对待，成为世界人权制度发展史上的一座里程碑。

作为世界人权发展史上的一座里程碑，《任择议定书》关于个人来文程序、国家间来文程序和调查程序的规定借鉴和吸收了国际人权救济机制特别是与经济、社会和文化权利相关的国际救济机制的此前的发展成果，《任择议定书》的有效实施必将有力推动国际人权救济机制的进一步发展。此外，《任择议定书》关于国际援助和合作的规定的实施也将在一定程度上推动经济、社会和文化权利领域的国际援助和合作。

本书以《任择议定书》为中心，对国际人权救济机制以及国际援助和合作进行研究。笔者运用法解释学和法律社会学的方法以及比较的方法对《任择议定书》之前的国际人权救济机制和援助制度的法律规定、实施状况和实效进行全面、立体研究；对《任择议定书》制定的前因和过程进行全面研究，并对其实施进行展望；在对《任择议定书》的内容进行条分缕析的解释时，特别注重借鉴人权事务委员会、教科文组织执行局公约和建议书委员会等国际人权机构的判例法。

全书共分七章。第一章对《任择议定书》制定的前因、制定过程及其间讨论的主要问题以及《任择议定书》的意义等问题进行分析；第二章对经济、社会和文化权利委员会的成立、性质和地位、运作以及与其他国际机构的关系进行研究；第三章至第六章以《任择议定书》规定的个人来文程序、国家间来文程序、调查程序、国际援助和合作依次进行研究。国际人权法的实施的重心在于国内实施，我国是《经济、社会和文化权利国际公约》的缔约国，全面参与了《任择议定书》的制定过程，目前尚未签署和批准《任择议定书》。《任择议定书》既是挑战也是机遇，积极应对《任择议定书》可以促进我国经济、社会和文化权利的保障和实现。因此，本书第七章最后落脚在“《任择议定书》与中国”，分别对国际劳工组织结社自由委员会团体申诉程序中涉及中国的案件以及中国的对外援助和合作进行回顾与反思，接着对我国在《任择议定书》起草过程中的立场、建议和意见进行梳理与反思，最后提出作者关于我国应对《任择议定书》的建议。

郭曰君

2015 年 3 月

目录

Contents

第一章

《任择议定书》的制定

《经济、社会和文化权利国际公约》仅仅规定了国家报告制度从而导致其监督机制十分薄弱，这是有其深刻的历史原因的。随着经济、社会和文化权利国际保护实践的丰富以及与之相伴的经济、社会和文化权利可诉性理论的发展，经济、社会和文化权利委员会于1990年正式将制定一个规定建立个人申诉机制的任择议定书问题提上了议事日程。经过18年的努力，《经济、社会和文化权利国际公约任择议定书》（以下简称《任择议定书》）于2008年12月10日由联合国大会通过，又经过了四年多的时间，终于于2013年5月5日生效。从提议到生效历时23年，《任择议定书》的制定过程可谓旷日持久，玉汝于成。

第一节 《经济、社会和文化权利国际公约》实施机制薄弱

一、国际人权法的产生

20世纪20年代，人类经历了苦不堪言的第一次世界大战，但国际社会并未对此进行深入彻底的反思。虽然国际劳工组织开启了国际人权保护的先河，但是人权问题基本上仍被当作纯属国内管辖事项来看待。短短二十年之后，人类尚未完全医治好上一次世界大战的创伤和悲痛，由德、意、日组成的轴心国又发动了第二次世界大战，人类再次陷入万劫不复的悲惨境地。德、意、日法西斯国家不仅对内肆意侵犯和压制本

国人民的人权和基本自由，而且大肆对外发动侵略和扩张战争，奥斯威辛集中营对犹太人的屠杀和南京大屠杀震惊世界。国际社会强烈地认识到，一个政府对其国民的野蛮行为与对其他国家的侵略之间密切相关，尊重人权与维护世界和平密切相关。人们确信，如果在第二次世界大战之前，国际上存在着一种有效的国际人权保护制度，上述对人权的侵犯本来是可以部分避免的。

第二次世界大战是一场为维护人权而战的战争。早在第二次世界大战激战正酣的1941年1月，美国总统富兰克林·罗斯福在著名的“四大自由”演说中就提倡未来世界应建立在四项人类基本自由——言论和表达自由、信仰自由、无虞匮乏和免于恐惧——之上；1941年《大西洋宪章》、1942年《联合国家宣言》、1945年《雅尔塔会议公告》等一系列重要文件一再申明这一理念。“四大自由”成为二战后建立世界新秩序的目标之一，成为联合国建立基础的重要组成部分，对后世人类行为准则的确立产生了重要影响。

1945年旧金山会议上，一些国家提出将“权利宪章”作为《联合国宪章》附件的提案未能实现。但《联合国宪章》在序言部分仍开宗明义地宣布：“欲免后世再遭今代人类两度身历惨不堪言之战祸，重申基本人权，人格尊严与价值，以及男女与大小各国平等权利之信念。”《联合国宪章》第1条第3款规定，联合国的宗旨之一是“促成国际合作，以解决国际间属于经济、社会、文化及人类福利性质之国际问题，且不分种族、性别、语言或宗教，增进并激励对于全体人类之人权及基本自由之尊重”。此外《联合国宪章》还包含了六项涉及人权的条款，分别是第13条第1款、第55条、第56条、第62条第2款、第68条和第76条。《联合国宪章》为国际人权法的发展奠定了法律上和概念上的基础。联合国筹备委员会在旧金山会议闭幕之后，立即举行会议，建议经济及社会理事会在其首届会议上根据宪章设立一个人权委员会。1946年2月，经济及社会理事会根据《联合国宪章》第68条的授权，成立了以美国前总统罗斯福的夫人艾琳娜·罗斯福为主席、中国的张彭春为副主席的联合国人权委员会。1947 年 1 月，人权委员会开始工作，着手建立以《联合国宪章》人权条款为基础的国际人权宪章体系。1947 年，由人权委员会成员组成的起草委员会在美国举行了第一届会议，会议决定《国际人权宪章》由人权宣言、具有法律约束力的国际人权公约及执行措施三部分组成，并相应设立了三个工作组：一个编写宣言，一个编写公约，一个编写执行措施。人权委员会很快认识到对一份建议性宣言的文本达成一致意见是比较容易的，而对一份具有法律约束力的条约加以接受则被证明是非常困难的，因此，人权委员会决定先起草《世界人权宣言》，然后立即着手为起草一个或几个条约草案做准备。1948 年，人权委员会在其第三届会议上通过了宣言草案，并通过经济及社会理事会提交联合国大会。

1948 年 12 月 10 日，第三届联合国大会第 217A［Ⅲ］号决议以 48 票赞成、0 票反对、8 票弃权通过《世界人权宣言》，这是有组织的国际社会首次通过一项人权和基本自由宣言，是“一项显著的成就”。

在通过《世界人权宣言》的同一天，联合国大会请人权委员会作为优先事项编写一份有关人权的公约草案和执行措施草案。1950 年，大会宣布，“享有公民、政治自由与享有经济、社会和文化权利，两者相互联系、相辅相成”，并要求人权委员会制定一项单一的公约。但在起草公约的过程中，遇到了冷战期间东西方意识形态之间的差异而导致的巨大障碍。1951 年至 1952 年，第六届联合国大会经过冗长辩论，最后以微弱多数通过了由西方国家提议的制定两个单独的、各自具有不同实施机制的公约的决议。[1] 大会请人权委员会起草两项单独的人权公约，一项关于公民权利和政治权利，一项关于经济、社会和文化权利。根据上述决议，人权委员会分别起草了《经济、社会和文化权利国际公约》和《公民权利和政治权利国际公约》。1966 年 12 月 16 日，第二十一届联合国大会以 105 票对 0 票通过了两公约，同时以 66 票赞成、2 票反对和 38

〔1〕 GA Res. 543（Ⅵ），拟具国际人权盟约草案两件。

票弃权的表决结果通过了《公民权利和政治权利国际公约任择议定书》，并开放给各国签署、批准和加入。1976年1月3日，《经济、社会和文化权利国际公约》生效，同年3月23日，《公民权利和政治权利国际公约》生效。

至此，包括《世界人权宣言》、《经济、社会和文化权利国际公约》、《公民权利和政治权利国际公约》和《公民权利和政治权利国际公约任择议定书》的《世界人权宪章》成立。《世界人权宪章》是联合国人权保护体系中最基本的人权文件，也是国际人权法的核心。这些文件成为后来联合国制定一系列国际人权公约、宣言和决议等人权文书的理论基础和法律依据。

二、《经济、社会和文化权利国际公约》实施监督机制薄弱

《公民权利和政治权利国际公约》及其《任择议定书》规定的实施机制由两部分组成：实施机构和实施程序。关于实施机构，《公民权利和政治权利国际公约》第28条规定设立人权事务委员会。人权事务委员会是一个独立的专家委员会，从法律地位上属于条约机构，这保障了人权事务委员会可以独立开展工作，有效履行其职能。委员会主要有五种职能：①审议缔约国提交的报告；②做出“一般性评论”，对公约某些条款的范围和含义作出解释；③接受和审议国家间指控；④接受和审议个人来文；⑤协助缔约国实施公约条款和编写报告。关于实施程序，共有三种：缔约国定期报告程序、国家间来文程序以及个人来文程序。其中前两项程序分别由《公约》第40、41条规定，个人来文程序由《公民权利和政治权利国际公约任择议定书》规定。

与此相比较，《经济、社会和文化权利国际公约》的实施机制则薄弱得多。

首先，《经济、社会和文化权利国际公约》并未像《公民权利和政治权利国际公约》那样设立一个独立专家委员会专门负责公约的实施，而是由经济及社会理事会和有关专门机构负责实施。但是，“联合国经济及社会理事会本身没有能力承担《经济、社会和文化权利国际公约》

所赋予的任务。从组织的角度讲，理事会过于庞大且难以控制，显然没有足够的时间和精力来考虑要提交它的大量报告。同样，人权委员会的时间表也排得满满当当，加之它已承担了处理依据1503号程序提出的人权来文的职责”。[1]作为补救，联合国经济及社会理事会于1978年5月3日通过1978/10号决议，决定成立一个特别的“会议工作小组”，该小组由“政府专家”组成，并将审查《公约》的缔约国报告的职责移交给该小组。“遗憾的是，会议工作小组（后来改名政府专家会议工作小组）从未与手头的工作达成和解，它的工作受到政治分歧、特别是专门机构的参与的削弱，而且对国家报告也只是进行非常粗略和肤浅的审查。”[2]实践证明，《经济、社会和文化权利国际公约》所规定的实施机构难堪此任，经济及社会理事会成立“政府专家会议工作小组”的初步努力也告失败。

其次，《经济、社会和文化权利国际公约》仅仅规定了一种实施程序——缔约国报告程序，而未像《公民权利和政治权利国际公约》及其《任择议定书》那样还规定了国家间来文程序和个人来文程序。由于缔约国报告程序缺乏强制性以及前述审查报告的机构难堪重任，在1987年经济、社会和文化权利委员会成立并开展工作之前，该程序的作用微乎其微。

三、《经济、社会和文化权利国际公约》实施机制薄弱的成因

《经济、社会和文化权利国际公约》的实施机制之所以如此薄弱，是由多方面的原因造成的。

（一）历史和政治原因

正如本节第一部分所提及的，冷战期间东西方意识形态之间的差异和斗争导致了统一的国际人权公约的难产和一分为二的结果。“在起草公约时，西方国家认为公民权利和政治权利更重要，甚至不承认经济、

---

〔1〕［挪］A. 艾德、［芬］C. 克罗斯、［比］A. 罗萨斯编：《经济、社会和文化的权利》（第2版），黄列译，中国社会科学出版社2003年版，第515页。

〔2〕同上，第515～516页。

社会和文化权利是真正的人权，即使同意后者是人权，也不同意将二者写进同一公约。在当时，经济、社会和文化权利被认为是‘社会主义的’，因此对于某些政府来说，这些权利是不可接受的。”[1]西方国家的观点最终以微弱多数占据了上风。

在公约的实施方面，“首先，西方国家观点明确，它们希望建立一个国际‘法院’或人权‘委员会’以达到实施公约的目的，但不愿意让这样一个机构的管辖权延展到经济、社会和文化权利方面。其次，自命为经济、社会和文化权利‘斗士’的苏维埃国家，一般认为人权的实施应以国家层面的国家行动为依托，国际‘干预’应保持在最低限度”。[2]这两方面的原因导致在两个人权公约的起草过程中，《经济、社会和文化权利国际公约》的实施机制明显弱于《公民权利和政治权利国际公约》的实施机制。

具体来讲，在起草两个公约的过程中，针对实施机制，人权委员会中的讨论主要集中在以下问题上：①定期报告程序对两公约的适用问题；②涉及国家间来文程序和友好解决程序的人权事务委员会程序是否对《经济、社会和文化权利国际公约》适用的问题；③申诉权的问题；④建立何种实施机构的问题。关于第一个问题，人权委员会多数成员国持肯定态度。关于第二个问题，人权委员会多数成员国持反对态度，其理由是：它将构成对各国国内事务的干涉并侵犯国家的主权；每个公约中规定的权利和义务的性质不同以及公民权利和政治权利要直接实施而大部分经济、社会和文化权利要在特定机构的帮助下渐进实现的事实，说明应该有两种不同的实施方式。人权委员会最终在该问题上不作任何规定。关于第三个问题，基于与第二个问题相同的认识，人权委员会根本就没有进行过严肃的讨论，其最终结果是将经济、社会和文化权利从

---

〔1〕 柳华文：《论国家在〈经济、社会和文化权利国际公约〉下义务的不对称性》，北京大学出版社2005年版，第40页。

〔2〕 ［挪］A. 艾德、［芬］C. 克罗斯、［比］A. 罗萨斯编：《经济、社会和文化的权利》（第2版），黄列译，中国社会科学出版社2003年版，第512页。

申诉权的范畴中排除出去。关于第四个问题，黎巴嫩代表于1951年、法国代表于1954年、意大利代表于1966年曾经先后提出过三个提案涉及通过建立独立的委员会加强对《经济、社会和文化权利国际公约》的监督，但终因遭到多数国家的反对而均未被采纳。[1]

（二）人权理论的分歧

冷战期间东西方意识形态的分歧和斗争是人权公约一分为二以及《经济、社会和文化权利国际公约》实施机制薄弱的政治原因。但是，其影响不应被过分夸大，人权理论的分歧可能才是其深层次原因。

人权或者说公民权利的内容是不断丰富和扩展的。英国著名社会学家T. H. 马歇尔认为公民资格（citizenship）由权利和义务两部分组成，他将公民资格分为公民的（civil）[2]、政治的（political）和社会的（social）三部分，但他主要考察权利方面的发展，更多直接使用公民权利（civil right）、政治权利（political right）、社会权利（social right）的概念。他以英国的权利发展历程为原型，将公民资格的三部分的大发展分别纳入三个世纪：公民权利（civil right）是18世纪的伟大成就，政治权利（political right）是19世纪的主要成就，而社会权利（social right）则是20世纪的贡献。“当然，这些阶段应当以合理的弹性对待，并且有着明显的交叉重叠，特别是后两个阶段”。[3]这一论述是深刻的、富有成效的，具有较强的普适性。从世界范围内看，公民权利和政治权利的宪法确认在19世纪已基本完成，而经济、社会和文化权利的宪法

---

〔1〕 参见柳华文：《论国家在〈经济、社会和文化权利国际公约〉下义务的不对称性》，北京大学出版社2005年版，第42～47页。

〔2〕 Citizens' rights 译作“公民权利”，civil rights 一般也译作“公民权利”，而这两个概念是包含与被包含的关系。英语中两个概念的表述很清楚，汉语中将两者都译为“公民权利”，无法将两者区分开来，因此，将civil rights译作“公民权利”的译法存在重大缺陷。从内容上来讲，civil rights包括人身权利和自由、人格尊严权、精神自由权、宗教信仰自由权以及公平审判权等权利，这些权利都属于私人生活方面的权利。笔者认为将它译作“个人权利”比较适当。但是考虑到习惯译法，仍然采用“公民权利”的译法。

〔3〕 T. H. Marshall, *Citizenship and Social Class and Other Essays*, The Cambridge University Press, 1950, p. 14.

确认则基本上始于《墨西哥宪法》（1917 年）、《苏俄宪法》（1918 年）和德国《魏玛宪法》（1919 年），并基本完成于 20 世纪 70 年代。

但是，在“公民权利和政治权利”与“经济、社会和文化权利”的关系上，历来存在着“相互依存论”和“权利二分法”两种严重对立的理论。

“相互依存论”认为“公民权利和政治权利”与“经济、社会和文化权利”是相互联系、相互依存、不可分割的。这一理论是联合国始终不变的立场。《世界人权宣言》把实现“四大自由”作为其追求的目标：“一个人人享有言论和信仰自由并免于恐惧和匮乏的世界的来临，是普通人民的最高愿望”。为推动这种愿望化为现实，《世界人权宣言》明确确认了这两类权利，并把它们置于平等的地位。在 1950 年联合国大会关于将两类权利规定在同一个公约的决议中，它明确强调两类权利是“相互联系、相互依存的”；即使在 1952 年关于制定两个公约的决议中，它也重申两类权利对于实现“自由人的理想”都是不可或缺的。1968 年国际人权会议通过的《德黑兰宣言》强调两类人权“不容分割”。1977 年联合国大会通过的《关于人权新概念的决议案》强调“一切人权和基本自由都是相互关联和不可分割的”。1993 年世界人权大会通过的《维也纳宣言和行动纲领》庄严宣布：“所有人权都是普遍、不可分割、相互依存和相互联系的”，并要求“国际社会必须站在同样的地位上，用同样的眼光，以公平、平等的方式全面看待人权”。

“权利二分法”则强调“公民权利和政治权利”与“经济、社会和文化权利”是两类完全不同的权利，甚至认为只有“公民权利和政治权利”才是真正的权利，“经济、社会和文化权利”则不是真正的权利或者仅仅是不完善的权利，两者之间存在着难以逾越的鸿沟。这一理论较早地体现在《爱尔兰宪法》（1937 年）中。《爱尔兰宪法》第十二章“基本权利”规定了个人权利、家庭、教育、私有财产、宗教，与之相对应，《爱尔兰宪法》第十三章“社会政策指导原则”规定了国家的经济和社会政策指导原则，规定了国家在经济和社会方面对公民负有某些义务，以维护公民的某些经济和社会利益。《爱尔兰宪法》第45条规定："本条所述社会政策原则，意指议会的一般指导原则。这些原则专供议会制定法律时使用，而依本宪法任何条款所设立的任何法院，均不得引以为审理案件的依据"。《爱尔兰宪法》开创了宪法明确规定经济、社会和文化权利不具有可诉性的先例。这种做法对《印度宪法》（1949年）、《马耳他共和国宪法》（1964年）、《卡塔尔临时宪法》（1970年）、《孟加拉人民共和国宪法》（1972年）、《巴基斯坦伊斯兰共和国宪法》（1973年）、《巴布亚新几内亚独立国宪法》（1975年）、《斯里兰卡民主社会主义共和国宪法》（1978年）、《西班牙宪法》（1978年）、《菲律宾共和国宪法》（1986年）、《泰王国宪法》（1991年）等宪法产生了重要影响，它们纷纷效仿《爱尔兰宪法》的做法，分章规定基本国策和公民权利。它们的共同特点是：第一，上述宪法中都包含"基本权利"和"基本国策"两部分，前者规定公民权利和政治权利，后者规定经济、社会和文化权利以及第三代人权。从名称来看，似乎不将后者视为真正的权利，有扬前者而抑后者之倾向。第二，在基本国策的条文中一般不采用"有权……"、"有……的权利"的句式，而采用"国家（或社会）有责任……"、"国家（或社会）应……"的句式，即通过规定国家或社会的义务推定出公民享有经济、社会和文化权利，而非正面规定公民享有经济、社会和文化权利。第三，规定国家政策的非司法性，从而导致权利保障和救济机制严重缺陷。

对于这两类权利之间存在的鸿沟，一位叫克莱格·斯科特（Craig Scott）的学者通过下表[1]进行了概括。

---

〔1〕 Craig Scott, "The Interdependence and Permeability of Human Rights Norm: Towards a Partial Fusion of the International Covenants on Human Rights", *Osgoode Hall Law Journal*, Vol. 27, No. 4 (1989), p. 833. 转引自黄金荣：《司法保障人权的限度——经济和社会权利可诉性问题研究》，社会科学文献出版社2009年版，第103页。

表1-1 克莱格·斯科特关于两类权利的区分表

	经济、社会和文化权利	Vs.	公民权利和政治权利
1	积极的	Vs.	消极的
2	资源密集型	Vs.	无需资源型
3	逐渐实现的	Vs.	即刻实现的
4	模糊的	Vs.	精确的
5	复杂难以掌握的	Vs.	简单容易处理的
6	具有意识形态性	Vs.	不具意识形态性
7	具有政治性	Vs.	不具政治性
8	不具有可诉性	Vs.	具有可诉性
9	理想或目标	Vs.	"真正"或"法律"权利

在上述九个方面的区分中，是否具有可诉性是两类权利的关键区别。"在权利的可诉性问题上，权利的'积极/消极'问题是一个前提性问题，因为它引出资源限制问题；资源限制问题也是一个基本的前提问题，因为它产生逐渐实现问题。积极的、可以逐渐实现的权利又产生了规范难以精确规范的问题，在权利规范模糊不清的情况下，法院适用这些规范又必然会产生司法审查的可能性和合法性问题，也就是经济和社会权利的可诉性问题。"[1]因此，在"权利二分法"看来经济、社会和文化权利不是真正的权利，而仅仅是国家的理想和目标，或是一类不完善的权利。

"相互依存论"作为一种政治理想虽然具有道德上的优越性，但在冷酷的现实政治面前，各国的政治家们几乎都毫不犹豫地选择了"权利二分法"的理论，这就导致了原定的单一的人权公约一分为二以及《经济、社会和文化权利国际公约》实施机制的薄弱。具体到《公民权利和

[1] 黄金荣：《司法保障人权的限度——经济和社会权利可诉性问题研究》，社会科学文献出版社2009年版，第107~108页。

政治权利国际公约》和《经济、社会和文化权利国际公约》，两者在规范内容上存在三方面的区别：

第一，缔约国承担的义务性质和内容的差异。根据《公民权利和政治权利国际公约》第 2 条第 2、3 款的规定，《公民权利和政治权利国际公约》缔约国对实现公民权利和政治权利负有即刻实施的义务，并且资源限制在法律上并不构成可以免除或迟延实施这种义务的理由。根据《经济、社会和文化权利国际公约》第 2 条第 1、3 款的规定，《经济、社会和文化权利国际公约》缔约国对经济、社会和文化权利负有逐渐实现的义务，并且这种义务可以受到“可利用之资源的限制”。此外，两公约缔约国的义务的区别还体现在有关权利的克减和限制条款方面。《公民权利和政治权利国际公约》第 4 条对各国在紧急情况下实施的克减规定了严格的限定，不仅某些权利不能进行克减，而且还规定可以进行克减时，要满足非常严格的实质要件和程序要件。《经济、社会和文化权利国际公约》第 4 条虽然对国家限制权利进行了约束，但它并不是一条仅适用于紧急情况的克减条款，而且其措辞模糊，从条文本身难以确定限制权利的实质要件和程序要件。《公民权利和政治权利国际公约》明确要求各国对于受到权利侵犯的人予以有效的救济，并且要求各国发展司法救济，而《经济、社会和文化权利国际公约》对经济、社会和文化权利的救济问题几乎没有提及。

第二，在权利条款的表述方式和清晰程度上存在明显差异。《公民权利和政治权利国际公约》对具体公民权利和政治权利的表述方式一般是“人人有权……”，或者“任何人（的）……不应……”。但《经济、社会和文化权利国际公约》对经济、社会和文化权利的典型表述是“本公约缔约各国承认……”或者“本公约缔约各国承担保证……”。两个公约的这两种规定方式在表达的语气上显示出很大的差别，相比之下，对公民权利和政治权利的表达语气要强烈得多。在权利条款的清晰程度上，公民权利和政治权利条款的规定确实要比经济、社会和文化权利的规定要清晰得多。

第三，实施机制上的重大差别。基于公民权利和政治权利具有可诉性的认知，《公民权利和政治权利国际公约》及其《第一任择议定书》除规定定期报告程序外，还规定了国家间指控程序和个人来文程序，并且由《公约》规定设立独立专家委员会——人权事务委员会。由于不承认经济、社会和文化权利具有可诉性，所以《经济、社会和文化权利国际公约》除规定定期报告程序外，没有规定任何司法性或准司法性的实施程序，而且没有规定专门负责报告程序的专家委员会，从而导致《经济、社会和文化权利国际公约》实施机制的单一和薄弱。

第二节 经济、社会和文化权利的可诉性的理论与实践进展

正如第一节所述，《经济、社会和文化权利国际公约》实施机制单一和薄弱的历史和政治成因是冷战时期东西方意识形态的分歧和斗争，理论的成因是人权理论的分歧并且“权利二分法”处于优势地位。随着国际形势的变化和人类理性的进步，这两方面的因素也在不断发生变化。20 世纪 80 年代中期以后，冷战逐渐缓和，20 世纪 90 年代初，东欧剧变、两德统一和苏联解体标志着冷战的结束。联合国系统的全球性人权保护制度和欧洲、美洲和非洲的区域性人权保护制度在实践上取得长足进步，经济、社会和文化权利的国际保护制度也得到了一定的发展和完善。国际人权学界也一直在为两类权利的求同进行精细的理论论证，“相互依存论”不再仅仅停留在政治理想和热情的层面，而是获得了越来越充分和精密的理论论证，而“权利二分法”日趋衰落，在此消彼长之间，“相互依存论”逐渐取得优势地位。

一、经济、社会和文化权利的可诉性理论的进展

对经济、社会和文化权利的可诉性的证成是建立经济、社会和文化权利准司法救济机制的理论前提。由于“权利二分法”对经济、社会和文化权利的可诉性持“否定论”并长期占据主导地位，因此，对

经济、社会和文化权利的可诉性的证成便始于对“权利二分法”的质疑与否定，并逐渐发展、丰富起来。

（一）权利成本论

“权利二分法”认为，经济、社会和文化权利是积极权利，即要求国家或他人采取一定行动的权利，具体来讲，即要求政府为个人提供保障生存和发展所需的工作、医疗、食物、住房、社会服务、教育、公共设施等，因此需要大量的资源作保证，因而是一种极为昂贵的权利，是一种资源密集型的权利；而公民权利和政治权利是消极权利，即要求国家或他人不得予以干涉侵犯的权利，一般而言只要国家对个人不进行干预，自由就可以获得保障，因此不需要资源，或者说至少不需要很多的资源作保证，因此是一种无需资源型的权利。

对此，斯蒂芬·霍尔姆斯和凯斯·桑斯坦针锋相对地提出和论证了“权利成本论”。他们认为任何权利都是需要成本的，需要昂贵的资源作保证。他们从法律救济的角度出发，通过有权利便有救济、救济是昂贵的、依赖于税收这一事实充分证明了：“来自税收的基本权利资金有助于我们清楚地看到，权利是公共物品：是纳税人资助、政府管理的社会工作，计划促进集体和个人的福利。所有的权利都是积极权利”。[1]据此，他们认为，“权利二分法”是完全错误的。

（二）义务层次论

亨利·苏是较早提出“义务层次论”的学者之一。他认为安全权和生存权是两类基本权利。按照“权利二分法”，安全权属于消极权利，生存权属于积极权利。但是，他认为，“权利二分法”过于简单化，实际上任何一种权利都需要多种义务的履行才能得以充分实现。他把与每种基本权利相对应的义务分为三类：避免剥夺的义务、保护个人不受剥

〔1〕［美］史蒂芬·霍尔姆斯、凯斯·R. 桑斯坦：《权利的成本——为什么自由依赖于税收》，毕竟悦译，北京大学出版社2004年版，第30页。

夺的义务和帮助被剥夺者的义务。[1]而“权利二分法”仅仅看到了安全权的第一层次义务和生存权的第三层次义务，因此是片面的和简单化的。亨利·苏的观点被菲利普·阿尔斯顿完全接受。

阿斯布佐恩·艾德则发展并坚持不懈地运用和广泛传播“义务层次论”。他提出国家对经济、社会和文化权利负有尊重、保护和实现的义务的理论，后来他又进一步将实现的义务分为促进的义务和提供的义务。[2]

“义务层次论”已越来越广泛地被国际人权学界所接受。1998 年，三十多位国际人权法学专家汇聚马斯特里特，就违反经济、社会和文化权利的性质和范围以及适当的应对和救济，阐释《关于实施〈经济、社会和文化权利国际公约〉的林堡原则》，达成了《关于违反经济、社会和文化权利的马斯特里特指导准则》，[3]该准则第二部分完全接受了“义务层次论”：“与公民权利和政治权利相同，经济、社会和文化权利也规定了缔约国的三种不同类型的义务：尊重的义务、保护的义务和实现的义务。未能履行此三种义务的任何一种均构成对此类权利的违反”。1999 年，经济、社会和文化权利委员会在其通过关于《公约》第 11 条充足食物权的第 12 号一般性评论中，首次使用义务层次理论来说明缔约国在保护食物权时所负的各种义务。《南非共和国宪法》（1996 年）采纳了“义务层次论”，该宪法第 7 条第 2 款规定，“国家必须尊重、保护、促进和实现《权利法案》中所规定的权利”。

---

〔1〕 Henry Shue, *Basic Rights: Subsistence, Affluence and U. S. Foreign Policy*, Second Edition, Princeton University Press, 1996, pp. 52 ~ 53. 转引自黄金荣：《司法保障人权的限度——经济和社会权利可诉性问题研究》，社会科学文献出版社 2009 年版，第 143 页。

〔2〕 参见 Philip Alston & Asbjφrn Eide (eds.), *Food as Human rights*, Tokyo: UN University, 1984. 另参见［瑞典］格德门德尔·阿尔弗雷德松、［挪］阿斯布佐恩·艾德编：《〈世界人权宣言〉：努力实现的共同标准》，中国人权研究会组织翻译，四川人民出版社 1999 年版；A. 艾德：“人权对社会和经济发展的要求”，载刘海年主编：《经济、社会和文化权利国际公约》，中国法制出版社 2000 年版。

〔3〕 参见［挪］A. 艾德、［芬］C. 克罗斯、［比］A. 罗萨斯编：《经济、社会和文化权利》（第 2 版），黄列译，中国社会科学出版社 2003 年版，附录二：《关于实施〈经济、社会和文化权利国际公约〉的林堡原则》和《关于违反经济、社会和文化权利的马斯特里特指导准则》，第 691 ~ 713 页。

（三）最低核心义务论

关于资源限制问题，《经济、社会和文化权利国际公约》第2条第1款规定，“每一缔约国承担尽在其可利用资源的最大限度内采取步骤……逐渐达到本公约中所承认的权利的充分实现”。对此，经济、社会和文化权利委员会根据国际人权学界提出的义务层次的理论、最低核心内容理论、最低限度方法理论和违反方法理论发展出“最低核心义务”的概念。这一概念首先在1990年第3号一般性评论（关于国家义务的性质）中提出，并在1999年以后发表的关于实体性权利的第12、13、14、15号一般性评论（分别关于食物权、教育权、健康权和水权）中得到发展并全面运用。最低核心义务全面适用于尊重义务、保护义务以及实现义务，但毫无疑问，它对于资源要求性最高的实现义务意义最大。最低核心义务的要求大大降低了经济、社会和文化权利的资源要求性，从而在很大程度上降低了实现这些权利的难度。最低核心义务意味着实现层次义务的保障并不以普遍的、高水平的福利性保障为目标，它只是要求缔约国应该优先保障最低层次的生存权利。这种保障主要针对那些生存有可能受到威胁的特殊人群。“一般来说，在个人或群体由于自身无法控制的原因而无法利用可利用的手段自行实现有关权利的情况下，缔约国就有义务落实（提供）《公约》规定的某项权利。”〔1〕这种最低限度的保障使得资源的限制在一般情况下并不会成为一个突出的问题，因此，经济、社会和文化权利委员会认定，除非出现特殊情况，否则资源限制并不能成为不即刻保障经济、社会和文化权利的理由。

（四）新权利二分论

伊达·伊丽莎白·科克提出了“新权利二分论”。她认为，“公民权利和政治权利”与“经济、社会和文化权利”既相互联系又相互区别。两类权利的共同之处在于它们都有三个义务层次，即尊重义务层次、保护义务层次和实现义务层次，两类权利的区别在于每一类权利相

〔1〕 E/C. 12/1999/10，第13号一般性评论“受教育的权利（《公约》第13条）”，第47段。

对应的义务层次的重心是不一样的。“在法律语境中，公民权利典型的重心在人权义务的前两个层次，即尊重的义务和保护的义务，而社会权利的重心则在第三个层次，即实现义务层次。”〔1〕通过对义务层次的分析可知，义务层次越高，精确定义权利的难度就可能越大，权利规范也就越可能言之不详，资源要求性也就越高，其可诉性问题也就越突出。因此，经济、社会和文化权利的可诉性问题要比公民权利和政治权利的可诉性问题要突出得多，人们对于经济、社会和文化权利可诉性的怀疑也要严重得多。根据“新权利二分论”，一方面，我们可以理解，传统的权利二分法断言公民权利和政治权利是免费的也是错误的，另一方面，我们也可以理解，总体而言实现经济、社会和文化权利要比实现公民权利和政治权利具有更高的资源要求性。“新权利二分论”一方面纠正了传统“权利二分法”将两类权利截然对立的偏狭，另一方面也正确地指出了两类权利的相对应的义务层次的不同重心。

二、经济、社会和文化权利的国际准司法救济机制的进展

经济、社会和文化权利的国际准司法机制的建立始于国际劳工组织。为监督缔约国履行其承担的保障劳工权利的条约义务，使遭受侵害的劳工权利得到有效救济，《国际劳工组织章程》除规定了报告制度之外，还规定了团体申诉〔2〕程序和国家间指控程序，开辟了经济、社会

---

〔1〕 Ida Elisabeth Koch, “The Justiciability of Indivisible Rights”, *Nordic Journal of International Law*, vol. 72, No. 1, 2003, p. 27. 转引自黄金荣：《司法保障人权的限度——经济和社会权利可诉性问题研究》，社会科学文献出版社 2009 年版，第 197 页。

〔2〕 规定团体申诉程序的主要有三个国际人权文件。其中，《国际劳工组织章程》英文文本采用了 representation 的概念，《规定团体申诉制度的欧洲社会宪章附加议定书》和《欧洲社会宪章（修订）》英文文本采用了 collective complaint 的概念。我国学界一般将这两个概念翻译为“集体申诉”。郑尚元教授在《“集体协商”和“集体合同”词义辨》（《北京市工会干部学院学报》2005 年第 3 期，第 16～20 页）一文中认为，将英文“collective bargaining”和“collective agreement”翻译为“团体交涉”、“团体协议”比翻译为“集体协商”、“集体合同”，词义更加确切，含义更加具体，其重要原因之一就是“团体”概念属于一个相对稳定的实体，也就是说，工会作为载体是实实在在的，而“集体”一词是一个非常模糊的概念。根据《国际劳工组织章程》的规定，有权提起团体申诉的只能是工会组织或雇主组织；根据《规定团体申诉制度的欧洲社会宪章附加议定书》的规定，

和文化权利的国际救济机制的先河，为二战后建立经济、社会和文化权利的国际救济机制提供了借鉴。

联合国基于“相互依存论”的认识，《消除一切形式种族歧视公约》(1966年)、《消除对妇女一切形式歧视公约》(1980年)、《儿童权利公约》(1989年)、《保护所有迁徙工人及其家庭成员权利国际公约》(1990年)、《残疾人权利国际公约》(2006年)不再区分“公民权利和政治权利”与“经济、社会和文化权利”，而是在单一的人权公约中对各种人权予以全面规定。更令人感到欣慰的是，《消除一切形式种族歧视国际公约》和《保护所有迁徙工人及其家庭成员权利国际公约》[1]除规定报告制度外，还规定了国家间来文和个人来文两种准司法救济程序。1999年10月，《消除对妇女一切形式歧视公约任择议定书》由联合国大会第54/4号决议通过，并于2000年12月22日正式生效，它规定，该议定书缔约国承认消除对妇女歧视委员会有权接受和审议根据议定书第2条提出的来文。此外，联合国教科文组织执行委员会于1978年建立了申诉程序。[2]

欧洲在人权区域性保护方面走在了世界的前列。早在《经济、社会和文化权利国际公约》和《公民权利和政治权利国际公约》通过之前，欧洲理事会通过的《欧洲人权公约》(1950年)和《欧洲社会宪章》

有权提起团体申诉的组织包括：①1961年宪章第27条第2款所指的国际雇主组织和工会组织；②在欧洲理事会享有谘商地位的国际非政府组织，以及为此目的而被政府委员会列入名单的组织；③申诉所针对的缔约国管辖范围内的雇主和工会的有代表性的国内组织。此外，根据附加议定书第2条的规定，任何缔约国可在向欧洲理事会秘书长提出的声明中宣布授权国内非政府组织提交针对它的申诉。概括地说，在这两项集体申诉机制中，有权提起申诉的主体都是相对稳定的实体，即工会组织、雇主组织以及其他非政府组织，而非概念模糊的集体。有鉴于此，借鉴郑尚元教授的译法，本书中除直接引用外，全部采用“团体申诉”的概念，而不是采用“集体申诉”的概念。

〔1〕 经历了漫长的12年6个月的时间，公约终于于2003年7月1日生效。以至于M. 谢宁慨叹：“在其最终确定为法律文本的10年后，该公约由于批准国数目不足还尚未生效这一事实表明，将上述方法作为加强对经济和社会权利的法律保护的首要方法存在困难”。[挪] A. 艾德、[芬] C. 克罗斯、[比] A. 罗萨斯编：《经济、社会和文化的权利》，黄列译，中国社会科学出版社2003年版，第33页。

〔2〕 UNESCO Doc. 104EX/Decision 3. 3.

(1961 年)[1]分别规定了“公民权利和政治权利”和“经济、社会和文化权利”。鉴于《欧洲社会宪章》仅规定了一种监督程序——国家报告程序，为强化其监督机制，《规定团体申诉制度的欧洲社会宪章附加议定书》(1995 年)[2]规定了团体申诉制度。《欧洲社会宪章》（修改本）第四部分第 D 条进一步确认了团体申诉制度。[3]

美洲在经济、社会和文化权利的救济机制方面后来居上。《美洲人权公约经济、社会和文化权利领域的附加议定书》（简称《圣萨尔瓦多

---

〔1〕《欧洲社会宪章》于1961 年10 月18 日开放签字，1965 年2 月26 日生效。截至2007 年7 月21 日，共有32 个欧洲理事会成员国签署，其中27 个国家批准并生效，它们是：奥地利、比利时、克罗地亚、塞浦路斯、捷克共和国、丹麦、芬兰、法国、德国、希腊、匈牙利、冰岛、爱尔兰、意大利、拉脱维亚、卢森堡、马耳他、荷兰、挪威、波兰、葡萄牙、斯洛伐克、西班牙、瑞典、前南斯拉夫马其顿共和国、土耳其、英国。参见 http：//conventions. coe. int/Treaty/Commun/ChercheSig. asp？NT = 035&CM = 8&DF = 7/21/2007&CL = ENG.

〔2〕《规定团体申诉制度的欧洲社会宪章附加议定书》（Additional Protocol to the European Social Charter Providing for a System of Collective Complaints）于1998 年7 月1 日生效。截至2015 年5 月11 日，《附加议定书》已被13 个国家批准并对其生效，它们分别是：比利时、克罗地亚、塞浦路斯、捷克共和国、芬兰、法国、希腊、爱尔兰、意大利、荷兰、挪威、葡萄牙、瑞典，仅占欧理会成员国的27.7%。此外，尚有5 个国家签署了《附加议定书》但尚未批准，它们分别是：奥地利、丹麦、匈牙利、斯洛伐克和斯洛文尼亚。参见 http：//conventions. coe. int/Treaty/Commun/ChercheSig. asp？NT = 158&CM = 8&DF = 5/11/2015&CL = ENG.

〔3〕《欧洲社会宪章》（修正本）第 D 条团体申诉条款规定：“1.《欧洲社会宪章》附加议定书规定的团体申诉制度的条款应适用于批准上述议定书的缔约国在本宪章中所作的保证。2. 任何不受《欧洲社会宪章》附加议定书规定的团体申诉制度约束的国家，在交存其批准、接受或赞同本宪章的文件时或在以后的任何时间，应向欧洲理事会秘书长寄交通知，声明其依上述议定书规定的程序接受本宪章义务的监督。”朱晓青：《欧洲人权法律保护机制研究》，法律出版社 2003 年版，第 345 页。截至 2015 年 5 月 11 日，在批准《欧洲社会宪章》（修改本）的 33 个国家中，只有法国、荷兰、葡萄牙三国未对该条提出保留，其他各国均提出保留。参见 http：//conventions. coe. int/Treaty/Commun/ChercheSig. asp？NT = 163&CM = 8&DF = 5/11/2015&CL = ENG.

议定书》)〔1〕，全面规定了经济、社会和文化权利，除规定国家报告机制之外，还规定对该议定书第8条第1款“工会权利”和第13条“受教育权”的救济机制方面准用《美洲人权公约》规定的个人申诉程序。〔2〕《非洲人权和民族权宪章》对人权进行了全面规定，除规定了缔约国报告程序外，在权利救济机制方面规定了国家间指控程序和来文程序两种救济方式。

随着意识形态对抗的减弱，国际社会对两类权利不可分割关系取得越来越普遍的共识，联合国人权事务委员会、欧洲人权法院等在打破对两类权利的僵硬划分方面迈出了关键性的步伐，在一些案件中发展出通过“公民权利和政治权利”诸人权公约保护经济、社会和文化权利的一体化方法，从而拓展了经济、社会和文化权利的救济机制。〔3〕

综上所述，从1919年起，至20世纪90年代，经过大约80年的发展，经济、社会和文化权利的国际救济机制已经初步建立起来。国际劳工组织为经济、社会和文化权利的救济机制开创了一个较高的起点，二战后经济、社会和文化权利的救济机制在经历了20年的低潮和停滞之后，联合国和区域性国际组织及其人权机构以制定法和判例法的方式来

---

〔1〕《圣萨尔瓦多议定书》于1988年11月17日由美洲国家组织大会通过，1999年11月16日生效。截至2015年5月，共有16个国家批准，它们是：苏里南（1990-2-28）、巴拿马（1992-10-28）、厄瓜多尔（1993-2-10）、萨尔瓦多（1995-5-4）、秘鲁（1995-5-17）、乌拉圭（1995-11-21）、巴西（1996-8-8）、巴拉圭（1997-5-28）、哥伦比亚（1997-10-22）、墨西哥（1998-3-8）、哥斯达黎加（1999-9-29）、危地马拉（2000-5-30）、阿根廷（2002-6-30）、玻利维亚（2006-7-12）、尼加拉瓜（2009-12-15）、洪都拉斯（2011-9-14）。参见http：//www.oas.org/juridico/english/Sigs/a-52.html.

〔2〕《圣萨尔瓦多议定书》第19条“保护方式”第6款规定：“第8条第1款和第13条所规定的权利被直接归因于本议定书一缔约国的行动所侵犯的任何情况，都可通过美洲人权委员会，在适用的情况下通过美洲人权法院的介入，导致适用《美洲人权公约》第44~51条和第61~69条所调整的个人申诉（individual petitions）机制。”第7款规定：“在不妨碍前款规定的情况下，美洲人权委员会可就本议定书所载经济、社会和文化权利在所有或部分缔约国内的状况作出它认为有意义的评述和建议。它可把这些评述和建议包括在向大会提交的年度报告或特别报告中，由它视何种方式更合适而定。”

〔3〕参见［挪］A. 艾德、［芬］C. 克罗斯、［比］A. 罗萨斯编：《经济、社会和文化权利》（第2版），黄列译，中国社会科学出版社2003年版，第34页以下。

规定和发展经济、社会和文化权利的国际救济机制。到目前为止，已发展出三种国际救济机制：申诉机制、国家间指控机制和一体化方法。

三、联合国经济、社会和文化权利委员会的设立和运行

经济及社会理事会对“政府专家会议工作小组”不能胜任审查《经济、社会和文化权利国际公约》缔约国报告深感不满。20 世纪 80 年代中期以后，冷战呈缓和态势，东西方意识形态在人权领域的对抗也趋于缓和，经济及社会理事会抓住这一有利时机，于 1985 年决定设立一个新的机构，由独立（而不是政府的）专家组成。新机构将协助理事会审议国家报告。[1]由此，经济、社会和文化权利委员会得以成立，并由此成为《经济、社会和文化权利国际公约》的主要监督机构而有效运作。

联合国经济、社会和文化权利委员会明显照搬了人权事务委员会的模式，委员会由 18 名专家组成，以独立身份参加会议，委员会成员的遴选考虑到均等地理分布因素。最初，委员会每年在日内瓦召开一届为期 3 周的例会，随着工作负荷的增多，从 1995 年开始，每年召开两次例会。

人权事务委员会、消除种族歧视委员会、消除对妇女歧视委员会等是依据各自条约而设立的，被称为条约机构。与此不同，经济、社会和文化权利委员会并不是依据《经济、社会和文化权利国际公约》而设立的，而是依据经济及社会理事会的决议而设立的，它不是一个条约机构，而只是联合国的一个专门机构，其职责仅仅是“协助”理事会审议国家报告。其优越之处便是，虽然委员会的运作大致类似于其他人权条约机构的运作，但它未受到详尽的宪章式文书的限制，因而得以迅速、灵活地发展自己的工作方法。委员会充分利用了这一优越之处，卓有成效地开展工作，有效地促进了缔约国履行其义务，发展了经济、社会和

---

〔1〕 ECOSOC Resolution 1985/17，审查经济、社会和文化权利国际公约执行情况政府专家会期工作组的组成、组织和行政安排，1985 年 5 月 28 日。

文化权利的法理。

经济、社会和文化权利委员会从工作初期开始，就不倾向于将国家报告制度理解为一个供缔约国评功摆好的制度，而是倾向于将报告制度视为主要是一种"监督"（甚至是"执行"）制度，其目的在于确定缔约国遵行其相关条约义务的程度，委员会认为自己的任务是在各种指标范围内评估、确定缔约国是否履行了它们的条约义务以及履行义务的程度。委员会在审查报告制度方面表现出以下几个突出的特点：第一，加强与缔约国政府之间的"建设性对话"。第二，在报告程序结束后，注重对国家报告中反映出的问题的后续对话。第三，在个别情势下，在征得缔约国的同意后，派出使团对缔约国是否侵犯相关权利进行访问、调查[1]。第四，委员会积极鼓励非政府组织参与到国家报告制度中来。在报告编写阶段，鼓励政府吸收非政府组织参加到编写报告的工作中，或将政府的报告广泛散发，使一般公众能够提出意见。在审查报告阶段，委员会正式邀请"所有机构和个人向委员会提交有关和适当的资料与信息"，这些信息涉及其报告正接受审议的缔约国中权利享有的情况。"委员会依赖于非政府组织的贡献程度势必使报告程序更具有对抗特点"。[2]

由于缺乏正式的来文程序，导致经济、社会和文化权利委员会不可能对缔约国是否违反公约作出具体裁决，也就不可能通过判例法形式发展精确的标准。为了弥补这一缺陷，委员会采取了颁布"一般性评论"的做法。在这些一般性评论中，委员会努力概括自己对《经济、社会和文化权利国际公约》的实体以及程序方面的理解。到目前为止，委员会议通过 21 项一般性评论，其中 15 项关系到实体权利，即住房权（No. 4）、残疾人权利（No. 5）、老年人权利（No. 6）、强制驱逐（No. 7）、初等教育（No. 11）、食物权（No. 12）、教育权（No. 13）、健

〔1〕 参见本书第五章第三节第一部分。

〔2〕 [挪] A. 艾德、[芬] C. 克罗斯、[比] A. 罗萨斯编：《经济、社会和文化权利》（第 2 版），黄列译，中国社会科学出版社 2003 年版，第 520 页。

康权（No. 14）、水权（No. 15）、男女平等权（No. 16）、知识产权（No. 17）、工作权（No. 18）、社会保障权（No. 19）、非歧视（No. 20）和参加文化生活权（No. 21），6项关系到程序问题，即缔约国报告（No. 1）、国际技术援助措施（No. 2）、缔约国义务的性质（No. 3）、经济制裁（No. 8）、公约的国内适用（No. 9）、国家人权机构的作用（No. 10）。“这些一般评论都汲取了委员会在审查国家报告方面的经验，阐释了委员会对公约所载权利和义务的一般理解，而且事实上是委员会对缔约国在实施公约时面临的种种困难的感知。这些一般评论的公开目的不仅仅在于使委员会掌握评估的办法，还在于帮助缔约各国（及其他机构）促进和实施公约所载的权利。”[1]

四、小结

上述三方面的发展为制定《经济、社会和文化权利国际公约》的任择议定书，规定来文等国际准司法救济机制奠定了基础。经济、社会和文化权利可诉性理论的发展扫清了理论上的障碍，其他全球性和区域性经济、社会和文化权利准司法机制的建立和实践提供了可资借鉴的实践经验，经济、社会和文化权利委员会的有效运作表明它完全有能力成为《经济、社会和文化权利国际公约》的监督机构，经济、社会和文化权利委员会也有志于推动建立来文等机制以强化公约的实施机制。

第三节 《任择议定书》的制定过程

《经济、社会和文化权利国际公约任择议定书》的制定过程大致可划分为三个阶段。

一、第一阶段（1990～1996年）：经济、社会和文化权利委员会酝酿阶段

早在其1988年第三届会议上，经济、社会和文化权利委员会秘鲁

〔1〕［挪］A. 艾德、［芬］C. 克罗斯、［比］A. 罗萨斯编：《经济、社会和文化权利》（第2版），黄列译，中国社会科学出版社2003年版，第523页。

籍委员维塔（Juan Alvarez Vita）就提出过任择议定书的问题，[1]但是委员会真正开始考虑这一问题是在1990年举行的第五届会议上。[2]委员会任命菲利普·阿尔斯顿为该问题的报告员。他在1991年第六届会议上提出了一个讨论纪要，[3]并在以后提出一系列的报告，成为委员会讨论的基础。委员会还向1993年维也纳世界人权会议提交了一个分析文件，包括有关任择议定书的详细研究说明。[4]1993年联合国世界人权会议通过的《维也纳宣言和行动纲领》中明确提到，“世界人权会议鼓励人权委员会同经济、社会和文化权利委员会合作，继续审查《经济、社会和文化权利国际公约》任择议定书”。

起草《经济、社会和文化权利国际公约任择议定书》、建立个人来文机制的工作得到了国际人权学界的热烈响应，一些学术团体为此做了大量的研究工作。在国际人权学术界中，对于制定《经济、社会和文化权利国际公约任择议定书》反应最热烈的是荷兰人权学界。1995年，荷兰人权研究所（SIM）组织了一次关于制定这个任择议定书的专家会议，讨论了由荷兰凡·赫夫（Von Hoof）教授起草的《乌特勒支草案》（Utrecht Draft），最终讨论的结果提交给了联合国人权委员会，供联合国制定《经济、社会和文化权利国际公约任择议定书》时作参考。[5]

1996年11~12月，经济、社会和文化权利委员会第十五届会议对阿尔斯顿的修订报告进行了审议，并确定了向联合国人权委员会提交任择议定书草案之前需要处理的一些根本性的问题。[6]同年12月，经济、社会和文化权利委员会完成了《经济、社会和文化权利国际公约任择议定书（草案）》。

---

〔1〕 UN Doc. E/C. 12/1996/SR. 43, para. 6~7.

〔2〕 UN Doc. E/1991/23, para. 25.

〔3〕 UN Doc. E/C. 12/1991/WP. 2.

〔4〕 UN Doc. A/CONF. 157/PC/62/Add. 5, Annex Ⅱ.

〔5〕 有关《乌特勒支草案》的内容及其相关的讨论，请参见 Kitty Arambulo, *Strenthening the Supervision of the International Covenant on Economic, Social and Cultural Rights: Theoretical and Procedural Aspects*, Antwerpen/Groningen/Oxford: Intersentia – Hart, 1999. Chapt. V.

〔6〕 UN Doc. E/C. 12/1996/CRP. 2/ Add. 1.

二、第二阶段（1997～2008年）：人权委员会和人权理事会审议阶段

1997年，联合国人权高级专员将《经济、社会和文化权利国际公约任择议定书（草案）》提交给联合国人权委员会第五十三届会议审议。联合国人权委员会对通过这个《任择议定书》持非常积极的态度，在审议过程中，人权委员会提出一些建议并欢迎和呼吁各国政府、国际组织（包括非政府组织）进行进一步的讨论和评论。[1]但国际社会反应冷淡，人权委员会几乎没有收到对《任择议定书》草案有意义的评论。

为了推动任择议定书草案的进一步发展，1999年2月，国际法学家委员会（the International Commission of Jurists，ICJ）与联合国人权高级专员办事处（the Office of the High Commissioner for Human Rights，OHCHR）联合组织了一个研讨会。61个国家和11个非政府组织代表进行了积极并富有成果的讨论。[2]

2000年，人权委员会在其第五十六届会议上进一步审议了《经济、社会和文化权利国际公约任择议定书》的问题，并鼓励联合国人权高级专员加强对经济、社会和文化权利领域的研究，通过专家会议等作出贡献。[3]之后，2000年8月17日，促进和保护人权分委员会在其第五十二届会议上一致通过了第2000/9号决议，要求人权高级专员组织一次专业会议讨论该任择议定书，并向2001年人权委员会第五十七届会议上提交一份总结此次会议活动的报告。[4]为此，2001年2月，联合国人权高级专员办公室特别组织一次题为“经济、社会和文化权利的可诉性——特别是关于《经济、社会和文化权利国际公约任择议定书》”的国际研讨会，会议探讨了南非、印度、加拿大和法国等国在实现经济、社会和文化权利可诉性方面的国内经验，也探讨欧洲、非洲和美洲区域

---

〔1〕 Commission on Human Rights Decision 1997/4.

〔2〕 UN Doc. E/CN. 4/2002/161, Appendix B.

〔3〕 UN Doc. E/CN. 4/2000/9.

〔4〕 UN Doc. E/CN. 4/sub. 2/2000/L. 11/Add. 1.

性人权体制在实现经济和社会权利可诉性方面的经验以及有关《任择议定书》的问题，研讨会得出的结论之一就是，经济、社会和文化权利不仅在理论上是可诉的，而且在实践上也是可诉的。[1]

2001 年，人权委员会第五十七届会议在听取人权高级专员关于《任择议定书》草案的报告后，通过第 2001/30 号决议，决定任命一名独立专家，考察《任择议定书》的问题。考察对象包括：经济、社会和文化权利委员会 1997 年草案的内容，各国、政府间组织、非政府组织的评论以及上述研讨会的报告。被任命的专家是突尼斯大学法律、政治和社会科学系私法部主任汉特姆（Hatem Kotrane）教授。人权委员会要求他向其第五十八届会议提交一份报告，提出将来进一步行动的可行性意见，包括建立一个开放的人权委员会工作组审议《任择议定书》草案。

2002 年，人权委员会第五十八届会议在听取了独立专家提交的第一次报告及其所载建议[2]后，通过了第 2002/24 号决议，要求独立专家继续就相关问题进行研究。2003 年，人权委员会第五十九届会议审议了独立专家的第二份报告，[3]独立专家认为，每个缔约国都应承担最低核心义务，确保《公约》所载每项权利得到最低程度的落实；受《公约》保护的所有权利实质上具备可诉性，对此不再有任何怀疑；建议书设计的来文机制既有益又实用。会议还决定设立一个委员会的不限成员名额工作组（以下简称“工作组”），以探讨在拟定《经济、社会和文化权利国际公约任择议定书》一事上可采取的备选方法。工作组第一届会议选举卡塔丽娜·德阿尔布克尔克（Catarina de Albuquerque）为工作组主席兼报告员。

2004 ~ 2006 年，拟定《公约》任择议定书备选方案的不限成员名

---

〔1〕 UN Doc. E/CN. 4/2001/62/add. 2.

〔2〕 UN Doc. E/CN. 4/2002/57，审查《经济、社会、文化权利国际公约》任择议定书草案问题独立专家的报告。独立专家在该报告中赞成通过任择议定书草案。

〔3〕 UN Doc. E/CN. 4/2003/53，审查《经济、社会、文化权利国际公约》任择议定书草案问题独立专家的报告。

额工作组举行了三届会议，并向人权委员会第六十~六十二届会议做了报告，人权委员会对工作组的会议报告进行了审议，有关议定书的政府间谈判开始启动。[1]

依照联合国大会2006年3月15日通过的关于设立人权理事会的第60/251号决议以及经济及社会理事会2006年3月22日通过的第2006/2号决议，人权委员会在2006年3月13~27日完成其第六十二届会议暨最后一届会议议程。2006年6月16日，经济及社会理事会正式解散人权委员会，人权委员会退出了历史的舞台；2006年6月19日，人权理事会举行首次会议，人权理事会取代人权委员会走上人权国际保护的历史舞台，联合国人权工作新时代已宣布来临。《经济、社会和文化权利国际公约》任择议定书的起草和审议开始进入快车道。

人权理事会在其2006年6月的第一届会议上决定，延长工作组的任期两年，以便于精心起草一份《经济、社会和文化权利国际公约任择议定书》，并请工作组主席兼报告员编拟任择议定书的初稿，用作有关《经济、社会、文化权利国际公约任择议定书》谈判的基础。[2]应这一请求，工作组主席兼报告员编拟了任择议定书的初稿，[3] 2007年7月16日至27日，工作组第四届会议对其进行了审议并完成了一读。2007年人权理事会第六届会议对工作组提交的报告及任择议定书草案进行了第一次审议。[4]根据各方在工作组第四届会议期间提出的修正建议，工作组主席兼报告员对任择议定书草案作了订正，准备了第一次修订草案，[5]该草案在工作组第五届会议第一次会议（2008年2月4~8日）进行了审议并完成了二读。随后，根据第二次审议意见，工作组主席兼

---

〔1〕 UN Doc. E/CN.4/2004/44，UN Doc. E/CN.4/2005/52 和 UN Doc. E/CN.4/2006/47.

〔2〕 UN Doc. A/HRC/RES/1/3，《经济、社会和文化权利国际公约》任择议定书问题不限成员名额工作组。

〔3〕 UN Doc. A/HRC/6/WG.4/2，《经济、社会和文化权利国际公约》任择议定书草案。

〔4〕 UN Doc. A/HRC/6/8，审议关于拟定《经济、社会和文化权利国际公约》任择议定书备选方案的不限成员名额工作组第四届会议报告。

〔5〕 UN Doc. A/HRC/8/WG.4/2，《经济、社会和文化权利国际公约》任择议定书草案。

报告员准备了第二次修订草案,[1] 该修订草案在工作组第五届会议第二次会议上（2008 年 3 月 31 日 ~4 月 4 日）进行了审议并完成了三读。2008 年 4 月 4 日，第五届会议的最后一天，工作组通过了其会议报告,[2] 表决并同意将任择议定书草案提交人权理事会审议，工作组完成了其任务。

工作组主席兼报告员向人权理事会第八届会议提交了工作组第五届会议的报告，并将《经济、社会和文化权利国际公约任择议定书（草案)》作为附件一并提交理事会审议。人权理事会对《任择议定书（草案)》进行了审议，并进行了一般性辩论。2008 年 6 月 18 日，人权理事会未经表决通过了《经济、社会、文化权利国际公约任择议定书》,[3] 并决定将该《任择议定书》提交 2008 年 12 月份召开的第六十三届联合国大会通过。

三、第三阶段（2008 年至今）：联合国大会通过及各国签署、批准、生效阶段

2008 年 11 月 18 日，联合国大会第三委员会第 40 次会议对“决议草案 A/C. 3/63/L. 47：《经济、社会和文化权利国际公约任择议定书》”进行了讨论，并未经表决而通过。同年 12 月 10 日，第六十三届联合国大会未经表决通过了《〈经济、社会和文化权利国际公约〉任择议定书》。[4] 根据决议的建议，2009 年 9 月 24 日，在联合国纽约总部举行任择议定书开放签署的签字仪式。签字仪式当天，共有 20 个国家签署了《任择议定书》。

根据《任择议定书》第 18 条规定，该议定书在联合国秘书长收存第十份批准书或加入书之日起 3 个月后即行生效。2013 年 2 月 5 日，乌

---

〔1〕 UN Doc. A/HRC/8/WG. 4/3,《经济、社会和文化权利国际公约》任择议定书订正草案。

〔2〕 UN Doc. A/HRC/8/7, 拟订《经济、社会和文化权利国际公约》任择议定书问题不限成员名额工作组第五届会议报告。

〔3〕 UN Doc. A/HRC/8/2,《经济、社会和文化权利国际公约任择议定书》。

〔4〕 UN Doc. A/RES/63/117.

拉圭成为第十个批准《任择议定书》的国家。根据上述规定，《任择议定书》于2013年5月5日起生效。截至2015年5月5日，共有45个国家签署，其中，20个国家加入或批准，它们分别是（依加入或批准的先后顺序排序）厄瓜多尔、蒙古、西班牙、阿根廷、萨尔瓦多、波黑、玻利维亚、斯洛伐克、葡萄牙、乌拉圭、黑山、比利时、芬兰、加蓬、佛得角、哥斯达黎加、尼日尔（加入）、卢森堡、意大利和法国。〔1〕

第四节 《任择议定书》制定过程中讨论的主要问题

《任择议定书》的制定过程也是各国政府、政府间组织、非政府组织开展建设性对话，从而减少和消除歧见、凝聚共识的过程。在2004～2008年工作组的五届会议上，各国合纵连横，形成不同的阵营，有时界限分明，有时界限模糊。相互联合的第一个原则是传统的联合国区域集团，特别是非洲集团和拉丁美洲和加勒比国家集团，在支持《任择议定书》方面表现出相当大的一致性。另一个原则是《任择议定书》支持者与《任择议定书》反对者之间的对垒。一些欧洲国家（特别是葡萄牙、芬兰、西班牙、克罗地亚、比利时，以及在后一阶段的德国）、多数拉丁美洲和加勒比国家集团的成员国、一个积极的非政府组织联合体始终明确支持《任择议定书》。他们经常被称为《任择议定书》支持者或朋友。另一个集团由澳大利亚、加拿大、荷兰、新西兰、瑞典、英国、美国、波兰以及其他国家组成，他们起初在不同程度上游说反对制定《任择议定书》，反对无效后，他们想方设法削弱《任择议定书》并拖延其进程。这一集团可以称为怀疑论阵营。还有相当多的国家的立场不那么明确。

在这一过程中，既有重大问题的讨论/争论，也有细节性、技术性问题的讨论/争论。关于细节性、技术性问题，我们将在后面相关章节

〔1〕 UNTChttps：//treaties. un. org/Pages/ViewDetails. aspx? src = TREATY&mtdsg _ no = IV - 3 - a&chapter = 4&lang = en. 访问日期：2015年5月5日。

中予以阐述。《任择议定书》制定过程中的主要讨论/争论可概括为以下两方面，即制定《任择议定书》的前提性问题和关于《任择议定书》内容的关键问题。

一、制定《任择议定书》的前提性问题讨论

制定《任择议定书》条件的成熟，并不意味着在制定《任择议定书》的过程中，特别是在这一过程的初期，不遇到任何反对和阻碍。事实上，各个国家、国家集团、国际组织、非政府组织等利益攸关者在国际关系中处于不同地位、秉持不同的意识形态，对《任择议定书》的制定也抱持不同的态度和立场。有的支持，有的反对，有的不持立场。因此，在制定《任择议定书》的初期，各利益攸关者的讨论首先集中在制定《任择议定书》的应然性、必要性、可行性等前提性问题上。

（一）《经济、社会、文化权利国际公约》规定的缔约国义务的性质和范围

如前所述，“权利二分法”在很长一段时间内处于主导地位，20世纪90年代以后，“相互依存论”逐渐处于优势地位，但“权利二分法”依然具有相当大的影响，特别是在英美为代表的自由主义福利国家中仍然处于主导地位，成为怀疑论阵营反对制定以规定来文程序为主要目标的《任择议定书》的理论武器。

怀疑论阵营认为，尽管所有人权具有不可分割性和相互关联性，但这并不意味着所有人权的实施程度都相同。具体而言，《经济、社会和文化权利国际公约》所载权利不如《公民权利和政治权利国际公约》明确，措辞模糊，不足以规定明确的义务，缔约国在决策方面享有很大的酌处权，一方面，裁判机构难以确定某种经济、社会和文化权利是否遭到了侵犯，另一方面，缔约国可能无法预测委员会的意见和解释，因此来文程序就不切实际。[1]这是典型的“权利二分法”陈词滥调。《任

〔1〕 参见E/CN.4/2004/44，审议关于拟定《经济、社会、文化权利国际公约》任择议定书供选择方案的不限成员名额工作组第一届会议报告，第19、53段。

择议定书》支持者坚持认为，《维也纳宣言和行动纲领》确认了所有人权的普遍性、相互依存性和不可分割性，并指出《公约》是一项载有对所有缔约国具有约束力的国际法律文书。《经济、社会和文化权利国际公约》的措辞的明确性和可预测性，与《公民权利和政治权利国际公约》没有根本性差别，可以像审议缔约国定期报告的做法那样，由委员会根据具体情况适用《公约》的具体条款。公民权利和政治权利得益于多年来国际人权机构、区域人权机构和各国政府做出的解释，个人来文程序在条约解释进程中具有特别的重要性，通过《任择议定书》为经济、社会和文化权利规定来文程序，可促进澄清这些权利性质和范围。[1]

怀疑论阵营认为，落实经济、社会和文化权利需投入大量资源。而《任择议定书》支持者认为，缔约国负有尊重、保护和履行经济、社会和文化权利的义务，尊重和保护的义务通常需要立即履行，若有资源需要，数量也极少。[2]

怀疑论阵营强调《公约》第2条体现的逐步实现概念，尤其在资源拮据的情况下，是落实经济、社会、文化权利的根本。其隐含的意思是，《公约》无严格的约束力，各缔约国可以决定如何以及何时履行其条约义务。《任择议定书》支持者反驳说，逐步实现的最终目标是全面贯彻经济、社会和文化权利。有些经济、社会和文化权利，例如，组织和参加工会的权利、罢工权利，需要立即加以执行。虽然经济、社会和文化权利不是可以全部即刻实现的，但国家可以而且必须立即采取下列步骤：确保国家立法符合《公约》，对违约现象或侵犯经济、社会和文化权利的行为采取有效的补救，并投入资源以实现最起码的基本程度的经济、社会和文化权利。各缔约国在决定如何利用现有资源时，必须赋予实现经济、社会和文化权利应有的优先地位，而且缔约国应避免蓄意

---

〔1〕 参见E/CN.4/2004/44，审议关于拟定《经济、社会、文化权利国际公约》任择议定书供选择方案的不限成员名额工作组第一届会议报告，第19、53段。

〔2〕 同上，第55段。

采取退缩措施。[1]

怀疑论阵营强调经济、社会和文化权利受到资源限制，怀疑条约机构在受理申诉案件时审查缔约国配置资源的合法性和标准的恰当程度。而《任择议定书》支持者认为缔约国应当履行其最低核心义务，委员会在对其履行条约义务进行评估时，一定会考虑到该缔约国现有的资源水平。[2]

(二) 经济、社会和文化权利可否由法院裁决问题

怀疑论阵营认为经济、社会和文化权利不具有可诉性，不能由法院裁判，并因此认为通过《任择议定书》规定来文程序是不适宜的。而支持者举出一些国内法院和区域性人权法院的判例法，认为一些法院已经就经济、社会和文化权利作出了裁决，这一事实表明这些权利原则上也可以按照《任择议定书》规定的来文程序进行裁决。怀疑论阵营认为，经济、社会和文化权利是复杂的，必须按照国家的情况加以考虑，即使这些权利具有可诉性，其落实和裁决也最好留给国内法院解决，而条约监督机构因难以全面充分了解当地情况而不适宜接受来文。支持者认为落实经济、社会和文化权利的首要责任固然在于国内法院和地方当局，但这一事实并不能作为反对国际条约机构监督的有效理由。而且，根据任择议定书提出的来文只有在用尽所有国内补救措施的情况下才可受理。此外，关于委员会不会充分了解当地情况的说法，委员会可以依靠缔约国向它提供的资料，而缔约国有责任确保这种资料的适当性。[3]

(三)《经济、社会和文化权利国际公约》任择议定书的效用、与其他机制的互补性及其实用性

怀疑论阵营对增加一项人权程序的费用表示关注，因此必须证明由此增加的费用是合理的。他们提出现有的个人来文多数是对最尊重人权

〔1〕 参见 E/CN. 4/2004/44，审议关于拟定《经济、社会、文化权利国际公约》任择议定书供选择方案的不限成员名额工作组第一届会议报告，第56段。

〔2〕 同上，第57段。

〔3〕 同上，第63、64段。

的国家提出的；设立一种来文程序可能会对委员会履行现有职责的能力产生不利的影响；将资源消耗在来文方面可能不是增进这些权利的最佳办法；通过改进现有缔约国报告程序就可以实现对经济、社会和文化权利的尊重而无需增加来文程序；应该着眼于改进地方一级的执行情况并加强监督经济、社会和文化权利落实的国家机制，而不是着眼于国际监督机制；怀疑任择议定书是否会同现有的国际性监督机制重叠，并会由此减损任择议定书的效用。联合国教科文组织、国际劳工组织的代表支持制定《任择议定书》规定个人来文程序，并认为不会出现重叠。支持者认为，《任择议定书》将推动实现经济、社会和文化权利。《任择议定书》将有助于阐明缔约国义务的性质并通过对照涉及个人的具体情况使人们更准确地理解经济、社会和文化权利，并有助于充实关于经济、社会和文化权利的知识。有些代表团指出，《任择议定书》将阐明经济、社会和文化权利，驳斥反对经济、社会和文化权利可由法院裁决的论点，并可为侵犯这些权利行为的受害者提供补救。此外，《任择议定书》可弥补委员会所掌握资料的匮乏。[1]工作组主席兼首席报告员认为，尽管在《任择议定书》生效之前不大可能评估它的影响，但对现有来文机制的影响评估可能得出具有启发意义的三种趋势：第一，国家一级对于从司法角度来考虑经济、社会、文化权利的适当性和有效性的认可程度在不断提高；第二，区域来文制度的经验成功地促使人们关注国家一级落实经济、社会、文化权利的情况；第三，现有来文程序表明，国际程序在国家一级可起到重要的催化作用。[2]显然，工作组主席兼首席报告员支持制定《任择议定书》。工作组主席兼首席报告员的积极支持态度，对推动《任择议定书》起草进程发挥了不可替代的积极作用。

综上所述，怀疑论者的反对意见要么是“权利二分法”的陈词滥

---

〔1〕 参见 E/CN. 4/2004/44，审议关于拟定《经济、社会、文化权利国际公约》任择议定书供选择方案的不限成员名额工作组第一届会议报告，第 70～74 段。

〔2〕 E/CN. 4/2006/WG. 23/2，《经济、社会和文化权利国际公约》任择议定书的要素——主席兼报告员卡塔丽娜·德阿尔布克尔克的分析文件，第 61～64 段。

调，要么是没有太多事实根据的怀疑，要么是意识形态的偏见，很容易就可以驳倒。虽然他们的这种声音在制定《任择议定书》的过程中一直没有消失，但这种反对的声音越来越弱，已经不能阻挡《任择议定书》的制定进程。从工作组第三届会议开始，讨论转向对《任择议定书》的实质内容的讨论。

二、关于《任择议定书》的内容的关键问题讨论

在支持制定《任择议定书》的力量占据主导地位之后，讨论就主要集中在对《任择议定书》的内容上。概括起来，关于《任择议定书》的内容的讨论，主要包括三个方面的关键问题：《任择议定书》的范围问题，是否违反《公约》的评价标准问题，以及国际援助与合作问题。

（一）《任择议定书》的范围问题

根据《任择议定书》第2条（来文程序）和第11条（调查程序）的规定，来文和调查的范围是"《公约》规定的任何经济、社会和文化权利"。

早在其第十五届会议上，经济、社会和文化权利委员会就一致同意，将《经济、社会和文化权利国际公约》第四部分规定的国家报告义务排除在来文程序的涵盖范围之外，建议将来文程序的覆盖范围限制在公约第1~15条确认的权利范围内。[1]在《任择议定书》的制定过程中，各方对将国家报告义务排除在来文程序的涵盖范围之外没有任何异议，而对来文程序的覆盖范围是否包括《公约》第1~15条确认的所有权利产生了严重分歧，并从多个角度进行了深入讨论。基本的问题就是采用全面的方式（comprehensive approach）还是"按菜单点菜"的方式（à la carte approach）。所谓全面的方式就是任择议定书涵盖《公约》的全部实质性条文，可以就公约规定的任何权利提起来文，而所谓"按菜单点菜"的方式是指缔约国可以选择可以针对哪些权利或条款提起来

---

〔1〕 E/CN.4/1997/105，《经济、社会和文化权利国际公约》任择议定书草案，附件第24段。

文。在工作组的第一届会议上，就出现了全面的方式和“按菜单点菜”的方式争论，有的国家主张采用前者，有的国家主张采用后者。[1]这一争论根源于所有经济、社会和文化权利是否具有同等的可诉性这一由来已久的政治争论。在工作组的历届会议上，所有专家和被咨询的条约机构都表示支持采用全面的方式。[2]反对“按菜单点菜”的方式的共同理由是，在所有的人权公约中，只有《欧洲社会宪章》采用了“按菜单点菜”的方式，这种方式可能会导致在不同的权利之间形成等级制度，而《公约》所规定的所有权利之间并不存在不同的等级。诚如布鲁斯·波特所指出的：“一些国家将《公约》规定的权利分为可诉的权利和不可诉的权利的企图，事实上往往是为了掩饰其妄图在《任择议定书》输入经济、社会和文化权利不能与公民权利和政治权利等量齐观的企图。”[3]除怀疑论阵营的核心国家外，瑞士和俄罗斯也支持“按菜单点菜”的方式。[4]工作组第二届会议期间，在对《公约》的三部分进行讨论时，似乎许多国家对采用“按菜单点菜”的方式抱开放态度，但在会议结束时，不同区域集团的支持《任择议定书》的多数国家支持采用全面的方式。在这一阶段，没有讨论自决权问题。

除全面的方式与“按菜单点菜”的方式这一基本分歧外，关于《任择议定书》的范围还有其他分歧。例如，瑞士提出，无论是哪种，都必须限于各项权利中最低限度的内容，着重处理对违反尊重和保护义务行为的来文，并建议《任择议定书》的适用范围应限于对违反尊重和保护义务行为的来文。德国提出应将《任择议定书》的重点放在有关权

---

〔1〕 参见 E/CN. 4/2004/44，审议关于拟定《经济、社会和文化权利国际公约》任择议定书供选择方案的不限成员名额工作组第一届会议报告，第65、66段。

〔2〕 E/CN. 4/2005/52，审议关于拟定《经济、社会和文化权利国际公约》任择议定书备选方案的不限成员名额工作组第二届会议报告，第22、33、37、45段。

〔3〕 Bruce Poter, “The Reasonableness of Article 8. 4—Adjudicating Claims from the Margins”, (2009) 27 *Nordic Journal on Human Rights*, p. 39 at p. 44.

〔4〕 E/CN. 4/2005/52，审议关于拟定《经济、社会和文化权利国际公约》任择议定书备选方案的不限成员名额工作组第二届会议报告，第17、101段。

利核心内容上。[1]

工作组主席兼首席报告员在其提交工作组第三届会议讨论的《任择议定书的要素》中，就受来文程序规范的权利范围列举出五种方式：全面的方式（comprehensive）、自选加入方式（opt-in à la carte）、自选排除或保留方式（opt-out à la carte or reservations）、有期限的方式（time-limited）和有限范围方式（limited scope）。[2]工作组第三届会议上，多数国家支持全面的方式，加拿大、希腊、俄罗斯联邦等国表示支持“按菜单点菜”的方式，还有一些国家赞同有限范围的方式，韩国、瑞士、瑞典和英国认为《任择议定书》的范围应限于严重侵权或权利核心内容，印度和英国提出可以限于非歧视。[3]在工作组主席准备的第一份《任择议定书》草案中，提出三种备选方案：全面的方式、有限的方式、保留或排除的方式。全面的方式允许就公约规定的任何权利提起来文；有限的方式将来文程序的范围限定在《公约》第二、三部分；保留或排除的方式允许缔约国将第2条第1款、第6～15条中的一条或几条排除在适用范围之外。但是，《解释备忘录》强调，多数代表支持全面的方式，并且这一方式也是所有联合国人权条约的共同做法。[4]草案第2条第1款括号中的“第二、三部分”采取的是有限的方式，这是为了反映将《公约》第1条排除出来文范围的建议，即排除根据自决权提起的来文。一些代表指出，《公民权利和政治权利国际公约》的同一条属于个人来文程序的范围，但人权事务委员会确立的关于第1条的判例法认为“禁止根据《任择议定书》提起任何关于自决权的请求”（参见1991年11月2日通过的 Communication No. 413/1990, *A. B. et al. v. Italy*，不予

---

〔1〕 E/CN. 4/2005/52，审议关于拟定《经济、社会和文化权利国际公约》任择议定书备选方案的不限成员名额工作组第二届会议报告，第101段。

〔2〕 E/CN. 4/2006/WG. 23/2，《经济、社会和文化权利国际公约》任择议定书的要素——主席兼报告员卡塔丽娜·德阿尔布克尔克的分析文件，第5段。

〔3〕 E/CN. 4/2006/47，审议关于拟定《经济、社会和文化权利国际公约》任择议定书备选方案的不限成员名额工作组第三届会议报告，第28、29、57段。

〔4〕 A/HRC/6/WG. 4/2, Draft Optional Protocol to the International Covenant on Economic, Social and Cultural Rights, Annex II Explanatory Memorandum, para 3&4.

受理决定)。但是，应当指出，人权事务委员会在晚近的决定中已经阐明，在解释《公约》保护的其他权利，特别是第25、26、27条时，应当联系第1条的规定（参见 Communication No. 760/1997, *Diergaardt et al. v. Namibia*, 20 July 2000, para. 10.3 中的观点)。[1]在工作组第四届会议上，全面的方式得到了非常广泛的支持。但是仍有相当数量的国家（澳大利亚、中国、丹麦、德国、希腊、日本、荷兰、新西兰、波兰、韩国、俄罗斯、瑞士、土耳其、英国和美国）仍然支持“按菜单点菜”的方式。他们认为，这样的方式可以让更多的国家成为任择议定书的缔约国，并允许各国将程序的适用范围限制在已有国内补救办法的权利上。[2]在工作组第四届会议对草案进行二读时，将自决权排除出来文程序明确成为一个讨论主题。[3]

在2008年召开的工作组第五届即最后一届会议上，讨论聚焦在是选择全面的方式还是“按菜单点菜”的方式问题上。[4]原来主张设置严重侵权或者核心义务门槛的国家不再坚持原来的主张，而是改变策略，转而提出由委员会审查来文的优先顺序问题，并提出一个审查来文的很高审查标准。最后，各方在相当全面的方式上达成了共识，即来文和调查程序的范围是“《公约》第二部分和第三部分规定的任何权利”。同时，埃及代表非洲集团“对文本没有涵盖《公约》各部分表示遗憾，但理解该项排除不影响或涉及《公约》或国际人权法总体赋予自决权的核心地位”。[5]阿尔及利亚和巴基斯坦表示，将《公约》第一部分排除在任择议定书第2条之外可能损害《公约》，将保留在人权理事会中讨

---

〔1〕 A/HRC/6/WG. 4/2, Draft Optional Protocol to the International Covenant on Economic, Social and Cultural Rights, Annex II Explanatory Memorandum, para 5。

〔2〕 A/HRC/6/8，拟订《经济、社会和文化权利国际公约》任择议定书问题不限成员名额工作组第四届会议报告，第37段。

〔3〕 同上，第160段。

〔4〕 A/HRC/8/7，拟订《经济、社会和文化权利国际公约》任择议定书问题不限成员名额工作组第五届会议报告，第144~146段。

〔5〕 同上，第220段。

论这一问题的权利。[1]

在工作组第五届会议结束之际，尽管许多代表对根据共识通过的《任择议定书》草案终稿保留其立场，但预测在提交人权理事会后该文本不会再被改变。然而，以巴基斯坦和阿尔及利亚为首的一组国家努力推动人权理事会在2008年6月18日通过《任择议定书》时，将自决权包含到《任择议定书》的范围内。事后分析，这并没有什么可大惊小怪的，因为两国在工作组第五届会议结束之际曾明确表示，对《公约》第一部分被排除在外持保留态度。最终，人权理事会通过的文本修改为"《公约》所规定的任何经济、社会和文化权利"，代替了"《公约》第二部分和第三部分所规定的任何经济、社会和文化权利"的措辞。这一修改后的文本被送交联合国大会通过。

在联合国大会第三委员会，波兰、土耳其等国对工作组根据共识通过的文本被改变表示遗憾。同时，他们认为"这些修改内容大大放宽了《任择议定书》所针对的权利范围"[2]。英国、阿根廷、澳大利亚、加拿大、新西兰、瑞士、土耳其等国也强调了应将民族自决权排除在来文程序之外的观点。

综上所述，虽然民族自决权最初被明确地排除在《任择议定书》的范围之外，但联大通过的《任择议定书》的文本最终采纳了全面的方式。经济、社会和文化权利委员会在未来审查来文时，如何对自决权进行解释，我们拭目以待。

（二）是否违反《公约》的评价标准

《任择议定书》第8条第4款规定："委员会在审查根据本议定书提交的来文时，应当审议缔约国依照《公约》第二部分规定采取的步骤的合理性。在这方面，委员会应当注意到缔约国可以为落实《公约》规定的权利而可能采取的多种政策措施。"

---

〔1〕 A/HRC/8/7，拟订《经济、社会和文化权利国际公约》任择议定书问题不限成员名额工作组第五届会议报告，第214、245段。

〔2〕 A/C.3/63/SR.40，第三委员会第40次会议简要记录，第40、41段。

《经济、社会和文化权利国际公约任择议定书》是唯一包含了监督机构处理涉嫌违反公约的行为的申诉的评价标准的任择议定书。评价标准的规定证实了《公约》的某些缔约国基本不信任经济、社会和文化权利委员会的判断，而且反映了对经济、社会和文化权利的可诉性的根深蒂固的怀疑。在整个讨论过程中，人们反复表示，考虑到民选政府在作出政策决定和财政分配事项时的广泛的自由裁量权，难以想象一个司法机构如何能够决定一项经济、社会和文化权利被侵犯。规定评价标准的原则几乎没有受到任何抵制。《任择议定书》的支持者，尽管认为不需要规定评价标准，但很快就意识到他们必须在这一点上做出让步。直到工作组的谈判的最后一刻，仍在激烈争论使用的措辞。其核心概念就是合理性和自由裁量权/评价的边界。[1]

工作组第一届会议上，就有代表提出《公约》缔约国在作出政策决定和决定资源分配方面享有相当大的自由裁量权。一些代表团表示担心，“委员会关于各国的社会政策和资源分配的意见可能会不当地干涉立法机构的决策权”[2]。因此，他们要求研究委员会将采取何种标准判断是否存在违反公约的行为。[3]工作组第二届会议上，又有一些国家特别是加拿大、波兰和英国提出了同一问题。[4]为了安抚怀疑论阵营，出席工作组会议的经济、社会和文化权利委员会成员艾贝·里德尔（Eibe Riedel）先生针对各种疑问一一予以解释，在解答倒退性措施时，他强调指出，经济、社会和文化权利委员会的作用不是就国家分配资源问题

---

〔1〕 Arne Vandenbogaerde, Wouter Vandenhole, “The Optional Protocol to the International Covenant on Economic, Social and Cultural Rights: An Ex Ante Assessment of its Effectiveness in Light of the Drafting Process”, (2010) 10 : 2 *Human rights Law Review*, 207 at 223.

〔2〕 E/CN. 4/2004/44，审议关于拟定《经济、社会和文化权利国际公约》任择议定书供选择方案的不限成员名额工作组第一届会议报告，第61段。

〔3〕 同上，第19、57、62段。

〔4〕 E/CN. 4/2005/52，审议关于拟定《经济、社会和文化权利国际公约》任择议定书备选方案的不限成员名额工作组第二届会议报告，第6、60段。

作出决定，委员会在评估这种政策时会考虑到《公约》的条款，例如采用英美法系的合理性检验标准。[1]在回答如何解释第11条中“足够”和“适当”这两个不确切的用语时，里德尔先生解释说，委员会对这两个用语的解释，可以使各国拥有更大自行酌定的余地，同时逐国考虑各项措施是否适当。[2]关于国际合作问题，里德尔先生指出，委员会实践的重点是使缔约国履行采取审慎和有针对性步骤的义务，但通常未提及应达到具体目标的义务，从而为缔约国在选择政策方面拥有更大的自由裁量余地。[3]鉴于“经济、社会和文化权利的性质，尤其是考虑到在有对涉及资源分配的国内政策讨论进行干涉的危险时这些权利的性质”[4]，有关资源配置问题受到特别关注，工作组主席兼首席报告员在其论文《任择议定书的要素》中专门讨论了任择议定书和国内有关资源配置问题的决定，通过对国内法院审理经济、社会和文化权利的案件以及欧洲人权法院、人权事务委员会的判例的分析，阐明国内法院和国际人权机构如何裁判与政府资源分配有关的经济、社会和文化权利案件，法院或条约机构可以宣布其与宪法或条约是否一致，在有的案例中法院或条约机构还可以就所要采取的方针性质向公共当局提出建议。并强调指出，最重要的是，从司法和准司法角度审议经济、社会和文化权利，不会产生任何与法律其他领域中早已涉及的其他问题有任何实质性不同的难题。[5]从而有效地回答了这一问题。

显然，在怀疑论国家看来，经济、社会和文化权利具有不同的性质，因此在《任择议定书》中必须规定明确的评价标准。而在《任择议定书》支持者看来，《公约》第2条第1款的一般义务条款

---

〔1〕 E/CN.4/2005/52，审议关于拟定《经济、社会和文化权利国际公约》任择议定书备选方案的不限成员名额工作组第二届会议报告，第41段。

〔2〕 同上，第66段。

〔3〕 同上，第79段。

〔4〕 同上，第109段g项。

〔5〕 E/CN.4/2006/WG.23/2，《经济、社会和文化权利国际公约》任择议定书的要素——主席兼报告员卡塔丽娜·德阿尔布克尔克的分析文件，第35~43段。

已经足以容纳这一问题。而且，他们都不打算通过在《任择议定书》中加入限制性措辞从而将《公约》修正得更加明确。[1]

在工作组第三届会议期间以及准备《任择议定书》的第一份草案时，各方继续争论是否需要规定检验合理性的特定标准。加拿大、挪威和英国建议可以在任择议定书中规定保障各国裁量权以及检验“合理性”的标准，从而防止不当干涉各国决策。[2]里德尔先生认为，尽管鉴于委员会的自我约束，没有必要在任择议定书中规定“合理性标准”，但还是可以规定这样一个标准。[3]工作组主席兼首席报告员在第一份草案的《解释性备忘录》中也指出，许多代表认为不需要规定合理性标准。[4]为了消除怀疑论国家的疑虑，经济、社会和文化权利委员会在2007年5月通过了一份声明，解释它会如何解释涉及尽最大努力采取步骤的一般义务。[5]对于联合国人权机构来说，提前阐明其未来的管辖权这样的事情还是史无前例的。在该声明的第11、12段中，委员会几次提到“合理步骤”，这可以被认为是委员会就此问题做出的让步。

到了工作组第四届会议，原则性讨论已经结束，关于措辞的谈判成为突出问题。各种文本建议针锋相对。非洲集团提出的第2条之二与第8条第4款一起审议，旨在为审查来文提供一个方法，规定委员会应(a)“在原则上注重关于一缔约国未能……尊重和保护《公约》所规定权利的违反行为的指控”，以及(b)“根据需要而审议缔约国按照《公

〔1〕 Arne Vandenbogaerde, Wouter Vandenhole, “The Optional Protocol to the International Covenant on Economic, Social and Cultural Rights: An Ex Ante Assessment of its Effectiveness in Light of the Drafting Process”, (2010) 10: 2 *Human rights Law Review*, 207 at 224.

〔2〕 E/CN. 4/2006/47，审议关于拟定《经济、社会和文化权利国际公约》任择议定书备选方案的不限成员名额工作组第三届会议报告，第92段。

〔3〕 同上，第98段。

〔4〕 A/HRC/6/WG. 4/2, Draft Optional Protocol to the International Covenant on Economic, Social and Cultural Rights, Annex II Explanatory Memorandum, para 29.

〔5〕 E/C. 12/2007/1, CESCR, An Evaluation of the Obligation to Take Steps to the “Maximum of Available Resources” under an Optional Protocol to the Covenant, 10 May 2007.

约》第2条第1款就一份来文的主题事项所采取措施的合理性”。[1]美国则针锋相对地建议修改第8条第4款，以“不合理”取代“合理”一词，并加上一句“缔约国享有最大限度利用其资源的广泛判断余地”。[2]这两种建议都受到了关注，但不合理性标准和广泛的判断余地的措辞确实得到了来自诸如中国、希腊、印度、日本、挪威、波兰、瑞典、瑞士和英国等较为广泛的国家的支持。[3]

工作组第五届会议上，讨论继续进行，列出了备选文本。在2月份第一阶段会议上，厄瓜多尔、埃及（代表非洲集团）、危地马拉、印度、列支敦士登、墨西哥和斯里兰卡希望删除“合理性”、“不合理性”、“效力”和“适当与否”等字眼。澳大利亚、奥地利、德国、希腊、荷兰、新西兰、斯洛文尼亚和瑞典支持使用“合理性”一词；而丹麦、日本、波兰、英国和美国则坚持使用“不合理性”。阿根廷、孟加拉国、比利时、智利、哥斯达黎加、厄瓜多尔、芬兰、法国、德国、印度、列支敦士登、墨西哥、葡萄牙、俄罗斯联邦和斯里兰卡希望删除“判断余地”，奥地利、爱尔兰、日本、波兰和委内瑞拉（玻利瓦尔共和国）支持删除该措辞。加拿大、丹麦、希腊、荷兰、新西兰、挪威、瑞典、土耳其和英国支持使用“广泛（broad/wide）余地”一词。[4]直到4月份第二阶段的会议上，分歧仍继续存在。《任择议定书》的支持者抵制“判断余地”的提法，而怀疑论国家则坚定地、可能是协调一致地反对删除这一措辞。在《任择议定书》支持者的一揽子让步提议中，合理性检验被规定进来。尽管通过的文本中没有明确写入“判断余地”，但缔

〔1〕 A/HRC/6/8，审议关于拟定《经济、社会和文化权利国际公约》任择议定书备选方案的不限成员名额工作组第四届会议报告，第92段。

〔2〕 同上，第95段。根据非政府组织联盟指导委员会的理解，不合理性检验会设置一个较高的障碍，因为普通法中的温斯伯里不合理性检验（Wedensbury irreasonableness test in Common Law）只关注完全不可接受的行为。而且，不合理性标准将由申诉人承担举证责任。按照非政府组织联盟的理解，这一建议接近于修改《公约》。

〔3〕 同上，第95～98段。

〔4〕 A/HRC/8/7，拟订《经济、社会和文化权利国际公约》任择议定书问题不限成员名额工作组第五届会议报告，第88、91段。

约国为实施《公约》规定的各项权利可以采取"可行的多种政策措施"的提法准确地表示了判断余地。显然，通过删除"广泛的（broad or wide）"一词，否定了缔约国在经济、社会和文化权利领域自动享有广泛的判断余地。

在联大第三委员会讨论期间，《任择议定书》的反对者再次提出更加意识形态化的忧虑。丹麦、新西兰、挪威、美国以及菲律宾等国强调，应当由缔约国，特别是其"依法选举产生的国内机构"，而不是由联合国的一个条约机构，来决定一般政策、国家优先领域以及"国家对经济和社会财富的分配"。[1]波兰担心，在很多情况下，捍卫经济、社会和文化权利不适于采取准司法程序，因为经济、社会和文化权利委员会的成员的政治偏向有可能排斥单纯的司法考量。[2]这些评论清楚地表明，坚持在《任择议定书》中加入评价标准的要求是多么强烈地体现了关于经济、社会和文化权利的性质及其可诉性的讨论的核心问题。如上所述，这些《公约》缔约国对《任择议定书》第8条第4款的解释反映了他们的担心的程度，可以这么说，最后通过的文本并不是那么符合经济、社会和文化权利的特征，而是更多地反映了由来已久的对经济、社会和文化权利的偏见。意识形态激起的对经济、社会和文化权利性质的担心和无知很大程度上主导了谈判过程，并导致史无前例地在规定一项来文程序的《任择议定书》中加入了这一评价标准。尽管合理性标准的加入并不必然影响经济、社会和文化权利的可诉性，但是对于《任择议定书》支持者而言，加入合理性标准"被视为确认了已在国内一级被证明为行之有效的审查标准，保证《公约》第2条第1款规定的全部义务应当接受有效审查，被置于《任择议定书》的管辖范围之内"。[3]

（三）国际援助与合作问题

国际援助与合作是贯穿谈判始终的一个重要问题。《经济、社会和

---

〔1〕 A/C.3/63/SR.40，第三委员会第40次会议简要记录，第22、24、26、39段。

〔2〕 同上，第40段。

〔3〕 Bruce Poter, "The Reasonableness of Article 8.4—Adjudicating Claims from the Margins", (2009) 27 *Nordic Journal on Human Rights*, 39 at p.47.

文化权利国际公约》中是否规定了提供国际援助和合作的义务，特别是发展援助的义务，长期以来是一个悬而未决、高度政治化、两极分歧问题。赞成“法律义务论”者往往引用《公约》第2条第1款及其他条款证明提供国际援助和合作是一项法律义务，在这些条款中提到国际援助和合作旨在逐步实现《公约》规定的权利。经济、社会和文化权利委员会在其一般性评论和报告程序中也都提出这一问题。里德尔先生指出，委员会在报告程序中经常提出这一问题，鼓励国家争取国际援助，并在它们拥有提供援助的手段时提供这种援助。但委员会还没有处理过涉及违约行为的国际援助和合作问题。〔1〕

经济、社会和文化权利委员会1997年起草的《任择议定书》草案旨在规定一项来文程序，因此没有提及国际援助和合作问题。工作组第一届会议期间，若干代表团提及经济、社会和文化权利以及开展国际合作和技术援助的义务的国际层面问题。〔2〕各国代表重复了他们在这一问题上的传统立场。在工作组第二届会议上，英国、捷克、加拿大、法国和葡萄牙五国认为，国际援助和合作是一项重要的道德义务而非一项法律资格，也没有将《公约》解释成为规定有提供发展援助的法律义务或接受这种援助的法律权利。埃及代表强调指出，《公约》第2条第1款认识到提供国际援助的法律义务，任择议定书案文应反映这一点。但国际合作不应被视为缔约国履行《公约》规定义务的先决条件。〔3〕这就提出了两个必须回答的问题：其一，任择议定书是否应当涵盖国际援助和合作；其二，如果应该，如何规定之。鉴于这一问题在一般人权论争中，以及《残疾人权利公约》谈判过程中突出的政治性，显然不可能漠视这一问题。从工作组第二届会议起，非洲集团就要求将国际援助和合

---

〔1〕 E/CN.4/2005/52，审议关于拟定《经济、社会和文化权利国际公约》任择议定书备选方案的不限成员名额工作组第二届会议报告，第63段。

〔2〕 E/CN.4/2004/44，审议关于拟定《经济、社会和文化权利国际公约》任择议定书供选择方案的不限成员名额工作组第一届会议报告，第21段。

〔3〕 E/CN.4/2005/52，审议关于拟定《经济、社会和文化权利国际公约》任择议定书备选方案的不限成员名额工作组第二届会议报告，第76、77段。

作问题纳入讨论。问题的关键在于，如果非洲集团将工作组变成国际援助和合作以及发展权这一可能导致政治瘫痪的问题的论坛，极有可能使关于《任择议定书》的谈判脱轨。因此，工作组面临的挑战就是，《任择议定书》中必须涵盖这一问题，既不能因这一问题过于分散《任择议定书》谈判的注意力，又不能疏离非洲集团。

经济、社会和文化权利委员会成员里德尔先生不排除在国家间来文程序中可能利用获得国际援助的权利，但认为难以根据个人来文程序援引这种权利。[1]法国和捷克建议在序言中写入国际援助和合作的原则，从而将其排除在讨论范围之外，[2]非洲集团拒绝了这一提议，并提议设立一项基金，用以协助各国执行各项建议，并提出可对违反《公约》行为采用的补救办法。[3]国际援助和合作由此缩小为南北关系问题，甚至进一步缩小为发展援助。

工作组主席兼首席报告员在其《任择议定书的要素》中设专节阐述了国际援助和合作。在将国际援助和合作的重要性敷衍过去的同时，将其降格为可控的具体的提议，从而娴熟地避开了国际援助和合作的陷阱。该文承认"对执行《公约》和普遍享有经济、社会和文化权利来说，国际合作无疑是一个主要要素"，但强调必须在《公约》条款文本的范围内考虑《任择议定书》规定的国际合作。这意味着，《公约》中提到的国际合作，具有普遍适用意义，并不特指某一个国家。实际上，该文将整个问题降低为赋予委员会在激活《公约》第22、23条的程序(即将某些事项提请联合国机构及其辅助机构、专门机构注意）的明确作用的途径，这一途径与儿童权利委员会联系联合国儿童基金会的方式相一致。关于一些国家建议设立一个信托基金，为落实委员会根据任择议定书所提出的意见筹措资金，工作组主席兼首席报告员建议工作组予

---

〔1〕 E/CN. 4/2005/52，审议关于拟定《经济、社会和文化权利国际公约》任择议定书备选方案的不限成员名额工作组第二届会议报告，第79段。

〔2〕 同上，第99段。

〔3〕 同上，第105段。

以讨论。

工作组第三届会议期间，继续进行原则性讨论。非洲集团继续强调国际援助和合作是《公约》中包含的一项法律义务，此外，印度尼西亚、伊朗也持同样的观点。[1]中国、古巴、尼泊尔、阿根廷、比利时、芬兰和墨西哥强调了加强国际合作和援助的重要性，从政治上对非洲集团进行了支持，但并没有明确承认国际援助和合作是一项法律义务，[2]因此，这种政治支持并不是十分有力。加拿大明确提出国际合作与援助是一个道德而非法律的义务，法国、荷兰、西班牙、瑞典和英国则较为委婉地表达了同样的观点，并强调一国有履行义务的首要责任。[3]阿根廷、智利、埃及和法国指出，不应当把国际合作视为履行人权义务的先决条件。[4]从地域代表性来讲，这应该是国际社会的普遍共识。非洲集团再次呼吁建立一项信托基金。[5]工作组主席兼首席报告员提出的委员会发挥激活作用的建议虽然受到了英国和荷兰的反对，但得到了多数国家的赞同。[6]

工作组主席兼首席报告员编写的《任择议定书》草案[7]第一稿(2007年）第13条规定了国际援助与合作：

> 委员会应酌情将其关于那些表明需要技术咨询或援助的来文和调查的意见和建议，连同缔约国可能对这些意见和建议提出的评论和建议一起，转达给联合国各专门机构、基金和方案及其他主管机关。委员会还可提请此种机构注意任何由本议定书下审议的来文引起的事项，这可协助它们在各自的权限内决定是否应该采取可能有

---

〔1〕 E/CN.4/2006/47，审议关于拟定《经济、社会和文化权利国际公约》任择议定书备选方案的不限成员名额工作组第三届会议报告，第78段。

〔2〕 同上，第12、79段。

〔3〕 同上，第80~82段。

〔4〕 同上，第79段。

〔5〕 同上，第7、132段。

〔6〕 同上，第83、84段。

〔7〕 A/HRC/6/WG.4/2，《经济、社会和文化权利国际公约》任择议定书草案，附件一。

促进作用的国际措施，协助各缔约国在落实《公约》确认的各项权利方面取得进展。

第14条规定了专门基金：

1. 为支持落实委员会根据《公约》规定的任何程序提出的关于补救办法的建议，大会决定设立一个按照联合国财务规章管理的、违反《公约》行为受害者专门基金，以便缺乏资金落实补救办法的缔约国提出请求时给予资金援助。

2. 专门基金可通过各国政府、政府间组织和非政府组织及其他各种公私实体自愿捐资筹集资金。

这表明国际援助和合作以及专门信托基金的讨论已经度过了原则性讨论阶段，而开始进入技术性阶段。在工作组第四届会议上，第13条得到了广泛的支持，但第14条受到了怀疑论阵营众口一词的反对，就连《任择议定书》支持者阵营中也有部分国家表示反对，因为他们担心：这类基金将与现行的基金重复；而且将发出一个错误信号，即可借口缺乏国际援助来为不履行《公约》义务辩解。[1]工作组第五届会议期间，关于国际援助和合作的原则性讨论已经完全消失。在2008年2月份第一阶段，关于草案第13条几乎没有实质性讨论，只有加拿大建议删除该条规定。[2]一些代表团，包括加拿大、丹麦和美国，反对设立基金或对设立基金表示关切。[3]阿根廷、孟加拉国和埃及认为任择议定书是设立基金的最适当之处。[4]澳大利亚、瑞士、瑞典、波兰等怀疑论国家态度有所软化，在不反对设立基金的前提下，对基金的用途等问题提出自己的意见。例如，澳大利亚指出，如果保留该条，就必须就基金的

〔1〕 A/HRC/6/8，审议关于拟定《经济、社会和文化权利国际公约》任择议定书备选方案的不限成员名额工作组第四届会议报告，第127、129段。

〔2〕 A/HRC/8/7，拟订《经济、社会和文化权利国际公约》任择议定书问题不限成员名额工作组第五届会议报告，第107~113段。

〔3〕 同上，第114段。

〔4〕 同上，第115段。

使用制定严格的标准。瑞士指出，必须澄清个人受害者和政府分别可获得的资金所占比例。尽管瑞典非常赞成不设立基金，仍建议使用折衷用语，规定基金只对个人提交来文给予帮助。一些代表赞成利用基金来支持受害者使用程序或为受害者提供有效补救办法。波兰指出，如果设立基金，基金就应当只为技术援助提供资金。比利时建议增添《残疾人权利公约》第 32 条第 2 款的用语，以澄清缺少财政援助不能成为不遵守《公约》的理由，奥地利、巴西、埃及、摩洛哥和挪威对该提议表示支持。[1]在第二阶段，工作组主席提出的将第 13、14 两条合并为一条的建议同样遭到了抵制，因为澳大利亚、加拿大、瑞典和英国认为不能由任择议定书创设基金，比利时、加拿大、瑞典、英国和美国认为委员会不是管理基金的恰当机构，埃及（代表非洲集团）说明基金不会由委员会独家管理。经过非正式讨论，根据德国的一项提议和非洲集团的一项改进提议，最终将信托基金的规定合并到了第 14 条中。信托基金不用于实施违反公约的案件中的委员会的建议书，而是用于“为缔约国提供专家和技术援助，加强《公约》所载权利的落实，从而有助于围绕本议定书建设经济、社会、文化权利领域的国家能力”。在联大第三委员会讨论《任择议定书》时，列支敦士登的代表对第 14 条第 3 款关于信托基金的规定表示反对，认为为个人来文程序设立一个特别用途基金对一些国家是不公平的，这些国家是《公约》缔约国，但还不是《任择议定书》的缔约国，只是按照规定提交关于《公约》实施情况的报告。这样一个基金相对于联合国各机构已经设立的各种基金来说，可能是多此一举。列支敦士登认为这项条款的加入是机会主义政策考量主导的结果，可能会削弱《任择议定书》的法律效力。[2]

总之，在对《任择议定书》的讨论过程中，国际援助和合作这一可能导致一项关于全球化时代经济、社会和文化权利的责任分担的问题，

---

〔1〕 A/HRC/8/7，拟订《经济、社会和文化权利国际公约》任择议定书问题不限成员名额工作组第五届会议报告，第 116～118 段。

〔2〕 A/C. 3/63/SR. 40，第三委员会第 40 次会议简要记录，第 34 段。

被缩小为发展援助和技术咨询和援助。

这一变化受到了政治的和策略的双重考量的驱动。在政治上，多数西方国家不愿意讨论他们所负担的投资外国经济、社会和文化权利实现的（法律）义务；在策略上，这一高度政治化的议题可能扼杀或严重延迟《任择议定书》的谈判进程。工作组主席在草案第13条中的提案通过将讨论集中在委员会在联合国系统中提出技术建议的激活作用上使得讨论中性化，同时非洲集团坚持建立一项基金的做法同样将讨论从原则性议题转化为资源转移这样的小议题。到谈判的最后，非洲集团及其主要要求被边缘化了，因此信托基金甚至未被包括到一揽子提案中。非洲集团对谈判的积极参与并不怎么太受关注，（在《任择议定书》的支持者看来）真正关心的是不要疏远它。尽管《任择议定书》中规定建立信托基金，但它已经严重背离了最初的意图，并且只是笼统地规定在第14条的第3款中。埃及代表是一位非常雄辩的演讲人、技巧纯熟的外交官，在工作组的最后谈判中担任非洲集团的发言人，似乎过于让步，以至于他在最后阶段完全丧失了讨价还价的力量。这一发展变化过程也许只能从法律和政治背后的变量中得到解释。[1]

三、小结

自2004年工作组第一届会议召开到2008年联合国大会通过《任择议定书》的5年间，经各方的讨论、讨价还价、妥协，求同存异，《任择议定书》终于诞生了。联大第三委员会和联合国大会虽然都对人权理事会提交的草案进行了讨论，但都是未经表决以共识的方式通过的，因此，工作组和理事会的讨论构成了实质性的两个阶段。工作组向联合国所有会员国以及非政府组织开放，各方可以充分表达自己的观点、意见

〔1〕 Arne Vandenbogaerde, Wouter Vandenhole, "The Optional Protocol to the International Covenant on Economic, Social and Cultural Rights: An Ex Ante Assessment of its Effectiveness in Light of the Drafting Process",（2010）10：2 *Human Rights Law Review*, 207 at p. 230.

和主张，工作组主席兼首席报告员折冲樽俎，管控分歧，提供作为谈判的重要依据和基础的工作论文、《任择议定书》草案，为保证谈判进程顺利进行发挥了重要作用，并在共识的基础上完成了提交人权理事会的《任择议定书》草案。在工作组阶段，前提性问题的迅速解决，表明“相互依存论”已经完全取代“权利二分法”获得优势地位。根据共识拟定并提交人权理事会的《任择议定书》草案将自决权排除在《任择议定书》的适用范围之外，表明西方集体暂时取得了胜利；史无前例地加入评价标准，是《任择议定书》支持者不得不付出的重大代价，其未来的影响难以预测；将国际援助和合作缩小为经济、社会和文化权利委员会激活《公约》第22、23条的作用，以及用途受到限制的信托基金，非洲集团虽然取得了一定的成功，但与其最初的愿望相去甚远，表明了这一问题最终被边缘化了。而在人权理事会阶段，人权理事会只有47个成员国，《任择议定书》支持者在数量上相对于西方集团（多数属于怀疑论阵营）处于优势地位，它们利用这一优势地位，在《任择议定书》的范围问题上实现了翻盘，由仅适用于《公约》第二部分和第三部分规定的任何经济、社会和文化权利扩大到《公约》规定的任何经济、社会和文化权利，从而在文本上将《公约》第一部分规定的自决权包括了进去，幸运的是西方集团对此保持了克制，重开谈判甚至陷入僵局的危险并未成为现实。

司法是运送正义的最终方式。准司法性质的来文程序是联合国人权保护保护体系中的重要方式。《任择议定书》的制定正是为了弥补《经济、社会和文化权利国际公约》缺乏来文程序这一重大缺陷。如果将旨在规定来文程序的《任择议定书》的制定过程比喻为制造运送经济、社会和文化权利的战舰的话，经济、社会和文化权利委员会在最初提出草案时显然更加雄心勃勃，目标也更加单一。《任择议定书》在联大的通过，标志着这艘战舰的完工。但与最初的蓝图相比，我们可以发现，这艘战舰上多了“评价标准”这样一个可能削弱其能力的一个控制装置，搭载了一套被西方国家削弱了的非洲集团坚持制造的国家援助和合作特别是信托基金的装置。简言之，这艘战舰似乎没有当初构想的功能强大，而且搭载了最初的蓝图中没有的一些装置。之所以出现这样的结果，是因为这艘战舰的制造者来自三个团队：一个被称为战舰的积极制造者的团队，一个被称为战舰制造支持者的非洲团队，一个被称为战舰制造阻挠者的自由主义福利国家团队。为了完成战舰的制造，第一个团队必须获得第二个团队的支持，因此必须满足第二个团队“搭载国家援助和合作”这套装置的要求；为了化解第三个团队的阻挠，必须搭载可能削弱这艘战舰能力的“评价标准”这套装置；但因为第三个团队对第二个团队的要求的反对，建造成的“国际援助与合作”这套装置与第二团队当初的目标相去甚远，但第二个团队也只能接受这样的结果；第三团队的更具破坏性的“不合理性评价标准”被改为破坏性可能较小的“合理性评价标准”。但无论如何，这艘战舰已经完工，并且已经于2013年5月5日宣布列装到联合国人权保护舰队。祝愿这艘战舰在经济、社会和文化权利委员会这支船员队伍的驾驶和管理下，在风云变幻的人权国际保护大海中开辟航道，成功化解明滩暗礁的威胁，运送正义，有效救济违反公约行为的受害者，促进各国履行其承担的尊重、保护和实现经济、社会和文化权利的义务。

第五节　《任择议定书》的结构、基本内容和意义

一、《任择议定书》的结构和基本内容概述

《任择议定书》分为序言和正文两部分。

（一）序言

序言叙述了《任择议定书》的历史背景和依据，阐明了制定《任择议定书》的目的。序言共分6段。序言第一段上溯至《联合国宪章》的人权原则；第二段复述了《世界人权宣言》第1条和第2条规定的人权的普遍性、平等性和非歧视原则；第三段忆及《世界人权宣言》和国际人权两公约（即《经济、社会和文化权利》和《公民权利与政治权

利国际公约》）共同确认的，“只有创造条件使人人都可以享有公民、文化、经济、政治和社会权利，才能实现自由人类免于恐惧和匮乏”的理想；第四段重申了联合国一贯坚持的观点——一切人权和基本自由都是普遍、不可分割、相互依存、相互关联的；第五段忆及《公约》第2条第1款的规定，复述了经济、社会和文化权利的性质以及国家承担的一般义务；第六段阐明了制定《任择议定书》的目的——进一步实现《公约》的宗旨，落实《公约》各项规定，赋予经济、社会和文化权利委员会新的职能。这六段序言，由远及近，由抽象到具体，丝丝入扣，逻辑严密，言简意赅。

（二）正文

正文部分共22条，可分为实质性条款和技术性条款两部分。

第1~14条为实质性条款。分别规定了来文程序（第1~10条），调查程序（第11~12条），保护措施（第13条）和国际援助与合作（第14条）。

来文程序。《任择议定书》规定了两种来文程序：个人来文程序（第1~9条）和国家间来文程序（第10条）。其中个人来文程序为强行性程序，即《任择议定书》的缔约国不能对第1~9条予以保留。这9条分别规定了委员会接受和审议来文的权限（第1条），来文（第2条），可受理性（第3条），未显示处境明显不利的来文（第4条），临时措施（第5条），转交来文（第6条），友好解决（第7条），审查来文（第8条）和委员会意见的后续行动（第9条）。国家间来文程序规定在第10条中，共分两款，其中第1款规定委员会接受和审议国家间来文的权限和程序。国家间来文程序为任择性程序，即国家在批准或加入《任择议定书》时，可以声明承认委员会对国家间来文的管辖权，不作声明，即不承认委员会的管辖权。第2款对根据本条第1款作出的承认委员会管辖权的声明的提交和撤回及其效力作出了规定，并规定了声明的转送问题。

调查程序。《任择议定书》第11、12条规定了调查程序。从一定意义上来讲，调查程序是来文程序的辅助程序，但其本身又具有独立性。调查程序是《任择议定书》规定的任择性程序。第 11 条规定了委员会的管辖权以及调查程序的步骤、方式、方法、期限等，第 12 条规定了调查程序的后续行动。

保护措施。第 13 条规定了保护措施，即缔约国应当采取一切适当措施，确保在其管辖下的个人不会因为根据本议定书与委员会联络而受到任何形式的不当待遇或恐吓。保护措施适用于上述所有来文程序和调查程序。

国际援助与合作。第 14 条规定了国际援助与合作。该条共分 4 款。第 1、2 款实质上是《公约》第 22 条和第 23 条的激活条款。第 3 款规定了用于提供专家和技术援助的信托基金。第 4 款则规定“本条规定不妨碍各缔约国履行《公约》规定的义务”，旨在消除某些国家对可能导致的借口缺乏国际援助与合作而不履行其义务的担忧。

第 15 ~22 条为技术性条款。第 15 条规定委员会的年度报告应当摘要介绍根据本议定书开展的活动。第 16 条规定本议定书的传播与信息。第 17 条规定只有《公约》缔约国才可以签署、批准和加入，以及其方式和效力。第 18 条规定议定书的生效问题。本议定书在第十份批准书或加入书交存联合国秘书长之日起 3 个月后生效。对于在第十份批准书或加入书交存后批准或加入议定书的国家，议定书在该国交存批准书或加入书之日起 3 个月后生效。第 19 条规定了议定书的修正问题。第 20 条规定了退出议定书的方式、生效及效力。缔约国可以随时书面通知联合国秘书长退出本议定书。退约应当在秘书长收到通知之日起 6 个月后生效。退约不妨碍本议定书各项规定继续适用于退约生效之日前根据第 2 条和第 10 条提交的任何来文，以及退约生效之日前根据第 11 条启动的任何程序。第 21 条规定了秘书长的通知。联合国秘书长应当将三种具体情况通知《公约》第 26 条第 1 款所提的所有国家：本议定书的签署、批准和加入；本议定书和任何根据第 19 条提出的修正案的生效日期；任何根据第 20 条发出的退约通知。第 22 条规定本议定书的正式语文包括阿拉伯文、中文、英文、法文、俄文和西班牙文，各文本同等作准。

二、《任择议定书》的意义

2008年3月31日，时任联合国人权高级专员路易斯·阿尔布尔女士出席工作组第五届会议开幕式时发表了热情洋溢的讲话，她认为："《任择议定书》的通过将成为世界人权制度发展史上的一座里程碑"。[1]这一评价是恰如其分的。

首先，《任择议定书》的起草、通过和生效历时20多年，将国际人权法学界和国际社会的注意力吸引到了经济、社会和文化权利的保护特别是国际保护上来，有力地促进国际人权法学界对经济、社会和文化权利的研究，促进国际社会更加关注经济、社会和文化权利的保障。

早在2000年，来自美洲、非洲和亚洲的重要人权组织的经济、社会和文化权利的活动家们聚在一起，商讨成立一个旨在促进经济、社会和文化权利的国际网络。2003年，在泰国清迈召开经济、社会和文化权利网络开幕暨大会成立会议（a founding General Assembly and the Inaugural ESCR-Net Conference），会议的主题是"创造社会正义的新路径"，来自50多个国家的250多名人权活动家出席会议，成立了经济、社会和文化权利国际网络（International Network for Economic, Social and Cultural Rights，简称ESCR－Net），选举了经济、社会和文化权利国际网络第一届董事会。目前，经济、社会和文化权利网络尚未在任何国家登记为非政府组织，为方便其设立在美国纽约市的秘书处开展工作，它已成为泰德斯中心（Tides Center）的一个项目，后者是2004年9月根据美国法律建立的一个非营利公共慈善机构。简言之，经济、社会和文化权利网络是基于将人权与社会正义联系起来并开创更大的全球行动的新路

---

〔1〕 Statement by Ms. Louise Arbour, "High Commissioner for Human Rights to the Open-ended Working Group on an Optional Protocol to the International Covenant on Economic", *Social and Cultural Rights*, Fifth session, Salle XII, Palais des Nations, Monday 31 March 2008, http://www.ohchr.org/EN/NewsEvents/Pages/DisplayNews.aspx? News ID = 8688&LangID = E. 访问时间：2015年1月27日。

径的愿望，由来自全球的人权组织和个人形成的一个国际网络，其使命在于共同努力，发起以人权推动社会正义的全球运动，通过与世界范围的组织和活动家共同开展工作，便于相互学习和策略分享，开发新工具和资源，致力于倡导和提供信息共享与网络化，加强经济、社会和文化权利。其工作领域包括经济、社会和文化权利的战略性诉讼，经济、社会和文化权利任择议定书，公司责任，妇女与经济、社会和文化权利，社会政策与人权，社会运动与草根团体，经济、社会和文化权利的监督。目前，经济、社会和文化权利网络大会由来自 70 多个国家的 222 个组织和 48 名个人组成。[1]

为了领导非政府组织致力于参与和促进《任择议定书》的起草和通过，经济、社会和文化权利网络联合其他非政府组织成立了非政府组织支持《任择议定书》国际联盟［The International NGO Coalition for an Optional Protocol to the International Covenant on Economic, Social and Cultural Rights，简称联盟（Coalition）］。由经济、社会和文化权利国际网络、大赦国际（Amnesty International）、南非西开普大学共同体法中心（Community Law Centre, University of the Western Cape）、国际法学家委员会（International Commission of Jurists）、社会权利倡议中心（Social Rights Advocacy Centre，SRAC）、食物第一信息与行动网络（Food First Information and Action Network，FIAN）、国际妇女权利行动亚太观察（International Women's Rights Action Watch Asia Pacific）、国际人权联盟（Fédération internationale des droits de l'Homme，FIDH）以及美洲人权、民主和发展论坛（Plataforma Interamericana de Derechos Humanos, Democracia y Desarrollo，PIDHDD）组成的一个国际指导委员会（an international Steering Committee）领导该联盟。《任择议定书》通过后，该联盟的工作转向推动该任择议定书的批准和实施进程。[2]

其次，《任择议定书》的通过和生效标志着国际社会对“相互依存

[1] 详细内容参见 http：//www. escr – net. org/.

[2] 详细内容参见 http：//op-icescr. escr-net. org/.

论”的广泛承认达到一个新高度，实际上是对60年前《世界人权宣言》所体现的人权的统一愿景的回归。《任择议定书》的通过和生效将传递出一个强有力的明确的信号，即所有人权具有同等的价值和重要性。尤其重要的是，它将有助于人们抛弃法律救济或准司法救济不适用于经济、社会和文化权利保护的观念，进一步证明“权利二分法”是经不起严格检验的，它不仅与事实不符，而且与构成国际人权制度的基石的统一人权观相抵触。

最后，也许也是最重要的，《任择议定书》规定了个人来文程序、国家间来文程序和调查程序，从而为侵犯经济、社会和文化权利的行为的受害者提供了国际救济渠道，经济、社会和文化权利委员会可以通过这些程序更好地发展经济、社会和文化权利的法理。此外，《任择议定书》还规定了加强国际援助与合作的途径和措施。尽管《任择议定书》的缔约国迄今仅有20个，经济、社会和文化权利委员会未来受理和审查的来文数量也很难预测，但正如前人权高级专员路易斯·阿尔布尔女士所言：“《任择议定书》是否成功，其判断标准与其说是受理和审查的来文的数量多寡，不如说是该机制在多大程度上在国家和当地层面上加强了对经济、社会和文化权利的保护。《任择议定书》将致力于实现这一目的，从而提高受害者获得救济和补救的机会。”[1]

---

[1] Statement by Ms. Louise Arbour, “High Commissioner for Human Rights to the Open-ended Working Group on an Optional Protocol to the International Covenant on Economic”, *Social and Cultural Rights*, Fifth session, Salle XII, Palais des Nations, Monday 31 March 2008, http://www.ohchr.org/EN/NewsEvents/Pages/DisplayNews.aspx? News ID = 8688&LangID = E, 访问时间：2015年1月27日。

第二章

经济、社会和文化权利委员会

经济、社会和文化权利委员会（以下简称“委员会”）负责《经济、社会和文化权利国际公约》（以下简称《公约》）的监督，但其设立和职权并不是源于《公约》，而是来源于联合国经济及社会理事会的一项决议。《经济、社会和文化权利国际公约任择议定书》（以下简称《任择议定书》）改变了委员会的法律地位，并进一步赋予其更多的职权。

第一节　委员会的成立

一、《公约》起草阶段关于公约监督机构的三种方案

在《公约》起草阶段，关于公约监督机构曾经有三种方案被提出来供参考，它们分别是由人权事务委员会兼管、专门机构和专家委员会。

（一）由人权事务委员会兼管国家间指控程序

为摸清各国对经济、社会和文化权利实施机制的普遍态度，人权委员会在其第十届会议上讨论了三个主要问题：第一，定期报告制度对两公约的适用性；第二，包含国家间指控程序和友好解决程序要素的所谓人权事务委员会程序[1]是否适用于《经济、社会和文化权利国际公

---

〔1〕这一程序没有被采纳，与《公民权利和政治权利国际公约》现在的条约监督机构人权事务委员会没有关系。这一所谓的人权事务委员会程序包含在《公民权利和政治权利国际公约》1955 年版草案的第 27 ~48 条中。参见 UN Doc. E/273 (E/CN. 4/705), Report of the Tenth Session of the Commission on Human Rights (1954), Annex I, Section B, Part IV.

约》；第三，请愿权问题。[1]对于第一个问题，委员会大多数成员持赞成态度。对于第三个问题，我们将在下文专家委员会中予以讨论。这里阐明委员会成员对第二个问题的观点。

尽管人权两公约及其实施机制在起草过程中被截然分开，代表们还是就所谓的人权事务委员会程序能否适用经济、社会和文化权利进行了讨论。这一程序，实质上是一个友好解决程序，将授权未来的人权事务委员会本着友好解决特定事项的态度提供斡旋。[2]这一问题几乎没有获得任何支持。反对的理由可以归纳为：其一，“它构成了对缔约国内政的干涉，侵犯了它们的主权”；其二，尽管联合国大会第543（VI）号决议要求起草两公约时尽可能使其规定相似，但“反对适用任何形式的程序的现实考量更受重视”；其三，“定期报告制度已经发展成为……实施经济、社会和文化权利的最佳方法……”；其四，“每一公约规定的权利和义务的性质不同，公民权利和政治权利应当即刻适用，而经济、社会和文化权利应当主要通过专门机构的协助而逐步实现，这一事实证明两公约应当保留不同的实施方法”。[3]有的提议认为在特定环境下应有选择地适用，其他的则认为等到它们“成为有强制力的”时候再予以适用。该提议认为，就经济、社会和文化权利而言，国家应当接受人权事务委员会的监督，但是一旦同专门机构的职能发生重叠，人权事务委员会则服从专门机构的权威。这种主张遭到专门机构的反对，他们认为这样的程序只会导致工作的重复，并且在任何情况下他们在实施经济、社会和文化权利方面有技术上的优势。因此，这种建议在投票表决之前就

---

〔1〕 参见 UN Doc. E/273（E/CN. 4/705），Report of the Tenth Session of the Commission on Human Rights（1954），para. 72.

〔2〕 参见上引《公民权利和政治权利国际公约》草案第43条，载 Annex I, Section B, Part IV。这种程序被包括在《公民权利和政治权利国际公约》的最终文本中，即第41、42条中规定的国家间来文程序。

〔3〕 UN Doc. E/273（E/CN. 4/705），Report of the Tenth Session of the Commission on Human Rights（1954），para. 220～222.

被撤回。委员会最终决定就这一问题不采纳任何规定。[1]

（二）专门机构

在起草阶段，有议案提出由专门机构来行使监督职能。但是，由它们来扮演监督的中心角色则是不适宜的。这是因为：首先，并非所有的《公约》缔约国均为专门机构的成员国；其次，成员国和非成员国在标准和实施机制上存在差异，这会削弱《公约》权利的普遍性和义务的相互性；最后，如果不对专门机构现有的职权范围加以扩充，专门机构将难以独立担当如此重任。因此，这一建议也被否决了。

由于在技术和知识上具有无可比拟的优势，取得专门机构的合作相当重要。因此，《公约》在一定程度上吸收了这一建议，使专门机构参与到《公约》的监督中。《公约》第16条第2款（乙）项规定："本公约任何缔约国，同时是一个专门机构的成员国者，其所提交的报告或其中某部分，倘若与按照该专门机构的组织法规定属于该机构职司范围的事项有关，联合国秘书长应同时将报告副本或其中的有关部分转交该专门机构。"第17条第1款规定："本公约缔约各国应按照经济及社会理事会在同本公约缔约各国和有关的专门机构进行谘商后，于本公约生效后一年内，所制定的计划，分期提供报告。"第18条规定："经济及社会理事会按照其根据联合国宪章在人权方面的责任，得和专门机构就专门机构向理事会报告在使本公约中属于各专门机构活动范围的规定获得遵行方面的进展作出安排。这些报告得包括它们的主管机构所采取的关于此等履行措施的决定和建议的细节"。

（三）专家委员会

规定专门的专家委员会负责《公约》的监督的建议始于1951年黎巴嫩代表的提案。[2]根据这一提案，专家委员会将被赋予广泛的职权，

---

〔1〕 UN Doc. E/CN. 4/L. 338, Report of the Commission on Human Rights Tenth Session 18 ESCOR, Supplement No. 7.

〔2〕 UN Doc. E/CN. 4/570 (1951), Commission on Human Rights, Lebanon: Draft Articles on the Implementation of the Provisions on Economic, Social and Cultural rights.

包括接团体、个人、国家或他们联合提出的诉愿，收集资料，以及通过谈判进行救济。此外，该提案还建议，委员会由15名成员组成，他们都应当在经济、社会和文化权利领域拥有公认的经验，由经济及社会理事会任命，任期五年，可以连选连任。此外，该提案还建议，委员会对联合国秘书长负责，使它自己和联合国获取各缔约国与经济、社会和文化权利方面实施有关的各种问题的信息。这些信息包括各国的司法判决、立法和报告，以及对经济、社会和文化权利感兴趣的组织的活动报告。1951年，人权委员会对《公约》的实施措施未能达成一致意见，对这一议案未采取任何措施，而仅仅将这一议案转交经济及社会理事会。最后，由于中国和巴基斯坦的反对，人权委员会决定采取一个妥协方案，即在经济及社会理事会下建立一个工作组协助理事会审查报告，会议通过了这一建议，并写入了《公约》草案。[1]

人权委员会第十届会议讨论的第三个问题是请愿权与经济、社会和文化权利问题。鉴于前述对定期报告程序和所谓人权事务委员会程序的反对，委员会甚至没有认真讨论允许个人或团体提交涉及侵犯经济、社会和文化权利的行为的诉愿的可能性问题。在讨论报告程序期间，乌拉圭提出了为经济、社会和文化权利规定一条申诉权的建议。乌拉圭的建议的理论基础是“公约草案赋予个人的权利不仅使他成了国际法的主体，而且赋予他有机会通过向联合国提交来文的方式捍卫其权利”。有代表建议，这一建议更适于在讨论所谓人权事务委员会程序是否适用于《经济、社会和文化权利国际公约》草案时予以讨论，乌拉圭代表撤回了上述建议，并保留在更为合适的时间提出的权利。[2]然而，乌拉圭代表没有再次提出该建议。[3]

1955年，相互对立的两个国家集团再次更清楚地表达了各自的观

---

〔1〕 UN Doc. E/CN. 4/629, Report of the Working Group on Implementation of Economic, Social and Cultural Rights, 15 May 1951.

〔2〕 UN Doc. E/273 (E/CN. 4/705), Report of the Tenth Session of the Commission on Human Rights (1954), para. 107 ~ 109.

〔3〕 同上，第227段。

点。一个国家集团认为："就经济、社会和文化权利而言，没有能够作为准司法裁判基础的标准。涉及公约的指控只能适用于在实现某些目标中的不够充分的计划，不可能……决定在任何特定案件中应当采取什么进展速度。"[1]因此，可以认为，如果权利意味着能够诉诸法庭或其他类似当局的话，从本质上来讲，经济、社会和文化权利不能被视为权利。而另一个国家集团认为某些经济、社会和文化权利可以立即具有可强制性，例如工会权利和初等教育权，不应预先排除经济、社会和文化权利在未来适用申诉程序的可能性。[2]讨论的结果是，人权委员会最终决定将经济、社会和文化权利排除出诉愿权的范围之外。

经济及社会理事会没有足够的时间和精力充分审查缔约国提交的报告，并且理事会成员国与《公约》缔约国不一致，由它代表缔约国也不合适，基于这一认识，仍然有一些国家提出建立专家委员会审议缔约国报告的建议。1966年美国提出仿照《消除一切形式种族歧视国际公约》的消除种族歧视委员会，建立专家委员会，来负责监督《公约》的实施。与此同时，意大利则建议经济及社会理事会设立特别委员会。然而，这些议案由于没有得到足够的支持而被撤回。

专家委员会的建议之所以未能获得足够的支持，这是由当时的国际政治形势所决定的。20世纪60年代，以苏联为代表的社会主义国家坚持认为无论是经济、社会和文化权利还是公民权利与政治权利，都应该依靠国内管辖实现，反对任何形式的国际监督机制；非洲国家因为国际法院"西南非洲案"[3]的判决而对国际法院感到反感，这种反感同样牵连到同为专家委员会的人权监督机构；西方国家则对经济、社会和文化权利兴趣不高，它们认为经济、社会和文化权利与公民权利和政治权利不同，不具有执行性。因而，国际社会对于未来的经济、社会和文化权

---

〔1〕 UN Doc. A/2929, Report of the Tenth Session of the General Assembly (1955), para. 41.

〔2〕 同上，第42段。

〔3〕 关于"西南非洲案"的细节参见张爱宁：《国际法原理与案例解析》，人民法院出版社2000年版，第624页。

利国际公约中设立强有力的实施程序的推动力不足。

由于上述三种方案均被否决，《公约》最终仅仅规定了缔约国报告制度一种监督程序，而且没有规定专门负责监督《公约》实施的机构，而是规定由经济及社会理事会负责审议。这一重大缺陷，为后来建立经济、社会和文化权利委员会埋下了伏笔。

二、经济及社会理事会对缔约国报告的审议

尽管对于《公约》应采用的监督机制争论不断，但最终监督《公约》实施的责任被交给经济及社会理事会。《公约》第 16 条第 2 款（甲）项规定，所有报告应提交联合国秘书长；联合国秘书长应将报告副本转交经济及社会理事会按照本《公约》的规定审议。但是，《公约》的规定是含糊不清的。首先，关于缔约国报告审查机构的规定存在模糊之处。尽管经济及社会理事会有审查报告的职责，但是依据《公约》第 19 条，人权委员会亦有权就缔约国的报告进行“研究”并“提出一般性建议”。如此，两者的职权如何分配？有无主次之分？其次，《公约》只规定报告的提交和审查，而报告的周期、形式和具体内容仍是不确定的，对经济及社会理事会所承担的审查职能的性质也没有规定。这些问题的解决只能留待经济及社会理事会解决。

《公约》于 1976 年 1 月生效后，经济及社会理事会通过了第 1988（LX）号决议，规定各缔约国提交报告的程序和由其进行审查的程序。该决议同时呼吁建立一个“会议工作组”（the Sessional Working Group），以帮助经济及社会理事会审查报告。在这样的框架下，经济及社会理事会保留了最终的监督裁量权。1978 年，该委员会通过了第 1978/10 号决议[1]，其中包括会议工作组的组织和行政以及 1981 年的审查国家报告的计划。工作组由 15 名成员组成，都是来自不同国家的政府代表。这些代表是从经济及社会理事会中拥有席位的国家以及《公约》缔约国中

〔1〕 该决议将原来的会议工作组更名为政府专家会议工作组，针对之前关于工作组存在的法理基础及组成成员的争议，决议试图使工作组的工作合法化。参见 UN Doc. E/CN. 1978/10（3 May 1978），in UN Doc. E/C. 12/1989/4，at 6（1988）.

挑选的，并考虑地理分布的均衡性。但这一改变并未减少其受到的批评。

1980年，会议工作组做好了实质性审查国家报告的准备工作。但之后召开的一系列会议并没有显示出其具备处理国家报告的应有能力。两个最为明显的缺点是报告审查方式不能令人满意和工作组自身的总结报告质量低下。工作组效率低下的原因主要有：一是工作组没有建立起有效的审查国家报告的标准和程序。它的报告仅限于程序性的摘要，没有在报告审查的基础上对国家的履约情况作出实质性结论。二是成员内部之间存在政治分歧，阻碍审查程序的改进和发展。某些成员，主要是来自东欧国家的成员曾竭力避免联合国专门机构对报告审查程序的参与，尤其是国际劳工组织的参与。三是工作组成员的独立性不足。工作组的组成决定了其运行中存在强烈的政治色彩。四是会期和工作时间短暂。工作组最初每年召开一次为期两周的会议，1980年后也只是延长为三周。五是成员缺乏连续性，不利于工作组工作的一贯性，难以通过实践形成必要的专业积累。六是工作组成员出席会议的情况很不规范，比如，经常使用代理人的做法不利于工作的内在一致性。七是专业水平不高，等等。所有这些因素导致了工作组提出的问题质量不高。[1]

三、委员会的建立

由于上述严重缺陷，工作组作为一个监督机构的运作效果并不令人满意，需要建立一个更加有力的监督机构。自20世纪80年代中期开始，冷战趋于缓和，东西方对待经济、社会和文化权利的态度也有所妥协和缓和，而且联合国也日趋关注经济、社会和文化权利，建立一个真正的独立专家委员会来监督公约实施的条件已经具备。1985年，会议工作组向经济及社会理事会提出由工作组转为独立专家委员会的建议。[2]经济及社会理事会认可了建议，于1985年5月28日通过了1985/17号

〔1〕 参见柳华文：《论国家在〈经济、社会和文化权利国际公约〉下义务的不对称性》，北京大学出版社2005年版，第23页。

〔2〕 UN Doc. E/1985/18, para. 39.

决议，决定建立一个专门的专家委员会，即经济、社会和文化权利委员会（Committee on Economic, Social and Cultural Rights, CESCR），[1]取代原来的政府专家会议工作组，并对委员会的职权和组成、委员会成员的选举和条件、委员会的会期、经费、委员会与经济及社会理事会的关系、秘书长的服务等问题作出规定。根据决议规定，委员会的职权仅限于"协助理事会履行特别是《公约》第21、22条所规定的职责"。

1987年3月9~27日，委员会召开了第一届会议，审议了朝鲜人民民主共和国、约旦以及荷兰三国的报告，通过了结论意见。至此，委员会建立起来，《公约》的实施监督机制开始逐步走上正轨，翻开了新的篇章。不过，值得注意的是，委员会与会议工作组仍然有着较多的相同点。委员会继承和发扬了会议工作组的程序，并没有多大的创新与改进，其方法和程序也没有发生较大的变动。更重要的是，《公约》监督机制并没有发生实质性变革。

第二节 委员会的性质和地位

一、从经济及社会理事会的附属机构到条约机构

为监督联合国九大核心人权公约，目前共建立了十个独立的专家委员会（committee），[2]委员会是其中之一。除委员会外，其他九个专家委员会都是根据一项具体的人权公约或随后的一项任择议定书而建立的，即所谓的人权条约机构（human rights treaty bodies）。与此不同，委员会是根据经济及社会理事会第1985/17号决议而建立的，从严格法律意义上讲，委员会并不是一个条约机构，而是经济及社会理事会的一个

---

〔1〕 E/ Res/1985/17，审查经济、社会和文化权利国际公约执行情况政府专家会议工作组的组成、组织和行政安排，载 UN Doc. E/1985/85, p. 15.

〔2〕 其他九个分别是：人权事务委员（CCPR），消除种族歧视委员会（CERD），消除对妇女歧视委员会（CEDAW），禁止酷刑委员会（CAT），防范酷刑小组委员会（SPT），儿童权利委员会（CRC），移徙工人委员会（CMW），残疾人权利委员会（CRPD），强迫失踪问题委员会（CED）。

附属机构。

因此，委员会的职权受到严格限制，仅仅是“协助”经济及社会理事会审议缔约国报告，而且其职权和地位都是临时的。从理论上讲，一方面，经济及社会理事会可以随时通过新的决议撤销委员会，这是其缺陷所在。另一方面，因为经济及社会理事会的决议比条约条款的修改容易得多，有利于随时根据需要调整委员会的职权及其活动方式，以便于其更好地监督缔约国的行为。此外，委员会所需经费与服务由联合国出资和提供，较有保障。“考虑到其享有的改变委员会的安排的权力，经济及社会理事会可能倾向于在另一项决议中扩大委员会的职权范围，从而避免修改公约本身的繁复和累赘。”〔1〕事实确实如此，最初，委员会按规定每年在日内瓦举行为期三周的会议，从 1990 年起经经济及社会理事会批准第一次增加一届会议后，从 1993 年起已经定期每年增加一届特别例会，其主要目的就是处理委员会所审议的缔约国报告的积压问题。在其 1993 年第九届会议上，委员会向经济及社会理事会提交了其通过的一项决议，其中包括两项主要内容：其一，请求“（进一步）增加资源，以使其能够完成其目前承担的职责以及《维也纳宣言和行动纲领》提出的新任务”。其二，请求每年增加一届例会。〔2〕1995 年 7 月 25 日，经济及社会理事会通过第 1995/39 号决议，同意了委员会的第二项请求，授权委员会每年举行两届年会，各为期三周，另由五名成员组成的会前工作组在每届会议闭幕之后立即举行一次为期五天的会议，以编制下一届会议所要审议的问题清单。〔3〕至此，委员会与人权事务委员会一样，每年举行两届年会。事实上，经过多年的实践和发展，委员会已

---

〔1〕 Kitty Arambulo, *Strengthen the Supervision of the International Covenant on Economic, Social and Cultural Rights: Theoretical and Procedural Aspects*, Antwerp/Gronington/Oxford: Intersentia-Hart, 1999, p. 34.

〔2〕 UN Doc. E/1994/23 (E/C. 12/1993/19), Report of the Eighth and Ninth Session of the Committee on Economic, Social and Cultural Rights.

〔3〕 E/Res/1995/39，经济、社会和文化权利委员会年会，载 E/1995/95，经济及社会理事会决议和决定。

经成为审议《公约》缔约国定期报告的主要机构，而非辅助机构。

虽然委员会不是严格意义上的人权条约机构，但事实上，其《议事规则》以及活动方式与其他条约机构基本相同，它已被认为是条约机构。最明显的例证就是委员会被邀请参加人权条约机构委员会间会议和人权条约机构主席会议，它还被列入人权高级专员办公室网站的条约机构名单。

即使如此，人权理事会还是于 2007 年第四届会议通过了第 4/7 号决议《更改经济、社会和文化权利委员会的法律地位》，决定“遵照国际法，特别是国际条约法，启动一个程序，更改委员会的法律地位，以便使该委员会与所有其他条约监督机构处于相同地位”。为此，“请委员会向人权理事会 2007 年最后一届会议提交一份报告，概述有关这一问题的意见、提案和建议，以便协助实现上述目标”；并“请人权事务高级专员办事处征询各国和所有其他利益攸关方对该问题的意见，并编写一份载有这些意见以及法律事务厅对此事见解的报告，提交人权理事会 2007 年最后一届会议”。[1]

根据上述要求，委员会在 2007 年 4～5 月举行的第三十八届会议上审查了人权理事会第 4/7 号决议。根据该届会议于 2007 年 5 月 18 日举行的讨论，委员会通过委员会主席致人权理事会主席的一封信提出了委员会的意见。[2] 委员会主席菲利普·泰克西尔（Philippe Texier）在信中指出：

> 本委员会遵守 1993 年维也纳世界人权会议的原则，根据其原则，所有人权都是普遍、不可分割、互相依存和相互联系的。条约机构的运作反映了这些原则。虽然更改本委员会的地位是适宜的，以便联合国人权系统的所有监测机构均处于相同地位，但本委员会的运作迄今并未因为它是经济及社会理事会的附属机构和独立的专

---

〔1〕 UN Doc. A/HRC/Res/ 4/7，更改经济、社会和文化权利委员会的法律地位。

〔2〕 UN Doc. A/HRC/20，更改经济、社会和文化权利委员会的法律地位：委员会的报告。

家机构这种地位而受阻。

他还认为，这是一个及时和适宜的措施，但与完成《任择议定书》的起草这一迫切任务相比，改变委员会的地位并不是此时的一项根本问题，并期望理事会采取一切措施，确保更改委员会地位的工作不会进一步拖延《任择议定书》的通过。他还表示，更改委员会的责任应由缔约国承担。委员会乐于悉听人权理事会的安排，随时在必要时，根据所有人权均是普遍、不可分割和平等对待原则，与理事会就更改委员会地位问题进行对话。

人权高级专员办事处根据第4/7号决议的要求，提交了报告。[1]报告表明，各国对此观点各不相同，并提出了各种备选办法。但问题的核心在于："从法律的角度看，由经济及社会理事会建立起来的一个机构的权力、功能和结构是否应当由建立它的同一个机构予以更改。也就是，在《经济、社会和文化权利国际公约任择议定书》未来生效后，委员会是否可以改变其法律地位，根据第1、10、11条的规定新功能，成为审议个人来文、国家间来文以及调查程序的条约机构。此外，经济及社会理事会以后是否可能解散经济、社会和文化权利委员会?"[2]法律事务厅也提出了自己的意见。它认为："要使委员会处于与其他条约监督机构相同地位，就需要《公约》缔约国以条约形式对设立这样一个机构作出规定，既可以采取《公约》修正案的形式，也可以采取通过一项新的条约或议定书并使条约和议定书生效的形式这样做。"[3]

随着《任择议定书》于2013年5月5日生效，可以说上述问题已经得到解决，委员会已经根据《任择议定书》的授权，成为一个严格法

---

〔1〕 UN Doc. A/HRC/6/21，联合国人权事务高级专员关于更改经济、社会和文化权利委员会法律地位的报告。

〔2〕 Marco Odello and Francesco Seatzu, *The UN Committee on Economic, Social and Cultural Rights: the Law, Process and Practice*, London/New York: Routledge, 2013, p. 111.

〔3〕 A/HRC/6/21，联合国人权事务高级专员关于更改经济、社会和文化权利委员会法律地位的报告，附件，法律事务厅：授予经济、社会和文化权利委员会与其他条约监督机构同等地位的法律备选办法，第6段。

律意义上的人权条约机构。与此同时，经济及社会理事会还可以处理联合国所有会员国任何与经济和社会有关的事务。

二、条约机构而非宪章机构

联合国人权机构还可以分为宪章机构（Charter-based bodies）和条约机构（Treaty-based bodies）。宪章机构包括直接由宪章建立的机构，如联合国大会、经济及社会理事会，以及由那些主要机构随后建立或授权的机构，例如人权委员会及其继任者人权理事会、妇女地位委员会、人权高级专员等。条约机构是指那些根据一项特定的人权条约或其任择议定书建立的机构，前者如人权事务委员会（HRC），后者如防范酷刑小组委员会（SPT）。宪章机构，例如人权理事会、联合国大会以及安全理事会，可以监督和处理联合国任一会员国的人权执行情况，这些机构是政治性机构，通常享有促进认识、培养尊重以及对违反人权标准的行为做出反应的广泛职权。而人权条约机构的职权范围则要有限得多，仅限于每一条约的规定，而且仅对特定条约的缔约国有效。

委员会享有的处理个人来文、国家间来文以及调查程序的权力是《任择议定书》赋予的，《任择议定书》生效后，就这些职权而言，委员会属于条约机构而非宪章机构。

三、独立专家机构而非政府专家机构

根据组成人员的不同，联合国人权机构还可以分为独立专家机构和政府专家机构。独立专家机构是由在人权领域具有公认的能力，以个人身份工作的专家而组成的人权机构。这些专家由缔约国推荐，经选举产生，有规定的任期，一般可以连选连任。一般来说，独立专家机构具有较强的独立性，能够较好地胜任其职责，并具有较强的稳定性和连续性。包括经济、社会和文化权利在内的负责监督联合国核心人权公约的十个机构都是独立专家机构。而政府专家机构是指由某一机构的成员国政府代表组成的人权机构。这些机构的成员是成员国的代表，不一定具备人权领域的知识和能力，往往难以胜任其职责；其行为代表着其国家，而不是以个人身份工作，不具有独立性；国家可以随时更换其代表，因此往往导致机构缺乏稳定性，工作缺乏连续性。例如，联合国教科文组织负责来文程序（即104程序）的教科文组织执行局公约和建议书委员会（the Committee on Conventions and Recommendations，CR），以及委员会的前身——政府专家委员会。

四、国际非/准司法机构而非国际司法机构

国际人权机构还可以分为司法机构、准司法机构和非司法机构。司法机构是指以裁判纠纷的方式行使其职权，其裁决具有强制力的国际人权机构，即国际法庭，如欧洲人权法院、美洲人权法院以及非洲人权法院。准司法机构是指以类似于裁判纠纷的方式实施其职权，但其决定不具有法律强制力的国际人权机构，联合国各核心公约规定的负责来文程序的专家委员会都属于准司法国际机构体系。非司法机构是指不以裁判纠纷的方式活动，而是以建设性对话的方式进行活动，其决议、结论意见和建议书不具有法律约束力的国际人权机构。联合国宪章机构，诸如联合国大会、人权委员会及其小组委员会及其继承者人权理事会都属于非司法国际机构。此外，就联合国核心人权公约的缔约国报告程序来说，联合国各核心人权条约机构也属于非司法性体系。

从其成立之初起，委员会仅被要求“协助”经济及社会理事会“审议”（consider）缔约国的报告。“审议”一词表明，委员会承担的并非司法性质的职能。有人认为，经济及社会理事会创立由独立专家组成的委员会的决定加强了其在监督程序中发挥准司法机构作用的意图。还有学者认为，以缔约国报告制度为首要内容的联合国人权条约监督制度属于准司法监督机制。[1]但是，委员会一向对这种准司法机构的说法持非常谨慎的态度，并多次强调它仅参加与缔约国的“建设性对话”。尽管委员会要求缔约国代表出席委员会审议国家报告的会议，双方就缔约国实施公约义务的情况进行有益的讨论，但委员会几乎是一致强调委

---

〔1〕 万鄂湘：“国际人权条约的准司法监督机制”，载邵沙平、余敏友主编：《国际法问题专论》，武汉大学出版社2002年版，第183～190页。

员会并非“国际法庭”，因为它没有权力就缔约国是否履行《公约》义务进行裁决。委员会的目的在于给缔约国提供履行《公约》义务所必要的技术援助和建议。当然，委员会在实践中不自觉地表现出越来越浓厚的司法机构色彩。如接受非政府组织提供的信息、声称其作为《公约》解释的核心机构地位、通过一般性评论和结论性意见、就缔约国是否履行了《公约》义务进行评估等。

可以认为，委员会的建立是为了协助经济及社会理事会审议缔约国报告，就此而言，它属于国际非司法机构；根据《任择议定书》的规定，委员会对个人来文、国家间来文和调查程序享有管辖权，就此而言，它已成为一个国际准司法机构。因此，委员会兼具国际非司法机构和国际准司法机构的特性，但无论如何，它都不是一个国际司法机构。

综上所述，委员会是一个独立专家机构，不同于其前身政府专家委员会，在其建立之初是经济及社会理事会的一个附属机构，是一个国际非司法机构。《任择议定书》生效后，委员会已经兼具一个条约机构和国际准司法机构的性质，成为经济及社会理事会的附属机构与条约机构的混合体，兼具非司法职能与准司法职能的机构的性质，但是，它绝对不是一个宪章机构，也不是一个国际司法机构。

第三节　委员会的运作

一、概述

委员会的工作主要建立在四个文件规定的规则的基础上，它们分别是经济及社会理事会第 1985/17 号决议、委员会制定的《议事规则》(RoP - CESCR)[1]、《任择议定书》以及《〈经济、社会和文化权利国

---

〔1〕 为了更好地开展工作，行使经济及社会理事会赋予的监督职权，委员会必须明确其工作方法和议事规则。为此，联合国秘书长结合经济及社会理事会的决议、决定以及其他条约监督机构的实践，提出委员会《议事规则》的草案，由委员会修订，并于委员会第三次会议上获得通过（E/C. 12/1989/SR. 22）。随后，1990 年 10 月 10 日，经济及社

际公约任择议定书〉临时议事规则》（以下简称《临时议事规则》）[1]。与联合国其他人权条约机构相似，其职权主要包括：审议缔约国定期报告，阐述一般性评论，审查个人来文和国家间来文，以及调查严重或有系统的侵犯权利的行为。除了这些实体性职权外，委员会需要经由经济及社会理事会，向联合国大会就其依据《公约》及其《任择议定书》开展的活动提交年度工作报告。

委员会现阶段的组织和运作规则和绝大多数条约机构基本相同，它们在很大程度上都模仿了第一个人权条约机构——人权事务委员会的组织和活动规则。

联合国人权条约机构并非一个经过严密规划而建立起来的协调一致的体系，而是由于家族相似性而形成的一个体系。由最初的人权事务委员会发展为目前的十个事务性委员会，虽然后来的条约机构在很大程度上模仿了人权事务委员会的组织和活动规则，但毕竟具有相当的差异性。人权条约机构的倍增，以及它们职能之间一定程度的重叠或重复，为缔约国按时履行提交报告和其他信息的任务带来了沉重的负担。因此，加强条约机构之间的协调性越来越成为一个突出问题。为此，联合国秘书长报告《加强联合国：进一步改革纲领》建议采取两项可能有助于解决现行体制不足的措施："第一，各委员会应该制定一种协调一致的办法开展活动，并且将各种不同的报告要求标准化。第二，应该允许各缔约国编写一份单一的报告，综述其遵守已加入所有国际人权条约的情况。"并要求"联合国人权事务高级专员就新的简化报告程序与条约

会理事会通过第1990/251号决议，批准了参照其他条约机构的实践和程序制定的《议事规则》（E/Res/1990/251），该规则成为委员会运行的主要法律文件。有评论认为，尽管委员会名义上为经济及社会理事会的下属机构，应当遵守后者制定的持续规则，但是委员会通过制定自己的议事规则，可以显示出它的某种形式上的独立性，这也为监督《公约》的实施所必需。

〔1〕 E/C.12/49/3，经济、社会和文化权利委员会：《经济、社会和文化权利国际公约任择议定书》临时议事规则，委员会第四十九届会议（2012年11月12日至30日）通过。

机构开展协商”，并在2003年9月底之前向秘书长提出建议。[1]在随后的报告《大自由：实现人人共享的发展、安全和人权》中，他进一步呼吁“敲定并执行所有条约机构的统一报告准则，使这些机构能够作为一个统一的系统运行”。[2]为此，各人权条约机构都通过了其议事规则，并汇编在HRI/GEN/3《各人权条约机构通过的议事规则汇编》中，并定期修订，最近一次修订是2008年的第三次修订。[3]为提供可以适用于各人权监督机构的一套统一的规则，2005年6月，第四届人权条约机构委员会间会议和第七届人权条约机构主席会议通过了秘书处于同年5月25日提交的《关于缔约国报告程序的人权条约工作方式报告》。[4]

委员会还特别重视在其常规工作中加强与非政府组织的联系和合作。为保证非政府组织有效而广泛地参加其活动，委员会于1993年5月12日在其第八届会议上通过了《非政府组织参与经济、社会和文化权利委员会的活动》的文件，[5]该文件规定的基本原则已经融入委员会的实践中，而且在委员会的年度报告中“委员会现行工作方法概述”一章中列专节“非政府组织参加委员会的工作”重述这些原则。

二、委员会的届会

委员会主要工作方式是开会。目前，委员会一般每年举行两届会议，每届会议包括三周全体会议和一周会前工作组会议。通常于5月和11～12月在联合国日内瓦总部召开。根据《议事规则》第32条规定，委员会12名委员构成法定人数，即委员会全体成员的2/3以上多数出席会议，会议有效。与人权事务委员会相比，其会期较短。人权事务委

---

〔1〕 UN Doc. A/57/387，加强联合国：进一步改革纲领——秘书长的报告，第54段、行动3和Corr. 1。

〔2〕 UN Doc. A/59/2005，大自由：实现人人共享的发展、安全和人权——秘书长的报告，第147段。

〔3〕 HRI/GEN/3/Rev. 3，各人权条约机构通过的议事规则汇编，2008年5月28日。

〔4〕 HRI/MC/2005/4, Report on the Working Methods of the Human Rights Treaty Bodies Relating to the State Party Reporting Process, 25 May 2005.

〔5〕 UN Doc. E/C. 12/1993/WP. 14, ECOSOC, NGO Participation in Activities of the Committee on Economic, Social and Cultural Rights, 12 May 1993.

员会每年召开三届会议，每届会议包括三周全体会议和一周会前工作组会议。两相比较，委员会会期仅为人权事务委员会会期的2/3。这显然不利于委员会较为充分地行使其职权。因此，考虑到缔约国报告数量众多，需要充分审议这些报告，并考虑到联合国的财政限制，委员会多次要求召开临时会议。[1]

委员会的会议一般公开举行，但准备其结论性意见的会议除外，后者秘密召开。

每届会议上，通常是第三周的星期一，委员会举行一天的“一般性讨论日”，讨论《公约》的某些特定条款、某些特定的人权，或者与委员会直接相关的其他议题。一般讨论日有三层目的：其一，这样的讨论可以帮助委员进一步拓展其对特定问题理解的深度；其二，它能够使委员会鼓励所有利益攸关者投入到其工作中来；其三，有助于为未来的一般评论奠定基础。[2]从1989年第三届会议至2010年第四十五届会议，共重点讨论了23项问题，这对形成委员会的21项“一般性评论”发挥了重要作用。

委员会每届会议的第一天下午的会议是专门为国际和国内非政府组织（NGOs）、社区为基础的组织（Community-based Organizations，CBOs）而组织的，旨在向它们提供一个机会，以便于已向委员会提交报告的这些组织口头简单介绍报告和/或组织午餐简报会，就与缔约国实施《公约》有关的重要问题提供相关信息和观察报告。这些信息应当：（a）具体针对《公约》的条款规定；（b）与委员会正在审议的事项直接有关；（c）可靠；

---

〔1〕 委员会分别于1990年、1993年、1994年召开过3次临时会议。1999年7月30日，经济及社会理事会通过第1999/287号决定，批准委员会在2000年和2001年另外召开两届为期3周的临时会议，以及两次为期一周的会前工作组会议，这些会议全部用于审议缔约国报告，以减少积压。根据这一决定，委员会于2000年8月14日至9月1日召开了第二十三届（临时）会议，于2001年8月13日至30日召开了第二十六届（临时）会议。

〔2〕 E/2012/22 - E/C.12/2011/3，经济、社会和文化权利委员会：第四十六届和第四十七届会议报告，第56段。另可参见一般性讨论日，http：//www.ohchr.org/CH/HRBodies/CESCR/Pages/DiscussionDays.aspx.

(d) 不是辱骂性的。[1]

联合国当前的财政危机使其强调报告制度的工作效率和成果，委员会的会期较短可以节约资源，但这必然影响监督的效果，因为要想取得高质量的监督效果则不可避免地需要更多时间上的投入。委员会根据《任择议定书》的规定履行其审议来文的职权，必然加剧监督效果与时间之间的矛盾，进一步增加委员会的会期，在未来一段时间会成为委员会的重要诉求。

三、议程

委员会《议事规则》第4~8条为委员会的议程提供了指南。第4条规定，每届会议的临时议程应由秘书长与委员会主席协商拟订，应包括：(a) 委员会在前一届会议上决定列入的任何项目；(b) 理事会为履行《公约》为它规定的职责而提议列入的任何项目；(c) 委员会主席提议列入的任何项目；(d)《公约》缔约国提议列入的任何项目；(e) 委员会委员提议列入的任何项目；(f) 秘书长提议列入的任何项目。

根据第5条的规定，"除根据第14条的要求选举主席团成员以外，任何一届会议临时议程的第一个项目应为通过议程。"当然，议程并不是一成不变的，而是可以修改的，因此，第6条规定："委员会在每届会议期间可修改议程，并可视情况增加、决定推迟审议或删去某些项目。"

会前工作组处理缔约国报告的审核，其日程非常简单，因为缔约国报告将在随后的委员会全体会议上按照日程安排接受充分审查。原则上，会前工作组会议秘密举行，不向非政府组织开放，后者不能参加或观察。但是，通常会给与工作组审查的缔约国有关联的委员会伙伴们留出一个下午向工作组提交其报告，供工作组审议，这些伙伴包括联合国

---

〔1〕 E/2012/22 - E/C. 12/2011/3，经济、社会和文化权利委员会：第四十六届和第四十七届会议报告，第58段。另可参见为民间社会组织准备的信息，http://www.ohchr.org/CH/HRBodies/CESCR/Pages/NGOs.aspx.

专门机构、非政府组织等。

经过多年的实践，经济、社会和文化权利委员会的会议议程保持基本稳定。以第四十七届会议（2011 年 11 月 14 日至 12 月 2 日）为例，其议程安排是：

（1）通过议程；

（2）安排工作；

（3）《公约》执行中出现的实质性问题；

（4）审议根据《公约》第 16、17 条提交报告的后续行动；

（5）与联合国各组织和其他条约机构的关系；

（6）审议报告：

（a）缔约国根据《公约》第 16、17 条提交的报告；

（b）专门机构根据《公约》第 18 条提交的报告；

（7）缔约国根据《公约》第 16、17 条提交报告的情况；

（8）根据对《公约》缔约国和专门机构所提交报告的审议情况，拟订一般性评论和建议；

（9）其他事项。

关于第 2 项“安排工作”，根据《议事规则》第 8 条规定，在每届会议开始时，委员会应审议适当的工作安排事项，包括会议时间表和能否围绕在落实《公约》所承认的权利方面采取的措施和取得的进展举行一般性讨论的问题。这是一项固定的议程。

第 3 项议程的依据是《议事规则》第 65 条的规定。根据该条规定，委员会可根据《公约》的各项条款拟定一般性评论，以协助缔约国履行其报告义务。委员会在其第十四届会议（1996 年 4 月 28 日至 5 月 17 日）上决定，自第十五届会议起，对公约履行问题的讨论，包括一般讨论日，审议和通过一般性评论、工作方法以及非政府组织提交的材料，都被归入这一项议程。自 1989 年以来，委员会已通过 21 项一般性评论，这些评论都是为了解决《公约》执行中出现的实质性问题。

关于第 4 项，在委员会第十四届会议上，委员会审议了定期审查缔约国执行其建议和意见的重要性，要求委员会秘书处自第十五届会议，向其提交所有表明缔约国在报告审议后采取的后续行动的文件供其审议。

第5项议程处理和联合国各组织以及其他人权条约机构的关系。鉴于随时了解其他条约机构、主要人权机构以及任何有关国际机构工作发展动态的重要性，委员会在第四届会议上决定，今后由一名委员负责向委员会介绍当前的动态，秘书处编写一份书面报告给予协助。第六届会议决定，指定一些成员注意了解每一其他条约机构的工作。这些个人的作用是尽可能密切地了解有关委员会的工作，在可能的情况下与有关委员会的成员联系，如果该委员会的工作似与本委员会的工作有特定关系，就该委员会程序性和实质性工作的进展情况，向委员会做口头报告。[1]

第6项和第7项议程规定的内容是缔约国报告程序，本书将在《缔约国报告程序》专章予以研究。

第8项议程的依据是《议事规则》第64条。根据该条规定，委员会应根据对缔约国所提交的报告和专门机构提交的报告的审议，提出一般性质的意见和建议，以协助理事会履行尤其是《公约》第21、22条为它规定的职责。委员会还可以提出与《公约》第19、23条有关的建议，供经济及社会理事会审议。

除这些重要议程外，有的届会还有一些其他重要议程，例如，每两年选举一次委员会主席团等，每年一次通过委员会年度工作报告。第1985/17号决议第（f）段要求，委员会应就其活动向理事会提出报告，包括审议公约缔约国和各专门机构提出的报告的结果，提出一般性评论和建议，以协助理事会履行特别是公约第21、22条所规定的责任。《议事规则》第57条规定，委员会的年度活动报告除其他外，应载有委员会就每一缔约国的报告提出的结论性意见。委员会的报告应附有《公约》缔约国名单并注明缔约国提交报告的情况。委员会的报告还应载有

---

〔1〕 E/1992/23，经济、社会和文化权利委员会第六届会议报告，第371～373段。

一般性评论和建议，以协助经济及社会理事会履行尤其是《公约》第21、22条为它规定的职责，委员会还可以提出与《公约》第19、23条有关的建议，供理事会审议。

最后一项议程是“其他事项”。委员会在其第二十一届会议（1999年）上决定，“其他事项”成为议程中的常设议程。在这一议程下，它可以审议任何不属于其他常设议程范围的事项。[1]例如，与下届会议、委员会会议有关的问题，需要进一步审议的与程序有关的问题，以及与联合国其他机构、非政府组织的关系问题，等等。

四、委员会的委员和主席团

《议事规则》第9条规定：“委员会的委员应为理事会按照第1985/17号决议（b）和（c）段选举的18名专家。”经济及社会理事会第1985/17号决议（b）段规定：

> 委员会应由18名成员组成，他们应是公认在人权领域具有能力的专家，以个人身份任职，同时要考虑到公平地域分配以及不同社会和法律制度的代表性；为此目的，15个席位将在各区域集团之间平均分配，另外3个席位则按每一区域集团缔约国总数的增加情况而分配。

“公认的能力”反映了缔约国对条约机构履行促进和保护人权的监督职能赋予了较高的期望。只有在人权保护领域具备扎实的专业知识和丰富的实践经验，才能更好地胜任条约机构的工作。“以个人身份任职”，目的是保持委员们在身份上的独立性。如果委员们不以个人身份工作，其在发表意见或做出决定时，往往会受到其他因素的干扰甚至控制，不利于发挥条约机构的独立监督职能，而且会导致委员会的意见或决定的权威性和公正性受到质疑。

---

〔1〕 E/2000/22－E/C/. 12/1999/11，经济、社会和文化权利委员会第二十届和第二十一届会议报告（1999年4月26日至5月14日，1999年11月15日至12月3日），第二补编，第98页。

根据经济及社会理事会第1985/17号决议（c）段规定，委员会成员应由理事会从《公约》缔约国提名的人选名单中以无记名投票方式选出，委员会当选成员的任期为4年，届满时如经提名可连选连任；委员会当选成员的任期应从当选后的1月1日开始，到继任的委员会成员选出后的12月31日为止。为保持委员会工作的连续性，每隔两年改选委员会1/2的成员，改选时要铭记上面（b）段所提的公平地域分配；第一次选举之后，理事会主席立即应以抽签方式选出任期在两年后届满的9名成员；以后的选举应每隔两年在理事会第一届常会进行。此外，秘书长应至迟在委员会选举前4个月书面邀请公约缔约国在3个月内提名委员会成员人选；秘书长应编列一份如此提名的人选名单，标明提名缔约国，并至迟在每次选举之前一个月提交理事会。按照第1985/17号决议的要求，经济及社会理事会1986年第一届常会选举产生了第一届经济、社会和文化权利委员会，委员会于1987年1月1日开始运行。自1988年起，委员会委员的选举每两年一次，每次改选9名委员。

委员会委员的候选人由《公约》缔约国提名，这与《公民权利和政治权利国际公约》以及其他人权公约的规定相同；所不同的是所有经济及社会理事会的成员国都有权参与选举，而人权事务委员会的委员只能由《公民权利和政治权利国际公约》的缔约国选举产生。

委员们虽以个人身份任职，但他们毕竟是由本国提名和支持竞选的，不可避免与本国有一定的联系，有些委员曾经供职于本国政府或司法部门，因此委员们或多或少都会反映出其所代表的国家的意识形态或政治观点，不可能完全摆脱缔约国的影响而工作。事实上，从缔约国政府提名本国公民参加委员会开始，委员会的独立性就已经在一定程度上打了折扣。实践中，委员会的选举具有较大的可操控性，决定候选人是否当选的往往并不单纯是资格条件，更重要的是委员们的国别身份，以及这些国家政府在宣传游说方面所做的大量工作。[1]缔约国不仅通过候

---

〔1〕 彭锡华：《〈公民权利和政治权利国际公约〉国际监督制度研究》，吉林人民出版社2001年版，第39页。

选人提名来控制委员的选举，而且还可以通过“政治交易”的方式分配席位，操纵委员会的选举。关于委员会的选举，笔者认为可以考虑取消选举中的国别身份限制。[1]因为非缔约国国民当选委员会成员，有利于提高委员会的工作独立性、权威性和公正性，在审议缔约国报告时，更具有身份上的独立性。

为保证人权条约机构成员的独立性和公正性，2012年6月25~29日在亚的斯亚贝巴召开的人权条约机构主席第二十四次会议通过了《人权条约机构成员独立性和公正性准则》，简称“亚的斯亚贝巴准则”。《亚的斯亚贝巴准则》阐明了人权条约机构成员独立性和公正性的一般原则及其在条约机构的各项工作中如何适用，主席会议强烈建议各条约机构从速通过该准则，包括以适当方式列入其议事规则。[2]委员会重申其对人权条约机构成员的独立性和公正性的承诺，强烈支持其成员在所有活动和实践中坚持独立性和公正性原则，并认为委员会现行做法与拟议准则极为相似。[3]

由于没有规定委员的最低年龄要求，也没有规定委员的最高职务年限，委员们的年龄普遍偏高，虽然这会使得委员们在人权领域具有更加深厚的理论功底和丰富的实践经验，以及享有崇高的声誉，有利于更好地审核缔约国报告，但是年事已高的特点往往使他们在身体上及精力上投入不足，一定程度上也会影响条约机构的效率。

委员会委员之间地位完全平等，他们在委员会中享有平等的权利。为了保证委员会工作的组织性，《议事规则》规定了主席团的设置及其

---

〔1〕 可以借鉴区域性人权条约的规定，如《欧洲人权公约》第20条规定，“委员会应由同缔约国数目相等的委员组成”，仅规定了有关委员的数量，不排除非公约缔约国的国民当选为欧洲人权委员会的委员。《美洲人权公约》也规定，美洲人权委员会委员不一定是公约缔约国的国民，但必须是美洲国家组织成员国的国民。

〔2〕 A/67/222，人权条约机构主席关于第二十四次主席会议的报告，附件一，人权条约机构成员独立性和公正性准则（“亚的斯亚贝巴准则”）。

〔3〕 经济、社会和文化权利委员会关于人权条约机构成员的独立性和公正性拟议准则的决定，E/2013/22，经济、社会、文化权利委员会第四十八届和第四十九届会议报告(2012年4月30日至5月18日，2012年11月12日至30日)，附件八。

权力和职责。主席团由从委员中选举产生的1名主席、3名副主席和1名报告员组成，主席团成员应适当考虑到公平地域分配，联合国传统地域划分为五个地区集团，因此，原则上每个地区集团在主席团中有一名成员。委员会主席团成员任期2年，可连选连任。但只要不再担任委员会委员，则不得继续任职。主席应履行本《议事规则》和委员会的决定所授予他的职能。根据《议事规则》第33条的规定，主席的权力包括：主席应宣布委员会每次会议的开始和结束，主持讨论，确保本议事规则得到遵守，授予发言权，将问题付诸表决，以及宣布决定。在遵守本议事规则的前提下，主席应掌握委员会会议的进行并维持会议秩序。在讨论某一项目的过程中，主席可向委员会提议限制发言者的发言时间、限制每一发言者就任何问题的发言次数以及停止发言报名。主席应对程序问题作出裁决，还应有权提议暂停或结束辩论、休会或暂停会议。辩论应只限于委员会正在讨论的问题，如果某一发言者的发言与正在讨论的问题无关，主席可以敦促该发言者遵守规则。主席在履行其职能时，应始终处于委员会权力之下。

五、秘书处

《公约》第16条第2款规定：

> （甲）所有的报告应提交给联合国秘书长；联合国秘书长应将报告副本转交经济及社会理事会按照本公约的规定审议；
>
> （乙）本公约任何缔约国，同时是一个专门机构的成员国者，其所提交的报告或其中某部分，倘若与按照该专门机构的组织法规定属于该机构职司范围的事项有关，联合国秘书长应同时将报告副本或其中的有关部分转交该专门机构。

理事会第1985/17号决议第（g）段规定："秘书长应为委员会的会议提供简要记录；这些简要记录应与委员会的报告同时提交理事会；秘书长还应向委员会提供必要的工作人员和设施，以便委员有效履行其职责，同时也要铭记需要充分宣传其工作。"《议事规则》第30条也作了类似规定。

因此，联合国秘书处同时也是委员会的秘书处，这一职责具体由联合国秘书处人权事务中心承担。联合国人权高级专员办事处建立后，合并了人权事务中心，成为联合国秘书处日内瓦总部的组成部分，也成为联合国所有人权监督机构的秘书处，当然是委员会的秘书处。

秘书处为委员会提供国家档案（Country Files，自 1992 年起）和国家分析（Country Analysis，自 1993 年起），不仅包括每个国家以及其他国际机构、非政府组织、社区组织提供的信息，而且包括联合国其他专门机构和组织、联合国派驻特定国家的其他国际组织搜集和提供的信息。除此之外，秘书处还向委员会提供人权委员会及其促进和保护人权小组委员会及其继任者人权理事会以及特别报告员的与委员会相关的文件。

委员会的会议组织工作由人权事务高级专员办事处予以管理。非政府组织、个人如欲出席委员会会议或向委员会提交文件，必须与人权高级专员办事处联系。经委员会核准同意，他们可以进入联合国的会议场所，并确保文件可以分发到委员会的委员手中。

人权高级专员办事处还提供与委员会工作相关的信息和后续工作服务。例如，它提供委员会在审议缔约国报告过程中撰写的新闻稿，并将其发布在联合国以及人权高级专员办事处的官方网站上。它还在两次定期报告审议之间的那段时间保存国家报告记录。缔约国应当将其根据委员会的结论性意见和建议而做出的法律和政策的发展情况通报给人权高级专员办事处，这些信息被保存在提供给委员会的专家成员的记录中，以备下次审议报告时使用。

人权高级专员办事处的秘书处功能对于保持委员会工作的连续性和组织化至关重要。委员会的委员大多数都不在日内瓦生活和工作，而人权高级专员办事处是收集国家信息、分发相关文件的重要中心，还是对委员会的工作感兴趣或参与委员会工作的其他组织和个人的联络点。

六、语文

语文是与委员会对内对外交流的特别相关的工具。委员会内部有专门的规则规定正式文件的解释、提交和分发，这些文件是由联合国编写，由参与委员会工作的各机构、缔约国以及其他行为者提交的。不仅委员会的委员来自不同国家，使用不同的母语，而且参加委员会工作的缔约国报告和政府官员、非政府组织和其他组织的代表都必须使用下文提到的联合国正式语文。委员会通过的文件的公布也需要使用正式语文，确保委员会通过的正式文件和记录的分发和公布。

《议事规则》第24条规定，阿拉伯文、英文、法文、俄文和西班牙文为委员会的正式语文，英文、法文、俄文和西班牙文为委员会的工作语文。[1]第25条规定，以一种正式语文所作的发言应译成其他正式语文。发言者可用正式语文以外的语文发言，但发言者须自行提供将所用语文译为一种正式语文的口译。秘书处口译人员可根据最先译出的正式语文，将发言译成其他正式语文。第26条规定，委员会各次会议的简要记录应以英文、法文和西班牙文编写和分发。第27条规定，委员会提交理事会的所有正式决定应以理事会的各种正式语文提供。委员会所有其他正式文件应以各种工作语文发表，其中任何文件可根据理事会的决定以理事会的所有正式语文发表。[2]

在实践中，像其他条约机构一样，委员会审议的文件也一直面临着翻译的问题。尽管委员会有四种工作语文——英文、法文、西班牙文以及俄文，但议程单上的事项往往只有英文和法文两种文本，有时还有西班牙文文本，俄文几乎从未使用。而结论性意见则有全部四种文本。年度报告有六种正式语文文本。与此不同，在欧洲人权法院，个人可以使用欧洲理事会47个成员国中任何一国的正式语文提交来文，而在联合国系统只有少数几种正式语文可供使用。在人权高级专员办事处的网页上，个人只能以英文、法文和西班牙文提出个人申请。其他文件，包括

〔1〕 中文既不是委员会的正式语文，也不是工作语文。而中文是人权事务委员会、消除种族歧视委员会、消除对妇女歧视委员会、儿童权利委员会和保护所有移徙工人及其家庭成员权利委员会的正式语文之一。

〔2〕 经济及社会理事会作为联合国的主要机构之一，其正式语文和工作语文包括阿拉伯文、中文、英文、法文、俄文以及西班牙文。因此，委员会提交理事会的所有正式决定也必须包括中文文本。

司法性裁决和国家法律文件，如果不是相关人权条约机构的正式语文的，可能会被拖延。提供现有全部语言的翻译者万难做到。之所以如此，原因是多方面的。其一，联合国会员国数量众多，各国正式语文数量众多，如果每一委员国的正式语言都可以作为联合国以及条约机构的正式语文的话，翻译的成本将会非常高昂。其二，持续的联合国财政危机使得联合国在人权方面的预算和开支非常紧张。“1993 年，在设立人权事务高级专员职位之前，人权事务中心的拨款共计 2500 万美元，仅占联合国 1992 ~ 1993 年双财年全部预算的 0.7%。到 2012 ~ 2013 年双财年，人权高级专员办事处得到16 850万美元的拨款，占联合国预算不到 3%（比 1993 年翻了两番）。人权高级专员还建立了自愿基金，2012 年收到11 100万美元的资金。2012 年，人权高级专员办事处的开支约 19 650万美元，其中8 200万美元来自联合国定期预算，11 450万美元来自自愿捐款。”[1]人权高级专员办事处用于人权条约机构的经费非常有限，根本无力承担昂贵的翻译费用。这一因素不仅限制了违反公约的行为的受害者使用相关机制的权利，也限制了其他行为者，包括可以以其他语文向这些监督机制提供相关信息的市民社会组织和非政府组织使用相关机制的权利。

七、作出决定和表决的程序

《议事规则》第 45 条规定，委员会每一委员应有一票表决权。第 46 条规定，委员会讨论的决定经由委员会的多数同意做出。然而，委员会应尽力在一致同意原则上开展工作。所以委员会的表决机制由多数表决和协商一致组成。

在决策过程中使用协商一致的决策方法是二战以后的事情。在此之前，国际组织以及国际会议的决策方式通常是全体一致表决制和多数表决制。这两种决策方式都有其理论基础，但是在实践中都显示出明显的

---

〔1〕 Felice D. Gaer and Christen L. Broecker (ed.), *The United Nations High Commissioner for Human Rights: Conscience for the World*, Leiden/Boston, Martinus Nijhoff Publishers, 2014, p. 7.

缺陷。协商一致表决制的好处在于它避免了因投票表决而产生的分歧，通过协商可以在决策机构内部取得最大的一致，这也有助于决策的实施。在人权国际保护领域，由于对人权的理解的差异，协商一致的表决方式显得尤为必要。

依据《议事规则》，出席的法定人数为12人，委员会的7个成员的赞成票就可以做出决定。但是，这明显不能体现委员会的多数意志或全体一致，这样的方式做出的决议其权威性会大打折扣。同其他人权条约监督机构一样，委员会还是强调协商一致，其意图在于尽可能地减少分歧、谋求委员会内部的合作和团结。投票表决不可避免地会助长委员们政治上的分歧，这无益于委员会的工作。

尽管协商一致的规定不应“过度拖延”委员会的工作，但有时尽力寻求一致同意非常耗时而且困难。为提高工作效率，委员会往往根据不同情况，决定设立工作小组，在全体会议进一步审议之前处理一个议题。有些实体性问题的处理，可谓困难重重。例如，委员会经过了冗长的辩论，第15号一般性评论（水权）才得以通过，以至于有一名委员提议采用投票的办法通过，但这一提议遭到了其他坚持通过协商一致的方式的委员的反对。几名委员通过娴熟的外交技巧把委员会从诉诸投票的危险境地中拯救了出来。[1]显然，尽力寻求一致同意对委员会成员施加了保持合作精神的巨大压力。有几届会议上，达成一致同意非常困难，但委员会一直保持着在所有问题上的协商一致而没有诉诸投票，这保证了委员会不像其他人权机构（例如人权委员会）那样陷入政治化的泥潭。

八、委员会对《公约》的解释

委员会根据授权在审议缔约国报告、审查来文的过程中，必然需要对《公约》及其《任择议定书》的规定进行解释，这种解释虽然不具有法律约束力，但对阐明相关条文的含义、发展经济、社会和文化权利的法理具

---

〔1〕 See S. Tully, “A Human Rights to Access Water? A Critique of General Comment No. 15”, in *Netherlands Quarterly of Human Rights*, vol. 23, 2005, p. 35.

有重要意义。根据经济及社会理事会提出（第1987/5号决议）的并由联合国大会批准（第42/102号决议）的一项请求，委员会从其第三届会议开始根据《公约》的各条款和规定编写一般性评论，从而帮助缔约国履行它们的报告义务。[1]《议事规则》第65条规定："委员会可根据《公约》的各项条款拟定一般性评论，以协助缔约国履行其报告义务。"一般性评论成为委员会解释《公约》的基本方式，此外，声明也是委员会解释《公约》的重要方式。

在委员会刚开始工作的头两三年中，委员会对《公约》中规定的权利的含义的解释受困于接受审议的报告数量来自于为数不多的国家，而且这些国家往往对委员会的解释持怀疑和不接受的态度，委员会除了核实事实是否准确外，几乎不需要也不可能对相关权利的含义进行解释。因此，委员会将其工作重心放在制定程序和证据规则上。[2]随着委员会审议缔约国报告数量的增多，经验的积累，委员会越来越多地将一般性评论关注点放在实体性问题上，迄今已通过了21项一般性评论，大多数都是关于某项权利或某些特定主体的权利问题的。[3]其他一般性评论

〔1〕 E/1989/22 - E/C. 12/1989/5，经济、社会和文化权利委员会第三届会议报告，附件三：一般性评论。

〔2〕 委员会第三届会议通过了《经济、社会和文化权利委员会议事规则》（E/C. 12/1989/SR. 22）；第1号一般性评论（1989年）：《缔约国报告情况》提出和阐明了缔约国报告程序的七个目标；第2号一般性评论（1990年）阐明了国际技术援助措施（第22条）；第3号一般性评论（1990年）阐明了缔约国的义务的性质（第2条第1款）。

〔3〕 包括第4号一般性评论（1991年）：适足住房的权利［第11（1）条］，第5号一般性评论（1994年）：残疾人，第6号一般性评论（1995年）：老年人的经济、社会和文化权利，第7号一般性评论（1997年）：适足住房的权利［第11（1）条］、强迫迁离，第12号一般性评论（1999年）：取得足够食物的权利（第11条）；第13号一般评论（1999年）：受教育的权利（第13条），第14号一般性评论（2000年）：享有能达到最高健康标准的权利（第12条），第15号一般性评论（2002年）：水权（第11、12条），第16号一般性评论（2005年）：男女在享受一切经济、社会及文化权利方面的平等权利（第3条），第17号一般性评论（2005年）：人人有权享受对其本人的任何科学、文学和艺术作品所产生的精神和物质利益的保护［第15条第1款（丙）项］，第18号一般性评论（2005年）：工作权利（第6条），第19号一般性评论（2007年）：社会保障的权利（第9条）和第20号一般性意见（2009年）：经济、社会和文化权利方面不歧视（第2条第2款），共计13个。

则是与所有经济、社会和文化权利相关的实体性问题。[1]一般性评论对于阐明经济、社会和文化权利法理，协助缔约国履行其报告义务发挥了重要作用，促进了缔约国对经济、社会和文化权利的尊重、保护和实现。

在肯定委员会的一般性评论取得了巨大成就的同时，也应看到一般性评论的作用并未充分发挥出来。

第一，迄今为止，一般性评论尚未涉及一些重要的权利，如第 7 条规定的公正和良好的工作条件权，第 8 条规定的组织和参加工会的权利，包括罢工自由。

第二，一些一般性评论的内容过于简略，法律论证相对较为薄弱，不能全面深刻地反映委员会以及其他人权机构在这些问题上已经取得的成就。此外，尽管“在必要时，委员会可根据缔约国的经验和它从这些经验中得出的结论修改或更新一般性意见”，[2]但委员会迄今尚未对任何一项一般性评论进行修改或更新。例如，1994 年委员会通过了关于残疾人的第 5 号一般性评论。20 年过去了，残疾人的经济、社会和文化权利的保护的法理得到了较为充分的发展，但迄今仍未修改或更新第 5 号一般性评论，以反映委员会在这方面取得的新的进展。相对而言，2002 年通过的第 14 号一般性评论《享有能达到最高健康标准的权利（公约第 12 条）》以及 2008 年通过的第 19 号一般性评论《社会保障的权利》则较好地总结了委员会在《公约》第 11、12、9 条上取得的法理成就。

之所以存在这些缺陷，其原因是多方面的。其一，如前所述，虽然委员会有时难以在一些问题上达成一致，但仍坚持和强调一致通过，这必然会使一般性评论牺牲掉一些有争议的内容。其二，委员会的部分委员并不是真正的经济、社会和文化权利领域公认的专家，他们更多地将推荐他的国家的意识形态带到委员会中来，削弱委员会的工作能力。其

---

〔1〕 第 8 号一般性评论，实施经济制裁与尊重经济、社会和文化权利的关系；第 9 号一般性评论，《公约》的国内适用；第 10 号一般性评论，国际人权机构在保护经济、社会和文化权利上的作用。

〔2〕 E/1989/22 - E/C. 12/1989/5，经济、社会和文化权利委员会第三届会议报告，附件三：一般性评论，第 3 段。

三，委员会的资源不足，不足以支持委员会充分发挥其作用。其四，委员会未能充分利用其它国际人权机构的协助，吸收后者在经济、社会和文化权利领域取得的法理成就。例如，欧洲人权法院、欧洲社会权利委员会、美洲人权委员会和美洲人权法院在经济、社会和文化权利的法理方面都有着丰富的可资委员会借鉴的经验，但委员会似乎对此不是特别感兴趣。其五，在《任择议定书》生效之前，委员会不具有接受和审查来文的职权，委员会只是一个非司法性机构而非准司法性机构。

此外，委员会有时也采用发表声明或公开信的方式表达自己关于相关问题的意见和见解，成为解释公约相关内容的一种方式。1992 年，委员会发表第一份公开信《向世界会议筹备委员会提出的建议》。截至 2012 年，委员会共发表了 23 份声明和公开信，表达了委员会对与经济、社会和文化权利相关的问题的意见和见解。[1]

---

〔1〕 分别是：①世界人权会议筹备活动：向世界会议筹备委员会提出的建议（第六届会议，E/1992/23 - E/C. 12/1991/4，第九章）；②代表委员会致世界人权会议的声明（第七届会议，E/1993/22 - E/C. 12/1992/2，附件三）；③ 社会发展问题世界首脑会议与《经济、社会和文化权利国际公约》：委员会的声明（第十届会议，E/1995/22 - E/C. 12/1994/20 和 Corr. 1，附件五）；④社会发展问题世界首脑会议背景下的经济、社会和文化权利问题（第十一届会议：E/1995/22 - E/C. 12/1994/20 和 Corr. 1，附件六）；⑤第四次世界妇女会议：采取行动促进平等发展与和平：委员会的声明（第十二届会议，E/1996/22 - E/C. 12/1995/18，附件六）；⑥联合国人类住区（生境二）：委员会的声明（第十三届会议，E/1996/22 - E/C. 12/1995/18，附件八）；⑦全球化及其对享有经济、社会和文化权利的影响（第十八届会议，E/1999/22 - E/C. 12/1998/26，第六章 A 节，第 515 段）；⑧委员会提交世界贸易组织第三次部长级会议的声明（第二十一届会议，E/2000/22 - E/C. 12/1999/11 和 Corr. 1，附件七）；⑨委员会提交欧洲联盟基本权利宪章起草会议的声明（第二十二届会议，E/2001/22 - E/C. 12/2000/21，附件八）；⑩贫穷与《经济、社会和文化权利国际公约》：委员会致第三次联合国最不发达国家会议的声明（第二十五届会议，E/2002/22 - E/C. 12/2001/17，附件七）；⑪委员会提交大会全面审议和评估联合国人类住区（生境二）采取的决定执行情况特别会议（2001 年 6 月 6 日至 8 日，纽约）的声明（第二十五届会议，E/2002/22 - E/C. 12/2001/17，附件十一）；⑫委员会提交宗教和信仰自由、容忍和不歧视学校教育问题国际磋商会议的声明（第二十七届会议，E/2002/22 - E/C. 12/2001/17，附件十二）；⑬委员会关于人权与知识产权的声明（第二十七届会议，E/2002/22 - E/C. 12/2001/17，附件十三）；⑭委员会提交作为可持续发展世界首脑会议筹备委员会的可持续发展委员会 2002 年 5 月 27 日至 6 月 7 日在印度尼西亚巴厘举行的会议的声明（第二十八届会议，E/2003/22 - E/C. 12/2002/13，附件六）；⑮千年发展目标和经济、社会和文化权利：委员会和人权委员会经济、社会和文化权利特别报告员的联合

尽管如此，我们还是应该充分肯定，委员会通过一般性评论和声明在经济、社会和文化权利的法理方面取得了显著成就，在全球鼓舞了促进和保护经济、社会和文化权利。随着人权主流化的发展，特别是《任择议定书》生效，委员会将会以更加积极的姿态发挥解释《公约》及其《任择议定书》的作用，进一步推动经济、社会和文化权利法理的发展，推动《公约》的实施。

第四节 委员会与其他机构之间的关系

委员会特别注重与联合国其他机构的活动保持协调。它始终邀请诸如人权委员会及其下属的促进和保护人权小组委员会的特别报告员、其继任者人权理事会及其工作组主席以及其他个人，出席其会议并参加讨论。委员会还吸收相关专门机构和联合国机构参加其会议并参加讨论。委员会还吸收相关专门机构和联合国机构参加其工作，促进经济、社会和文化权利，特别是吸收他们参加对具体权利进行一般性讨论。此外，委员会还邀请许多对其正在讨论的议题特别感兴趣并有专长的专家参与讨论。这对增进委员会对《公约》的某些方面的问题的理解大有裨益。

声明（第二十九届会议，E/2003/22 - E/C. 12/2002/13，附件七）；⑯委员会关于评价缔约国根据《公约》一项任择议定书规定的“尽最大能力”采取步骤的义务问题的声明（第三十八届会议，E/2008/22 - E/C. 12/2007/1，附件八）；⑰委员会关于世界食物危机的声明（第四十届会议，E/2009/22 - E/C. 12/2008/1，附件六）；⑱委员会关于卫生设施权的声明（第四十五届会议，E/2011/22 - E/C. 12/2010/3，附件七）；⑲委员会关于缔约国对企业部门与经济、社会和文化权利之义务的声明（第四十六届会议，E/2012/22 - E/C. 12/2011/3，附件六）；⑳委员会在《发展权利宣言》发表25周年之际通过的关于发展权之重要性与现实意义的声明（第四十六届会议，E/2012/22 - E/C. 12/2011/3，附件六）；㉑“里约+20会议”（2012年6月）举行之际关于“在可持续发展和消除贫穷背景下的绿色经济”的声明（第四十八届会议，E/2013/22 - E/C. 12/2012/3，附件六A节）；㉒就经济、社会和文化权利与经济和金融危机问题致缔约国的公开信（第四十八届会议，E/2013/22 - E/C. 12/2012/3，附件六B节）；㉓就《2015之后发展议程》致缔约国的公开信（第四十九届会议，E/2013/22 - E/C. 12/2012/3，附件六C节）。

一、委员会与国际劳工组织的关系

国际劳工组织成立于1919年，是历史最为悠久的联合国专门机构，专门负责国际劳工事务，其职责范围与《公约》第6条（工作权）、第7条（良好而公正的工作条件权）、第8条（组织和参加工会权、罢工权）和第9条（社会保障权）有着十分密切的关系，与《公约》第10条（母亲、儿童受保护的权利）和第12条（健康权）也有着密切的关系，与《公约》第11条（适当生活水准权）、第15条（文化权）也有着一定关系。而且，国际劳工组织在劳工权利保护方面有着丰富的实践和判例。加强与国际劳工组织的联系与协调，对于委员会顺利开展工作具有重要意义。

为了加强与国家劳工组织的合作，委员会与国际劳工组织公约和建议书适用专家委员会（CEACR）成员举行了多次会议。双方每年定期会面，交流经验，相互学习各自的最新发展。[1]双方的合作集中在第6~9条，也扩展到第10~12、15条。例如，2009年11月，国际劳工组织结社自由委员会（CFA）与经济、社会和文化权利委员会就迁徙工人的处境先后发表了一些重要的建议。国际劳工局于同年11月18日通过的结社自由委员会的建议强调，无论其地位如何，迁徙工人都享有组织和加入其自愿选择的工会的权利，并呼吁韩国立即为迁徙工人工会（MTU）进行登记注册。它还重申了以前的建议，即韩国政府应结束诸如定向逮捕和驱逐出境等旨在干涉他们的工会活动的措施。2009年11月19日，委员会第四十三届会议在审议韩国的定期报告后通过的结论性意见中，呼吁韩国审查其就业许可证制度，以增进对迁徙工人的工会权利的保护。委员会还建议缔约国支持高等法院关于承认迁徙工人工会合法地位的判决。[2]

---

〔1〕 See E. Riedel, "Monitoring the 1966 International Covenant on Economic, Social and Cultural Rights", in G. P. Polotakis (ed.), *Protecting Labour Rights as Human Rights: Present and Future of International Supervision*, Geneva, ILO, 2007, pp. 3~13.

〔2〕 E/C.12/KOR/CO/3，审议缔约国根据《公约》第16条和第17条提交的报告经济、社会和文化权利委员会的结论性意见：大韩民国。

二、委员会与联合国教育、科学和文化组织的关系

联合国教育、科学和文化组织（以下简称"教科文组织"）是专门负责教育、科学和文化事务的联合国专门机构。其职权范围与《公约》的第13条（受教育权）、第14条（免费义务教育权）和第15条（文化权）关系非常密切，并与第11条（健康权）有着一定的关系。

自1999年以来，教科文组织已经与委员会建立和发展起较为密切的合作关系，包括阐释一般性评论、共享信息和经验、监督受教育权的实施，并正式建立了教科文组织（执行局公约和建议书委员会）/经济及社会理事会（经济、社会和文化权利委员会）联合专家小组（以下简称"联合专家小组"）。[1] 特别是，委员会第13号一般性评论（《公约》第13条受教育权）得到了教科文组织的大力合作，并于1999年发布。

2001年3月，教科文组织在其总部举行了"监督受教育权非正式专家协商会议"。[2]同年5月，委员会主席建议由联合专家小组全面研究解决受教育权问题。[3] 2001年9~10月，在其第一百六十二届会议上，执行局批准了建立监督受教育权的联合专家小组。[4]联合专家小组，由委员会主席任命的两位代表和教科文组织执行局主席同公约与建议委员会主席磋商后任命的该委员会的两位代表组成。其职权包括:[5]

> (a) 提出旨在加强教科文组织执行局公约与建议委员会和经社理事会经济、社会和文化权利委员会之间日益增加的合作，确保落

---

[1] See UNESCO Doc. 175 EX/28, Joint Expert Group UNESCO/CESCR, The Monitoring of the Right to Education, Paris, 2006.

[2] UNESCO Doc. ED－2001, UNESCO, Paris, 2 May 2001.

[3] UNESCO Doc. 161 EX/23 Rev. 附件：教科文组织关于监督受教育权的非正式会议：公约与建议委员会（CR）与联合国经济、社会和文化权利委员会（CESCR）主席之间的对话，2001年5月21日。

[4] UNESCO Doc. 162 EX/53 Rev 和 Doc. 162 EX/Decision 5. 4.

[5] UNESCO Doc. 162 EX/Decision 5. 4，审议公约与建议委员会的工作方法，载162 EX / Decisions，执行局第一六二届会议通过的决定，第28页，巴黎，2001年11月27日。

实和促进各种受教育权利的具体建议；

(b) 就两个机构之间开展合作的具体措施提出建议，以便在联合国系统实施达喀尔行动纲领方面发挥协同作用；

(c) 研究减轻各国在提交受教育权利报告方面的工作负担的可能性，制订使这方面的安排更加合理且更加有效的方法；

(d) 就受教育权利的有关指标提出意见。

联合专家小组每年向教科文组织执行局以及经济及社会理事会提交报告。[1]联合专家小组已经发展出良好的合作关系，并讨论了一些双方共同关心的受教育权议题。这种良好的合作关系还体现在受教育权的其他项目上。例如，2008 年 11 月，联合专家小组举行了第九届会议，并向同年 11 月 26 日在日内瓦召开的国际教育大会提交了《受教育权的融合之维》的报告。[2]这些会议的主要目标就是讨论普及涉及人人可以不受歧视和排斥地享有受教育权的各种问题。《联合专家小组第八次和第九次会议报告》为讨论奠定了基础，工作组在报告中提出了四项建议。[3]

三、委员会与联合国经济及社会理事会的关系

与委员会关系最为密切的联合国主要机关非联合国经济及社会理事会（以下简称"经济及社会理事会"）莫属。如前所述，委员会是根据

---

〔1〕 例如，教科文组织（公约与建议委员会）/经济及社会理事会（经济、社会和文化权利委员会）监督受教育权问题联合专家组第十一次会议报告，E/2012/22 - E/C. 12/2011/3，经济、社会和文化权利委员会第四十六届和第四十七届会议报告（2011 年 5 月 2 日至 20 日，2011 年 11 月 14 日至 12 月 2 日），附件七。

〔2〕 Inclusive Dimensions of the Right to Education: Normative Bases (Concept Paper), Prepared for the Eighth and Ninth Meetings of the Joint Expert Group UNESCO (CR) /ECOSOC (CESCR) on the Monitoring of the Right to Education, UNESCO, Paris, 2008 (ED - 2008/WS/54 Rev. // cld 3629. 9). http: //unesdoc. unesco. org/images/0017/001776/177649e. pdf，访问日期：2014 年 6 月 18 日。

〔3〕 E/2009/22 - E/C. 12/2008/3, CESCR, Report on the Fourth and Forty - First Sessions, Annex VII, Report of the Eighth and Ninth Meetings of the Joint Expert Group UNESCO (Committee on Conventions and Recommendations) /ECOSOC (Committee on Economic, Social and Cultural Rights) on the Monitoring of the Right to Education.

经济及社会理事会第1985/17号决议创建的一个独立专家附属机构，与其他独立专家机构[1]一样在理事会控制下工作。从理论上讲，这意味着理事会可以通过另一个决议撤销委员会。但是，《任择议定书》赋予了委员会受理和审查来文的权力，改变了委员会的性质及其与理事会的关系，因此，理事会可以撤销委员会的假设已经不再成立。

事实上，从委员会建立的那一天起，经济及社会理事会就从未对委员会的工作进行过严格控制。如前所述，根据第1985/17号决议的规定，委员会的正式职能是协助理事会处理根据《公约》第16条第1款提交的缔约国报告。但是，作为联合国的一个主要政治机关，经济及社会理事会充分尊重委员会像其他人权条约机构一样享有的独立性和中立性，从未以积极的方式对委员会施加强烈影响。如果一定要说经济及社会理事会对委员会施加了什么直接的影响的话，那就是要求委员会客观评价各缔约国履行条约义务的状况。委员会与其他条约机构的重要区别就是，委员会是唯一向经济及社会理事会提交年度报告的条约机构，因为它是经济及社会理事会建立的一个附属机构。

委员会特别重视非政府组织参与其各项活动。根据经济及社会理事会第1996/31号决议的规定，具有谘商地位的非政府组织可以与理事会的各委员会和其他附属机构协商，并规定了协商的方式，[2]包括与委员会协商。该决议规定了建立谘商关系所适用的原则、谘商安排性质应遵行的原则、谘商关系的建立等。目前，有三千二百多个非政府组织在理事会享有谘商地位。其中，有许多非政府组织，特别是享有特殊谘商地位的人权组织积极参与委员会的工作，为委员会的工作带来了巨大活力。

---

〔1〕 目前，除经济、社会和文化权利委员会外，经济及社会理事会附属的专家机构还有发展政策委员会、公共行政专家委员会、国际税务合作特设专家组和土著问题常设论坛。参见经社理事会附属机构，http://www.un.org/zh/ecosoc/about/subsidiary.shtml.

〔2〕 UN Doc. E/Res.1996/31，联合国与非政府组织之间的谘商关系，第五编《与理事会的委员会和其他附属机构的协商》，第33~39条。

四、委员会与联合国人权理事会的关系

2006年，联合国人权理事会（以下简称“人权理事会”）取代联合国人权委员会成为联合国系统最为重要的人权机构。像人权委员会一样，人权理事会可以任命独立专家，调查特定国家的人权状况或特定专题议题。这些专家被称为特别报告员，独立专家或特别代表，或者被任命组成工作小组。目前，仍继续存在和工作的属于经济、社会和文化权利领域的报告员有：适足生活水准权所含适足住房及在此方面不受歧视权问题特别报告员（2000年）；文化权利领域特别报告员（2009年）；教育权问题特别报告员（1998年）；享有安全、洁净、健康和可持续环境相关的人权义务问题独立专家（2012年）；赤贫与人权问题特别报告员（1998年）；食物权问题特别报告员（2000年）；国家的外债和其他有关国际金融义务对充分享有所有人权尤其是经济、社会、文化权利的影响问题独立专家（2000年）；人人有权享有最佳身心健康问题特别报告员（2002年）；享有安全饮用水和卫生设施的人权问题特别报告员（2008年）。除此之外，还有一些特别程序（或称专题任务）处理的人权问题的某个方面与经济、社会和文化权利相关，包括土著人民权利问题特别报告员（2001年）、境内流离失所者人权状况特别报告员（2004年）、移徙者人权问题特别报告员（1999年）、少数群体问题独立专家（2005年）、人权与跨国公司和其他工商业企业问题工作组（2011年）以及在法律和实践中歧视妇女问题工作组（2010年）。[1]

普遍定期审查[2]是人权理事会的一项重要职权，是联合国大会第60/251号决议的一个亮点。人权理事会应当“根据客观和可靠的信息，以确保普遍、平等地对待并尊重所有国家的方式，定期普遍审查每个国

---

〔1〕具体参见专题任务，http：//www.ohchr.org/CH/HRBodies/SP/Pages/Themes.aspx. 括号中的年份是设立的年份。

〔2〕人权理事会以及其他联合国文件的正式中文文本一般将Universal periodic review翻译为“普遍定期审议”，但从学术的角度来看，采用“普遍定期审查”的译法更优，因为学界普遍将review翻译为审查，与审议对应的是consideration，多数人权条约英文文本在表述对缔约国报告的审议时采用的是consideration。故本书采用“普遍定期审查”的译法。

家履行人权义务和承诺的情况；审查应是一个基于互动对话的合作机制，由相关国家充分参与，并考虑到其能力建设需要”。[1]2007 年 6 月 18 日，人权理事会第五届会议正式通过了题为《联合国人权理事会的体制建设》的第 5/1 号决议。该决议的《附件》第一部分对人权理事会的普遍定期审查机制进行了详细规定，包括审查的原则和目的、审查的期限和顺序、审查的程序与方式、审查的结果及后续行动等。[2]从 2008 年到 2012 年，第一轮普遍定期审查完成，192 个会员国都接受了人权理事会对其人权状况的审查，从 2012 年起，第二轮普遍定期审查开始。普遍定期审查机制的实践证明，这一机制实现了“补充而不是重复条约机构的工作”[3]的要求，对于促进《经济、社会和文化权利国际公约》的批准和加入以及实施发挥了积极作用，并对改革包括《公约》在内的所有人权公约的缔约国报告制度提供了可资借鉴的宝贵经验。[4]

五、委员会与联合国大会的关系

如前所述，委员会工作的主要依据包括四个基本文件，其中，《公约》及其《任择议定书》都是由联合国大会通过的。这是委员会与联合国大会之间的首要联系。

联合国大会的工作与委员会的工作的发展特别相关。事实上，联合国大会为促进包括委员会在内的条约机构的发展通过了一系列的文件、声明和决定，而且联合国大会通过的许多文件、决定经常成为委员会解释《公约》规定的缔约国义务的依据，委员会通过的一般性评论经常予以引用。例如，在第 8 号一般性评论[5]中，引用了格拉萨·马歇尔

---

〔1〕 A/60/251，人权理事会，第 6 段（e）项。

〔2〕 HRC/RES/5/1，联合国人权理事会的体制建设。附件：《联合国人权理事会：体制建设》，“一、普遍定期审议机制”。

〔3〕 A/60/251，人权理事会，第 6 段（e）项。

〔4〕 参见郭曰君：“普遍定期审查机制与缔约国报告制度的动态关联考察”，载《比较法研究》2012 年第 6 期。

〔5〕 E/C. 12/1997/8，经济、社会和文化权利委员会：第 8 号一般性评论（1997 年）实施经济制裁与尊重经济、社会和文化权利的关系。

(Graça Machel) 女士为联大准备的研究报告《武装冲突对儿童的影响》[1]；在第14号一般性评论[2]中，引用了联大第46/119号决议《保护精神病患者和改进精神保健的整套原则》以及有关必须保证个人安康的联大第45/94号决议《需要为个人福祉确保健康环境》；在第10号一般性评论中，提及近些年来国家人权机构的迅速发展得到了联合国大会强有力的鼓励和支持。[3]

另一方面，包括委员会在内的人权条约机构也可以参加联合国大会的工作。例如，2010年，各人权条约机构的主席在联合国大会有关《千年发展目标》的会议上发表了一项联合声明。[4]

---

〔1〕 A/51/306，附件《武装冲突对儿童的影响》。

〔2〕 E/C.12/2000/4，经济社会文化权利委员会：第14号一般性评论（2000年）——享有能达到的最高健康标准的权利（《经济、社会和文化权利国际公约》第12条）。

〔3〕 E/C.12/1998/25, CESCR, Draft general comment No. 10 (1998): The role of national human rights institutions in the protection of economic, social and cultural rights, para. 1.

〔4〕 UN Summit, High Level Plenary Meeting of the General Assembly, 20 – 22 September 2010 – Joint statement of the Chairpersons of the UN human rights treaty bodies. http://www.ohchr.org/EN/NewsEvents/Pages/DisplayNews.aspx? NewsID = 10329&LangID = E，访问日期：2014年6月19日。

第三章

个人来文程序

第一节　来文程序概述

一、来文的概念

来文，又称为申诉，在不同的人权公约中有着不同的表述。最早规定申诉制度的《国际劳工组织章程》英文文本采用了 representation 的概念。第二次世界大战后第一个区域性人权公约《欧洲人权公约》英文文本采用了 complaint 的概念，遵循此例《规定团体申诉制度的欧洲社会宪章附加议定书》和《欧洲社会宪章（修订）》英文文本也采用了 complaint 的概念。而《公民权利和政治权利国际公约第一任择议定书》、《经济、社会和文化权利国际公约任择议定书》、《消除一切形式种族歧视公约》、《消除对妇女一切形式歧视公约任择议定书》、《保护所有迁徙工人及其家庭成员权利国际公约》、《禁止酷刑和其他残忍、不人道或有辱人格的待遇或处罚公约》（简称《禁止酷刑公约》）、《保护所有人免遭强迫失踪国际公约》、《残疾人权利公约任择议定书》、《儿童权利公约关于设定来文程序的任择议定书》以及《非洲人权和民族权宪章》英文文本采用了较为缓和的 communication 的概念。《美洲人权公约》及其《美洲人权公约经济、社会和文化权利领域的附加议定书》（简称《圣萨尔瓦多议定书》）英文文本采用了 petition 的概念。鉴于"来文"与"申诉"在国际人权文件以及国际人权法学界是两个通用的概念，本书交替使用这两个概念，不作区分。

来文机制是个人或非政府组织对国家违反人权公约，侵犯其本人或他人的人权而向有管辖权的国际人权机构投诉，并由后者审查的国际人权救济机制。来文机制包括以下几个要素：

第一，申诉人，即提起来文的主体，又可称作来文作者、来文提交人。申诉人包括个人和非政府组织。具体来讲，个人申诉可以由个人或个人联名或其代表提出。如果代表个人或联名的个人提出来文，应征得该个人或联名的个人同意，除非撰文者能说明有理由在未征得这种同意时，可由其代表他们行事。非政府组织作为申诉人一般要求该组织在相应国际组织中具有谘商地位，并且权利受侵害者是其会员或可以由其代表，非政府组织以自己的名义提起的申诉被称为团体申诉（collective communication）。

第二，有管辖权的国际人权机构。有管辖权的国际人权机构都是根据相关人权文件而成立的。根据法律性质不同，国际人权机构的可以分为三类：其一，宪章机构。联合国人权委员会及其继承者人权理事会即根据《联合国宪章》而建立，属于宪章机构。其二，条约机构，即根据相关国际人权公约的规定而建立的国际人权机构。多数国际人权机构属于条约机构，例如，人权事务委员会、保护移徙工人和所有家庭成员权利委员会、禁止酷刑委员会、消除对妇女歧视委员会、消除种族歧视委员会、欧洲社会权利委员会、非洲人权和民族权利委员会、美洲人权委员会。其三，专门机构。例如国际劳工组织结社自由委员会负责受理提交国际劳工组织的指控侵犯结社自由的行为的申诉，结社自由委员会是根据 1951 年国际劳工组织理事会第一百一十六届会议的决定而建立的。

根据国际人权机构的组成不同，可以分为政府委员会和专家委员会。政府委员会是由缔约国政府选派代表组成的，或由缔约国代表组成，因此，这类人权机构易受缔约国政府的影响和控制，独立性较差，往往成为各国政府和不同意识形态斗争的场所，其专业性、独立性、公正性难以保证。其典型代表是联合国人权委员会及其继承者人权理事会。专家委员会由人权领域有公认资格的独立专家组成，因其具有较高的专业性和独立性，从而其公正性较有保障。消除种族歧视委员会、经济、社会和文化权利委员会、人权事务委员会、消除对妇女歧视委员会、禁止酷刑委员会、儿童权利委员会、移徙工人委员会、欧洲社会权利委员会、国际劳工组织结社自由委员会等绝大多数国际人权机构都是专家委员会。

第三，被申诉的缔约国，可简称为被告国、当事国。鉴于对申诉程序的接受意味着国家要接受国际人权机构的个案监督，国家主权受到一定的限制，因此，申诉程序一般为任择程序。某一人权公约的缔约国在加入或批准该人权公约时，一般可以选择接受人权机构对申诉案件的管辖权，也可以不接受人权机构对申诉案件的管辖权。而且，有一部分国际人权公约是通过《任择议定书》的形式规定申诉程序的。但是，也有例外，即个别申诉程序对于缔约国来讲是强制性的，例如，《国际劳工组织章程》第 24、25 条规定的团体申诉程序。根据《国际劳工组织章程》规定，国际劳工组织的成员国不能对宪章条款提出保留，因此，不同于后来绝大多数申诉程序的任择性，国际劳工组织的申诉程序是强制性的。

第四，申诉程序一般包括提起申诉、程序性审查、实质性审查和作出结论四个步骤。

第五，国际人权机构所作的处理的法律拘束力。除欧洲人权法院、美洲人权法院所作的判决对被申诉的缔约国具有法律拘束力外，其他人权机构的决定没有法律拘束力，其实效往往因各缔约国的态度和政治意愿而不同，但是它们的行文和说理类似于判决，已发展成为准司法程序。

二、来文程序对于经济、社会和文化权利的意义

来文程序往往被认为是权利的可诉性在国际人权保护机制上的直接体现。长期占据主导地位的“权利二分法”认为公民权利和政治权利具有可诉性，因此，《公民权利和政治权利国际公约第一任择议定书》、

《欧洲人权公约》和《美洲人权公约》都规定个人来文程序。“缺少国际申诉制度往往被用来作为一种‘证明’，证明经济、社会和文化权利不是真正的权利”。[1]因此，《经济、社会和文化权利国际公约》没有规定来文程序，《欧洲社会宪章》的产生晚于《欧洲人权公约》且未规定申诉程序，《规定团体申诉制度的欧洲社会宪章附加议定书》直到1995年才制定，1998年生效。《美洲人权公约》只规定了公民权利和政治权利，《美洲人权公约经济、社会和文化权利领域的附加议定书》（简称《圣萨尔瓦多议定书》）的制定则要迟至1988年，并且因为它规定了个人申诉程序，整整用了11年的时间直到1999年才生效。

来文程序相对于缔约国报告程序的优点主要表现在以下几个方面：第一，来文程序一般是针对具体案件或具体法律文件展开，具有较强的针对性，从而使受害人的权利得到有效救济。第二，在来文程序中，国际人权机构主导整个程序的进程，处于相对主动的地位，当事国则与申诉方以平等的地位参与程序，国际人权机构居中裁判或调解，使程序更具有对抗性，容易辨明事实真相，从而使纠纷得到较为公正的处理。第三，由于申诉案件的具体性，更容易使国际人权机构发现国际人权公约在实施过程中遇到的具体问题，从而通过判例法发展国际人权法的法理。

全球性和区域性经济、社会和文化权利申诉程序的建立，意味着经济、社会和文化权利的可诉性理论逐渐被国际社会所接受，意味着经济、社会和文化权利逐渐被认为是真正的人权，意味着所有人权相互依存、不可分割的理论逐渐成为国际社会的普遍共识并落实在法律的层面上。

---

〔1〕［挪］A. 艾德、［芬］C. 克罗斯、［比］A. 罗萨斯编：《经济、社会和文化权利》（第2版），黄列译，中国社会科学出版社2003年版，第494页。

第二节　《任择议定书》规定的个人来文程序

一、提起来文的主体

(一) 起草过程

如前所述，根据来文者的不同，来文所可以分为个人来文和团体来文。联合国各人权公约及其任择议定书规定的来文程序均为个人来文程序。依循这一惯例，经济、社会和文化权利委员会早在其第七届会议时，便充分认识到赋予个人来文权的至关重要性，表明“强烈和明确地倾向于个人来文程序”。[1]因此，在其起草的1997年《任择议定书（草案)》中排除了《国际劳工组织章程》和《欧洲社会宪章规定团体申诉程序的任择议定书》采用的团体申诉的做法。在工作组草拟的第一份《任择议定书》草案中，分别规定了个人来文和团体来文。[2]草案第2条规定个人来文：“来文可由声称因为一缔约国侵犯《公约》［第二部分和第三部分］所规定的任何权利而受到伤害的该缔约国管辖下的个人或个人联名或其代表提出。如果代表个人或联名的个人提出来文，应征得该个人或联名的个人同意。”草案第3条模仿《欧洲社会宪章规定团体申诉程序的任择议定书》规定了团体来文：

> 1. 本议定书的缔约国承认在联合国经济及社会理事会具有谘商地位的国际非政府组织有权提交来文，指称一缔约国应用《公约》规定的权利不力。
>
> 2. 此外，任何缔约国在批准或加入本议定书或在其后任何时候均可声明承认其辖内任何具有《公约》所涉事项特定管辖权的、

---

〔1〕 A/CONF. 157/PC/62/Add. 5, Status of Preparation of Publication, Studies, and Documents for the World Conference: Contribution Submitted by the Committee on Economic, Social and Cultural Rights, 附件2第66段。

〔2〕 A/HRC/6/WG. 4/2,《经济、社会和文化权利国际公约》任择议定书草案，附件一。

有代表性的国家级非政府组织，有权提出集体指控该缔约国的来文。

工作组第四届会议上，大多数国家要求删除上述草案第3条的内容，并建议将该条的内容合并到第2条，只有葡萄牙、国际人权联合会和国际法学家委员会明确支持团体来文的规定。[1]工作组第五届会议进一步讨论了这一问题，并决定删除第3条关于团体来文的规定。[2]在提交人权理事会的《任择议定书》草案中仅保留了个人来文的规定，并根据多数国家的意见将第2条的标题由“个人来文”改为“来文”。[3]

（二）个人

《任择议定书》第2条规定：

来文可以由声称因一缔约国侵犯《公约》所规定的任何经济、社会和文化权利而受到伤害的该缔约国管辖下的个人自行或联名提交或以其名义提交。代表个人或联名个人提交来文，应当征得当事人的同意，除非来文人能说明未经当事人同意而代为提交的正当理由。

据此，来文者必须在《任择议定书》缔约国的管辖下，这就排除了非缔约国的个人或组织针对缔约国提出来文的权利。

毫无疑问，根据该条的措辞，个人是提起来文的首要主体。

由受害者个人或联名个人亲自提起来文。由受害者个人或联名个人亲自提起来文，意味着个人不再仅仅是国际人权法的受益者，而且是国际人权法的行动者，是国际人权法的权利主体。像《公民权利和政治权利国际公约任择议定书》一样，《经济、社会和文化权利国际公约任择议定书》也没有规定个人或联名个人的定义，并没有将个人限定为自然人，因此，除自然人外，法人作为具有独立法律人格的主体也可以以自

---

〔1〕 A/HRC/6/8，拟订《经济、社会和文化权利国际公约》任择议定书问题不限成员名额工作组第四届会议报告，第47~56段。

〔2〕 A/HRC/8/7，拟订《经济、社会和文化权利国际公约》任择议定书问题不限成员名额工作组第五届会议报告，第45、147段。

〔3〕 同上，附件一：《经济、社会和文化权利国际公约》任择议定书，第2条。

己的名义提交来文。

当受害者本人无法亲自提起来文时，哪些人和团体可以以受害者的名义提起来文呢？首先，由受害者的家庭成员或亲属以受害者的名义代表受害者提起申诉的权利也是无可置疑的。其次，由一名或多名受害者是其成员的非政府组织代表受害者提起来文也是各种个人或团体申诉制度所普遍采取的做法。上述两者以受害人名义代表受害人提交来文时应当征得当事人的同意，但是因他们之间存在连带关系，即使未经当事人同意而代为提交也应视为具有正当理由。最后，由与受害人没有足够程度的利害关系的其他个人或非政府组织提起来文。当他们以受害人的名义代表受害人提交来文时，应当征得当事人的同意，一般情况下必须有当事人的明确授权，除非来文人能够说明未经当事人同意而代为提交的正当理由，即由于当事人处于强迫失踪状态或人身自由被剥夺且无法与外界取得联系，无法取得当事人的授权。总之，代表受害人提起来文者必须证明他/她/它与受害者之间存在某种联系，从而可以成为“适当的被授权的代表”，否则，因为缺乏适当的授权，其提交的来文就会被裁定不予受理。

需要强调指出，只有当来文者能够证明，他们是缔约国的侵犯《公约》规定的一项或多项权利的行为的受害者，来文者才具有提交来文的权利，成为提起来文的主体。为了符合“受害者”概念的要求，个人必须证明，他/她已经受到了被指控行为的实质性的、具体的影响。委员会不会接受对违反公约行为的抽象指控，即使有证据表明，所指控的行为明显可能侵害权利。

（三）非政府组织或其他私主体

根据《任择议定书》第 2 条的措辞，毫无疑问，非政府组织或其他私人组织也可以成为提起来文的主体。与个人相同，非政府组织或其他私主体不能够抽象地质疑缔约国的法律法规、惯例不符合《公约》，而是必须证明他们实质性地受到了这些法律法规、惯例的具体影响，成为了受害者。

不同于非政府组织和其他私主体，政府机关或虽非政府机关但依照法律或根据政府机关的授权而享有公共管理职能的组织不能成为提起来文的主体。因为，它们的行为要么与行使公共权力相关，要么是受政府控制的公共服务领域的行为，应被排除在行使个人申诉权利的主体之外。

具体来讲，有权提起来文的非政府组织或其他私主体可以包括各种各样的机构，例如，私人性质的协会、基金会、工会、公司，等等。关于非政府组织，《任择议定书》排除了《欧洲社会宪章》和《国际劳工组织章程》中的诸如“谘商地位”、与提出的问题有关的特殊知识或特殊资格等诸如此类的要求，从而扩大了能够提起来文的非政府组织的范围。此外，根据结社自由的原则，一个非政府组织的成立并不需要获得所在国家的批准而获得合法的法律地位，只要它能够证明自己符合非政府组织的条件即可。

与个人可以就公约规定的任何一项权利提起来文不同，非政府组织或其他私主体提起来文的权利范围不可避免地受到一些限制，因为它们只能成为《公约》规定的部分权利的权利主体。具体来讲，它们只能成为民族自决权（第1条）、组织和参加工会的权利包括罢工权（第8条）和文化权利（第15条）这些具有集体权利性质的权利的权利主体，就侵害这些权利的行为提起来文。

综上所述，根据《任择议定书》第2条的规定，无论是作为受害者的联名个人和非政府组织，还是作为受害人代表的联名个人和非政府组织都可以提起来文，但后者必须获得受害者的同意。这就意味着，

> 经济、社会和文化权利委员会不能将个人申诉程序扩展到提起抽象申诉的公益团体。公益申诉意味着公益团体可以不必代表声称是侵权行为的受害者的个人或联名个人，而是仅仅以在这一议题上有着足够的利益为基础，即可提起来文。公益申诉的方法实质上允许受理在违反之前就提起的来文，无论这种违反仅仅是一种可能性还是迫在眉睫，其结果之一就是，它将促进不符合最低限度的要求

的推测性来文，而规定来文的最低限度要求的目的就在于过滤信息严重不足的来文。而且，在向经济、社会和文化权利委员会提起申诉之前必须用尽国内救济的要求，将会为仅仅涉及可能发生而尚未实际发生的侵害行为的来文设置障碍。因此，委员会任何情况下都不会受理抽象的团体申诉。[1]

二、申诉的提起与接受

上述有权提起来文的主体可以根据《任择议定书》的规定，向联合国秘书长提起来文。

《〈经济、社会和文化权利国际公约任择议定书〉的临时议事规则》（以下简称《临时议事规则》）第1条规定了秘书长向委员会转交来文：

> 1. 秘书长应根据本议事规则，提请委员会注意依照或似为依照《任择议定书》第2条提交委员会审议的来文。
>
> 2. 秘书长可请提交人说明是否希望依照《任择议定书》将来文提交委员会审议。如果不能确定提交人是否希望如此，秘书长将提请委员会注意来文。

向秘书长提交来文并由秘书长将来文转交给委员会有三个明显的好处：其一，方便申诉人的申诉，特别是当申诉人不完全清楚应向哪个条约机构提出申诉时更是如此。其二，可以减轻委员会的工作。如果由委员会直接接受来文，可能导致委员会接收到属于其他条约机构管辖范围内的来文，如规定委员会可以以不属于其管辖范围而直接驳回不予接受，则会增加申诉人的负担，如规定委员会应将该来文转交有管辖权的条约机构，则会增加委员会的负担。其三，可以避免委员会重复接受和审查相同或类似的来文。一个行为可能同时侵害公民、文化、经济、政治和社会权利，可能侵害妇女、儿童、残疾人、迁徙工人及其家庭成员等特殊主体的经济、社会和文化权利，也可能侵害一般主体的经济、社

---

〔1〕 Marco Odello and Francesco Seatzu, *The UN Committee on Economic, Social and Cultural Rights: The Law, Process and Practice*, London/New York: Routledge, 2013, p. 83.

会和文化权利，如果由委员会直接接收来文，可能导致同时有几个条约机构接受和审查相同或类似的来文，造成不必要的重复，浪费本已十分稀缺的人力、时间、资金等资源。

《临时议事规则》第1条第3款规定了委员会明显不应接受的三种来文："所涉国家不是《任择议定书》的缔约国；未以书面形式提交；采用匿名形式。"其在《任择议定书》中的依据是，《任择议定书》第1条第2款的规定："委员会不得接受涉及非本议定书缔约方的《公约》缔约国的来文"，以及第3条第2款第7项的规定："采用匿名形式或未以书面形式提交"的，委员会应当宣布不予受理。

秘书长在转交来文的同时，应为所有依照《任择议定书》提交委员会审议的来文保存记录，还应为委员会登记的来文编写清单及简短摘要。可应委员会任何委员的请求，以原文向该委员提供任何一份此类来文的全文。[1]秘书长在接到来文提交人提交的来文后，可请来文提交人作出澄清或提供补充资料，包括：提交人姓名、住址、出生日期和职业，及提交人身份的核实信息；来文所控缔约国国名；来文的目的；控告的事实；提交人为用尽国内补救办法所采取的步骤；同一事项在多大程度上正在或已由另一国际调查或解决程序审理；据称所违反的《公约》条款。秘书长在要求作出澄清或提供补充资料时，应向提交人说明提供这种资料的时限。委员会在接到秘书长转交的来文或直接接到申诉人的来文后，也可以核准发出问卷，以便利提请来文提交人作出澄清或提供补充资料。[2]

三、委员会对来文的可受理性的审查

人权条约机构对来文的审查可以分为程序性审查和实体性（是非曲直）审查两个环节，但事实上，这两个环节很难截然分开，特别是有一些程序性事项只有在进行实体性审查后才能完全确认。总体来讲，对来

---

〔1〕《临时议事规则》第2条。
〔2〕同上，第3条。

文的可受理性的审查属于程序性审查。

（一）用尽国内补救办法

《任择议定书》第3条第1款规定："除非委员会已确定一切可用的国内补救办法均已用尽，否则委员会不得审议来文。如果补救办法的应用被不合理地拖延，本规则不予适用"。何谓"不合理的拖延"呢？对此，《任择议定书》未予解释。《美洲人权公约》第46条第2款的规定可供参考，它包括：当事国的国内立法未提供正当法律程序，以保护声称受到侵犯的权利或数项权利；声称权利受到侵犯的当事人已被拒绝获得国内法规定的救济或者已被阻挠穷尽这些救济；前文提到的救济措施受到无理的拖延。

（二）不可受理的其他情形

《任择议定书》第3条第2款规定：

> 来文有下列情形之一的，委员会应当宣布为不可受理：
>
> （一）未在用尽国内补救办法后一年之内提交，但来文人能证明在此时限内无法提交来文的情况除外；
>
> （二）所述事实发生在本议定书对有关缔约国生效之前，除非这些事实存续至生效之日后；
>
> （三）同一事项业经委员会审查或已由或正由另一国际调查或解决程序审查；
>
> （四）不符合《公约》的规定；
>
> （五）明显没有根据或缺乏充分证据，或仅以大众媒体传播的报道为根据；
>
> （六）滥用提交来文的权利；或
>
> （七）采用匿名形式或未以书面形式提交。

第一项是关于来文的申诉时效要件的规定，与其他国际人权公约的规定并无不同。

第二项规定遵循了法不溯及既往原则。"法不溯及既往"也是国际法上一项被普遍承认的原则，即一项条约不适用于其对有关缔约国生效前发生的或已消失的情形。所以，如果所指控的违反《公约》行为的部分或全部地发生在《公约》之前，委员会应当以属时理由宣布对来文的部分或全部不予受理。争议的问题在于委员会是否可以受理并审查《公约》已生效而《任择议定书》尚未生效之时的违反《公约》的行为。这一点可以参考人权事务委员会的做法。

> 根据《公约》第2条，各缔约国在加入《公约》之时就要承担“尊重和保证在其领土内和受其管辖的一切个人享有本公约所承认的权利”的义务。如果他们没有履行这些义务，他们即违反了《公约》，而不论他们是否批准了《任择议定书》，因为批准《任择议定书》只意味着认可了由一个国际机构证实违反《公约》行为的几种可能性之一，及委员会有权处理来自“声称《公约》所载任何权利受到侵害的人”的个人来文。〔1〕

第三项体现了“不重复审查原则”。具体来讲，包括两层含义：其一，委员会不对同一事项重复审查；其二，委员会不对已由或正由另一国际调查或解决程序审查的事项重复审查。在《任择议定书》的起草过程中，

> 一些代表团强调了关于程序的不重复标准的重要性。加拿大、芬兰、墨西哥、葡萄牙和英国主张制定一个类似于《消除对妇女一切形式歧视公约任择议定书》的标准，禁止提交正在或已经被另一国际机制所审议的来文。英国指出，这类标准应当防止“择地诉讼”，并保证一旦某一实质上类似的案件已经在区域一级得到审理，则不会在国际一级审理。
>
> 西班牙强调说，不得利用任择议定书作为其它有效补偿措施的替代渠道，而是作为一个最后手段。〔2〕

---

〔1〕［奥］曼弗雷德·诺瓦克：《〈公民权利和政治权利国际公约〉评注》（修订第2版），孙世彦、毕小青译，生活·读书·新知三联书店2008年版，第888～889页。

〔2〕E/CN.4/2006/47，卡塔丽娜·德阿尔布克尔克：《审议关于拟定〈经济、社会和文化权利国际公约〉任择议定书备选方案的不限成员名额工作组第三届会议报告》，第47、48段。

因此，该项规定与《消除对妇女一切形式歧视公约任择议定书》的规定相类似。后者第4条第2款规定："在下列情况下，委员会应宣布一项来文不予受理：(a) 同一事项业经委员会审查或已由或正由另外一项国际调查或解决程序加以审查……"。但该项规定不同于《公民权利和政治权利国际公约任择议定书》第5条第2款的规定。后者规定："委员会不得审查任何个人来文，除非已断定：（甲）同一事件不在另一国际调查或解决程序的审查之中"。根据该规定，

> 若一个案件同时还处在另一国际程序审查之中，委员会就可推迟作出是否受理的决定，直到该另一程序终结——即通过临时决定将程序暂停，也可宣布暂时不受理该来文。但在后一种情况下，一旦该事不再接受另一程序审查，提交人就可通过书面请求要求委员会重新开始此程序（《人权事务委员会议事规则》第92条第2款）。实践中，人权事务委员会通常会要求秘书处将此暂时不予受理的理由提请提交人注意，所以大多数情况下，提交人会撤回其在另一程序下的申诉，以清除委员会进行实体问题审查的任何障碍。[1]

也就是说，《公民权利和政治权利国际公约任择议定书》中的禁止重复审查规定"只是对于受理的暂停性障碍"，[2]当这一障碍消除后，委员会即可以受理并审查该来文。之所以如此，其"原因是联合国大会第三委员会的许多代表想尽力避免给人留下委员会在级别上附属于区域人权机构的印象"。[3]反过来说，联合国大会第三委员会的许多代表更愿意将委员会定位为优于区域人权机构。只要来文者撤回其在另一程序下的申诉，或不服另一程序对其申诉的裁定，委员会均可受理其申诉并与予审查。而《经济、社会和文化权利国际公约任择议定书》的起草者则要谦卑得多，他们宁愿将《任择议定书》规定的申诉程序视为区域性

---

〔1〕［奥］曼弗雷德·诺瓦克：《〈公民权利和政治权利国际公约〉评注》（修订第2版），孙世彦、毕小青译，生活·读书·新知三联书店2008年版，第908页。

〔2〕同上，第909页。

〔3〕同上，第909页。

申诉程序、联合国其他人权公约规定的申诉程序以及联合国专门机构的申诉程序的一个补充。“同一事项业经委员会审查或已由或正由另一国际调查或解决程序审查”则委员会应宣布不受理该来文，而非“受理的暂停性障碍”。

何谓“另一国际调查或解决程序”？人权事务委员会的判例法具有参考意义，

> 一般原则是，这种禁止仅涉及与《任择议定书》规定程序大致相似的程序。首先，委员会将《任择议定书》第5条第2款（子）项的适用范围限于政府间机构的程序或以政府间协议为根据的程序，因此，由国际议会联盟、大赦国际、国际法学家委员会或红十字国际委员会等非政府组织设立的程序并不导致对该禁止规定的适用。
>
> 其次，与《任择议定书》规定的程序类似的程序是指该程序也旨在对具体个案进行调查、解决且/或作出决定。因此委员会认为根据经济及社会理事会第1503号决议（XLVⅢ）对申诉的调查不构成《任择议定书》第5条第2款（子）项意义下的国际程序；该程序涉及“为可靠证据证明的一贯严重侵犯人权的状况”，它与个人来文的不属于“同一事件”。从这个决定中可以看出，仅对人权一般情况进行调查的其他程序不受该禁止的影响。然而一旦这类程序也涉及具体个案件时，该禁止规定就对其发挥作用。[1]

何谓“同一事项”？人权事务委员会的判例法同样具有参考意义。“对一国总体状况的审查与针对具体侵犯人权行为的个人来文并非同一事件。”[2]

在法纳利诉意大利案（Fanali v. Italy）中，委员会对“同一事

---

〔1〕［奥］曼弗雷德·诺瓦克：《〈公民权利和政治权利国际公约〉评注》（修订第2版），孙世彦、毕小青译，生活·读书·新知三联书店2008年版，第909~910页。

〔2〕同上，第910页。

> 件”一词做出了积极的定义。根据此定义，“同一事件”是由本人或有权代表他的其他人向另一国际机构提交的关于同一个人的同一权利主张。这意味着关于同一受害人而由第三人未经受害人同意或在其不知情的情况下提交给另一国际机构的申诉不在禁止之列。……在针对挪威的一个案件中，委员会裁定，“同一事件”一词指的是“当事人相同、提交的指控相同并且为支持这种指控而提交的事实相同”。[1]

第四项“不符合《公约》的规定”，可以从三方面进行理解：首先，属人理由不符合《公约》的规定。来文者必须是“声称因一缔约国侵犯《公约》所规定的任何经济、社会和文化权利而受到伤害的该缔约国管辖下的个人和联名个人”，“代表个人或联名个人提交来文”者不能够以自己的名义而只能够以受害人的名义提起来文，如以自己名义提起来文，则不符合属人理由。被提起来文者必须是《任择议定书》缔约国的《公约》缔约国，因为“委员会不得接受涉及非本议定书缔约方的《公约》缔约国的来文”。其次，属事理由不符合《公约》的规定。根据《任择议定书》第 2 条之规定，个人来文的对象限于“《公约》所规定的任何经济、社会和文化权利”，因此，声称侵害其他权利的来文在属事理由上不符合《公约》的规定。与有关缔约国作出保留的《公约》权利相关的来文同样属于属事理由不符合《公约》的规定。最后，属地理由不符合《公约》的规定。根据《任择议定书》第 2 条之规定，来文者应为“该缔约国管辖下的个人”。也就是说，来文指控的侵害行为必须发生在该缔约国的管辖范围内，具体包括该缔约国的领域、驻外使领馆内。如该侵害行为不发生在该缔约国的管辖范围内，则属于属地理由不符合《公约》的规定。这可理解为来文据称的受到侵害的权利不属于《公约》所规定的权利范围。因此，来文者必须令人信服

---

〔1〕［奥］曼弗雷德·诺瓦克：《〈公民权利和政治权利国际公约〉评注》（修订第2版），孙世彦、毕小青译，生活·读书·新知三联书店2008年版，第911～912页。

地证明其《公约》规定的权利被侵害的主张。

第五项，明显没有根据或缺乏充分证据，或仅以大众媒体传播的报道为根据。

第六项，滥用提交来文的权利。1978 年教科文组织执行局（executive board）第一百零四届会议第 3.3 号决定［104EX/Decision 3.3 (1978)］规定："来文不得具有攻击性，也不得滥用提交来文的权利。"但是，如果来文符合其他可受理的标准，在删除相关人身攻击或滥用权利的内容后可准予审议。何谓"具有攻击性、滥用来文权利"？根据教科文组织公约和建议书委员会的解释，当来文包含质疑某一会员国的基础的内容，例如来文包含一些攻击某个国家的社会结构、宪法和立法的污蔑性、谩骂性的内容，即属具有攻击性，该来文应被宣布为不可受理。当然，来文者今后仍可提交经过更正的、不质疑一个会员国之基础的来文。"只涉及潜在的侵犯人权而无实际侵权行为的来文被认为是滥用提交来文的权利，这样的来文将被宣布为不可受理。"[1]

> 这个不予受理的理由也可以在诸如以下情况中援用：任意地过分拖延提交来文、虽经多次要求仍不能证实其指控、已证实提交人企图用不正确信息误导委员会、仅为达到引起公众注意的目的而提交来文，不尊重申诉程序的保密性或明显出于闹事企图而提交来文。对于来文含有极为下流或侮辱性语言这一事实本身是否构成对呈文权的滥用，则是有争议的。[2]

《任择议定书》第 2 条第 2 款第 3 项规定，"同一事项业经委员会审查"，则不予受理。因为《公民权利和政治权利国际公约任择议定书》不含有这样的即判案件条款（res judicata clause），根据人权事务委员会的判例法，"如果来文者在未经改动的情况下重新递交一份已经被认为

〔1〕 UNESCO：154 EX/16，附件一，第 9、10 段。

〔2〕 ［奥］曼弗雷德·诺瓦克：《〈公民权利和政治权利国际公约〉评注》（修订第 2 版），孙世彦、毕小青译，生活·读书·新知三联书店 2008 年版，第 888 页。

不可受理的来文，那么来文也将会被以滥用呈文权为由而宣布不予受理”。[1]

第七项，采用匿名形式或未以书面形式提交。

《任择议定书》第4条规定：“委员会必要时可以对未显示来文人处于明显不利境况的来文不予审议，除非委员会认为来文提出了具有普遍意义的严重问题。”这一规定表明，原则上要求来文显示因来文人权利受到侵犯而导致其处于明显不利境况，否则，即使来文符合前述受理的全部条件而予以受理，委员会也对该来文不予审议。当然，委员会对此享有一定的裁量权，即当委员会认为来文提出了具有普遍意义的严重问题，即使来文未显示来文人处于明显不利境况，委员会则可以在受理后予以审议。

四、审查来文的可受理性的程序

（一）回避

委员会享有审查来文的法定职权，委员会每个委员都有权参加委员会审查来文的活动，但为了保证审查的公正性，《临时议事规则》规定了回避制度。在下列情况下，委员会委员不应参加审查来文：委员本人与案件有关；委员曾以《任择议定书》适用的程序规定之外的其他身份参与就来文所述案件作出和通过决定；委员是所涉缔约国国民。由此可能产生的任何问题，应由委员会在所涉委员不参加的情况下作出决定。如委员认为自己不应参加或不应继续参加对某一来文的审查，该委员应经由主席将其决定退出一事通知委员会。[2]

（二）工作组和指定报告员

委员会不必也不可能以全体会议的方式处理所有来文事项，为了提高委员会工作效率，对于任何与《任择议定书》之下的来文有关的事项，委员会可设立一个工作组，并/或可指定报告员，负责就该事项向

---

〔1〕［奥］曼弗雷德·诺瓦克：《〈公民权利和政治权利国际公约〉评注》（修订第2版），孙世彦、毕小青译，生活·读书·新知三联书店2008年版，第885页。

〔2〕《临时议事规则》第5条。

委员会提出建议，并/或以委员会可能决定的任何方式向委员会提供协助。为此而设立的工作组或指定的报告员应受本议事规则的约束，并酌情受委员会议事规则的约束。[1]

（三）临时措施

为了避免对声称权利被侵犯的受害人可能造成不可弥补的损害，《任择议定书》第5条规定了“临时措施”，即“委员会收到来文后，在对实质问题作出裁断前，可以随时向有关缔约国发出请求，请该国从速考虑根据特殊情况采取必要的临时措施”。当然，“委员会根据本条第1款行使酌处权，并不意味着对来文的可受理性或实质问题作出裁断。”《临时议事规则》第7条第1款对此作了类似规定，并在第2~4项中进一步予以细化。

> ……
>
> 2. 如委员会根据本条请求采取临时措施，应在请求中说明这并不意味着已确定来文可否受理或已确定来文的案情。
>
> 3. 缔约国可在程序的任何阶段申述理由，说明为何采取临时措施的请求不再合理。
>
> 4. 委员会可根据缔约国和来文提交人的呈件撤回采取临时措施的请求。

（四）来文的次序

来文应按秘书长收到来文的次序审理，除非委员会另有决定。委员会可决定一并审议两份或多份来文。如来文事关不止一个问题、或所指各人或所控侵犯行为在时间地点上互不关联，委员会可将其分成几部分，单独加以审议。[2]

（五）转送来文

委员会在收到来文，应当将来文送达缔约国，《任择议定书》第6

---

〔1〕《临时议事规则》第6条。

〔2〕同上，第8条。

条规定：

一、除非委员会认定来文不可受理，不送交有关缔约国，否则任何根据本议定书提交委员会的来文，委员会均应当以保密方式提请有关缔约国注意。

二、收文缔约国应当在6个月内向委员会提交书面解释或陈述，澄清有关事项及该缔约国可能已提供的任何补救办法。

《临时议事规则》第10条进一步予以细化和补充：

1. 收到来文后，如果所涉个人或联名个人同意向所涉缔约国公布其身份，委员会本身或委员会通过工作组或报告员应尽早以保密方式提请缔约国注意来文，并请该缔约国提交书面答复。

2. 根据本条第1款提出的任何请求，应说明这种请求并不意味着已就来文可否受理问题或案情作出任何决定。

3. 缔约国在收到委员会依照本条提出的请求后的6个月内，应就来文可否受理问题及其案情，以及为此可能已经采取的任何补救办法，向委员会提交书面解释或陈述。

4. 委员会本身或委员会通过工作组或报告员可请缔约国仅就来文可否受理作出书面解释或陈述，但在这种情况下，缔约国仍可在委员会提出请求后的6个月内，就来文可否受理问题及其案情提交书面解释或陈述。

5. 如提交人称已用尽一切可用的国内补救办法，但所涉缔约国根据《任择议定书》第3条第1款对此提出异议，该缔约国应详细说明所称受害人可用、并在此案特定情况下据称有效的补救办法。

6. 委员会本身或委员会通过工作组或报告员可请缔约国或来文提交人在规定期限内提交与来文可否受理问题或案情有关的补充书面解释或陈述。

7. 委员会本身或委员会通过工作组或报告员应向当事一方转交另一方根据本条提交的呈件，并让各方有机会在规定期限内就这些呈件发表评论。

（六）缔约方请求将来文可否受理与案情分开审议

根据《临时议事规则》第10条第1款请缔约国作出书面答复后，接到请求的缔约国可书面请求不受理来文，提出不可受理的理由，但这种请求须在收到根据第10条第1款提出的请求后两个月内提交委员会。委员会本身或委员会通过工作组或报告员可决定将可否受理与案情分开审议。除非委员会本身或委员会通过工作组或报告员决定将可否受理与案情分开审议，否则不应因缔约国依照本条第1款提出请求而延长其提交书面解释或陈述的6个月期限。[1]

（七）来文处理办法

委员会应以简单多数决定依照《任择议定书》可否受理来文。根据《临时议事规则》设立的工作组也可作出认为来文可受理或不可受理的决定，但须由全体成员如此决定。此种决定须经委员会全体会议确认，后者无需进行正式讨论，除非委员会一名委员提请进行这种讨论。[2]

鉴于委员会在以往的所有决策工作中都采取协商一致的办法，可以预计委员会在处理来文时仍可能采取协商一致的办法而非表决的办法。

经审查，无论是否可予受理，都应将其决定通知来文者和当事国。如决定某一来文不可受理，应通过秘书长向提交人和所涉缔约国转达其决定及作此决定的理由。当然，像人权事务委员会一样，委员会所作出的不可受理的决定并非不可改变，如收到提交人或以提交人名义提交的书面请求，指出不可受理的理由不再适用，委员会可对宣布来文不可受理的决定进行审查。[3]

五、对来文案情进行实体性审查

委员会审查来文采用非公开的、书面审查的方式。《任择议定书》第7条规定：

---

〔1〕《临时议事规则》第11条。
〔2〕同上，第9条。
〔3〕同上，第12条。

一、委员会应当根据提交委员会的全部文件资料审查根据本议定书第2条收到的来文，但这些文件资料应当送交有关当事方。

二、委员会应当通过非公开会议审查根据本议定书提交的来文。

《临时议事规则》第14条对来文案情的实体性审查程序作出了较为详细的规定。

1. 在收到来文之后、确定案情之前，委员会本身或委员会通过工作组或报告员可随时酌情查阅其他联合国机构、专门机构、基金、计（规）划署和机制及包括区域人权系统在内的其他国际组织可能有助于审理来文的相关文献，但委员会应让各当事方都有机会在规定期限内就这种第三方的文献或资料发表评论。

2. 委员会应参考按照《任择议定书》第8条第1款提供的所有资料，制定对来文的意见，但这些资料必须已正式转交给所涉各方。

3. 委员会根据本条第1款审议第三方提交的资料，绝不意味着这些第三方成为有关程序的当事方。

4. 委员会可将任何来文交给一个工作组，由该工作组就来文的案情向委员会提出建议。

5. 委员会不对《任择议定书》第2和第3条提及的所有可受理理由是否适用进行审议，就不应对来文案情作出决定。

6. 秘书长应将委员会的意见及任何建议转交提交人和所涉缔约国。

“文件资料”表明了书面审查的方式，而否定了口头质证的方式，如同《公民权利和政治权利国际公约任择议定书》规定的书面审查一样，

这样做在很大程度上限制了充分取证的可能性，尤其是当各方提交了相互矛盾的事实陈述时难度就更大了。由于委员会不能对各

方或证人进行口头审查或进行现场调查来证明这些材料，书面文件的说服力、证明程度、举证责任和表述技巧就起到了不合理的重要作用。[1]

因此，在起草《任择议定书》的过程中，“芬兰和墨西哥强调《禁止酷刑公约》和《消除种族歧视公约》的程序规则规定了口头听证。”[2]但《任择议定书》最终未采纳他们的意见。

根据《公民权利和政治权利国际公约任择议定书》等其他人权公约来文程序的实践经验，

> 一缔约国可能会通过拖延提供信息或不提供充分信息的方法来拖延或者甚至封锁实质性的决定。为避免这种情况发生，（人权事务）委员会从一开始就在其判例法中制定了相对严格的举证责任规则。如果有关国家不履行其在《任择议定书》第4条第2款下的提供资料的义务，委员会将以类似缺席判决的方式处理案件，并按照提交人提交且经证实的可信的指控认定事实。如果有关国家的声明仅限于一般性的引证而未提交具体证据，委员会同样会指出这不足以反驳提交人有充分证据的指控。最后，委员会通过兰萨诉乌拉圭案（Lanza v. Uraguay）创立了一条一贯的判例法，即在提交人提交了充分根据的指控时，有关缔约国有义务通过自己的调查反驳提交人的指控。[3]

在布雷尔诉乌拉圭（Bleier v. Uraguay）案中，人权事务委员会认为，

---

〔1〕［奥］曼弗雷德·诺瓦克：《〈公民权利和政治权利国际公约〉评注》（修订第2版），孙世彦、毕小青译，生活·读书·新知三联书店2008年版，第905页。

〔2〕E/CN.4/2006/47，卡塔丽娜·德阿尔布克尔克：《审议关于拟定〈经济、社会和文化权利国际公约〉任择议定书备选方案的不限成员名额工作组第三届会议报告》，第60段。

〔3〕［奥］曼弗雷德·诺瓦克：《〈公民权利和政治权利国际公约〉评注》（修订第2版），孙世彦、毕小青译，生活·读书·新知三联书店2008年版，第906页。

> 由于提交人与有关国家在取得相关证据方面并不总是平等，所以举证责任不能仅由提交人承担。因此，《任择议定书》第4条第2款规定了缔约国对提交人的指控进行诚意的调查并将调查结果报告给委员会的义务。如果提交人提交了准确的指控，包括证人证词和被指控实施酷刑行为人的姓名等资料，那么有关国没有提供充分相反的证据或解释时，这些指控就被认为是真实的。[1]

人权事务委员会的上述判例法具有重要参考价值。

《公民权利和政治权利国际公约任择议定书》第5条第1款规定将取证仅限于争议双方提交的书面资料："委员会应参照该个人及有关缔约国所提出的一切书面资料，审查根据本议定书受到的来文"。这就引起了一个问题，"即委员会是否有权审查其他书面文件，如《公约》第40条所规定的缔约国报告、对于针对同一缔约国的个人来文的类似决定以及如促进和保护小组委员会或特别报告员及特别工作组等联合国其他机构的报告?"[2]人权事务委员会的实践给出了肯定的答案。鉴于此，《经济、社会和文化权利国际公约任择议定书》第7条第3款对此作出了明确规定：

> 委员会在审查根据本议定书提交的来文时，可以酌情查阅其他联合国机构、专门机构、基金、方案和机制及包括区域人权系统在内的其他国际组织的相关文件资料，以及有关缔约国的任何意见或评论。

《经济、社会和文化权利国际公约》第2条第1款规定："每一缔约国家承担尽最大能力个别采取步骤或经由国际援助和合作，特别是经济和技术方面的援助和合作，采取步骤，以便用一切适当方法，尤其包括用立法方法，逐渐达到本公约中所承认的权利的充分实现。"因此，《任择议定书》第7条第4款要求："委员会在审查根据本议定书提交的来

---

〔1〕［奥］曼弗雷德·诺瓦克：《〈公民权利和政治权利国际公约〉评注》（修订第2版），孙世彦、毕小青译，生活·读书·新知三联书店2008年版，第907页。

〔2〕同上，第683页。

文时，应当审议缔约国依照《公约》第二部分规定采取的步骤的合理性。在这方面，委员会应当注意到缔约国可以为落实《公约》规定的权利而可能采取的多种政策措施。”

六、友好解决或委员会作出意见或建议

《任择议定书》非常重视友好解决。《任择议定书》第8条规定：

> 一、委员会应当向有关当事方提供斡旋，以期在尊重《公约》规定的义务的基础上友好解决有关问题。
>
> 二、一旦达成友好解决协定，根据本议定书提交的来文审议工作即告结束。

《公民权利和政治权利国际公约任择议定书》未规定友好解决方式，但是《欧洲人权公约》、《美洲人权公约》、教科文组织104程序等都在申诉程序中规定了友好解决方式，并取得了较好的效果，有鉴于此，《任择议定书》规定了友好解决方式。这一规定得到了许多国家和非政府组织的支持。

> 阿根廷、阿塞拜疆、巴西、加拿大、芬兰、伊朗伊斯兰共和国、墨西哥、摩洛哥（代表非洲国家集团）、俄罗斯联邦和瑞士表示支持在任择议定书中纳入一个关于友好解决争端的条款。……阿塞拜疆、厄瓜多尔、芬兰、墨西哥、葡萄牙、国际法学家委员会和非政府组织联盟建议说，应当以下列原则和保障措施限制友好解决争端办法：诚意、尊重人权、可任选性、密切监督解决办法的实施、在友好解决办法失败或不当延误的情况下返回对抗性程序的可能性。葡萄牙和非政府组织联盟强调说，友好解决的条件应当经过委员会的审查和批准。俄罗斯联邦指出，委员会应当仅在例外情况下才能够拒绝友好解决。阿根廷强调了美洲制度内部积极使用友好解决争端办法。[1]

---

〔1〕 E/CN.4/2006/47，卡塔丽娜·德阿尔布克尔克：《审议关于拟定〈经济、社会和文化权利国际公约〉任择议定书备选方案的不限成员名额工作组第三届会议报告》，第64段。

当然，并非没有反对意见。“中国、印度、瑞典和美国认为，根据其他人权文书，友好解决程序只应适用于国家间的申诉。”[1]但最终支持的意见占据了上风并最终被采纳。

《临时议事规则》第 15 条对友好解决进行了细化。

> 1. 在收到来文之后、确定案情之前，应任何一方的请求，委员会应随时向各方提供斡旋，以期在尊重《公约》规定的义务的基础上，就据称构成违反《公约》的、依照《任择议定书》提交审议的事项达成友好解决。
>
> 2. 友好解决程序应在各方同意的基础上进行。
>
> 3. 委员会可指定一名或多名委员协助各方间的谈判。
>
> 4. 友好解决程序应保密，且不影响各方提交委员会的呈件。在委员会的来文程序中，任何书面来文或口头通报，以及在尝试达成友好解决的框架内所作提议和让步都不应被用以损害对方。
>
> 5. 委员会若得出结论认为不可能就此事项达成解决方法，或任何一方不同意采用友好解决、决定终止该程序或未显示出在尊重《公约》规定义务的基础上达成友好解决所必需的意愿，可以停止协助友好解决程序。
>
> 6. 如双方明确同意友好解决，委员会应通过决定，其中包括关于事实及所达成的解决办法的说明。决定将转交给所涉各方，并在委员会年度报告中公布。在通过决定之前，委员会应确证所控侵犯行为的受害人是否认同友好解决协议。

如果不能达成友好解决，委员会在审查来文后，应当作出意见并可以提出建议。《任择议定书》第 9 条第 1 款规定：“委员会在审查来文后，应当向有关当事方传达委员会对来文的意见及可能提出的任何建议。”如果以表决的方式作出决定，则处于少数的委员可以保留其意见，

---

〔1〕 A/HRC/6/8，卡塔丽娜·德阿尔布克尔克：拟订《经济、社会和文化权利国际公约》任择议定书问题不限成员名额工作组第四届会议报告，第 81 段。

即使赞同委员会的决定的委员也可能有自己特殊的理解。对此，《临时议事规则》规定，参加作出决定的任何委员都可请求在委员会的决定或意见后附上其个人意见。委员会可规定提交此种个人意见的期限。[1]

个人来文程序以委员会向有关当事方送达意见而终结，与人权事务委员会相类似，经济、社会和文化权利委员会的意见和建议对于争端双方而言也不具有国际法意义上的约束力。这种来文程序不同于《欧洲人权公约》及《美洲人权公约》规定下的程序以及其他产生约束性判决的程序。

七、委员会意见的后续行动

鉴于委员会的意见和建议以及友好解决协议对于缔约国并不具有法律效力，督促缔约国接受委员会的意见和建议，多方了解缔约国对委员会意见和建议以及友好解决协议的落实情况就至关重要。《公民权利和政治权利国际公约任择议定书》并没有规定人权事务委员会意见的后续行动。工作组主席编写提交工作组第四届会议讨论的《任择议定书》草案中虽然规定了委员会意见的后续行动，但并没有把它放到一个更加突出的位置上，仅仅规定为第8条“审查案情”中的三款内容。在讨论过程中，埃塞俄比亚建议将第8条分为两个条款，由第5款、第6款和第7款构成新的第8条之二，负责处理后续行动。非政府组织联盟建议用第8条第6款和第7款构成一个题为“来文程序后续行动”的新条款。[2]工作组采纳了这一意见，将后续行动放到了更加突出的位置，以单独一条加以规定，并最终形成了《任择议定书》的第9条：

> 一、委员会在审查来文后，应当向有关当事方传达委员会对来文的意见及可能提出的任何建议。
>
> 二、缔约国应当适当考虑委员会的意见及可能提出的建议，并应当在6个月内向委员会提交书面答复，包括通报根据委员会意见

---

〔1〕《临时议事规则》第16条。

〔2〕A/HRC/6/8，卡塔丽娜·德阿尔布克尔克：拟订《经济、社会和文化权利国际公约》任择议定书问题不限成员名额工作组第四届会议报告，第108段。

和建议采取的任何行动。

三、委员会可以邀请缔约国就委员会的意见或建议所可能采取的任何措施提供进一步资料，包括在委员会认为适当的情况下，在缔约国随后根据《公约》第16条和第17条提交的报告中提供这些资料。

略感美中不足的是，上述规定并不涉及友好解决协议，《临时议事规则》将后续行动的范围扩大至友好解决协议，并作了进一步细化：

1. 在委员会转交对来文的意见或决定因达成友好解决而结束审议来文后的6个月内，所涉缔约国应向委员会提交一份书面答复，其中包括说明根据委员会的意见和建议可能已采取的任何行动。

2. 在本条第1款所指6个月期限之后，委员会可请所涉缔约国提交进一步资料，说明该缔约国根据委员会的意见和建议，或根据友好解决协议采取了哪些措施。

3. 委员会应通过秘书长将缔约国提交的资料转交来文提交人。

4. 委员会可请缔约国在随后依照《公约》第16条和第17条提交的报告中提供资料，说明根据委员会在达成友好解决协议后结束审议来文时提出的意见、建议或作出的决定所采取的任何行动。

5. 委员会应指定一名报告员或一个工作组，负责就依照《任择议定书》第9条通过的意见采取后续行动，以确证缔约国为落实委员会在达成友好解决协议后结束审议来文时提出的意见、建议或作出的决定所采取的措施。

6. 报告员或工作组可视妥善履行职能的需要，酌情进行联系，采取行动，如有必要，应建议委员会采取进一步行动。

7. 除提出书面陈述、会见缔约国正式委派的代表之外，报告员或工作组可向来文提交人和受害人或其他有关来源了解情况。

8. 报告员或工作组应在委员会每届会议上向委员会汇报后续活动。

9. 委员会在依照《公约》第21条和《任择议定书》第15条提交的年度报告中，应列入关于后续活动的资料。

后续行动的效果值得期待！

第三节 现行国际人权申诉程序及比较

表3-1 现行国际人权申诉机制一览表

人权文件	通过/生效	国际人权机构	个人/团体申诉	强制性/任择性
经济及社会理事会第1235(XLII)号决议	1967年6月6日通过	防止歧视和保护少数小组委员会，人权委员会	个人	强制性
经济及社会理事会第1503(XLVⅢ)号决议	1970年5月27日通过	防止歧视和保护少数小组委员会，人权委员会	个人	强制性
人权理事会第5/1号决议《联合国人权理事会的制体制建设》	2007年6月18日通过	人权理事会	个人	强制性
消除一切形式种族歧视公约	1965年12月21日/1969年1月4日	消除种族歧视委员会	个人	任择性
公民权利和政治权利国际公约任择议定书	1966年12月16日/1976年3月23日	人权事务委员会	个人	任择性
经济、社会和文化权利国际公约任择议定书	2008年12月10日/2013年5月5日	经济、社会和文化权利委员会	个人	任择性

续表

人权文件	通过/生效	国际人权机构	个人/团体申诉	强制性/任择性
消除对妇女一切形式歧视公约任择议定书	1999年10月6日/2000年12月22日	消除对妇女歧视委员会	个 人	任择性
禁止酷刑和其他残忍、不人道或有辱人格的待遇或处罚公约	1984年12月10日/1987年6月26日	禁止酷刑委员会	个 人	任择性
保护所有迁徙工人及其家庭成员权利国际公约	1990年12月18日/2003年7月1日	保护所有迁徙工人及其家庭成员委员会	个 人	任择性
保护所有人免遭强迫失踪国际公约	2006年12月20日/2010年12月23日	强迫失踪问题委员会	个 人	任择性
残疾人权利公约任择议定书	2006年12月13日/2008年5月3日	残疾人权利委员会	个 人	任择性
儿童权利公约关于设定来文程序的任择议定书	2011年12月19日/2014年4月14日	儿童权利委员会	个 人	任择性
欧洲人权公约第11号议定书	1994年5月11日/1998年11月1日	欧洲人权法院	个 人	强制性

续表

人权文件	通过/生效	国际人权机构	个人/团体申诉	强制性/任择性
规定团体申诉制度的欧洲社会宪章附加议定书	1961年10月18日/1998年7月1日	欧洲社会权利委员会	团　体	任择性
美洲人权公约	1969年11月22日/1978年7月18日	美洲人权委员会/美洲人权法院	个　人	第44条强制性；第62条任择性
美洲人权公约经济、社会和文化权利领域的附加议定书	1988年11月17日/1999年11月16日	美洲人权委员会/美洲人权法院	个　人	强制性
非洲人权和民族权宪章	1981年6月27日/1986年10月21日	非洲人权和民族权委员会	个　人	强制性
国际劳工组织章程第24、25条	1919年6月30日	国际劳工组织理事会/三方委员会	团　体	强制性
提交联合国的国际劳工组织第六次报告（1952），附录V等		结社自由委员会/国际劳工组织理事会/结社自由调查和调解委员会	团　体	强制性
联合国教育科学及文化组织执行局104EX/Decision 3.3	1978年	公约和建议书委员会	个人	强制性

申诉程序是全球人权保护机制和区域人权保护机制中广泛存在的一种司法性或准司法性程序。联合国系统存在三类申诉/来文程序：第一类是由《联合国宪章》规定的机构负责的非公约机制或“特别程序”，包括1503程序和1235程序，以及其继承者人权理事会来文程序。第二类是公约程序，即根据主要人权公约或其《任择议定书》建立起来的由专门条约机构负责的申诉程序。第三类是联合国专门机构根据其《章程》/《组织法》或通过的决议建立的申诉程序，主要包括国际劳工组织的申诉程序、国际劳工组织结社自由委员会申诉程序、联合国教科文组织104程序。区域人权保护机制中的申诉程序包括欧洲人权法院的个人来文程序、欧洲社会权利委员会的团体申诉程序、美洲人权委员会和美洲人权法院的个人来文程序、非洲人权和民族权委员会和非洲人权和民族权法院的个人来文程序。在《经济、社会和文化权利任择议定书》制定之前，这些来文程序中大多数都已经存在，有的还运行良好，为《任择议定书》规定个人来文程序提供了宝贵的可资借鉴的经验。本节选择与经济、社会和文化权利相关的一些来文程序关系予以阐述，并与《任择议定书》规定的来文程序进行比较，为后者今后的实践提供借鉴。

一、联合国特别人权申诉程序

（一）1503程序和1235程序

《联合国宪章》第62条第2款规定：经济及社会理事会“为增进全体人类之人权及基本自由之尊重及维护起见，得作成建议案”，因此，在联合国的宪章机构中，经济及社会理事会在人权方面负有主要责任。为保障其有效履行人权方面的职责，根据《联合国宪章》第68条授权，“经济及社会理事会应设立经济与社会部门及以提倡人权为目的之各种委员会，并得设立于行使职务所必需之其他委员会。”1946年，经济及社会理事会通过决议，设立了联合国人权委员会（Commission on Human Rights）作为它的一个职司委员会。直到2006年人权理事会建立之前，人权委员会是联合国人权领域中最重要的机构。

人权委员会成立之后，收到了来自受害者或代表受害者的非政府组织提起的成千上万的人权来文。但是，人权委员会无权采取任何相关措施。经济及社会理事会于1959年7月30日通过了第728（XXVⅢ）F号决议，要求联合国秘书长在委员会每届会议之前，准备一份所有一般性来文的公开清单以及一份针对具体国家的来文的秘密清单，并将这些清单散发给委员会成员。针对具体国家的来文被转递给相关政府，供其提出意见。委员会还设立了一个临时委员会审查这些来文，不过委员会仍然不能针对有关国家采取进一步的措施。第728F号决议奠定了未来区分根据经济及社会理事会第1235号决议进行的公开程序和根据经济及社会理事会第1503号决议进行的秘密程序的基础。为了克服“无权行动原则”的禁锢，经济及社会理事会于1967年6月6日通过第1235（XLII）号决议，授权人权委员会和防止歧视和保护少数者小组委员会〔1〕“审查各国有关大规模侵犯人权和基本自由的来文”，并授权人权委员会在适当的情况下，对上述来文中暴露出的持续不断的侵犯人权的情势进行“全面深入的研究”，并以建议的方式向经济及社会理事会提出报告。由此，第1235（XLII）号决议成了对世界上所有国家存在的严重和系统性人权侵犯进行公开讨论和审议的基础。经济及社会理事会于1970年5月27日通过了题为“有关侵犯人权和基本自由的来文的处理程序”的第1503（XLVⅢ）号决议，授权防止歧视和保护少数者小组委员会建立一个工作组审查联合国收到的来文，查明那些来文中明显暴露出某种“持续不断的、大规模的和证据确凿的”侵犯了小组委员会职权范围内的人权和基本自由的典型情况，并决定是否送交人权委员会审查。据此，第1503（XLVⅢ）号决议建立了审议具体的人权侵犯问题的保密程序。1971年8月13日，小组委员会通过了第1（XXIV）号决议，

---

〔1〕 防止歧视和保护少数小组委员会是人权委员会的主要辅助机构，始建立于1947年，其特定的职能是开展不同领域中有关歧视的研究。多年来，该小组委员会成为人权委员会在所有人权问题上的一个常设咨询机构。1999年，根据经济及社会理事会第1999/256号决议，更名为“保护和促进人权小组委员会”。小组委员会由26名独立专家组成，其首要的功能是作为人权委员会的思想库。随着2006年人权理事会取代人权委员会，保护和促进人权小组委员会也被人权理事会咨询委员会所取代。

为适用经济及社会理事会的第1503号决议建立了具体程序。该决议一个引人注意的方面就是建立了接受来文的标准和尺度。首先，关于来文的来源，来文可以来自所指违反人权行为的受害者的个人或个人联名提起，也可以由对上述违反情况有直接而可靠了解的个人或个人联名或非政府组织提起；来文不应是匿名的。其次，关于来文的内容和陈述的性质，来文必须含有对事实的描述，必须指出申诉的目的和被侵犯的权利；来文的语言不应是谩骂性的，特别不应含有对其申诉所指控的国家具有侮辱性的措辞；来文不应明显具有政治动机且其主题违背联合国宪章规定；来文不应仅仅以大众媒介传播的报道为依据。再次，从来文与国内救济机制及其他国际救济机制的关系来看，来文应穷尽国内补救办法，关于已由有关机构按照世界人权宣言及其他在人权领域中可适用的文书所规定的原则加以解决的案子的来文，应不予受理。来文的采纳不应损害联合国系统专门机构的职责。最后，来文应在穷尽国内补救办法之后的适当时间内送交联合国。经济及社会理事会第728（XXVⅢ）F号决议、第1235号决议和第1503（XLVⅢ）号决议共同建立起了联合国系统第一套审查人权申诉的程序。

随着以人权公约为基础的人权来文机制的快速发展，1503程序的重要性大大下降。2000年6月16日，经济及社会理事会通过第2000/3号决议，对1503程序进行了改革。此后，来文由联合国人权事务高级专员办公室负责接收。

> 第1503号决议设立了一个审查来自个人和其他民间团体来文的程序，以期识别那些“看似一贯严重侵犯所有人权和基本自由且得到可靠证实的情况”。与人们通常的理解不同的是，1503程序的目的并不是为了建立一个个人申诉程序。虽然个人和非政府性团体有资格提出申诉，但他们的诉讼理由必须基于有证据显示存在着“一贯严重且得到可靠证实的情况”。[1]

---

〔1〕［美］托马斯·伯根索尔、黛娜·谢尔顿、戴维斯·图尔特：《国际人权法精要》（第4版），黎作恒译，法律出版社2010年版，第97页。

根据修改后的1503程序，联合国人权高级专员办事处秘书处对来文进行甄别，剔除那些“明显缺乏根据的来文”，将余下的转交当事国政府并要求其对此作出回应。此后，来文和政府的答复（如有）交由促进和保护人权小组委员会的来文工作组按照小组委员会第1（XXIV）号决议所载的受理来文的标准对来文进行审议，以期提请情况工作组注意某些看来表明人权和基本自由一贯遭到严重侵犯，而且有可靠证据证明此种侵犯的情况。情况工作组负责审查来文工作组的机密报告和建议，决定是否将它处理的某一情况提交人权委员会全体会议审议。人权委员会可以酌情举行两次单独的非公开会议，审议情况工作组向其提交的某些情况以及不断审查的情况。之后，人权委员会主席将在一次公开会议上宣布对哪些国家按照1503程序作了审查，并公布不再依照该程序予以审查的国家名单。人权委员会可以通过决议对某一情况分别采取不同的行动：①在无必要作进一步审议或采取进一步行动的情况下中止对这一事项的审议；②根据有关政府提供的任何进一步资料和委员会在1503程序之下可能收到的任何进一步资料，不断审查这一情况；③不断审查这一情况，并任命一位独立专家；④停止依照理事会第1503（XLVIII）号决议规定的机密程序审议这一事项，以便在理事会第1235（XLII）号决议规定的公开程序之下审议同一事项。最后，由人权委员会就审议结果向联合国经济及社会理事会报告并提出建议。

大多数国家在无奈接受1503程序的审查后，更不愿意曝光于公开程序之下，也更不愿意成为特别调查员调查的对象，因此，他们更愿意在秘密程序中开展合作，甚至愿意为了改变人权情况而做出一些妥协。如果当事国不愿意合作，在许多情况下，在1503程序中被启动的国别调查程序后来被转至1235程序。[1]另一方面，经验显示，秘密程序是高度政治化的，许多国家的政府几乎不愿意改变人权情况，如20世纪70年代的乌干达、20世纪80年代的巴拉圭和20世纪90年代的乍得，

---

〔1〕参见［奥］曼弗雷德·诺瓦克：《国际人权制度导论》，柳华文译，北京大学出版社2010年版，第110~112页，文本框55“国别机制”。

但是人权委员会仍然按照1503程序对他们进行了许多年的审议。

1503程序是高度保密的，申诉人在该程序中处于非常被动的地位。申诉人除了最初被告知来文已经收到，直至人权委员会决定向经济及社会理事会提出报告，对其他情况一概不知。期间，所有有关会议记录及其所处理的文件都是保密的，除非当事国愿意公开。而唯一可以打破1503程序的保密性的途径就是将适用于1503程序的案件转至1235程序下审议，从而使该案件公开化。

（二）人权理事会的申诉程序

根据联合国大会2006年4月3日第251号决议（A/RES/60/251），人权理事会于2006年6月19日成立，取代了2006年6月16日解散的人权委员会。人权理事会是联合国大会的附属机构。第251号决议第6条要求："理事会应承担、审查并在必要时改进及合理调整人权委员会的所有任务、机制、职能和职责，以便保持一个包含特殊程序、专家咨询和申诉程序的制度；理事会应在举行首届会议后一年内完成此项审查"。2007年6月18日，人权理事会通过第5/1号决议《联合国人权理事会的体制建设》。决议第四部分《申诉程序》以经济及社会理事会第2000/3号决议修订的第1503（XLVⅢ）号决议为基础，在必要之处作了改进，建立了新的申诉程序，以处理世界任何地方在任何情况下发生的一贯严重侵犯所有人权和基本自由且得到可靠证实的情况，力求确保申诉程序公正、客观、高效、注重受害者且能及时启动。程序继续保持其机密性，以期增强与所涉国家的合作。

1. 来文受理标准。指控侵犯人权和基本自由问题的来文须符合下列条件方可予以受理：（a）没有明显的政治动机，其目标与《联合国宪章》、《世界人权宣言》和人权法领域其他适用的文书一致。（b）以事实说明所指控的侵权行为，包括据称遭到侵犯的权利。（c）没有使用辱骂性的语言。然而，如果此种来文在删除了辱骂性语言之后，仍符合其他的受理标准，则可对其加以审议。（d）是由声称自己是侵犯人权和基本自由行为受害人的一个人或一批人提出的，或是由真诚本着人权原则行事、不采取含有政治动机并有违《联合国宪章》规定的立场的、声称直接并可靠了解有关侵犯人权情况的任何个人或一批人，包括非政府组织在内提交的。然而，如果来文得到可靠证实，只要提供的证据清楚，便不得仅仅因为具体提交人对情况的了解是第二手的而不予受理。(e) 依据的不完全是大众传媒的报道。(f) 所述案件似乎显示存在一贯严重侵犯人权并已得到可靠证实的情况，但目前还没有由一个特别程序、条约机构或联合国其他人权申诉程序或类似的区域申诉程序处理的。(g) 已用尽国内补救办法，或者此种补救办法看来不会奏效或会被不合理地拖延。

2. 工作组。人权理事会成立两个不同的工作组，即来文工作组和情况工作组。其任务是审查来文，并提请理事会注意一贯严重侵犯人权和基本自由且已得到可靠证实的情况。这两个工作组要尽量在协商一致的基础上开展工作。在无法取得协商一致时，要以简单多数票作出决定。这两个工作组可确定自己的议事规则。

来文工作组由人权理事会咨询委员会[1]在适当顾及性别平衡的情况下，从每个区域组指定1名，共计5名成员组成。来文工作组的专家任期为3年，其任期只能延长一次。来文工作组主席与秘书处一起，在将收到的来文转交所涉国家之前，依据受理标准，对来文进行初步筛选。明显缺乏根据的或匿名的来文由主席加以剔除，因而不会转送所涉国家。从负责和透明的角度考虑，来文工作组主席要向全体成员提供初步筛选后驳回的所有来文清单。该清单应说明所有作出驳回来文的决定的理由。所有其他未被剔除的来文将转送所涉国家，以便获得该国对侵权指控的意见。来文工作组成员就来文可否受理作出决定，并评估侵权指控的案情实质，包括评估该来文本身或与其他来文结合起来看是否显

〔1〕 根据《联合国人权理事会的体制建设》第三部分“人权理事会咨询委员会”的规定，人权理事会咨询委员会是由以个人身份任职的18名专家组成的理事会附属机构，行使理事会智囊团的职能，并在理事会的指导下开展工作。咨询委员会的设立及其运作按该部分规定的指导方针实施。咨询委员会继承了促进和保护人权小组委员会的部分职能，但其权限范围大大缩小了。

示某种一贯严重侵犯人权和基本自由并已得到可靠证实的情况。来文工作组向情况工作组提供一份材料，载列所有可予受理的来文以及就这些来文提出的建议。如果需要对一个案件作进一步的审议或需要补充资料，来文工作组可在下届会议之前继续保持对该情况的审议，同时请所涉国家提供补充资料。来文工作组可决定撤销某一案件。来文工作组的所有决定都要严格依据可受理标准作出并有正当理由。

情况工作组由每个区域组在适当考虑到性别平衡的情况下，指定一个理事会成员国的代表组成。情况工作组组员任期为一年，如果组员所涉国家仍然是理事会成员，其任期可以延长一次。情况工作组成员应以个人身份任职。根据要求，情况工作组在来文工作组提供的资料和建议的基础上，通常以关于所涉情况的决议或决定草案的形式，向理事会提出关于一贯严重侵犯人权与基本自由且已得到可靠证实的情况的报告，并向理事会建议应采取的行动方针。如果情况工作组需作进一步的审议或需要补充资料，其成员可在下一届会议之前继续保持对该情况的审议。情况工作组也可决定撤销某个案件。情况工作组的所有决定都要有正当理由，并说明停止对某情况进行审议或就此建议采取的行动的理由。停止审议的决定应以协商一致方式通过；如不可能，则以简单半数决定。

3. 人权理事会的审议。人权理事会要随时根据需要，但至少每年一次审议情况工作组提请它注意的一贯严重侵犯人权和基本自由且已得到可靠证实的情况。除非理事会另行决定，情况工作组提交理事会的报告一般要以保密的方式加以审议。为确保申诉程序做到面向受害人、高效而又及时，从申诉转呈所涉国家到理事会开始审议的这段时间原则上不得超过 24 个月。

人权理事会的申诉程序与 1503 程序相比较，相对更加注重申诉人的参与。不但在申诉人的来文已由申诉程序登记备案时，要通知申诉人。而且，申诉程序要确保在以下关键阶段向来文提交人通报审议情况：(a）当来文工作组认为来文不可受理，或来文已由情况工作组着手审议，或来文留待工作组之一或理事会审议时；（b）产生最终结果时。此外，如果申诉人要求对其身份保密，则不得将其身份告知所涉国家。

根据惯例，就某一情况采取行动，应该选择如下的一种：（a）在没有必要作进一步审议或采取行动时，停止对有关情况的审议；（b）继续保持对该有关情况的审议，并请所涉国家在合理的时间范围内进一步提供资料；（c）继续保持对该有关情况的审议，并任命一位独立的高级专家监测该情况并向理事会提出报告；（d）停止在秘密申诉程序下对该问题进行审查，以便对同一问题进行公开审议；（e）建议人权高级专员办事处向所涉国家提供技术合作、能力建设援助或咨询服务。

在其职责范围内，人权理事会根据揭露存在着对所有人权及基本自由的公然、经常和一贯的侵犯行为的来文，对相关情况进行审议。人权理事会的程序并不审议个案。实际上，它审议的完全是作为信息来源的大量来文，它们反映了对人权进行公然、经常和一贯的侵犯的特定形势。遭到指责的国家以该形势责任人的形式出现。至于来文，除了在人权理事会秘书处收文的时候之外，其他时候均不作个案对待。

二、联合国专门机构的申诉程序

（一）国际劳工组织的一般申诉程序

《国际劳工组织章程》第24、25条规定的团体申诉程序是创立较早的团体申诉机制。根据宪章规定，国际劳工组织的成员国不能对宪章条款提出保留，因此，不同于其他后来绝大多数申诉机制的任择性，国际劳工组织的申诉程序是强制性的。

这一团体申诉程序从程序上分为五个步骤。[1]

第一个步骤是申诉的接受。申诉必须符合下列条件才会被劳工局接受：①必须以书面形式提交；②必须由雇主或工人的职业协会提交；

---

〔1〕参见ILO Doc. GB. 291/9（Rev.）.《关于审查依据〈国际劳工组织章程〉第24、25条提起的申诉的程序的规程》由理事会第五十六届会议（1932年1月）通过，经理事会第二百一十二届会议（1980年2~3月）和第二百九十一届会议（2004年11月）两次修订。http://www.ilo.org/public/english/standards/relm/gb/docs/gb291/pdf/gb-9.pdf.

③必须具体援用《国际劳工组织章程》第24条；④必须针对国际劳工组织的一个成员国；⑤必须涉及被申诉的成员国已经批准的一项公约；⑥必须说明被申诉的成员国在公约的效力范围内，在哪方面未能确实实施上述公约。

第二个步骤是审查申诉的可接受性。国际劳工局局长在接到申诉后，应立即将申诉送达理事会负责人，由后者就申诉的可接受性向理事会汇报。理事会根据其负责人的汇报对申诉的形式要件进行审查，以决定其可接受性，此时，不应对申诉的实质内容进行讨论。

第三个步骤是设立三方委员会。理事会决定接受一项申诉后，就要为此设立一个由政府组、雇主组和工人组按同等人数选出的理事组成的三方委员会审议有关事项。

第四个步骤是三方委员会对申诉的审查。三方委员会的会议及其全部处理程序都应当是秘密的。在审查过程中，委员会有权：要求提起申诉的组织在委员会指定的时间内进一步提供信息；将申诉送达被申诉的政府而不要求后者回复声明；将申诉组织的申诉及其进一步提交的全部信息送达被申诉的政府，并要求后者在委员会指定的时间内给予答复；在接到相关政府的答复后，可以要求后者在委员会指定的时间内进一步提供信息；可以邀请申诉组织到委员会当面口头提供进一步的信息。对申诉的实质问题审查完毕后，向理事会提出报告，说明审议时所采取的步骤、做出的结论，以及对理事会应作出决定的建议。

最后一个步骤是理事会的审查。理事会在审议其负责人关于申诉的可接受性汇报和委员会关于审查申诉实质性问题的报告时，如果被申诉政府在理事会中没有代表，应当邀请该政府派代表出席理事会审议有关事项的会议。与会政府代表有权享有与理事会成员相同的发言权，但没有表决权。审议有关申诉事项的理事会会议应当秘密进行。理事会接受申诉之后，可以将该申诉送达被申诉的政府，并请该政府对此事做出它认为适当的声明。如理事会在合理时期内未接到被申诉的政府的声明，或者理事会对声明不满意，则理事会有权公布该申诉，如有答复此申诉之声明，亦公布之。在此情况下，理事会应对公布的形式和日期作出决定。此类公布标志着申诉程序的结束。国际劳工局应当将理事会的决定通知被申诉的政府和提出该申诉的组织。

《国际劳工组织章程》在非政府组织成为国际法的主体方面迈出了关键性的一步，具有开创性，但是它仍然避免使个人成为国际法的主体。在申诉程序中，提出申诉的工人或雇主的职业协会处于较为被动的地位，他们无权参加委员会和理事会的会议，这些会议都是秘密进行，不对申诉者公开。相反，被申诉的政府有权受邀派代表出席理事会的相关会议，享有较为充分的发言权。因此申诉者与被申诉的政府处于不平等的地位，申诉者的地位相对不利。这一重大缺陷导致这一申诉机制显得较为无力，因此，这些程序在过去很少被利用。

但是，近些年来申诉程序越来越受到重视，开始对经济和社会权利发挥实际作用。1985～2006 年，理事会公布了 102 份申诉报告，涉及 50 个国家。[1] 其中，29 份报告中的申诉控告缔约国侵犯了结社权利，这些申诉案件由结社自由委员会（the Committee on Freedom of Association, CFA）处理。其余 73 份报告中的申诉案件的处理结果是：经形式审查不可接受的申诉 7 件；经形式审查可接受并且实体未决的申诉 5 件；申诉人撤回申诉从而程序结束的申诉 4 件；理事会采纳三方委员会的报告从而程序结束，将涉及 C087、C98 的部分移交结社自由委员会处理的 2 件；理事会采纳三方委员会的报告从而程序结束的申诉 52 件；理事会

---

〔1〕 这 50 个国家分别是：阿根廷、奥地利、比利时、玻利维亚、波斯尼亚和黑塞哥维纳、巴西、智利、中国（香港特别行政区）、哥伦比亚、刚果、哥斯达黎加、捷克共和国、丹麦、厄瓜多尔、埃塞俄比亚、芬兰、法国、加蓬、德国、希腊、危地马拉、匈牙利、冰岛、伊拉克、爱尔兰、以色列、意大利、日本、利比亚、墨西哥、摩尔多瓦、缅甸、荷兰、新西兰、尼加拉瓜、挪威、巴拿马、巴拉圭、秘鲁、波兰、葡萄牙、俄罗斯、塞内加尔、塞尔维亚、西班牙、瑞典、土耳其、英国、乌拉圭和委内瑞拉。除已公布的申诉报告外，尚有许多报告未公布，这些未公布的案件报告中涉及美国、斯里兰卡等更多的国家。参见 http：//www. ilo. org/ilolex/english/coreplistE. htm. 此外，在国际劳工组织官方网站输入 Complaint 搜索的结果显示，几乎每个国家的政府都被非政府组织依据《宪章》第 24 条提起过违反结社自由公约的申诉。

赞同最终报告并宣布程序结束的申诉2件，实体结果未公布但程序结束的申诉（满意声明）1件。在申诉涉及的公约中国际劳工组织确定的大多数根本性公约适用的次数遥遥领先：《组织权利和集体谈判权利公约》（C98）29次，《保护结社自由与组织权利公约》（C87）20次，《（就业和职业）歧视公约》（C111）16次，《强迫劳动公约》（C29）9次，《废除强迫劳动公约》（C105）6次，《同酬公约》（C100）4次；但《最低年龄公约》（C138）的次数较少，为2次，《最恶劣形式童工劳动公约》（C182）通过较晚，尚未被适用。在国际劳工组织鼓励各成员国优先批准的公约（重点公约）中《就业政策公约》（C122）12次，《劳动监察公约》（C81）8次；但是，《（农业）劳动监察公约》（C129）、《（国际劳工标准）三方协商公约》（C144）仅各1次。此外，还有一些与上述公约关系密切的公约适用次数也较多：《（农业）结社权利公约》（C11）适用17次；《保护工资公约》（C95）12次；《土著及部落人口公约》（C169）12次；《终止雇用公约》（C158）7次；《职业安全和卫生公约》（C155）5次；《确定最低工资公约》（C131）4次。社会保障方面的公约使用次数也较多：《（工业等）老年保险公约》（C35）4次；《（工业等）残疾保险公约》（C37）4次；《社会保障（最低标准）公约》（C102）3次；《工人代表公约》（C135）3次；此外还有27部公约被适用1~2次。

申诉机制不仅对遭受侵害的权利起到一定的救济作用，而且对相关国家制定、修改或废除其国内法以保持同其所批准的公约相一致起到了敦促作用。例如，希腊是《劳动监察公约》（C81）缔约国。1994年希腊通过一项法律，将劳动监察权力分散到自治性地方行政机关。希腊劳动部公务员协会联盟（FAMIT）随后向国际劳工组织提起申诉，声称该法律违反了C81的原则：劳动监察应置于中央政府的监督和控制之下。为审查这一申诉建立的三方委员会对此表示同意，并强烈要求希腊政府修改该法以使其与C81相一致。1998年，希腊政府通过新的法律，将劳动监察重新置于一个中央行政机关监督和控制之下。同年，专家委员会高度评价了希腊政府对三方委员的建议的“勤勉和高度重视”。[1]

（二）国际劳工组织的特别申诉程序——结社自由的申诉程序

鉴于结社自由的重要性和特殊性，1950 年国际劳工组织理事会经与联合国经济及社会理事会协商，建立了结社自由调查和调解委员会。1951 年，根据国际劳工组织理事会第一百一十六届会议的决定，建立结社自由委员会，由其承担初步审查的任务。因此，现在共有三个机构负责审理提交国际劳工组织的控诉侵犯工会权利的行为的指控，即结社自由委员会、理事会以及结社自由调查和调解委员会。

国际劳工组织的结社自由特别救济程序的程序可以分为以下几个阶段：

第一阶段，指控的提起。可分为四种情况：其一，依照《国际劳工组织章程》第 24 条之规定提起申诉。即由工会组织或雇主组织向国际劳工局申诉任一会员国不能确实履行其所加入的有关工会权利的上述公约。其二，依照《国际劳工组织章程》第 26 条第 1 款之规定提起指控。即各会员国对其他会员国不履行上述有关工会权利的公约向国际劳工局提起国家间指控。其三，依照《国际劳工组织章程》第 26 条第 4 款之规定提起指控。即理事会自动或经大会某一代表对某一会员国不履行上述有关工会权利的公约提起指控。其四，政府、工会或雇主组织针对国际劳工组织会员国的有关侵犯工会权利的行为向联合国提出指控，均由经济及社会理事会转送国际劳工局理事会。联合国接到涉及非国际劳工组织会员国的联合国成员国的类似指控时，联合国秘书长在获得相关国家的同意，并且经济及社会理事会认为这些指控适于移送时，代表经济及社会理事会，经国际劳工组织理事会将指控移送给委员会。如果未收到政府的同意书，经济及社会理事会将慎重考虑因拒绝而产生的局势，并考虑保障案件中相关结社自由的权利，采取适当的替代措施。如果国际劳工组织理事会提前收到了涉及非国际劳工组织会员国的联合国成员

[1] 参见 http://www.ilo.org/public/english/standards/norm/applying/representation.htm.

国的指控，它应立即将该指控移送经济及社会理事会。

第二阶段，结社自由委员会的初步审查（可接受性审查）。根据第一百一十六届和第一百一十七届会议的讨论，国际劳工组织理事会决定建立结社自由委员会并由其承担初步审查的任务。指控必须符合下列条件才是可接受的：①必须由工人组织、雇主组织或政府中的任何一方提起。只有提起指控的主体是与这一事件有直接利害关系的一个国内组织、在国际劳工组织具有谘商地位的国际雇主或工人组织，或者其分支机构与这一事件有直接利害关系的其他国际雇主或工人组织时，这些指控才是可接受的。②指控书必须以书面形式提出，并由有资格代表该组织的代表被授权签署，他们必须全力支持为特定侵犯工会权利的行为提供证据。为审查指控的可接受性，委员会可要求指控者在指定的期限内提供进一步的信息，要求被指控政府做出答复。经过初步审查，并考虑了相关政府遵守公约的情况之后，如果在合理的时间内收到了政府的答复，委员会如果发现下列情况，应报告理事会下一届会议，不必再作进一步审查：所控告的事实被证明不构成对工会权利的侵犯；该控诉纯属政治性的而不值得进一步调查；该控诉太模糊以致不能对全部案情予以审慎的审查；指控未向事实调查和调解委员会提供足够的证据，证明事情的正当性。委员会应就指控是否可接受向理事会提交报告。对可接受的指控，委员会在其报告中还应就理事会应采取的措施提出建议。

第三阶段，事实调查和调解委员会的调查（非必经阶段，且绝大多数指控不经过这一程序）。经结社自由委员会初步审查，裁定为可接受的指控，可以交由事实调查和调解委员会调查。保护结社自由机制的最正式部分是事实调查和调解委员会。该委员会由三名独立人士组成，由国际劳工局理事会根据国际劳工局长的建议任命，其目的是审查关于侵犯工会权利的控诉。委员会审查公约与建议书实施专家委员会交来的特别重大的案件。原则上案件未经有关国家政府同意不得提交该委员会，但如果该国政府已批准有关结社自由的公约，则可以例外。在此情况下，委员会可根据《国际劳工组织章程》第 26 条的规定，作为被任命的调查委员会进行工作。委员会所接受的控诉必须是政府提出的，或者是全国性的或国际性的雇主或工人组织提出的。事实调查和调解委员会应提交一个包括结论与建议的完整报告，由国际劳工理事会讨论，供指控双方接受。第一个经有关国家政府同意提交给事实调查与调解委员会的案件，是1964年日本工会总评提出的关于公共部门工会权利的控诉。其他提交委员会处理的案件还有：1965年关于希腊的一件，1973年关于莱索托一件，以及1974年关于智利的一件。[1]在绝大多数指控案件中，相关政府都不同意将指控提交事实调查和调解委员会，因此，至今只有极少数的案件提交事实调查和调解委员会。这就迫使结社自由委员会在对案件进行初步审议之后，将审议结果形成报告，直接提交理事会进行进一步审查，从而形成了目前结社自由委员会与理事会的工作关系。

第四阶段，结社自由委员会对指控的全部案情进行审查，并向理事会提交报告。

第五阶段，理事会批准结社自由委员会的报告，同意其结论和建议。

第六阶段，审查相关政府根据理事会批准的报告采取的后续行动报告。分两种情况：其一，对于已批准结社自由公约成员国的后续行动的审查由公约和建议书实施专家委员会进行，该案件也就从特殊监督程序转入一般监督程序。其二，对于未批准结社自由公约成员国所采取后续行动的审查仍然在特殊监督程序内进行。如果没有答复，或者答复不完整或完全不能令人满意，事情可以在一个时期内发展下去，委员会根据每一个案件的性质，在合适的时间指导劳工局局长提请相关政府注意该事件，要求它提供有关理事会批准的建议书中要求采取的行动的信息。委员会自己不时地报告事态发展情形。

截至2006年底，结社自由委员会已受理了2475件指控。总结国际

---

〔1〕 刘有锦编著：《国际劳工标准概要》，劳动人事出版社1985年版，第122~123页。

劳工组织的法律规定和实践，结社自由特别救济机制具有以下特点：

1. 结社自由特别救济机制的启动不以穷尽国内救济为前提。如果国家立法提供了到法院或独立的审判组织申诉的程序，而该指控所依据的事件尚未适用这些程序时，委员会认为在审查该申诉时应当将这一因素予以考虑。如果一个案件正由一个独立、其程序提供适当的保障的国内司法机关进行审理，而且，委员会认为法院的判决能够提供进一步的信息，它应当将案件的审查在合理的时间内予以搁置，以等待这一判决，只要因此而导致的拖延不会致使声称其权利被侵害的当事人遭受侵害。无论国内法律程序的适用结果如何，毫无疑问这都是一个应被考虑的因素，尽管如此，委员会始终认为，鉴于其承担的责任，它对指控的审查不受制于穷尽国内法救济。

2. 结社自由委员会受理的指控既可以针对具体的侵犯结社自由的行为，也可以针对立法行为。当委员会不得不处理关于法律草案的精细翔实的指控时，它的观点是，与尚未发生法律效力的文本有关的指控，其本身不能阻止委员会就指控所涉及的全部案情表达其观点。委员会认为，在这些案件中，应当使政府和指控者在该法实施之前理解委员会对该法案的观点，因为在这一事件的驱动下，政府在此之前有机会做出任何修改。

3. 结社自由委员会的任务仅限于审查移交给它的指控。它的功能不是基于模糊的笼统的声明，对特定国家的工会权利状况作出一般性的结论，而是仅仅评估特定的指控。

4. 结社自由委员会对指控的管辖范围广泛，既包括有关结社自由的公约的缔约国，还包括非缔约国，甚至包括非国际劳工组织会员国的联合国成员国。基于国际劳工组织会员国的身份，每个会员国都应当信守一些原则，包括结社自由的原则，它已成为公约之上的习惯规则。因此，无论是否有关结社自由的公约的缔约国，只要是国际劳工组织的会员国，均应接受结社自由委员会的管辖。联合国接到的涉及非国际劳工组织会员国的联合国成员国的类似指控时，联合国秘书长在征得相关国家的同意，并且经济及社会理事会认为这些指控适于移送时，代表经济及社会理事会，经国际劳工组织理事会将指控移送给委员会。如果未收到政府的同意书，经济及社会理事会将慎重考虑因拒绝而产生的局势，并考虑保障案件中相关结社自由的权利，采取适当的替代措施。如果国际劳工组织理事会提前收到了涉及非国际劳工组织会员国的联合国成员国的指控，它应立即将该指控移送经济及社会理事会。

5. 委员会享有完全的自由，在《国际劳工组织章程》的意义范围之内，决定一个组织是否为一个雇主或工人组织，并且它不考虑任何国内法对这一术语的定义的限制。委员会从未仅仅因为被指控的政府已经取缔或打算取缔提出该指控的组织，或者提出该申诉的一个人或若干人流亡国外，就认为该指控是不可接受的。一个工会没有依照国内法律的要求依法登记的事实，并不足以使其指控成为不可接受的，因为结社自由的原则清楚地表明，工人应当能够不需获得当局的许可，就能建立他们自己选择的组织。一个组织未获得官方承认不能证成驳回指控，只要指控清楚地表明该组织至少已经实际存在。

6. 为弥补事实调查和调解委员会不能有效开展工作的严重缺陷，结社自由委员会引入较为灵活的听证制度和直接接触制度。委员会将在合适的情况下，并全面考虑案件的情形，决定是否应当在其会议期间听取当事各方或当事一方的意见，以更完整地获取该事件的信息。特别是在下列情形下可以举行听证：①指控者和政府对在议事件的实体问题提交了相对立的陈述，委员会认为，各方当事人应委员会要求口头补充更多详细信息可能有所裨益；②委员会认为与被指控的政府交换观点可能有所裨益，一方面，与指控者交换意见，另一方面，在某些重要的事件上交换意见，以更充分地鉴别实际情况和事态的发展，这种情况可能导致问题的解决，并在结社自由的原则基础上寻求调解；③在审查问题过程中，或在实施委员会的建议书时，发生特别的困难，委员会认为与相关政府代表讨论这些事件是适当的。

在结社自由特别程序的各个阶段，如在审查案件期间，或者在根据理事会建议书采取行动阶段，都可以采取“直接接触”的方法，由国际劳工组织派遣其代表到相关国家寻求解决遇到的困境的途径。然而，这种接触只有在接到相关政府的要求或至少获得其同意时才能够建立。此外，基于相关政府接受包含特殊严重性质的控诉，并获得委员会主席的预先同意，劳工局长可以任命一名代表，其任务就是为下列目的进行初步接触：向该国当权者表达该指控描述的事件引起的关切；获取当局的初始反应，以及对该指控引起的事态的评论和信息；向当局解释被指控侵犯工会权利的行为案件的特别程序，特别是，可以由该政府随后被要求的直接接触措施，以创造委员会和理事会完全赞同的便利条件；要求和鼓励当局尽早呈送一份包括政府对该指控的答辩的详细回复。劳工局长的代表的报告提交委员会的下次会议，并与可获得的其他全部信息一起审慎考虑。国际劳工组织的代表可以是一名国际劳工组织的官员或者由劳工局长任命的独立人士。然而，无须说，国际劳工组织代表的首要使命就是查明事实，并寻求可能的解决之道。委员会和理事会仍能充分胜任对直接接触产生的后果的评估。

7. 结社自由特别救济程序对相关政府不具有强制性，为增强其有效性，采取了一定的措施。当政府拖延提交他们的关于送达他们的指控的答辩，或者要求他们提供的进一步的信息时，委员会在其报告开端的特别段落中根据案件的性质和涉及问题的紧急程度提及这些政府超出了合理时间。这一段中包括了一个紧急呼吁，要求有关政府此后尽可能快些，劳工局长还代表委员会发给这些政府一个特别照会。政府被警告，如果委员会尚未收到被指控政府提交的信息，委员会将在下次会议上提交关于该事件的实体报告。如果该政府在合理时间内仍未提供所要求的信息和答辩，关于这些政府的案件将被在委员会 5 ~ 6 月份的那届会议上通过的报告的前言的一个特别段落中提及。相关政府将会立即被告知，委员会主席将代表委员会与其出席国际劳工大会本届会议的代表在大会的后期会谈，以提请他们注意相关特定案件，同他们讨论迟延递交委员会要求的答辩的原因。主席然后向委员会报告会谈的结果。在适当的案件中，如未收到答复，国际劳工组织外事办公室可以与相关政府协商，以获得要求他们提供的信息，或者是在审查案件期间，或者是在根据理事会赞同的委员会建议书中采取的行动之际。最后，国际劳工组织外事办公室的任务就是，发送涉及他们所在特定地区的指控方面的详细信息，被要求与那些迟延呈送其答复的政府协商，以提醒他们注意提供其被要求提供的答辩和信息。在政府表明它们显然不愿意合作的情况下，作为一项特别措施，委员会可以建议，更为广泛地公布这些控诉、理事会的建议书和相关政府的消极态度。

8. 结社自由委员会的工作成果是不平衡的，在有些案件中，有关国家考虑了委员会的建议，修正了它们的法律，释放了工会领导人，颁发了赦免令，等等。而在另一些案件中，委员会的建议不发生效果，至少没有立即的效果，于是对这些政府所采取的行动又作出后续性的安排。除了委员会所处理的专案所取得效果以外，这一程序也起着在为政府设置在结社自由方面采取行动的一般义务的作用，并且对主管机关的行动也有预防性的影响。

（三）联合国教育、科学及文化组织的申诉程序（104 程序）

联合国教育、科学和文化组织（UNESCO，以下简称“教科文组织”）也发展出了人权来文程序，该来文程序的主要法律依据是 1978 年教科文组织执行局（executive board）第一百零四届会议第 3.3 号决定［104EX/Decision 3.3（1978），以下简称《决定》］《研究审查提交教科文组织的有关实施其职权范围内的人权案件和问题所遵循的程序，以使其行动更为有效：执行局工作会议报告》。该程序是由 104 EX/3.3 号决定规定的，因此通常被称为“104 程序”。[1]

根据《决定》第 10 段的规定，为了履行其人权领域的职权，教科

---

〔1〕“104 程序”的前身是教科文组织根据 29 EX/Decision 11.3（1952）、30 EX/Decision 11（1953）建立的比较原始的申诉程序。1967 年教科文组织通过 77 EX/Decision 8.3 完善该程序，该决定第 4 段规定：“提交教科文组织的指控侵犯教育、科学和文化领域人权的个人案件的来文应当按照与经济及社会理事会第 728 号决议相同的方式解决，来文人不希望公开其姓名的案件除外。”

文组织有权审查案件和程序。案件，也称“个人案件”（individual case），即“有关侵犯个人的特定的人权的案件”；“问题”，也称“一般问题”（general question），即“由于国家在法律上或事实上实施的违背人权的政策，或者由于个人案件的积累形成一种持续模式而导致的大规模、系统性或不可容忍的侵犯人权问题”。根据《决定》第18段规定，问题“包括但不限于：侵略政策，干涉他国内部事务，占领外国领土，实施殖民、种族灭绝、种族隔离、种族主义或其他民族和社会压迫政策——由教科文组织执行局和大会公开审议”。

《决定》授权教科文组织执行局公约和建议书委员会（the Committee on Conventions and Recommendations，CR，以下简称“委员会”）负责审查案件和问题的来文。委员会的前身是始设立于1965年的“审查成员国关于实施反对教育歧视公约和建议书的报告的特别委员会”，后又两易其名，自《决定》规定采用该名后一直沿用至今。委员会已成为执行局的常设委员会。委员会属于政府委员会而非独立专家委员会，从执行局成员国中选举产生。最初由12位成员组成，后规模逐步扩大，现在由30位成员组成。委员会每年举行两届例会，一般与执行局春季（4~5月）和秋季（9~10月）届会同时召开，执行局认为必要时可举行特别届会。

由于“问题”的政治敏感性，委员会应在结束对来文的实质性审议确实无法达成友好解决后，并应在没有其他办法的情况下才确认“问题”的存在，即委员会在决定把一个事件视为“问题”并移交给执行局时应极其慎重。实践证明，适用104程序在解决“案件”方面优于解决“问题”，因此，委员会在审查可能引起政治性“问题”的来文时，总是有意尽量努力以“案件”的方式予以解决，至今委员会从未作出过确认存在“问题”的决定。

104程序可分为以下几个阶段：

第一阶段，预备阶段：教科文组织总干事受理来文。《决定》对来文的形式没有特别要求，来文者可以致信教科文组织总干事启动该程序。这一来信被称为“潜在来文”（potential communication）。国际标准和法律事务办公室（该办公室承担委员会秘书处的职能，故下文称其为“秘书处”）对来文编号登记后，代表总干事寄给来文者一份标准格式的信以及一份标准格式的来文登记表。[1]在这封标准格式的信中，总干事“①承认收到了来文，告知来文者来文被受理需满足的条件；②确认来文者是否同意在其来文被送达相关政府后，来文将被提交公约和建议书委员会审议，其姓名将透漏给相关政府和委员会”。[2]总干事收到来文者递交的肯定性答复以及填好的来文登记表后，来文便正式确立，被称为“正式来文”（formal communication）。但是在紧急情况下，表格的递交并非受理前提，表格仅旨在为来文者进行申诉和委员会审议来文提供便利。“收到来文者的肯定性答复后，总干事将来文送达相关政府，告知它来文以及政府所作出的所有回复将被提交委员会注意。”[3]来文者送交秘书处的任何新来文或补充材料均应在委员会届会前至少一个月转交给当事国政府。否则，当事国政府代表有权要求在下届会议上审议该来文，以使其国家有关当局能就这些新的或补充的材料确定立场。在执行局第一百五十六届会议上，委员会决定，当事国政府今后收到新来文后应当在3个月的期限内表明其立场。然后，总干事应“尽量避免不适当的拖延的条件下，将来文连同（如果有的话）相关政府的回复以及来文者补充的相关信息移交委员会”。[4]所有上述文件以及委员会会议及其报告都属于保密性质。

第二阶段，公约和建议书委员会对来文进行审议。这一阶段可进一步分为两个小阶段：委员会首先对来文的可受理性进行程序性审查，如符合条件则决定予以受理并转入第二个小阶段，即对来文进行实质性

---

〔1〕 信和来文登记表的格式是由公约和建议书委员会制定的。具体格式参见UNESCO：UNESCO's Procedure for the Protection of Human Rights：The Legislative History of the 104 EX/3.3 Procedure，2009，pp. 270～273.

〔2〕 UNESCO Doc. 104EX/Decision 3.3，第14（b）段第1、2项。

〔3〕 同上，第14（b）段第3项。

〔4〕 同上，第14（b）段第4项。

审议。

根据《决定》第14段第（a）规定，来文获得受理需满足10项条件。由于这些条件多数措辞较为模糊，委员会进行了解释以明确其含义。[1]

（1）来文不得匿名。委员会始终强调个人案件提交具名来文的必要性。这些来文应来自可被合理推定为被指控的侵犯下列第3款规定的人权的行为的受害者个人或联名个人，也可以来自掌握这些侵犯行为的可靠知识的任何个人、联名个人或非政府组织。由受害者提起的来文被称为“指控”（complaint），由受害者以外的其他人提出的来文被称为“举报”（denunciation）。关于什么是“可靠知识”（reliable knowledge），委员会并未予以明确界定，但是委员会指出：“在所有法律制度中，诚信善意（good faith）都是推定的。因此，委员会认为这一规则也应适用于第14段（a）（ii）规定的受理条件”[2]。《牛津法律大辞典》将“诚信善意”解释为“诚实地实施的行为，即使存在疏忽，也属于善意行为”。[3]

（2）来文必须涉及侵犯教科文组织主管的教育、科学、文化和信息领域的人权，并且完全不得出于其他考虑。这是关于申诉内容的范围的规定。根据教科文组织的章程和有关的解释，属于教科文组织职权范围内的经济、社会和文化权利包括：教育权，享受科学进步的权利，自由参与文化活动的权利，保护科学、文学或艺术作品所产生的精神和物质上的利益的权利，儿童受教育和参与文化活动的权利，以及民族自决权中文化保存和发展的权利。就这些权利而言，委员会通常适用国际人权宪章中的定义，但是申诉人仍然应当尽量在来文中指出当事国违反的教

---

〔1〕 委员会的解释在“UNESCO Doc. 154 EX/16，附件一”中得到了系统化。下列10项条件每段的第一句为《决定》的内容，后面的进一步阐释主要来自“UNESCO Doc. 154 EX/16，附件一”。

〔2〕 UNESCO Doc. 154 EX/16，附件一，第2段。

〔3〕［英］戴维·M. 沃克编：《牛津法律大辞典》，李双元等译，法律出版社2003年版，第479页。

科文组织自己的国际人权文件，例如，《关于发生武装冲突时保护文化财产的海牙公约》、《世界版权公约》、《反对教育歧视公约》，等等。在实践中，委员会确立了“根据人的理由决定教科文组织职权范围”的做法，即“当所称受害人的职业属于教科文组织的职权范围时，在审议可否受理阶段，就要推定在所称侵犯行为和教科文组织的职权范围之间存在着联系”,[1]委员会在审议其从事的职业表面上与教科文组织职权范围无关的所称受害者的来文时，确定了“确定来文可否受理的决定性因素是所称受害者被指控的行为，而不一定是他的职业”。[2]委员会认为某些权利不属于教科文组织本身固有的职权范围，例如，行动自由、迁徙自由、结社自由的权利以及对所称受害者的赔偿问题。但是，当行使行动自由“与教科文组织职权范围内的若干情况有关时（诸如出国留学、执教和从事研究研究)，这一权利就可能属于上述职权范围”；而有关迁徙自由的来文可否受理的问题，“应根据其他标准来判断，如所称受害者的职业，以及根据当事国政府和来文者提供的补充情况来判断。”关于结社自由的权利的来文均为不可受理。“不过，委员会可请当事国政府的代表将某些委员所表示的人道主义关切告知该国的有关当局。”[3]

(3) 来文的动机“完全不得出于其他考虑”，就文义来看，该规定只在排除完全基于政治动机的来文，所以来文者应当尽量避免触及当事国的政治问题，以免当事国以政治借口要求委员会不予受理。

秘书处原则上无权对来文进行筛选，但是自执行局第一百零四届会议起，委员会决定总干事可事先对来文进行分析，以便排除那些明显不属于教科文组织职权范围的来文。此外，提交委员会审议的某些来文还会部分载有与教科文组织职权范围无关的内容，鉴于委员会可自行决定来文中某些部分为不可受理，并保留来文中的其他部分，委员会要求秘

---

[1] UNESCO Doc. 154 EX/16，附件一，第3段。
[2] 同上，第4段。
[3] 同上，第5段。

书处复审这些来文，以删去那些与本组织职权范围内之人权无关的内容。[1]

（4）来文必须符合教科文组织的原则、《联合国宪章》、《世界人权宣言》、国际人权公约以及人权领域的其他国际协议和文书。根据《公民权利和政治权利国际公约》第4条，国家可在社会紧急状况下克减人权中的某些权利，但克减的程度以紧急情势所严格需要为限。因此，委员会不应审议同这类情况有关的来文。

（5）来文不应明显缺乏根据，必须表明含有关证据。委员会决定授权秘书处“对那些来文者精神失常的或者明显缺乏根据的来文不采取后续行动”，但在没有把握的情况下，秘书处应提请委员会主席审查，由他决定是否将来文转交委员会的问题。[2]当委员会内部对来文是否符合该要求没有把握时，秘书处可以根据委员会的要求把当事国政府提供的材料的摘要以及委员会报告中记载的该来文的讨论纪要全文转发给来文者。

（6）来文不得具有攻击性，也不得滥用提交来文的权利。但是，如果来文符合其他可受理的标准，在删除相关人身攻击或滥用权利的内容后可准予审议。何谓“具有攻击性、滥用来文权利”？委员会认为，当来文包含质疑某一会员国的基础的内容，例如来文包括一些攻击某个国家的社会结构、宪法和立法的污蔑性、谩骂性的内容，即属具有攻击性，该来文应被宣布为不可受理。当然，来文者今后仍可提交经过更正的、不质疑一个会员国之基础的来文。只涉及潜在的侵犯人权而无实际侵权行为的来文被认为是滥用提交来文的权利，这样的来文将被宣布为不可受理。[3]

（7）来文不能完全基于大众传媒传播的信息。

（8）来文必须在构成其理由的事实发生后的合理时间内或知道该事

---

〔1〕 UNESCO Doc. 154 EX/16，附件一，第6段。

〔2〕 同上，第6段第b项。

〔3〕 同上，第9、10段。

实后的合理时间内提交。如超出合理期限，来文将被宣布为不可受理。但委员会并未像其他多数人权公约一样规定一个确定的期限。

(9) 来文必须表明已是否努力穷尽可利用的国内补救办法，并说明此种努力的结果。委员会认为，“由于委员会不是法庭，因此来文者不负有穷尽国内救济的义务，是否已为此做出了努力。委员会认为他应当在这方面表现出灵活性。因此，与其他国际人权机构不同，即使并未穷尽国内救济，一项来文也可以根据104程序而被受理”。[1]也就是说，不同于大多数的申诉机制，根据104程序而提交的来文不受“穷尽国内救济”的限制。当然，如果来文者没有在当事国寻求任何行政的或司法的救济，委员会一般会向来文者转交这方面的材料。如果来文者无视委员会提出的寻求国内救济的建议仍未这样做，委员会将在下届会议期间依据事实注销该来文。[2]

(10) 委员会不得审议当事国根据《世界人权宣言》以及国际人权公约所载人权原则处理过的相关事项的来文。如果来文指控的事项已经当事国根据人权原则妥当处理，委员会可将该来文视为已解决的来文从其清单中注销，但秘书处必须收到来文被视为已解决的证明材料（例如，正式所称受害者确实已被准许返回其国家），倘若秘书处在下届会议前收不到这类证明材料，那么该来文则应列入委员会下届会议议程。[3]此外，如果来文者对委员会提出的提供进一步信息的要求不予回答，委员会将给来文者一个宽限期，在宽限期内仍未予以回复即注销其来文。这项规定也适用于当事国从未置评的情况。[4]此外，来文如正由其他国际程序处理并不影响该对来文的受理。委员会认为，一个案件正由联合国系统内的其他组织或另一国际组织进行审查的事实不能阻止委员会也对该案件进行审查。而且，应委员会的要求，秘书处还应与其他

---

〔1〕 UNESCO Doc. 154 EX/16，附件一，第12段。

〔2〕 同上，第14段。

〔3〕 同上，第13段。

〔4〕 同上，第14段。

国际组织保持联系，特别是在处理同一案件时，更应如此，以便获取信息或就相互分工达成一致。执行局第一百五十六届会议在审查委员会的工作方法时，多数成员强调了教科文组织104程序与类似的联合国程序相比较具有的特殊性，并认为这些程序不是不相容的而是相互补充的。他们不希望改变委员会的做法。委员会决定当一件提交给它的来文正在或已经联合国系统的其他机构审查，秘书处应当根据正当考虑特别是根据委员会的人道主义目的，会同其他机构检查是否存在不必要的重复或不相容。如有任何疑问，秘书处应将问题提交委员会。

在特殊情况下，委员会在审议来文的可受理性时也会对来文的实质性问题进行审议。这是因为：首先，决定来文的可受理性的条件并非都是形式条件，某些条件至少需要初步实质性审查，例如，上述第3项条件即是否属于教科文组织职权范围内的人权问题通常需要彻底审议。其次，实践中，只要申诉符合条件就可以予以受理的做法并不一定使案件易于处理，有时似乎更为可取的做法恰恰是至少对来文进行一定程度的实质性审查后决定该来文是否予以受理。最后，在对来文进行一定程度的实质性审查后决定来文是否予以受理的做法有助于继续与当事国进行对话，并给当事国以新的机会去寻求满意的解决之道，从而有利于促进教科文组织职权范围内的人权。决定受理一项来文仅仅意味着该来文符合受理的条件，在作出这一程序性决定之后，委员会将就实质问题与当事国进行讨论。但是，有的来文仅仅在对其可受理性进行程序审议阶段就耗费了几年的时间，为了加快程序性审议的进程，委员会在理事会第一百五十六届会议上决定，当事国应在3个月内回应来文中的指控，在此期间如当事国未对来文的可受理性提出反对意见，委员会将在其审议该来文的第一次会议上决定受理该来文。如当事国认为该来文不具有可受理性，委员会应当审议当事国提出的反对意见，并尽量在其第一次会议上作出决定。委员会特别强调，宣布受理意见来文无论如何并不意味着对当事国的谴责。[1]

如果来文者提供的信息不足以使委员会作出是否应当受理的决定，委员会可以要求当事国政府提供进一步的详情并邀请他回答委员会成员提出的关于来文的可受理性或实体方面的问题；委员会还可以根据干事长的安排搜集相关信息；甚至根据《执行局议事规则》第30条的规定，它还可以在获得执行局许可后，邀请理事会会员国中的观察员、非会员国、政府间或非政府国际组织或者其他有资格的人在他们的权利范围内向他提供信息。

委员会就来文应否予以受理作出决定后，干事长应当将委员会的决定通知来文者和当事国政府。宣布一项来文予以受理之后，委员会继续就其实体性问题进行审议，并按照《决定》第七段所规定的“基于其道德考量的努力和其特定的职权，教科文组织在其职权范围内的人权事务中应当秉承国际合作、和解和相互理解的精神进行活动；教科文组织不应扮演国际司法机构的角色”，致力于寻求解决之道。为此，委员会在以下两个方面下足了功夫：第一，委员会决定中遣词造句的友善性。秘书处竭尽全力忠实的反映来文者和当事国的立场、态度。为了表明委员会不是法庭也不会成为法庭的立场，委员会特别重视其各种决定中的遣词造句的绝非司法语言、措辞的特征。为此，委员会一方面充分认识到符合人权用语的需要，另一方面谨小慎微避免使用过分强硬的措辞而尽量使用友善措辞。[2]第二，委员会文件及会议的秘密性。积极追求友好解决的效果意味着委员会必须在严格的秘密状态下进行审议来文，执行局也必须在严格的秘密状态下审议委员会的报告。迄今为止，执行局仅有一次根据《执行局议事规则》第29条之规定，应委员会的请求在公开会议上审查一件来文，这是唯一的一次例外情形。为了保证其秘密

---

〔1〕 UNESCO Doc. 156 EX/52，第9、10段。

〔2〕 为此，委员会专门制订了“公约和建议书委员会的决定中如何遣词造句的主题分类单”。具体内容参见UNESCO：Committee on Conventions and Recommendations，Annex V to This Document：Thematic List of Wording Used in the Decisions of the Committee on Conventions and Recommendations，2010 edition，Paris.

性，非委员会成员的执行局成员禁止出席委员会审议来文的秘密会议，这已成为一项牢不可破的惯例。作为例外，非委员会成员的执行局成员如希望获得观察员地位，应向委员会主席提交书面申请，主席将该申请提交委员会审议。在一个观察员获准出席一次委员会的秘密会议的例外情形下，该观察员不能出席将就一件来文作出决定的秘密讨论，也不能出席通过决议的会议。

第三阶段，委员会通过决定草案和报告。委员会应当在审查来文后的 48 小时后正式通过决定草案。委员会应通过建议书，提出它希望采取的行动、措施。在这一阶段，委员会所有成员，包括来文当事国的成员都有权出席会议。委员会的决定是终局性的，决定已经作出便不会重启讨论。委员会成员认为，委员会将持之以恒地奉行这样的做法，这一做法的基础是委员会不是一个司法性或准司法性的机构，而只是一个以善意为基础的从事斡旋的办公机构。

在结束这一程序时，委员会应向执行局每届会议提交一份秘密报告，该报告中包含它通过的那些决定以及它认为有必要提请执行局注意的审查来文的相关信息，还应包含委员会希望采取的建议书或者关于如何处置正在审议中的来文的建议。委员会应当在秘密会议上审议委员会的报告，如有必要可根据执行局议事规则第 28 条采取进一步的行动，即在公开会议上审议来文。执行局的通常做法是，注意到报告的陈述的内容并赞同委员会在其决定中表达的希望。

第四个阶段，委员会的决定的实施。届会之后，来文者和当事国政府将会被告知委员会的决定。来文者收到的告知信中包含一个当事国政府的立场和委员会决定的摘要。报告相关部分的副本将会被送达当事国政府。委员会的决定是终局性的。然而，委员会并不拒绝根据进一步的信息或新材料重新审议一个新的来文。

104 程序的实施情况。委员会从 1978 年 9 月执行局第一百零五届会议开始审查按照 104 程序提交给它的来文，并根据有利溯及的原则，在 1979 年 9 月第一百零八届会议上决定不再按照执行局第七十七届会议第

8.3号决定规定的旧程序而是按照新程序审查此前的10件来文。104程序严格的秘密性导致获取其实施状况的信息存在较大障碍。1984年教科文组织执行局第一百二十届会议审议了“关于执行局通过的审查涉及教科文组织职权范围内的人权侵犯行为的来文的程序的评估报告”[1]，对1978～1983年间的实施情况进行了较为详尽的总结和分析。

1. 来文数据。1978～1983年间在秘书处登记的来文数量分别是：1978年88件，1979年96件，1980年132件，1981年113件，1982年86件，1983年85件，1984年上半年登记的来文数量没有明显上升。如下表3-2所示，委员会每年审查的案件总数分别是：1979年92件，1980年90件，1981年100件，1982年113件，1983年103件。这些数字不能与“潜在”来文相比较，因为一些登记的指控或举报需迟至第二年才能成为正式来文，这取决于来文者肯定性地回复秘书处寄给他们的标准格式信和登记表所花费的时间。据估算，约有40%～50%的“潜在”来文成为实际来文。

表3-2 1978～1983年委员会每届会议审查的来文总数统计表

年度	春季届会审查来文（件）	秋季届会审查来文（件）	总计
1978	/	3	3
1979	41（含39件新来文）	51（含26件新来文）	92
1980	55（含23件新来文）	35（含17件新来文）	90
1981	57（含40件新来文）	43（含16件新来文）	100
1982	58（含31件新来文）	55（含18件新来文）	113
1983	56（含23件新来文）	47（含12件新来文）	103

[1] UNESCO Doc. 120 EX /17.

2. 来文审查结果。

表 3－3

委员会届会	1978 秋	1979 春	1979 秋	1980 春	1980 秋	1981 春	1981 秋	1982 春	1982 秋	1983 春	1983 秋	1984 春
执行局届会	105	107	108	109	110	112	113	114	115	116	117	119
宣布予以受理的来文	2	6	7	5	1	0	1	6	1	0	0	0
宣布不予受理的来文	1	16	14	13	12	17	8	13	12	11	4	9
搁置的来文（或关于失踪者的来文）	/	19	28	29	17	28	32	32	38	34	39	39
从登记表上删掉的来文	/	/	2	8	5	12	2	7	4	11	4	7
来文总数	3	41	51	55	35	57	43	58	55	56	47	55

注：（1）在第一百一十五届与第一百一十六届会议之间，举行了一届例外届会。

（2）从登记表上删掉的来文是来文所涉及的问题已获解决或被认为已获解决，或者来文者已经不再关心他们提交教科文组织的案件。

（3）某些来文包含若干件个人案件。

需要注意的是，如上表所示，这五年正式来文合计 556 件，其中被宣布予以受理的来文并不是很多，合计 29 件，占 5.2%。其中，1979 年和 1980 年被宣布予以受理的主要涉及失踪者案件，1982 年春季届会宣布予以受理的 6 件来文中，有 4 件涉及一个拉美国家同一时期发生的强迫失踪事件。鉴于该国的人权状况已恢复正常，委员会随后在 1983 年春季届会时宣布停止对这 4 件来文的审查。另外，因强调努力达成友好解决，相当大量的来文被届复一届地审议。经验表明，将来文推迟到下次届会进行审议无害于所指称的受害者，因为在绝大多数案件中，干事长采取了人道主义的方法，进行了协商，同时许多有影响力的人士进行了斡旋。

截至委员会1984年春季届会，已有264件来文被审议完毕，其中245件即约92%的来文涉及个人案件，约8%的来文关注“问题”。在个人案件的来文中涉及的案件类型范围广泛：授予文凭，拒绝学习资助，国家在建立私立教育上的责任，终身教育权，承认文凭和学位，未能获得出国护照或不准许回国，限制知识分子、艺术家或教师的自由，关闭报馆，撤销职位，出版障碍，威胁，压制，监禁，入室拘捕，失踪，酷刑，等等。

提交委员会的下列案件可以认为已获得解决：1978年，一件个人案件和意见涉及教师罢工的案件，它们在秘书处将来文移送委员会之前获得友好解决；1979年，一件个人案件（该人已被释放）和一件涉及教科文组织一成员国的流浪吉普赛人儿童的教育问题的案件，当事国政府代表志愿进行斡旋，寻求大量人员期盼回国案件达到满意解决；1980年，4件个人案件，共有8人获释；1981年，11件个人案件（含2人获释）和一件涉及教师联名的案件；1982年，9件个人案件（含8人获释）和一件教师联名案件；1983年，18件个人案件（含7人获释）和4件涉及学生、教师和关于教育和信息领域一系列问题的案件；1984春季届会，21件个人案件（含21人获释，此外还有一人是一件潜在来文的受害人，在委员会届会举行之前获释，3件多人希望回国的案件）。

上述数据分类如下：获释46人；准许回国19人，准许离境13人，解决文凭授予或学习资助问题2人；曾受到威胁的生活已恢复正常者2人，曾受扰乱的职业生活已恢复正常状态者4人，找到失踪儿童2人，个人联名案件或“一般问题”案件8起。已完全或部分解决的案件或被认为已获解决的案件合计64件来文。

很少的几个案件——8件来文——在审查其可受理性后获得解决。委员会根据104 EX/Decision 3.3第14（j）段之规定停止了其中5件来文的审查，该条规定当这些来文被发现应予受理且不需采取进一步的行动后，委员会可以决定停止审查。另外3件来文因所称受害人获释而得到解决。一些案件在其可受理性尚在审议中时就获得了解决，这受益于委员会并不急于宣布一件来文应予受理。

3. 当事国。264件来文中涉及47个会员国（1984年时教科文组织共有161个会员国），他们分属国家集团如下：第一集团中13个国家：27件来文；第二集团中6个国家：79件来文；第三集团13个国家：138件来文；第四集团7个国家：13件来文；第五集团8个国家：12件来文。[1]在这46个国家中，只有7个国家从未向委员会派出代表，也从未表达过这样做的意愿。

4. 来文者的能力。在上述264件来文中，67件来文，即约25%来自所称受害者本人；61件来文，即约23%来自受害者家庭成员；50件，即约19%来自第三方（包括18件获得了律师的援助）；86件来文，即约33%来自非政府组织。

另据教科文组织2010年出版的《公约和建议书委员会》公布的数据，1978~2009年，委员会共审议了551件来文，其中已获得解决的来文合计352件，这些来文中所称受害人（或所称联名的受害人）的具体结果如下：提前释放或无罪释放：206件；刑满释放：12件；获准离开当事国：21件；获准返回当事国：35件；能够恢复其职位或活动的：29件；能够恢复出版其被查禁的出版物或禁播的广播节目：14件；因消除威胁而能够恢复正常生活：4件；能够从修改含有对少数种族或宗教歧视的法律中受益的：10件；宗教上的少数者能够获得通行证/许可或者收到了特许证的：12件；能够恢复学习的：9件。剩余的199件，要么被宣布为不予受理，要么搁置审议，要么正在审议中。[2]

---

〔1〕 上述五个集团的来文直接相加为269件，比264件多出5件，这是因为有些来文同时涉及不同集团的几个国家。

〔2〕 UNESCO: Committee on Conventions and Recommendations, para. 59, 2010 edition, Paris, p. 26.

据时任教科文组织干事长松浦晃一郎先生在理事会纪念104程序30周年的特别会议开幕式上的演讲[1]透漏，在其头十年中，104程序成功地解救了一些杰出的个人，包括捷克作家瓦茨拉夫·哈维尔（Václav Havel）[2]，俄罗斯著名物理学家安德烈·萨哈罗夫[3]，俄罗斯著名大提琴家、钢琴家和指挥家罗斯特洛波维奇[4]，乌拉圭数学家约瑟·路易斯·玛塞拉（José Luis Massera）[5]，以及阿根廷钢琴家米格乌尔·安吉尔·艾斯特莱拉（Miguel Angel Estrella）[6]。

120 EX /17 中公布的数据与《公约和建议书委员会》一书中公布的数据的统计口径不同，前者统计的数据中包括未经审议即友好解决的来文，而后者似乎不包括这样的来文。因此，无法对两者进行有效比较。但是，从182 EX/30 和 184 EX/19 中所载中国、古巴、印度、斯里兰

[1] Address by Mr Koichiro Matsuura, Director - General of UNESCO, on the occasion of the opening of the special meeting of the Executive Board to celebrate the 30th anniversary of the procedure laid down in 104 EX/Decision3. 3（2008 年 9 月 30 日），DG/2008/083-Original: French. http: //unesdoc. unesco. org/images/0016/001629/162967e. pdf. 访问日期：2014 年 7 月 15 日。

[2] 瓦茨拉夫·哈维尔（1936 ~ 2011），捷克作家、剧作家，著名的持不同政见者，天鹅绒革命的思想家之一，于1993年到2002年间担任捷克共和国总统。

[3] 安德烈·德米特里耶维奇·萨哈罗夫（1921 ~ 1989），苏联原子物理学家，闻名于核聚变、宇宙射线和基本粒子等领域的研究，并曾主导苏联第一枚氢弹的研发，被称为“苏联氢弹之父”。萨哈罗夫也是人权运动家，是公民自由的拥护者，支持苏联改革，于1975年获得诺贝尔和平奖。

[4] 姆斯季斯拉夫·列奥波尔多维奇·罗斯特洛波维奇（1927 ~ 2007），苏联著名的大提琴家、钢琴家和指挥家。罗斯特洛波维奇先后获苏联人民演员称号、苏联国家奖金和列宁奖金。加林娜·帕夫洛夫娜·维什涅夫斯卡娅是罗斯特洛波维奇的妻子，苏联女高音歌唱家，苏联人民演员称号和列宁勋章获得者。罗斯特洛波维奇因是索尔仁尼琴的朋友而在国内受到歧视，于1974年5月要求出国演出。由苏联文化部经办、苏联外交部同意、苏共中央政治局和勃列日涅夫批准，罗斯特洛波维奇夫妇赴西欧作巡回演出。此后一再申请延长护照期限。由于他们在国外发表的言论被认为是反苏行为，1978年3月15日，苏联最高苏维埃主席团通过了取消罗斯特洛波维奇夫妇苏联国籍的命令。1990年1月16日，苏联最高苏维埃主席团颁布命令，撤销了1978年3月15日的命令。

[5] 约瑟·路易斯·玛塞拉（1915 ~ 2002），乌拉圭数学家，在乌拉圭发生军事干预后，于1975 ~ 1984年作为政治犯被监禁长达10年。

[6] 米格马尔·安吉尔·艾斯特莱拉，阿根廷著名古典小提琴家，因坚持人道主义信念在20世纪70年代被列入黑名单、威胁、拘捕/绑架、监禁和施以酷刑。

卡、马来西亚和菲律宾等国政府意见可以发现，委员会在成立之初处理的来文广泛涉及各大区域，取得了较好的成绩，但冷战结束后委员会的工作重心转移到了亚太地区，大多数来文都主要针对（少数例外）亚太地区的成员国，并且都是由亚太地区以外的某一地区的同类机构及/或个人提交的，并且在委员会会议上“欧洲中心”论、傲慢和偏见、西方司法优越性观点屡见不鲜。从这些批评中我们可以合理推测出，近20年来委员会每年审查的案件数量少于成立之初每年审查的案件。

虽然如前所述，有许多案件的解决令受害人满意，但是由于人权问题的复杂性以及笔者掌握的信息有限，确实很难对104程序的实效进行充分的、完全客观的评估。此外，在评估104程序的实效时还要考虑到这些因素：①该程序呈现出它具有劝诫效果。因为一旦一个案件提交到委员会，就可以合理期待将不会再发生相似的案件：教科文组织对国家部门具有这样的“抑制”作用，后者总是不愿让问题国际复杂化，这可能是导致案件下降的一个因素。②104程序的实质主要在于它鼓励会员国自愿同意，当最实质的“内政”——他们如何对待他们的国民——的问题呈现出国际性的一面，确实属于国际范围内的问题并具有国际含义时，来向国际社会作出他们的解释。在这方面，会员国几乎总是任命高水平的代表积极参加到委员会对涉及他们的来文的审议中来。

与联合国系统其他机构的现有类似程序相比较，104程序具有以下显著特点：

第一，该机制不是以条约为基础的，该程序是根据教科文组织执行局的一项决定而建立的。

第二，来文可以针对教科文组织的任何一个成员国，无论其是否相关国际公约的缔约国。[1]

第三，不同于那些将个人来文当作确认一系列大规模、系统性侵犯人权活动的相关信息来源的程序，依据104程序审议的来文自始至终保持其个人

---

〔1〕在实践中，甚至非教科文组织会员国也表示同意委员会对涉及他们的来文进行审议。

来文的性质。

第四，104 程序特别强调非对抗性和友好解决。该程序旨在改善所称受害者的处境，而非谴责当事国，当然更非制裁当事国。《决定》第 7 段规定："基于其道德考量的努力和其特定的职权，教科文组织在其职权范围内的人权事务中应当秉承国际合作、和解和相互理解的精神进行活动；教科文组织不应扮演国际司法机构的角色。"104 程序从一开始就特别重视与当事国达成友好解决。为此，委员会竭尽所能避免得出当事国侵犯人权的结论，这样的结论事实上将意味着阻止继续寻求解决的僵局或死结。每一阶段都代表着进一步与当事国的对话以及寻求满意解决的又一次机会，这是理解 104 程序规定许多各不相同的阶段的背景。委员会追求只有在达成共识的前提下才作出决定，无疑也是出于同样的考虑。

第五，104 程序特别强调严格的保密性。从来文的提起，到委员会的审查，到委员会向执行局的报告，甚至直至案件被解决之后，104 程序始终保持其严格的秘密性。为了保持当事国的信任并取得他们的合作，104 程序一直成功的坚持其非公开性。委员会甚至因为来文者打破了来文的秘密性而宣布来文不予受理。当然，秘密性与充分获取该程序的信息并不矛盾。委员会通过其公开出版物、官方网站以及提交世界人权大会的文件宣传 104 程序，有意者可以通过这些渠道获取相关信息。在执行局第一百七十一届会议上，委员会审查了其工作方法，决定委员会的文件应当根据《执行局议事规则》第 29 条第 4 款的规定在 20 年后予以出版或开放，以确保委员会的成就更加广为人知。

第六，干事长在促进人权方面扮演着重要的角色。

如前所述，三十多年来，104 程序一直有效地运行着，并发挥了一定的作用，但也逐渐暴露出一些缺陷和问题。委员会自执行局第一百八十一届会议以来，将审查和改进 104 程序的工作方法列入其会议议程，在成员国中广泛征求意见，并设立不限成员名额的开放式特设工作小组以深入研究改进委员会工作方法的途径和手段。委员会在部分问题上达成了共识，但发达国家与发展中国家在多数问题上分歧严重。

1. 委员会的两项职能之间保持平衡的问题。委员会承担的两项职能是：其一，审查各成员国就公约和建议书执行情况所做的报告；其二，审查个人和非政府组织提出的有关案件和问题的来文。委员会成员国都同意这两项职能具有同等重要性，委员会应在这两项职能间保持平衡。德国、法国、意大利、匈牙利和卢森堡等发达国家认为委员会在以往的实践中保持了两项职能之间的平衡。而中国、古巴、埃及、印度和斯里兰卡等发展中国家认为委员会“偏重于审理有关‘察觉到’的人权侵害现象的来文”，从而造成两项职能之间的不平衡。〔1〕为此，斯里兰卡等发展中国家建议降低审查来文的会议的频率，由目前的每年两次降低为每年一次。但是法国等发达国家予以反对，因为“这条建议没有考虑到客观事实，即委员会议事日程管理的实际困难。在我们看来，到目前为止，委员会始终都以令人满意的方式在同一次会议中履行着它的两项使命。此外，这样的建议产生的第一个后果就是将报告审查的时间至少推迟6个月。但是，有些情况常常导致人们处于艰难的境地，而这些人的权利会得不到承认。因此诸如此类的延期直接就违背了104程序中的人道主义原则”。〔2〕

2. 委员会审查的来文的地域平衡性问题。委员会在成立之初处理的来文广泛涉及各大区域，取得了较好的成绩，但冷战结束后委员会的工作重心转移到了亚太地区，大多数来文都主要针对（少数例外）亚太地区的成员国，并且都是“第一世界”的非政府组织或个人提交的。公约与建议委员会秘书处最近编制的有关“工作方法”的文件称：“究其原因，主要是由于该地区缺少对人权的国际司法保护，同时还由于委员会在世界其他地区的工作缺乏可见度。”印度认为“这种武断的看法是令人无法接受的”。〔3〕法国等发达国家认为导致这一地域失衡问题的原因是“104程序可能并未受益于必要的公开宣传，且该程序可能没有得到充分运

〔1〕 参见UNESCO Doc. 182 EX/30，附录中各国意见。

〔2〕 同上，附录中法国的意见之第14段。

〔3〕 同上，附录中印度的意见之第4、5段。

用”。但法国辩称：104 程序的非司法性质“并非由相关国家所在的地理位置来决定，……而完全基于审查报告所遵循的程序和结果”。卢森堡坚持认为：“公约与建议委员会应该不考虑地理因素，获取在其委任期内出现的所有案件。不要将地理不平衡性问题与受理性问题混为一谈。混淆了它们就相当于将公约与建议委员会对案件的受理政治化了。”[1]而中国、古巴等发展中国家则认为“在人权问题上，没有哪个国家不存在污点，而人权侵害行为也并不是专属于哪个国家或地区的致命缺陷”，[2]导致上述地域失衡原因在于，一是“某些令人无法接受的政治操纵行为、双重标准和对南方国家的偏见”，二是发达国家的一些非政府组织“手持放大镜审视发展中国家，却对自己周围发生的事情视而不见，正所谓‘只见邻人眼中的稻草，而不见自己眼中的大梁’”。[3]平心而论，中国、古巴的观点确实更为公允。因此，委员会建议各成员国更好宣传 104 程序，提高委员会工作的影响以缓解上述地域失衡问题，对此，德国、法国和意大利等发达国家反应积极，而发展中国家则反应平淡。[4]

3. 来文的可受理性的标准问题。德国、法国和意大利等发达国家完全赞同第 104 EX/3. 3 号决定第 14（a）段规定的来文受理条件，特别是 154 EX/16 附件一《公约和建议书委员会的程序性做法》的解释已经非常完善，不需要做进一步的修改。而古巴、墨西哥、中国等发展中国家则认为《决定》关于来文可受理性的标准缺乏准确性和透明性，应当予以修改。摘其要者：其一，关于委员会的主管范围问题。现行的做法是以属人管辖原则为主，以属事管辖为辅。墨西哥批评这种做法导致 104 程序的属事管辖权比较宽泛，委员会审查了许多本应归属于联合国其他机构和程序主管领域的案件，导致教科文组织的职能与其他专门的人权

〔1〕 UNESCO Doc. 182 EX/30，附录中卢森堡的意见。
〔2〕 同上，附录中中国的意见之第三部分。
〔3〕 UNESCO Doc. 184 EX/19，附录中古巴的意见之第六部分。
〔4〕 参见 UNESCO Doc. 184 EX/19.

处理机制相重叠。[1]中国也认为委员会在实践中超出了其管辖范围，委员会受理涉及刑事犯罪的来文，极大损害了委员会公平和正义的形象，并建议不应受理此类来文。[2]其二，关于来文应在“合理时间”内提出的问题。绝大多数来文程序都规定了来文者应在所指控的侵犯人权的行为发生后或知道该行为发生后的6个月、1年或2年之内提出来文，但《决定》并未规定“合理时间”的期限。所以中国、古巴等发展中国家建议规定具体的期限。其三，关于穷尽国内救济的问题。绝大多数来文程序要求来文者在来文之前必须穷尽国内救济，但《决定》只要求“来文必须表明是否已经努力穷尽可利用的国内补救办法，并说明此种努力的结果”，并不要求来文前穷尽国内救济。这一规定遭到了许多发展中国家的反对，要求对这一条件予以修改，与其他来文程序的要求相一致。其四，与其他来文程序相重复的问题。如前文所述，委员会认为，一个案件正由联合国系统内的其他组织或另一国际组织进行审查的事实不能阻止委员会也对该案件进行审查，委员会强调104程序与类似的联合国程序相比较具有的特殊性，并认为这些程序不是不相容的而是相互补充的。但发展中国家认为，“联合国系统中不同机构在处理侵犯人权案件的工作上有重叠，这对各国政府造成了额外消耗，使得保护人权的国际机制的权威性受到质疑。”[3]

4. 委员会在适用《决定》规定的来文的可受理性的条件上的问题。发达国家对此表示满意，但发展中国家提出了一系列的批评。其一，104程序的非司法性问题。根据《决定》规定，委员会不是一个司法性或准司法性机构，这一点被委员会和各成员国反复重申。但是，斯里兰卡批评道：“有些时候，当成员国代表以合作的态度前往委员会解决问题时，委员会某些成员会傲慢无礼地对其加以责问，试图对‘察觉到的’罪过方大加贬斥。这会让人觉得公约与建议委员会就是一所法庭，

---

[1] 参见UNESCO Doc. 182 EX/30，附录中墨西哥的意见之第三部分。

[2] 同上，附录中中国的意见之第二部分第3段第c、d项。

[3] 同上，附录中古巴的意见。

实际上是在‘扮演国际司法机关的角色’。这是与委员会的宗旨完全背离的。”[1]其二，对待来文者与当事国政府的平衡性问题。“很多亚洲国家认为，公约和建议书委员会看重西方非政府组织毫无根据的指责，却轻视相关政府发表的声明，这一做法是傲慢无礼而又充满偏见的。”[2]为此，埃及提出：“各国的信誉及其对委员会的回复应该有着属于自己的应有地位，也就是说各国的信誉不应受到质疑。有必要采取适当措施，以审核来文者的信誉及其所陈述信息的真实性。不应通过来文者提供的资料来质疑各国的信誉，尤其是在该国已经确认来文信息的真实准确性的情况下。”[3]其三，来文者掌握“可靠知识”或者来文“不得完全基于大众传媒传播的信息”或“完全不得出于其他考虑”的问题。对此，《决定》以及 154 EX/16 附件一《公约和建议书委员会的程序性做法》都有明确规定，但印度、古巴、斯里兰卡、墨西哥等国批评这些重要条件却常常得不到遵守。总之，“在委员会会议上‘欧洲中心’论、傲慢和偏见、西方司法优越性观点屡见不鲜。”[4]

发展中国家认为，虽然秘书处有权对来文进行筛选，剔除那些明显不符合条件的来文，但实际上秘书处几乎没有剔除过任何投诉。因此，他们建议由六个区域集团的代表组成一个 6 人工作组，在委员会会议举行之前对来文进行预筛选。但这一建议遭到了德国、法国、意大利、匈牙利和卢森堡等发达国家的一致反对。其理由是：这一工作已经由一个政治上中立的机构——秘书处完成；公约与建议委员会是一个小型机构（只有 30 个成员），其目的就是为了避免再下设工作组，因为后一种做法只会使程序变得复杂冗长；目前宣布的可接受的新案件的数量完全在秘书处和公约与建议委员会的管理能力之内；应该根据需求精确公约与建议委员会希望得到的信息，然后确定案件的可受理性，这样比建立那

---

〔1〕 UNESCO Doc. 182 EX/30，附录中斯里兰卡的意见第 10 段。
〔2〕 同上，附录中中国的意见之第三部分。
〔3〕 同上，附录中埃及的意见之第 3、4 段。
〔4〕 同上，附录中中国的意见之第三部分。

些可能会产生相反作用的补充机构更明智。

5. 来文者连续多届会议未提交新情况的来函的处置问题。按照委员会的现行做法，来文者连续多届未提交新情况，如果确实因为来文者已经不再关心他们提交教科文组织的案件，则可以从登记表上注销，否则，将予以搁置。法国建议："委员会自动并无限期暂停审议来文作者连续四届会议未提交新情况的来文；如果有了新的内容，委员会可决定重新审议此类来文"。〔1〕而发展中国家认为，在投诉者未作出回应的情况下应依据事实将相应来文从登记表中删除的要求并未得到严格遵守，因此建议来文者连续两届会议未作出回应的情况下，应将相应来文予以删除。

在执行局第一百八十五届会议上，开放式特设工作组成员法国和古巴分别提交了一份工作文件，〔2〕提出了各自的完善 104 程序的方案，两份方案分别反映并细化了发达国家和发展中国家的意见和建议。

有迹象表明，"冷战"结束后，人权领域"原来东西方之间的紧张关系正逐渐为南北之间的分歧所取代。在某种程度上，这些分歧是实质性的，而非明显表现为寻求权利和特权。这些分歧的焦点在于，面对持续发展和社会正义，人权是否应当得到优先考虑。这些分歧也体现在，从合作性对话到对抗性的谴责或干涉的幅度范围内，如何选择国际人权监督的手段"。〔3〕发达国家与发展中国家的上述分歧从一个侧面印证了这一迹象。而且，上述分析清楚地表明 104 程序的实际运作中，确实存在不合理的政治操纵、双重标准和对南方国家的选择性歧视，而这些问题正是导致被人权理事会所取代的人权委员会信誉扫地的原因。鉴于发

---

〔1〕 UNESCO Doc. 185 EX/22 Add，附件二《法国为公约与建议委员会工作组讨论所建议的工作文件》。

〔2〕 参见 UNESCO Doc. 185 EX/22 Add，附件一《古巴为公约与建议委员会工作组讨论所制定的工作文件》和附件二《法国为公约与建议委员会工作组讨论所建议的工作文件》。

〔3〕［瑞典］格德门德尔·阿尔弗雷德松、［挪威］阿斯布佐恩·艾德编：《〈世界人权宣言〉：努力实现的共同标准》，中国人权研究会组织翻译，四川人民出版社 1999 年版，《序言》第 6 页。

展中国家和发达国家在上述各个方面都存在着针锋相对的观点和意见，特别是104程序的改进必须放在全面改进公约和建议书委员会的工作的全局中统筹考虑，必须放在联合国及其专门机构的来文制度的整体中统筹考虑，可以预见双方很难在短时间内达成一致意见。发达国家需要放弃不合理的政治操纵、双重标准和对南方国家的选择性歧视，发展中国家则需要更加注重人权保护，更加积极地参加到国际人权保护中来。双方只有加强对话，不断扩大共识，缩小歧见，相互妥协，才能在104程序改进方面早日达成共识，使其更加完善，更加充分地发挥其作用。

三、区域性经济、社会和文化权利申诉程序

（一）《欧洲社会宪章》的团体申诉程序

《欧洲社会宪章》仅规定了一种监督程序——国家报告程序，其监督程序显得非常薄弱。为强化其监督机制，欧洲理事会于1995年通过《规定团体申诉制度的欧洲社会宪章附加议定书》，规定了适用于《欧洲社会宪章》规定的经济和社会权利的团体申诉制度。该附加议定书自1998年7月1日起生效。《欧洲社会宪章》（修改本）〔1〕第四部分第D条进一步确认了团体申诉制度。〔2〕

1998年10月12日欧洲社会权利委员会受理了第一起申诉案。截至

〔1〕 1996年5月3日，《欧洲社会宪章（修改本）》［European Social Charter (revised)］通过，1999年7月1日生效。截至2014年7月15日，除克罗地亚、列支敦士敦、瑞士三国未签署外，其他44个欧洲理事会成员国均已签署，其中有33个国家已批准并生效。参见http://conventions.coe.int/Treaty/Commun/ChercheSig.asp?NT=163&CM=8&DF=&CL=ENG，访问日期：2014年7月15日。

〔2〕《欧洲社会宪章》（修正本）第D条团体申诉条款规定："①《欧洲社会宪章》附加议定书规定的团体申诉制度的条款应适用于批准上述议定书的缔约国在本宪章中所作的保证。②任何不受《欧洲社会宪章》附加议定书规定的团体申诉制度约束的国家，在交存其批准、接受或赞同本宪章的文件时或在以后的任何时间，应向欧洲理事会秘书长寄交通知，声明其依上述议定书规定的程序接受本宪章义务的监督。"（朱晓青：《欧洲人权法律保护机制研究》，法律出版社2003年版，第345页。）在批准《欧洲社会宪章》（修改本）的国家中，只有法国、荷兰、葡萄牙三国未对该条提出保留，其他各国均提出保留。参见http://conventions.coe.int/Treaty/Commun/ChercheSig.asp?NT=163&CM=8&DF=&CL=ENG，访问日期：2014年7月15日。

2014年7月15日，欧洲社会权利委员会已登记109件团体申诉。由于案件较少，没有积案，所以欧洲社会权利委员会和欧洲部长委员会的效率较高，一般在两年内能够结案。约90%以上的案件被裁定为可接受的，其中约2/3案件中，欧洲社会权利委员会裁定被申诉的行为违反或部分违反了申诉人所引用的《欧洲社会权利宪章》（修订本或1961年版本）的相关条款，约1/3的案件中被申诉的行为不违反申诉人所引用的《欧洲社会宪章》的相关条款。委员会以报告的形式将全部案情报告提交当事各方和部长委员会，部长委员会都已作出相应的决议。[1]

欧洲理事会的经济和社会权利的团体申诉制度的立法和实践具有以下几个显著特点：

1. 团体申诉制度。《规定团体申诉制度的欧洲社会宪章附加议定书》规定的申诉制度为团体申诉制度，个人无权提起申诉。之所以采取团体申诉制度，很大程度受到了社团主义的影响。许多积极赞成通过国际申诉机制加强经济和社会权利的国际监督机制的学者对个人申诉程序持保留态度："应牢记的是，有些经济和社会权利或许不能整合于传统的个人申诉制度，可是经某种形式的集体申诉制度能够得到更好的保障"。[2]从现实基础来讲，欧洲的市民社会发达，非政府组织数量众多，在人权领域活动积极，富有成效，足以担当经济和社会权利的团体申诉重任。根据《附加议定书》第1条的规定，有权提交团体申诉的组织包括：①1961年宪章第27条第2款所指的国际雇主组织和工会组织；②在欧洲理事会享有谘商地位的国际非政府组织，以及为此目的而被政府委员会列入名单的组织；③申诉所针对的缔约国管辖范围内的雇主和工会的有代表性的国内组织。此外，根据附加议定书第2条的规定，任何缔约国可在向欧洲理事会秘书长提出的声明中宣布授权国内非政府组

---

〔1〕 参见 Collective complaints list and state of procedure，http：//www.coe.int/t/dghl/monitoring/socialcharter/Complaints/Complaints _en.asp，访问日期：2014年7月15日。

〔2〕［挪］A. 艾德、［芬］C. 克罗斯、［比］A. 罗萨斯编：《经济、社会和文化权利》(第2版)，黄列译，中国社会科学出版社2003年版，第494页。

织提交针对它的申诉。到目前为止，只有芬兰于1998年做出了此种声明。[1]上述国际和国内非政府组织提出的团体申诉必须符合一定的条件，才被认为是可接受的：①它们所提出的申诉只能是与其被公认的特别胜任的事务有关的问题；②必须以书面形式提起申诉；③申诉的问题必须与被申诉缔约国接受的宪章条款有关；④必须说明被申诉缔约国在哪些方面未能确保有效实施这一条款。[2]

2. 任择机制。根据《规定团体申诉制度的欧洲社会宪章附加议定书》第13条的规定，这一申诉制度为任择机制。截至2014年7月15日，已有32个国家批准或加入该议定书或《欧洲社会宪章》（修订）D条，约占欧理会成员国的2/3。[3]这一情况说明，团体申诉制度被欧洲理事会各成员国全面接受并充分发挥其作用仍任重而道远。

3. 欧洲理事会的人权申诉机制是二元的，即欧洲人权法院负责公民权利和政治权利的申诉，欧洲社会权利委员会负责经济和社会权利的申诉。

《消除一切形式种族歧视公约》、《保护所有迁徙工人及其家庭成员权利国际公约》、《非洲人权和民族权宪章》全面规定了公民、政治、经济和社会权利，它们所规定的申诉机制既适用于对公民权利和政治权利的救济，也适用于对经济和社会权利的救济，由统一的人权机构负责全部申诉案件的审查。因此，这些申诉机制是一元的。

与上述一元的申诉机制不同，欧洲理事会的人权申诉机制是二元的。1951年《欧洲人权公约》规定由欧洲人权法院负责审理公民权利和政治权利的申诉案件。正如前文所述，这一申诉机制是个人申诉

---

〔1〕 参见 List of declarations made with respect to treaty No. 158, http://conventions.coe.int/Treaty/Commun/ListeDeclarations.asp? NT=158&CV=1&NA=&PO=999&CN=999&VL=1&CM=9&CL=ENG，访问日期：2014年7月15日。

〔2〕 参见《规定团体申诉制度的欧洲社会宪章附加议定书》第3、4条。

〔3〕 参见http://conventions.coe.int/Treaty/Commun/ChercheSig.asp? NT=163& CM=8&DF=&CL=ENG 和 http://conventions.coe.int/Treaty/Commun/ChercheSig.asp? NT=158&CM=8&DF=&CL=ENG，访问日期：2012年7月15日。

机制，经历了从任择机制到强行机制的转变。《规定团体申诉制度的欧洲社会宪章附加议定书》并未模仿《圣萨尔瓦多议定书》的做法，而是在欧洲人权法院负责的公民权利和政治权利的个人申诉机制之外，建立了由欧洲社会权利委员会负责的经济和社会权利的团体申诉机制。根据《欧洲社会宪章》规定，欧洲社会权利委员会是一个独立专家委员会，现由 13 名委员组成。委员会委员由部长委员会从各缔约国提名的具有崇高的道义地位和在国际社会问题方面具有公认能力的独立专家的名单中指定，任期 6 年，可以连任一次。

4. 欧洲社会权利委员会负责对申诉的审查，在这一申诉机制中处于核心地位，其审查程序公平、公正。欧洲社会权利委员会的审查分为形式审查和实体审查两个阶段。欧洲理事会秘书长收到申诉后应将它通知被申诉缔约国，并立即转送欧洲社会权利委员会。〔1〕欧洲社会权利委员会首先依据上述标准决定申诉的可接受性。为了审查申诉的可接受性，委员会有权要求被申诉缔约国和提出申诉的组织在它规定的时限内提交有关申诉可接受性的书面信息或报告。〔2〕如果委员会决定申诉为可接受的，将对申诉进一步作实质性审查。与《国际劳工组织章程》规定的申诉机制相比较，《附加议定书》规定的申诉制度更加注重申诉组织以及其他有关非政府组织在申诉程序的作用，申诉组织与被申诉的缔约国处于较为平等的地位。在欧洲社会权利委员会对申诉进行实质性审查时，被申诉缔约国和提出申诉的组织有权应委员会的要求或主动在委员会规定的时限内，提交有关书面解释、信息或报告。而且，如果一项申诉由一个国内雇主组织或工会组织提出，或由其他一个国内或国际非政府组织提出，委员会应当通过秘书长通知宪章第 27 条第 2 款所规定的国际雇主组织或工会组织，邀请他们在其规定的时限内提交报告。这些规定和做法较为充分地体现了《附加议定书》前言中规定的“强化资方、劳方以及非政府组织参与”团体申诉程序的宗旨。尤为突出的是，

---

〔1〕 参见《规定团体申诉制度的欧洲社会宪章附加议定书》第 5 条。

〔2〕 同上，第 6 条。

《附加议定书》第7条第4款规定，在审议申诉过程中，委员会可以与当事各方的代表组织听证会，使得审议程序更为规范化，使申诉组织和被申诉的缔约国有更为充分的机会向委员会提交进一步的信息、资料和报告，进行质证；也使得委员会能够更为充分地对事实进行调查，以保证审议的公平、公正，为委员会最后做出有说服力的结论的报告奠定了坚实的基础。实质性审查程序结束之后，委员会应当拟定一份报告。报告应说明审议申诉所采取的步骤，并提出关于被申诉缔约国是否充分确保了申诉所涉及的宪章条款实施的结论。

5．欧洲理事会部长委员会对欧洲社会权利委员的报告的审议是程序性的，旨在通过一项决议以结束程序。欧洲社会权利委员会的报告应提交部长委员会。在欧洲社会权利委员会的报告的基础上，部长委员会应以投票者的多数通过一项决议。如果欧洲社会权利委员会发现宪章未以适当的方式被实施，部长委员会应以投票者的2/3多数通过一项针对被申诉的缔约国的建议。如果欧洲社会权利委员会的报告提出了新问题，应被申诉缔约国的请求，部长委员会可以决定与政府委员会协商。[1]

6．申诉案件涉及的《欧洲社会宪章》的条款较为集中，尚有一些条款尚未涉及。申诉人指控被申诉的国家违反最集中的条款主要是组织权、集体谈判权、罢工权条款和《欧洲社会宪章》（修订本）第E（非歧视）条，被指控违反较多的条款还包括工作权、公正的工作条件权、安全和卫生的工作条件权、合理报酬权、儿童和青少年受社会、法律和经济保护的权利、家庭受社会、法律和经济保护的权利、社会保障权、住房权、免受贫困和社会排斥的权利、有家庭责任的劳动者平等机会和待遇的权利，此外，偶尔被指控违反的条款还包括卫生保护权、职业培训权、社会医疗救助权、信息与协商权条款和《欧洲社会宪章》（修订本）第G条（限制）和第I条（适时做出的承诺）等条款，占《欧洲社会宪章》及其修订本第二部分规定的权利条款的2/3左右。社会权利

---

〔1〕参见《规定团体申诉制度的欧洲社会宪章附加议定书》第9条。

委员会全部案情报告中确认被违反的条款包括禁止强迫劳动、公平的工作条件权、合理的报酬权、组织权、家庭、母亲、儿童和青少年受社会、法律和经济保护的权利、职业培训权、卫生保护权、住房权和非歧视等条款。这并不能表明其他权利未受到侵害，而只能表明其他条款尚未被激活。此外，由于《欧洲社会宪章》采用“按菜单点菜”的方式，一些缔约因在批准或加入时，对一些权利条款作出了保留声明，这也是导致某些条款迄今尚未被适用的原因之一。

7. 欧洲理事会部长委员会的最后决议或建议对被申诉缔约国不具有法律约束力，并导致效果的不均衡。是否采纳部长委员会的最后决议或建议，完全寄于被申诉缔约国。为监督缔约国采纳上述决议或建议，《附加议定书》第10条规定，被申诉缔约国在下次提交秘书长定期报告中，应当就实行部长委员会的建议所采取的措施提供信息。但是，报告机制的监督作用是有限的，因此，团体申诉制度的效力和作用的大小仍然主要取决于缔约国的政治意愿和国际社会的压力。

各国对部长委员会的决议和建议的态度不完全一样。葡萄牙、瑞典、爱尔兰和比利时等国家态度很积极，通过修改法律，使其国内法与宪章相一致。例如，在No. 9/1999申诉中，葡萄牙政府被裁定违反第7（1）条，随即通过No. 58/99法案，全面禁止16岁以下童工在晚8点早7点间上夜班。在No. 12/2002申诉案中，瑞典因“只雇佣工会会员”条款被裁定违反了第5条组织权利，针对只雇佣工会会员的条款的追索权变得更加严格了。在No. 18/2003申诉案中，爱尔兰政府因《儿童地位法》（1987年）对非婚生子女在婚姻、所有权和继承权的歧视被裁定违反第17条儿童和青年获得社会和法律保护的权利，迅速废除了这一规定。在No. 21/2003申诉案中比利时的《司法法》被裁定违反了第17条，比利时于当年修改了司法法，规定在收养程序中，凡12岁以上的儿童，他们原则上有权要求听取他们的意见。法国、意大利和芬兰等国态度极为消极，对部长委员会的决议和建议置之不理。例如，法国在No. 6/1999、No. 9/2000、No. 13/2002、No. 14/2000四件申诉案被裁定违反《欧洲社会宪章》（修订本）第1（2）、2（1）、4（2）、15、17条，但根据社会权利委员会2006年调查，法国在上述方面仍未遵从《欧洲社会宪章》的要求。在No. 27/2004申诉案中，意大利被裁定违反了《欧洲社会宪章》（修改本）第31条住房权，同时违反了第E条，但直到2006年一直未采取措施。芬兰在No. 10/2000申诉案中被裁定违反第2（4）条，但直到2006年仍未采取措施遵从第2（4）条。希腊的态度介于前两类情况之间。希腊在No. 7/2000、No. 8/2000、No. 15/2003、No. 17/2003、No. 30/2005案中被裁定违反《欧洲社会宪章》第1（2）、2（4）、3（2）、11（1-3）、16、17条，希腊自2001年来，制定4个法案，在儿童权利领域取得了一定的进步，但直到2006年仍未采取措施遵从《宪章》第1（2）、3（1）、16条的规定。

（二）美洲国家组织的申诉程序在经济、社会和文化权利领域的实践——《圣萨尔瓦多议定书》准用的《美洲人权公约》规定的申诉程序

美洲国家组织的经济、社会和文化权利申诉程序的条约依据包括《圣萨尔瓦多议定书》和《美洲人权公约》。为进一步规范美洲国家组织的人权实施机制，美洲国家组织大会于1979年通过了《美洲人权委员会章程》、《美洲人权法院章程》，美洲人权委员和美洲人权法院分别于2000年、2003年制定了各自的《议事规则》。[1]这一申诉程序可以分为以下几个步骤：申诉的提出、美洲人权委员会的程序性审查、美洲人权委员会的实体性审查、美洲人权委员会作出报告。如果美洲人权委员会的报告递交有关国家之后问题仍未解决，美洲人权委员会可将根据缔约国关于承认美洲人权法院的管辖权的声明，将该案件提交美洲人权法院。

根据美洲人权委员会《年度报告》统计，2000~2006年，美洲人权委员会共接到个人申诉和国家间指控11 079件（其中3 763件申诉因阿根廷银行的"Corralito"措施影响人们的权利状况而提起）。其中，2000~2006年《年度报告》公布的案件报告总数为861件，其具体情况

---

〔1〕美洲人权委员会于2002年、2006年对其《议事规则》进行了两次修改。美洲人权法院也于2003年表决通过了其《议事规则》，规则于2004年1月1日生效。

分别是：经形式审查裁定为可以接受的申诉的案件报告300件，经形式审查裁定为不可接受的申诉的案件报告437件，和解报告60件，全部案情报告（Reports on Merits）63件，遵从申诉要求协议（Compliance Agreement）报告1件。其中，涉及经济和社会权利的案件报告共计20件[1]，涉及66件申诉[2]，占有效案件报告（扣除报告中经形式审查

---

〔1〕 他们分别是：Report No 78/00, Case 12.053, Maya Indigenous Communities and Their Members, Belize, October 5, 2000; Report No 66/00, Case 12.191, Maria MAMéRITA Mestanza CHáVEZ, Peru, October 3, 2000; Report No 29/01, Case 12.249, Jorge Odir Miranda Cortez Et Al., EL Salvador, March 7, 2001; Report No 03/01, Case 11.670, Amilcar MENéNDEZ, Juan Manuel Caride, ET. AL., (Social Security System), Argentina, January 19, 2001; Report No 119/01, Case 11.500, TOMáS Eduardo Cirio, Urugury, October 16, 2001; Report No 80/01, Petition No 12.264, Franz Britton, Aka Collie Wills, Guyana, October 10, 2001; Report No 39/02, Admissibility, Petition 12.328, Adolescents in the Custody of the Febem, Brazil, October 9, 2002; Report No 71/03, Petition 12.191, Friendly Settlement, MARíA MAMéRITA Mestanza CHáVEZ, Peru, October 22, 2003; Report No 74/03, Petition 790/01, Admissibility, Grand Chief Michael Mitchell, Canada, October 22, 2003; Report No 69/04, Petition 667/01, Admissibility, JESúS Manuel Naranjo CáRDENAS ET AL., Pensioners of the Venezuelan Aviation Company - Viasa, Venezuela, October 15, 2004; Report No 69/04, Petition 504/03, Admissibility, Community of San Mateo De Huanchor and its Members, Peru, October 15, 2004; Report No 64/04, Petition 167/03, Admissibility, The Kichwa Peoples of the Sarayaku Community and its Members, Ecuador, October 13, 2004; Report No 25/04, Petition 12.361, Admissibility, Ana Victoria Sanchez Villalobos and Others, Costa Rica, March 11, 2004; Report No 17/05, Petition 282/02, Admissibility, Esmeralda Herrera Monreal, Mexico, February 24, 2005; Report No 32/05, Petition 642/03, Admissibility, Luis Rolando Cuscul Pivaral ET AL. (Persons Living With HIV/AIDS), Guatemala, March 7, 2005; Report No 23/06, Petition 71-03, Admissibility, Union of Ministry of Education Workers (ATRAMEC), EL Salvador, March 2, 2006; Report No 22/06, Petition 278-02, Admissibility, Xavier Alejandro LEóN Vega, Ecudor, March 2, 2006; Report No 21/06, Petition 2893-02, Admissibility, Workers Belonging to the "Association of Fertilizer Workers" (FERTICA) Union, Costa Rica, March 2, 2006; Report No 83/06, Petition 555-01, Admissibility, Communities in ALCÂNTARA, Brazil, October 21, 2006; Report No 80/06, Petition 62-02, Admissibility, Members of the Indigenous Community of Ananas ET AL., Brazil, October 21, 2006.

〔2〕 Report No 03/01, Case 11.670, Amilcar MENéNDEZ, Juan Manuel Caride, ET. AL., (Social Security System), Argentina, January 19, 2001. 其中包括相类似的申诉47件，其中，由个人单独提起的申诉为40件，由个人与非政府组织联合提起的申诉7件；由个人单独提起的申诉中有30件被裁定提供的信息不充分，由当事双方提供进一步的信息后再行决定是否可接受，其余17件申诉被裁定为可接受的。

裁定为不可接受的申诉的案件）总数的不足5%，与公民权利和政治权利的案件相比，所占比例确实偏低，但毕竟有了一个良好的开端。

与前两种团体申诉机制相比较，这一申诉机制的立法和实践具有以下显著特点：

第一，美洲国家组织的经济、社会和文化权利申诉程序为个人申诉程序。

《美洲人权公约》第44条规定："任何人或一群人，或经美洲国家组织一个或几个成员国合法承认的非政府的实体，均可向委员会递交内容包括谴责或控诉某一缔约国破坏本公约的请愿书"。《圣萨尔瓦多议定书》将《美洲人权公约》规定的申诉机制称为"个人申诉（individual petition）机制"，[1]美洲人权委员会在其向美洲国家组织大会提交的《年度报告》中也将全部申诉统称为"个人申诉"。[2]

从实践来看，在上述66个案件中，由非政府组织提起、或由非政府组织和个人共同提起、或由非政府组织代表个人提起申诉的23件，占总数的35%，全部被直接裁定为可接受的；而由个人单独提起申诉的43件，占总数的65%，被直接裁定为可接受的13件。由此可见，个人申诉机制的引入确实激发起个人维护其经济、社会和文化权利的积极性，但个人申诉的质量有待进一步提高。而由非政府组织参加提起的申诉全部被裁定为可接受的，证明了非政府组织的专业性和特长，充分体现了非政府组织在申诉程序中具有重要地位，在人权保障中发挥着突出的作用。

第二，根据《圣萨尔瓦多议定书》的规定，美洲国家组织的经济、社会和文化权利申诉程序是任择性的，但在实践中已演变为对美洲国家

---

〔1〕《圣萨尔瓦多议定书》第19条第6款规定："第8条第1款和第13条所规定的权利被直接归因于本议定书一缔约国的行动所侵犯的任何情况，都可通过美洲人权委员会，在适用的情况下通过美洲人权法院的介入，导致适用《美洲人权公约》第44~51条和第61~69条所调整的个人申诉（individual petitions）机制。"

〔2〕参见美洲国家组织官方网站 http://www.oas.org/上公开的美洲人权委员会各年年度报告。

组织所有成员国普遍适用的强行性程序。

根据《圣萨尔瓦多议定书》第20条的规定，不排除缔约国对第19条的保留，因此，从法律上讲，这一申诉程序是任择性的。但是，现有14个缔约国在批准时均未对此提出保留。《圣萨尔瓦多议定书》的14个缔约国同时也都是《美洲人权公约》的缔约国，并均声明承认美洲人权委员会有权根据第45条第1款项规定接受和审查一缔约国提出的关于另一缔约国侵犯本公约所载的人权的通知书，承认美洲人权法院有权根据第62条第1款的规定，对于有关本公约的解释和实施的一切问题的管辖权具有约束力。[1]《美洲人权公约》第44条规定的申诉程序为强行性程序。因此，该附加议定书规定的个人申诉程序适用于其14个成员国。

美洲人权委员会在2000年之后的实践中，根据《美洲人权公约》第26条对经济、社会和文化权利的概括规定，将其管辖权范围扩大到非《圣萨尔瓦多议定书》缔约国的《美洲人权公约》的缔约国。这些国家的申诉者可以第26条为依据提起申诉，美洲人权委员会受理后经形式审查认为符合条件的，便会裁定该申诉具有可接受性。

美洲人权委员会将其管辖权范围扩大到美洲国家组织的全部成员国。美洲人权委员会在其为自己制定的《议事规则》规定："凡涉及非《美洲人权公约》缔约国的美洲国家组织的成员国的申诉，内容包含对被指控的侵犯《美洲人权利和义务宣言》规定的人权的行为的谴责的，委员会应当接受和审查。"[2]人权委员会之所以能够如此，在于其双重性质，即它既是《美洲人权公约》的条约机构，又是《美洲国家组织宪章》的宪章机构。《美洲人权委员会章程》规定，委员会是美洲国家组织的机构，旨在促进尊重和保护人权，并作为美洲国家组织人权领域的咨询机构。为实现这一宗旨，人权应被理解为包括：①对《美洲人权公约》缔约国而言，是指公约所规定的各项人权；②就其他成员国而

---

〔1〕 参见http：//www. oas. org/juridico/english/Sigs/b－32. html.

〔2〕 参见《美洲人权委员会程序规则》第49条。

言，是指《美洲人权利和义务宣言》规定的各项人权。[1]为此，美洲人权委员会有权特别关注非《美洲人权公约》的美洲国家组织成员国是否遵守《美洲人权利和义务宣言》第1、2、3、4、18、25、26条规定之权利。[2]当然，在具体程序设计上，《程序规则》针对两类成员国的规定作出了一点小小的区别，即不将非人权公约缔约国的申诉案件提交美洲人权法院。

在上述20个案件报告中，12个国家成为被申诉者。其中，《圣萨尔瓦多议定书》的缔约国8个，分别是秘鲁、萨尔瓦多、阿根廷、巴西、墨西哥、厄瓜多尔、哥斯达黎加和危地马拉。非《圣萨尔瓦多议定书》缔约国的《美洲人权公约》的缔约国1个，即委内瑞拉，非上述两公约的缔约国的其他美洲国家组织成员国3个，分别是伯利兹、加拿大、圭亚那。这说明，美洲人权委员会的确全面行使了它对美洲国家组织所用成员国的管辖权，已经将经济、社会和文化权利的申诉程序由任择性程序发展为对美洲国家组织全体成员国具有普遍效力的强行性程序。

第三，美洲人权委员会将其管辖权拓展到几乎全部经济、社会和文化权利领域，从而实现了对全部人权的一体化保护。

根据《圣萨尔瓦多议定书》的规定，个人申诉程序仅适用于工会权利和受教育权。但是，美洲人权委员会以《美洲人权公约》第26条和《美洲人权利和义务宣言》为实体法依据，将其管辖权拓展到几乎全部经济、社会和文化权利领域。需进一步强调的是，申诉案件指控和谴责的行为在侵犯"经济、社会和文化权利"的同时，往往侵犯"公民权利和政治权利"，特别是侵犯平等权、司法保护权和正当程序权等权利，这进一步说明了所有人权都是普遍、不可分割、相互依存和相互联系的。同时也从某个方面证明了一体化方法的合理性。

第四，为制约被申诉国家以"未穷尽国内救济"和"超出申诉期限"为由规避申诉，为《美洲人权公约》设置的防火墙发挥了积极

---

〔1〕 参见《美洲人权委员会章程》第1、2条。

〔2〕 参见《美洲人权委员会章程》第20条。

作用。

美洲人权委员会受理申诉后，依照程序规定将申诉通知被申诉国政府。除少数案件国家不予答复外，国家一般都予以答复，并往往以未穷尽国内救济为由否定申诉的可接受性。在上述36件被裁定为可接受的申诉中，除1件和解和3件未予答复之外，其余被裁定为可接受的32件申诉中，被申诉的政府以“未穷尽国内救济”为由要求美洲人权委员会裁定为不可接受的9件，以“超出申诉时限”为由要求委员会裁定为不可接受的1件，共计10件，占总数的31%，均遭美洲人权委员会依法驳回。由此可见，第46条第2款的重要性。

第五，美洲人权委员会在对申诉的审查和裁定过程中，美洲人权法院在对案件的审理和裁判过程中，积极解释《美洲人权公约》、《圣萨尔瓦多议定书》和《美洲人权利和义务宣言》等人权文件相关条文的含义，并适用“遵循先例原则”，发展出一系列的判例法，从而阐明和丰富这些人权文件的含义，保证了美洲人权委员会、美洲人权法院所作出的行为的连贯性、一致性、统一性，增强了结果的可预期性。

第六，《美洲人权公约》规定的程序灵活，可以采取和解的方式解决案件，对救济受侵害的经济和经济、社会和文化权利起到了一定的作用。例如，以和解方式结案的玛利亚·马梅丽塔·梅斯坦萨·查韦斯（MARíA MAMéRITA MESTANZA CHáVEZ）案，不仅受害人的权利得到了有效的救济，而且促进了被申诉的委内瑞拉对人权的尊重和保护。

由此，我们可以认为，《美洲人权公约》所规定的申诉程序在全面救济美洲国家组织的各成员国人民遭受侵犯的人权，促进各成员国尊重和保护人权方面，发挥了积极的作用。该程序及其实践成果与全球性和其他区域性经济、社会和文化权利的申诉程序相比较，均处于领先地位。

四、小结

《国际劳工组织章程》和《规定团体申诉制度的欧洲社会宪章附加议定书》规定的申诉程序均为团体申诉程序。国际劳工组织的团体申诉程序是由其三方机制所决定的。而《欧洲社会宪章》的团体申诉程序则体现了欧洲国家和学者对经济、社会和文化权利个人申诉程序的保留态度："应牢记的是，有些经济和社会权利或许不能整合于传统的个人申诉制度，可是经某种形式的集体申诉制度能够得到更好的保障"。[1]但从世界范围内来看，个人来文程序已经成为一种普遍选择，《经济、社会和文化权利国际公约任择议定书》选择了个人来文程序顺应了这一普遍的趋势，为通过来文程序救济经济、社会和文化权利，发展经济、社会和文化权利打开了广阔的空间。

---

〔1〕［挪］A. 艾德、［芬］C. 克罗斯、［比］A. 罗萨斯编：《经济、社会和文化权利》（第2版），黄列译，中国社会科学出版社2003年版，第494页。

第四章

国家间来文程序

第一节　国家间来文程序概述

一、国家间来文程序的概念

国家间来文程序（Inter-state communications procedure），也称作国家间指控程序（Inter-state complaints procedure）。《国际劳工组织章程》、《欧洲人权公约》和《欧洲社会宪章》的英文文本采用了 complaint 的概念，而其他多数国际人权公约则采用了较为缓和的 communication 的概念。按照这一程序，如果国际人权公约的某一缔约国或几个缔约国认为另一缔约国未遵守公约的有关规定，可以依该公约规定的程序通知有关主管机关，提请有关主管机关注意，并由后者进行处理。

国家间来文程序"实际上是一种斡旋和调解程序，通常包括几个不同的阶段。这些阶段实质上就是和平解决国际争端各种方式，如谈判、审查、斡旋、报告、和解等手段的具体运用。究竟运用到哪一阶段，根据具体情况来决定"。[1]

二、现有国家间来文程序及其实施概况

现有 11 项国际人权文件和人权公约规定了国家间来文程序。

---

〔1〕 谷盛开：《国际人权法：美洲区域的理论与实践》，山东人民出版社 2007 年版，第 276 页。

表 4-1 国家间指控程序一览表

国际组织	人权文书	制定/生效	国际人权机构	相关规定	任择性/强制性	案件数量
国际劳工组织	国际劳工组织章程	1919 年 6 月 28 日	国际劳工组织理事会/三方委员会	第 26 ~ 34 条	强制性	少数案例
教科文组织	建立负责解决《反对教育歧视公约》缔约国之间可能发生的争端的调解与斡旋委员会之议定书	1962 年 12 月 10 日/1968 年 10 月 24 日	调解与斡旋委员会		任择性	没有案例
欧洲理事会	欧洲人权公约	1950 年 11 月 4 日/1953 年 9 月 3 日/经第 11 号议定书修订	欧洲人权法院	第 33 条	强制性	少数案例
联合国	消除一切形式种族歧视公约	1965 年 12 月 21 日/1969 年 1 月 4 日	消除种族歧视委员会	第 11 ~ 13 条	强制性	没有案例
联合国	公民权利和政治权利国际公约	1966 年 12 月 16 日/1976 年 3 月 23 日	人权事务委员会	第 41、42 条	任择性	没有案例

续表

国际组织	人权文书	制定/生效	国际人权机构	相关规定	任择性/强制性	案件数量
联合国	经济、社会和文化权利国际公约任择议定书	2008年12月10日/2013年5月14日	经济、社会和文化权利委员会	第10条	任择性	没有案例
联合国	禁止酷刑和其他残忍、不人道或有辱人格的待遇或处罚公约	1984年12月10日/1987年6月26日	禁止酷刑委员会	第21条	任择性	没有案例
联合国	保护所有迁徙工人及其家庭成员权利国际公约	1990年12月18日/2003年7月1日	保护所有迁徙工人及其家庭成员委员会	第76条	任择性	没有案例
美洲国家组织	美洲人权公约	1969年11月22日/1978年7月18日	美洲人权委员会/美洲人权法院	第45条	任择性	没有案例
非洲统一组织/非洲联盟	非洲人权和民族权宪章	1981年6月27日/1986年10月21日	非洲人权和民族权委员会	第47条	强制性	少数案例
欧洲安全与合作组织	人的维度					少数案例

在上述国家间指控程序中，根据缔约国是否有权自主决定是否接受相关人权机构受理和审查国家间指控的管辖权，可以将它们分为任择性程序和强制性程序。《建立负责解决〈反对教育歧视公约〉缔约国之间可能发生的争端的调解与斡旋委员会之议定书》、《公民权利和政治权利国际公约》、《禁止酷刑公约》、《保护所有迁徙工人及其家庭成员权利国际公约》、《经济、社会和文化权利国际公约任择议定书》和《美洲人权公约》规定的国家间指控程序是任择性的，即以指控国和被指控国双方均已声明条约机构有此权利为前提；而《消除一切形式种族歧视公约》、《欧洲人权公约》、《非洲人权和民族权利宪章》和《国际劳工组织章程》规定的国家间指控程序是强制性的，即它的提起不以当事国双方声明接受为条件。

在任择性国家间指控程序中，接受这一程序的缔约国远远少于这些公约的缔约国。而且，缔约国也很少利用这一程序解决他国侵犯人权的问题。上述五项联合国人权公约规定的国家间指控程序迄今尚无一例实践。根据《欧洲人权公约》、《非洲人权和民族权宪章》、《国际劳工组织章程》建立的国家间指控程序也只有少量案例。之所以出现这种现象，是因为国家间指控程序受到多重因素的制约。

第一，国家间指控程序只是解决他国人权问题的可能渠道之一，并且由于下述原因，往往不是最佳选择，而其他替代程序或措施往往更加方便。首先，个人申诉程序或团体申诉程序对国家间指控程序有较好的替代作用。与国家不同，人权侵害行为的受害者为了个人的利益，有更强烈的动机和目的适用个人申诉程序，非政府组织为了其成员的利益或基于道德热情更愿意以自己的名义提起团体申诉，或代表受害者提起个人申诉。国际劳工组织的团体申诉程序、欧洲人权委员会/人权法院的个人申诉程序、人权事务委员会的来文程序都具有丰富的实践，而与之相对应的国家间指控程序的实践要么屈指可数，要么一片空白，即是明证。有学者曾担心冷战结束后，由于中东欧国家的人权保护水平较低，可能出现较多的大规模的严重的系统的侵犯人权的行为，因此建议缔约国更多地适用国家间指控程序，以救济受到侵害的人权。[1]事实证明，由于欧洲人权法院个人来文程序成为强制性程序，对国家间指控程序具有强大的替代作用，其实际结果是在欧洲人权法院受理的个人来文案件爆炸性增长的同时，却没有出现一例新的国家间指控案件。其次，国际法院的司法程序对国家间指控程序也有一定的替代作用。最新的发展表明，国家对使用司法机制处理侵犯人权的行为更感兴趣，例如民主刚果共和国诉乌干达，[2]关于在巴勒斯坦被占领土上修建隔离墙的法律后果的建议性观点，[3]以及格鲁吉亚诉俄罗斯违反《消除一切形式种族歧视国际公约》。[4]再次，如果一国打算实施更加严厉的措施，它可以实施国内立法，限制对相关国家的财政援助或贸易，美国即是这方面的代表。最后，暂停或取消本国与相关国家的某些方面的外交关系，也可以成为迫使对方改弦更张的工具。

第二，政治和经济因素的限制是国家之间不愿意适用国家间指控程序的深层次原因。作为一种外交手段，在纯粹为了别国国民的人权保护问题上，各国往往犹豫不决。在一定程度上涉及本国国家利益的情况下，政治的因素、财政支出和官僚障碍都会阻碍有关国家使用这种指控程序。即使在严重涉及本国国家利益和公民权利的情况下，由于这一程序具有较高的正式性增强了其对抗性程度，并且由于其程序冗长而导致其效率较低，因此，大多数政府也更愿意采用一些更迅速和更少正式性的程序，或者是“安静的外交渠道”——直接的双边外交交涉，或者是“喧闹的外交渠道”——在联合国或区域性国际组织的政治讲坛对其他

---

〔1〕 Menno T. Kamminga, “Is the European Convention on Human Rights Sufficiently Equipped to Cope with Gross and Systematic Violations?” *Netherlands Quarterly of Human Rights*, 1994 (2), pp. 153 ~ 164.

〔2〕 ICJ, Case Concerning Armed Activities on the Territory of the Congo (Democratic Republic of the Congo v. Uganda), Judgment, 19 December 2005.

〔3〕 ICJ, Legal Consequences of the Construction of a Wall in the Occupied Palestinian Territory, Advisory Opinion, 9 July 2004.

〔4〕 ICJ, Case Concerning Application of the International Convention on the Elimination of all Forms of Racial Discrimination (Georgia v. Russian Federation), 1 April 2011.

国家侵犯人权的事件进行批评和指责。也就是说，国家或者说政府往往基于国际政治的现实考虑而非基于保护人权的道德热情而放弃适用国家间指控程序。因此，“从理论上讲，国家间指控程序可以促进公约缔约国之间在履行公约义务方面互相监督。但由于各缔约国出于政治的、经济的种种考虑，通常并不选择这种程序”。[1]

当然也有例外情形。如果一个国家想要实施积极的人权政策，可能愿意利用这一程序的优点来补救严重的侵犯人权行为。斯科特·莱基先生认为：

> 因为政治利益继续粉饰着国家对人权议题的观点，而这些议题往往从属于政治和经济的关切，人权国际保护制度的理想运作并不是优先考虑的事项。当代国家实践以几个显著的例外表明，保护他国之内的人权对于个别国家来讲，并不像他们的政治或经济关系那么重要。这一局面当然导致国家间指控程序通常备而不用，而在动用这一程序的许多案件中，加剧了其政治化。[2]

三、国家间指控程序的背景和理论基础

既然国家间指控程序存在上述缺陷，几乎成为具文，为什么二战之后一系列人权文件还要规定这一程序呢？

如本书第一章第一节所述，第二次世界大战的惨痛教训使国际社会强烈地认识到，一个政府对其国民的野蛮行为与对其他国家的侵略之间密切相关，尊重人权与维护世界和平密切相关。人们确信，如果在第二次世界大战之前，国际上存在着一种有效的国际人权保护制度，上述对人权的侵犯本来是可以部分避免的。第二次世界大战后联合国以及区域组织建立国际人权保护制度的目的就是为了避免人类在20世纪曾身历的两次苦不堪言的战祸，避免以国内的系统的大规模的严重侵犯人权行

---

〔1〕 王家福、刘海年主编：《中国人权百科全书》，中国大百科全书出版社1998年版，第488页。

〔2〕 Scott Leckie, “The Inter - state Complaint Procedure in International Human Rights Law: Hopeful Prospects or Wishful Thinking?”, Vol. 10 (1988), *Human Rights Quarterly*, p. 254.

为为前导进而破坏国际和平与安全的再次发生。可以说，国际人权保护与国际社会的集体安全保障之间存在着密切的联系。国际人权法的建立意味着人权不再仅仅是国内管辖事项，而且成为国际保护的对象。相对于其他公约，国际人权公约的特殊性在于它并非以国家间相互承担义务为前提，而是为缔约国创造一种法律秩序，在此之内，缔约国做出单边承诺，保护在其管辖内的个人的基本权利。从本质上讲，人权公约是调整各缔约国与在其领土内和受其管辖的个人之间的关系，在这一关系中，个人享有权利，国家承担义务。〔1〕如果国家违反了公约义务，所侵害的是其管辖范围内个人的权利，而不是其他国家的利益，因此缔约国对揭露侵权者的行为既没有热情也不愿将其作为自己的义务。〔2〕但是，国家间指控机制是最为符合传统国际法理论的准司法性国际人权救济机制，按照传统国际理论，只有国家（而不是人权侵犯的实际受害者）才有权在国际性法院或者准司法权威那里针对另外的国家提出指控。通过国家间指控解决一国国内的系统的大规模的严重的人权侵犯行为，可以消灭威胁国际集体安全的隐患，国家对此负有首要的责任。

因此，国家间指控机制而非申诉机制成为二战后一些全球性和区域性人权文书规定的首选的准司法机制。《欧洲人权公约》（1950 年）成为第一个将国家间指控程序规定为强制性程序的区域性人权公约，与此形成对比的是个人来文程序仅是任择性程序。1965 年《消除一切形式种族歧视公约》成为联合国第一个将国家间指控程序规定为强制性程序的人权公约，与《欧洲人权公约》一样，个人来文程序也仅是任择性程序。1966 年《公民权利和政治权利国际公约》将国家间来文程序规定为任择性程序，而个人来文程序只能以《任择议定书》形式加以规定。

国家间指控程序之所以在“二战”后前 20 年间成为首选的准司法性国际人权救济程序，并继而在《美洲人权公约》、《非洲人权和民族

〔1〕 张爱宁：“国际人权公约特点评述”，载《比较法研究》2006 年第 6 期。

〔2〕［美］L. 亨金：《权利的时代》，信春鹰、吴玉章、李林译，知识出版社 1997 年版，第 74 页。

权宪章》两个区域性人权公约、《禁止酷刑公约》和《保护所有迁徙工人及其家庭成员权利国际公约》与个人申诉程序被同时规定下来，还有其他一些原因。

首先，国家间指控程序被认为是一种最为严厉的、最具对抗性的实施程序。国际人权文件要想实现其目的，除了缔约国通过自我监督制度保证认真承担促进和保护人权的国际责任外，还必须建立某些形式的实施程序。国际法院处理国家间纠纷的审判程序也许是最为正式的一种国际法实施程序，但任何国际人权公约都没有打算将关于侵犯人权行为的纠纷诉诸国际法院。而缔约国报告制度很大程度上建立在缔约国自我监督的基础之上，如果缔约国不履行报告义务或对条约监督机构在审议报告后作出的意见和建议置之不理，条约机构几乎对此无能为力。许多条约制定之初没有规定个人申诉程序，或者将个人申诉程序规定为任择程序；即使规定了个人申诉程序，它也不太适合处理严重的和系统性的人权侵犯行为。这就要求建立一种介于个人申诉与诉诸国际法院之间的一种较为严厉的、对抗性的监督程序，这种程序就是国家间指控程序。

对于那些希望在国内和国际上推行有效的人权政策的国家而言，必须向其提供在适当条件下可资利用的程序。被纳入国际人权文件的国家间指控程序就是这样一种程序。这一程序可以在三种情况下予以启用：其一，公益之诉，即提起指控的动机并非为了自身的利益；其二，为了身处他国的本国国民的利益；其三，为了本国自身的经济或政治利益。

其次，从理论上来讲，国家间指控的实施可以将两国之间或多国之间的纠纷控制在法律层面，而不至于蔓延至政治、经济或战略层面。由独立机构审议案件可以帮助降低当事各国之间的紧张程度，并提高人权保护水平。利用国家间指控程序可以使注意力不再仅仅集中在特定受害人的身上，并使国家致力于深入研究被指控国国内立法以及在遵守国际法律义务方面不符合相关人权文件的行为模式。

最后，使用这一程序的潜在可能性可以发挥实际和预防作用。一项人权条约要在一个多样性的世界发挥作用，就必须存在一些国际追责机制或审查机制，从而促使缔约国致力于实现国际文件规定的保证。在某些情况下，仅仅因为存在这一程序，一国有权针对另一国提起指控就可以发挥预防作用。如果甲国知道乙国会正式地公开地指控它涉嫌构成违反公约某些人权条款的行为，甲国就会不再不计后果而为之。此外，任何国家都不喜欢因侵犯其本国公民的人权而遭到公开批评，特别是他国的批评。如果一国意识到另一个国家可以提请国际人权监督机构注意其国内的人权状况，这一预期会促使该国履行其对人权所负的义务。如果将国家间指控更多地用于公益之诉，这一预期当然会进一步加强，这还将实质性地减少这一程序的污名。

第二节 国际劳工组织和欧洲理事会的国家间指控程序

如前所述，国际劳工组织和欧洲理事会的国家间指控程序有少量的实践，并产生一些案例。鉴于这两者具有较强的代表性，本节集中对它们予以述评。

一、《国际劳工组织章程》规定的国家间指控程序

（一）概述

《国际劳工组织章程》较早地规定了国家间指控程序。《国际劳工组织章程》第 26 条第 1 款规定：“任何成员国确信任何其他成员国未切实遵守双方均已根据以上条款批准的任何公约时，有权向国际劳工局提起指控。”该规定是典型的国家间指控程序。在《国际劳工组织章程》的英文文本中，“指控”一词使用的是“complaint”，在笔者见到的几个中文译本中，有的将其译为“控诉”,〔1〕有的将其译为“陈诉”,〔2〕均

〔1〕 刘有锦编译：《国际劳工法概要》，劳动人事出版社 1985 年版，附录一《国际劳工组织章程》（1972 年修正本）；刘旭：《国际劳工标准概述》，中国劳动社会保障出版社 2003 年版，附录 1《国际劳工组织章程》（1972 年修正本）。

〔2〕 董云虎、刘武萍编著的《世界人权约法纵览（续编）》中所载的《国际劳工组织章程》（1919 年）的中文译本将英文本第 409 条（对应 1972 年修正本第 24 条）中“representation”和第 411 条（对应 1972 年修正本第 26 条）中的“complaint”统一译作“陈述”。

未将其译作“指控”。而《经济、社会和文化权利》一书的作者将《国际劳工组织章程》第 26 ~ 34 条规定的国家间指控程序与第 24 ~ 25 条规定申诉程序均归类为申诉程序。[1] 我国很多学者在论述国家间指控程序时，也往往将《国际劳工组织章程》规定的国家间指控程序遗漏。

根据《国际劳工组织章程》的规定，可以将国家间指控程序分为以下几个阶段：

第一个阶段，国家间指控的提起与受理。根据《章程》26 条第 1 款的规定，提起国家间指控的国家与被指控的国家均应为同一公约的缔约国。国际劳工局为受理国家间指控的机关。国际劳工组织理事会在收到指控后，通过对指控的审查，可以根据不同情况决定是否将指控通知被指控政府。如理事会将指控通知被指控政府，而后者未在适当时期内向理事会提交令理事会满意的答复时，理事会可以设立一调查委员会来审议该项指控。

第二个阶段，调查委员会的调查与审议。根据《国际劳工组织章程》的规定与实践，调查委员会由国际劳工组织理事会建立。调查委员会成员是根据国际劳工局的建议以个人崇高的品格得以任命的，理事会和调查委员会均强调他们的独立性和他们职能的司法性质。为保证调查委员会顺利开展工作，调查委员会除有权要求有关双方提供详细的情况外，《国际劳工组织章程》第 27 条还规定，如指控交付调查委员会，各成员国无论与该案有无直接关系，都应将所有与该案事项有关的一切资料提供给委员会使用。同时，调查委员会还给雇主和工人的国际组织以及某些非政府组织以提供有关情况的机会。调查委员会在充分审议该指控案后，应提出报告，其中包括委员会关于与各方争执有关的一切事实问题的裁决，以及委员会认为适宜的关于处理该案应采取的步骤及采取这些步骤的期限的建议。[2]

---

〔1〕［挪］A. 艾德、［芬］C. 克罗斯、［比］A. 罗萨斯主编：《经济、社会和文化权利》（修订版），黄列译，中国社会科学出版社 1999 年版，第 489 ~ 490 页。

〔2〕 进一步详细的论述参见本书第五章第一节第三部分。

第三个阶段，对调查委员会的报告采取行动。调查委员会的报告由国际劳工局局长送交理事会及与控诉案有关的各国政府，并公布报告。各有关政府应在3个月内通知国际劳工局长，它是否接受调查委员会报告中的建议，如不接受，是否拟将该案提交国际法院。[1]国际法院可以确认、更改或撤销调查委员会的任何裁决或建议，其裁决为最后判决，不得上诉。由于调查委员会的“独立性，所采取步骤的公正性，所进行调查的彻底性，并遵循这样的原则：调查这种控诉涉及公共利益时，委员会必须采取步骤以获得充分而公正的情况。从效果来看，有关政府对委员会的建议，在一般情况下都采取法律或其他行动（至少在一定程度上），还未发生过向国际法院上诉的情况”。[2]

为保证调查委员会报告中的建议部分的落实得到有效监督，要求有关政府在国家报告中须指出其为落实调查委员建议采取了哪些具体步骤。这一做法使得国家间指控程序与国家报告程序建立起联系，专家委员会和标准实施委员会可以定期审查有关政府采取的措施和取得的进展。[3]

第四个阶段，对未能执行调查委员会或国际法院的建议采取进一步行动。如有任何成员国在指定时间内不执行调查委员会报告或国际法院判决中的建议，理事会可提请大会采取其认为明智而适宜的行动，以保证上述建议得到履行。[4]违约政府如已采取必要的步骤履行调查委员会的建议或国际法院判决中的建议，经调查委员会证实，理事会应立即停止上述行动。[5]

迄今为止，共有6个案件是根据《国际劳工组织章程》第26条提起的真正的国家间指控。加纳诉葡萄牙案（1961年）和葡萄牙诉利比里亚案（1962年）都是涉及据称是对禁止强迫劳动的违反；1976年和

---

〔1〕 参见《国际劳工组织章程》第29条。

〔2〕 刘有锦编译：《国际劳工法概要》，劳动人事出版社1985年版，第119页。

〔3〕 刘旭：《国际劳工标准概述》，中国劳动社会保障出版社2003年版，第36页。

〔4〕 参见《国际劳工组织章程》第33条。

〔5〕 参见同上，第34条。

1978 年法国诉巴拿马的三个案件以及 1986 年利比亚诉突尼斯案是有关平等待遇的案件。1986 年，利比亚对突尼斯提出国家间指控，指控突尼斯政府违反了《保护工资公约》（C95）、《（就业和职业）歧视公约》（C111）和《（社会保障）同等待遇公约》（C118），但利比亚中途撤回了其指控，程序结束。[1]

斯科特·莱基通过对上述六个案件的细致研究，总结出国际劳工组织的国家间指控程序的实施具有以下一般特点：

> 第一，尽管一些国家已经使用该程序，但绝大多数仍对这一方法心存顾虑，因为它是一项严重的措施，并可能被理解为一项不友好的行为。第二，除第一件加纳诉葡萄牙案可能是个例外，根据该程序提起的其他案件都是出于本国的政治利益或本国公民的利益而为之。只有第一个案件是公益之诉。尽管如此，每一指控都是建立在被控国的行为不符合相关公约的预判之上，即这些指控可能是政治驱动的，但它们并非毫无根据。第三，国际劳工组织的其他不那么激烈的监督程序的存在是国家间指控数量很少的重要原因。第四，即使不建立调查委员会，指控程序也有益于解决国家之间的分歧。在法国诉巴拿马案中作用尤为突出。第五，国际劳工组织的指控程序非常灵活，允许建立调查委员会，使用斡旋，使用直接接触，等等。因此，它是一项可在各种不同情形下采用的一种动态程序。[2]

（二）另辟蹊径——理事会自行或在收到大会某一代表的指控时采用同一程序

《国际劳工组织章程》第 26 条第 4 款为打破国家间指控程序的虚置僵局另辟蹊径。该款规定理事会自行或在收到大会某一代表的指控时，

---

〔1〕 参见 ILO Doc. GB. 240/14/26, No. (ilolex): 151986LBY118.

〔2〕 Scott Leckie, "The Inter - state Complaint Procedure in International Human Rights Law: Hopeful Prospects or Wishful Thinking?", Vol. 10 (1988), *Human Rights Quarterly*, p. 282.

也可以采用同一程序。这就扩大了上述程序的启动者范围和适用范围。从实践来看，1974 年、1985 年和 1998 年理事会根据自己的动议分别指控智利违反 C01 和 C111,[1]联邦德国违反 C111 和尼日利亚违反 C087、C098。[2]1968 年数国工人代表指控希腊违反 C087、C098,[3] 1975 年三国工人代表指控玻利维亚违反 C087，1976 多名代表指控乌拉圭违反 C087、C098,[4] 1977 年三国工人代表指控阿根廷违反 C087,[5] 1981 年出席第六十七届国际劳工大会的数名工人代表指控多米尼加和海地违反 C029、C087、C095、C098、C105,[6]1982 年法国和挪威两国工人代表指控波兰违反 C087、C098,[7] 1987 年雇主代表指控尼加拉瓜违反 C87、C98 和《（国际劳工标准）三方协商公约》（C144），1989 年工人代表对罗马尼亚政府违反 C111 提出指控,[8] 1991 年出席国际劳工大会第 78 次年会的瑞典雇主代表对瑞典违反 C087、C098 和《商船（最低标准）公约》（C147）提出指控,[9] 1992 年危地马拉和比利时工人代表指控科特迪瓦违反 C087,[10] 1996 年各国工人代表对缅甸政府违反《强

---

〔1〕 Report of the Commission appointed under article 26 of the Constitution of the International Labour Organisation to examine the observance by Chile of the Hours of Work (Industry) Convention, 1919 (No. 1), and the Discrimination (Employment and Occupation) Convention, 1958 (No. Ⅲ), 1975.

〔2〕 ILO Doc. GB. 240/14/26, No. (ilolex): 151987FRG111; GB. 271/18/5, GB. 272/7/1, GB. 273/15/1, No. (ilolex): 151998NGA087.

〔3〕 ILO Doc. Vol. LIV, 1971, No. 2, Special Supplement.

〔4〕 ILO Doc. GB. 200/17/44, Vol. LX, 1977, Series B, No. 1, Vol. LX, 1977, Series B, No. 2, No. 3, Vol. LXI, 1978, Series B, No. 1 – 3, Vol. LXII, 1979, Series B, No. 1 – 3, Vol. LXIII, 1980, Series B, No. 1.

〔5〕 ILO Doc. GB. 203/19/42.

〔6〕 ILO Doc. Vol. LXVI 1983 Series B, Report of the Commission of Inquiry appointed under article 26 of the Constitution of the International Labour Organisation to examine the observance of certain international labour Conventions by the Dominican Republic and Haiti with respect to the employment of Haitian workers on the sugar plantations of the Dominican Republic.

〔7〕 ILO Doc. Vol. LXVII, 1984, Series B, Special Supplement.

〔8〕 ILO Doc. Vol. LXXIV, 1991, Series B, Supplement 3, No. (ilolex): 151991ROM111.

〔9〕 ILO Doc. GB. 251/7/3, GB. 252/7/9, GB. 258/13/9, GB. 262/15/2; No. (ilolex): 151991SWE147.

〔10〕 ILO Doc. GB. 253/15/29.

迫劳动公约》(29)的行为提出了指控,[1] 1998年多国工人代表指控尼日利亚[2]和哥伦比亚违反C087、C098,[3] 2003年14个国家的政府代表指控白俄罗斯政府违反C087、C098,[4] 2004年多国雇主代表指控委内瑞违反C087、C098,[5] 2008年出席国际劳工大会的工人代表和雇主代表联合指控津巴布韦违反C087、C098,[6] 2010年出席国际劳工大会的多国工人代表指控缅甸违反C087,[7] 2011年出席国际劳工大会的多名代表指控巴林岛违反C111,[8] 2012年出席国际劳工大会的多名代表指控危地马拉违反C087,[9] 2013年出席国际劳工大会的多名代表指控斐济违反C087。[10] 从20世纪70年代以来,国际劳工大会的工人代表、雇主代表、政府代表常分别或联合提起的指控主要是针对某些国家实施结社自由公约(C087,C098)的情况。这些指控被提起后,转由结社自由委员会按照结社自由特殊程序处理。这一规定进一步拓展了经济和社会权利的国际救济程序的空间。[11]

因为越来越频繁地使用这一替代方式,1986年利比亚诉突尼斯案成为迄今最后一件典型的国家间指控案件。此后就没有国家再使用典型的国家间指控程序,即国家不再出面,而是由国际劳工大会的工人代表、雇主

〔1〕 ILO Doc. GB. 267/16/2, GB. 268/14/8, GB. 268/15/1, No. (ilolex):151998BUR029.

〔2〕 ILO Doc. GB. 271/18/5, GB. 272/7/1, GB. 273/15/1, GB. 275/8/2. 此案已被撤回并结案。

〔3〕 Report No. 314, March 1999, para. 129 (pages 154 - 243), Report No. 319, Nov. 1999, para. 202 (pages 698 ~ 777).

〔4〕 ILO Doc. GB. 298/7/2, No. (ilolex): 152007BLR087.

〔5〕 Report No. 336, March 2005, paras. 915 ~ 918, Report No. 338, Nov. 2005, paras. 1306 ~ 1312 (pages 1091 ~ 1138).

〔6〕 ILO Doc. GB. 307/5, Vol. XCIII, 2010, Series B, Special Supplement.

〔7〕 ILO Doc. GB. 316/INS/7.

〔8〕 ILO Doc. GB. 320/INS/15/1, March 2014.

〔9〕 ILO Doc. GB. 320/INS/9, March 2014.

〔10〕 ILO Doc. GB. 320/INS/11, March 2014.

〔11〕 国际劳工组织网站上有"根据第26条提起的指控和建立的调查委员会"链接,可以非常方便地检索上述所有案件。Complaints/Commissions of Inquiry (Art 26) http: //www. ilo. org/dyn/normlex/en/f? p = 1000: 50011: 4159635593901617:::: P50011 _DISPLAY _BY: 1,访问日期:2014年7月15日。

代表出面，缓解了国家之间的直接对抗。

（三）缅甸强迫劳动案

2000 年，在《强迫劳动公约》（C29）方面发生了首例依《国际劳工组织章程》第 33 条采取行动的案例。1996 年 25 个国家的工人代表就指控缅甸政府违反其所参加的《强迫劳动公约》（C29），[1]1998 年调查委员会的报告认定缅甸的强迫劳动“广泛存在而且系统化”，建议缅甸政府采取措施消除强迫劳动。[2]2000 年，国际劳工大会第八十八届年会要求缅甸“采取具体措施”实施 1998 年调查委员会作出的建议。[3]2000 年 11 月，国际劳工组织理事会对缅甸自大会之后所取得的进展表示不满，遂开始实施大会决议，要求国际组织和各国政府采取相当广泛的一系列措施，旨在迫使缅甸遵守其所参加的《强迫劳动公约》（C29）。[4]国际劳工组织的许多成员国对缅甸实行了贸易禁运的制裁措施。此后，国际劳工组织理事会、国际劳工大会不断敦促缅甸政府。2007 年国际劳工组织大会第九十六届会议继续审议缅甸政府遵守《强迫劳动公约》问题的进展，大会认为，缅甸仍然普遍存在强迫劳动的情况，缅甸政府到目前一直对国际劳工组织作出的停止强迫劳动的建议不加理睬。标准实施问题委员会对这种情况“深切关注”。2007 年 3 月在缅甸设立了一个由该组织监督的程序来接受强迫劳动受害者的投诉，该程序促成了一些官方调查并对实际涉案官员采取了行动。但是，委员会批评涉案官员受到的处罚太轻，这些官员通常只受到行政处分而没有受到刑事制裁。国际劳工组织也对这个程序在遏止强迫劳动方面能发挥的作用表示质疑。[5]

---

〔1〕 参见 ILO Doc. GB. 267/16/2.

〔2〕 参见 No.（ilolex）：151998BUR029.

〔3〕 参见 ILC，88th Session（Geneva，May－June 2000），Provision Record No. 8，Report of the ILO technical cooperation mission to Myanmar－Conclusions.

〔4〕 参见 ILO Doc. GB. 279/6/2.

〔5〕 参见 ILC，96th Session（Geneva，2007），Provision Record No. 22，Part 3，Observations and Information Concerning Particular Countries，Special sitting to examine developments concerning the question of the observance by the Government of Myanmar of the Forced Labour Convention，1930（No. 29）.

缅甸国内情况复杂，缅甸军政府对许多邦的控制力非常有限，因此要求缅甸政府对其国内的全部强迫劳动负责是不现实的，缅甸军政府也无法对此全部负责。但毫无疑问的是，缅甸军政府最起码应当对部分强迫劳动负责，而且缅甸军政府长期对国际劳工组织和国际社会的压力和呼吁不予理睬，在国内不采取有效措施对强迫劳动的受害者予以救济，纠正和制裁强迫劳动行为，即使迫于压力而采取一定的措施，也往往是敷衍塞责，重罪轻罚。面对这样的政府，从短期来讲，国际劳工组织根据国家间指控程序而采取的行动不能说毫无效果，但却是收效甚微；但长期来看，国际劳工组织的压力也是促成缅甸军政府民主转型的外力之一。

（四）小结

从上述程序及其实施情况来看，国际劳工组织的国家间指控程序的设计非常严密。因此，有的学者称这一指控程序是“国际劳工组织最正式的监督程序”。[1]原国际劳工局助理局长兼国际劳工局劳工标准顾问尼古拉·瓦尔蒂科斯自豪地认为：“除了监督方法在某些方面的改进和调整之外，这一复杂的监督制度随着时间而逐渐发展，对其价值已有了很多证明，已没有什么重大修改的余地”。[2]但是，其实践效果可能因被指控对象而异，对于那些比较尊重人权的国家，可能会产生较好的效果；而对于那些人权问题严重的国家，其效果则可能差强人意。上述缅甸强迫劳动指控案暴露了人权救济程序缺乏强制性的困境。

二、《欧洲人权公约》规定的国家间指控程序

（一）概述

由于欧洲人权法院位于斯特拉斯堡，因此欧洲理事会的司法性人权监督机制一般被称为斯特拉斯堡机制。人权侵犯的受害者诉诸欧洲人权法院的权利是逐步确立的，因为这曾经被欧洲大多数国家视为对其主权的过分干预。因此，1950年通过的《欧洲人权公约》中包含着无数的政治妥协。

---

〔1〕 刘有锦编译：《国际劳工法概要》，劳动人事出版社1985年版，第117页。

〔2〕 同上，第213页。

国家间指控程序是《欧洲人权公约》唯一具有强制力的程序，欧洲人权委员会（本部分以下简称“委员会”）是具体负责这一程序的人权机构，而欧洲理事会的最高政治机构部长委员会具有最后的决定权和执行权。欧洲人权法院的管辖权是任择性的，即缔约国可以通过附加的自愿声明承认其管辖权。引人瞩目的是一些国家特别是土耳其在很长一段时期内不承认欧洲人权法院的管辖权。

1998年11月1日生效的《〈欧洲人权公约〉第11号附加议定书》对斯特拉斯堡机制作出了迄今最为激进的修改。其基本内容包括两个方面，其一，个人申诉程序由任择性程序修改为强行性程序；其二，由全职专业法官组成的单一的、常设的欧洲人权法院取代了原来由兼职专家组成的委员会和欧洲人权法院。新法院的判决是终局判决，并具有强制执行力。这与原来有着原则性的区别。在旧有体制下，委员会的报告不具有法律效力，部长委员会具有最后的决定权和执行权，而后者作为一个政治机构，更容易受政治因素的制约，并不是当然会接受委员会的报告并采取强制措施的，事实也的确如此。

> 由（新欧洲人权）法院作出的终局的并有法律约束力的判决将可能更有分量，留给部长委员会在执行阶段的自由裁量权小于对委员会在其没有法律约束力的报告中提出的决定的自由裁量权。部长委员会履行其监督判决执行的职责的方式毫无疑问会继续反映在法院的权威上，无论起诉是由个人还是国家提起的。最后，《公约》集体执行制度的有效性和信誉将取决于所有缔约国的诚信合作。[1]

《欧洲人权公约》自1953年生效以来已经实施60年，根据统计，迄今有关国家共在13个案件中提交了21份指控书。这13个案件可以分为七种情形：

---

〔1〕 Sφren C. Prebensen, “Inter – state Complaints Under Treaty Provisions – The Experience Under the European Convention on Human Rights”, Vol. 20 (1999), No. 12 *Human rights Law Journal*, p. 455.

1. 希腊诉英国案（之一、之二）。案件之一，希腊于1956年5月7日提起176/56号指控，委员会于6月2日裁定予以受理，部长理事会于1959年4月20日通过第（59）12号决议，双方实现和解。案件之二，希腊于1957年7月17号提起299/57号指控，委员会于10月12日裁定予以受理，部长理事会于1959年12月14日通过第（59）32号决议，双方实现和解。这两个案件的背景是塞浦路斯摆脱英国殖民统治的独立斗争。希腊在这两个案件中指控英国殖民政府在塞浦路斯大量的人权侵犯行为，涉及一系列紧急状态法律法令，包括规定处以鞭刑和各种集体刑罚的法令，以及涉嫌酷刑的49件个人案件。案件以关于塞浦路斯独立的《苏黎世－伦敦协议》而解决。部长委员会注意到塞浦路斯问题的最终解决，认为不必采取进一步的行动。

2. 奥地利诉意大利案。奥地利于1960年7月11日提起第788/60号指控，委员会于1961年1月11日裁定予以受理，部长理事会于1963年10月23日通过第（63）DH3号决议。该案的背景是南蒂罗尔冲突，涉及指控意大利在Fundres/Pfunders村一起谋杀案中违反《公约》第6条和第14条。部长理事会赞同委员会在其报告（1963年3月30日）中的结论，即不存在违反公约的行为。

3. “希腊案”。包括丹麦、挪威、瑞典和荷兰诉希腊之一、之二。“希腊案”之一包括两次4项指控。四国于1967年9月提起第3321－23/67号指控，委员会于1968年1月24日裁定予以受理。之后，四国又联名于1968年3月提起3344/67号指控，委员会于1968年5月31日裁定予以受理。部长理事会先后于1970年4月15日、1974年11月26日通过第DH（70）1号、DH（70）2号决议。该案的背景是希腊军政府统治，指控希腊军政府系统的、大规模的人权侵犯。委员会于1969年11月18日通过的报告裁定希腊军政府违反了《公约》一些条款。在委员会讨论要求暂停希腊在欧洲理事会的资格决议草案时，希腊退出了该组织并声明退出《公约》。委员会第DH（70）1号决议判定希腊违反了《公约》一系列条款，但注意到希腊退出欧洲理事会并退出《公约》，认为已不存在采取进一步措施实施其决定的基础。“希腊案”之二，由四国于1970年4月10日提起第4448/70号指控，委员会于7月16日裁定予以受理，因相同指控中止程序，委员会于1976年10月14日报告中取消登记。

4. 爱尔兰诉英国案。1971年12月16日，爱尔兰提起第5310/71号指控，委员会于1972年10月1日裁定予以受理。1978年1月18日欧洲人权法院作出判决。[1]这是欧洲人权法院仅享有任择性管辖权期间审理的唯一国家间指控案件。该案件的背景是北爱尔兰冲突。法院判决支持了委员会（1976年1月报告）认定英国违反公约的裁定。爱尔兰于1972年3月提起了第二份指挥（no. 5451/72），因与前一指控重复，委员会于10月从来文清单中将其删除。

5. 塞浦路斯诉土耳其案之一、之二、之三、之四。这四个案件的背景都是土耳其对塞浦路斯的入侵。

案件之一、之二。塞浦路斯先后于1974年9月19日、1975年3月21日提起第6780/74号、6950/75号指控，委员会于1975年5月26日裁定两份指控予以受理，合并审查。这两个案件涉及土耳其1974年7月和8月在塞浦路斯北部的军事行动。委员会在其1976年7月10日报告中认定土耳其违反《公约》的一些条款。部长理事会在其1978年10月21日的决定中认定，塞浦路斯境内的这些事件已经构成违反《公约》，并敦促各方进行国际对话。鉴于继续对话失败，部长理事会于1979年1月20日作出了进一步的决定，即第DH（79）1号决议。

案件之三。塞浦路斯于1977年9月6日提起了第8007/77号指控，委员会于1978年7月10日裁定予以受理。塞浦路斯指控土耳其在委员会终止第一个案件的审查后继续违反《公约》。委员会于1983年10月4日的报告中认定希腊违反公约，部长理事会于1992年4月2日通过第DH（92）12号决议予以公布，但未能对案件作出决定。

---

〔1〕 Series a No. 25.

案件之四。该案仍是第一个案件的后续案件，也是新的欧洲人权法院审理的第一件国家间指控案件。塞浦路斯于1994年提起第25781/94号指控，委员会于1996年6月28日裁定予以受理，并于1999年6月4日通过其报告，并于9月11日决定移送新成立的单一的、常设的欧洲人权法院。2001年5月10日，欧洲人权法院作出判决。

6. “土耳其案”，即法国、挪威、丹麦、瑞典和荷兰诉土耳其案。此案的背景与上述案件相同。1982年7月6日，五国提起第9940－44/82号指控，委员会于1983年12月6日裁定予以受理。五国指控土耳其军政府在20世纪80年代早期大规模的严重的人权侵犯。在土耳其政府代表与委员会代表对话之后，各方和解，同意于1985年解决该案，委员会予以接受，并在1985年12月7日报告给部长理事会。

7. 丹麦诉土耳其案。1997年1月7日，丹麦向委员会提起第34382/97号指控，后委员会将其移送给新的欧洲人权法院，后者于1999年6月8日第一次会议上裁定予以受理。丹麦指控，一名丹麦公民1996年7月和8月在土耳其被监禁时遭到了虐待，并指控行政机关存在未经审判即行监禁的惯例。后双方实现了和解，2000年4月5日，法院判决将此案从目录中删除。

根据指控国与案件的利害关系，这些案件可以分为两类，缔约国为了本国或本国公民的利益而提起的国家间指控和公益之诉。后者

> 符合程序的初衷，由无利害关系的国家自愿发起，不存在任何双边利益，为了其他国家的人的人权，以及通过国家间指控、以共同的欧洲公共秩序的名义干预严重和系统侵犯人权的事件。20世纪60年代后期针对希腊军人独裁政府的两项指控和20世纪80年代早期针对土耳其军政府的一项指控就是如此。在所有这三个案例中，指控国都是斯堪的纳维亚国家丹麦、挪威和瑞典以及荷兰。众所周知，这些国家国内人权保护水平都相对较高，在外交和发展事

务中都采取拥护人权的政策。法国加入了对土耳其的指控。[1]

（二）《欧洲人权公约》国家间指控程序的初衷

根据《欧洲人权公约》序言第四段的规定，欧洲理事会的目的是在成员国之间实现更大的联合，而达致这一目的的手段之一就是保持和进一步实现人权和基本自由，因此可以认为，一国使用国家间指控程序不仅是为了落实自己的权利而行使采取行动的权力，而且是将一项涉嫌违反欧洲公共秩序的行为提交给委员会/人权法院处理，甚至可以讲，这一程序的初衷侧重于公益之诉。在其他方法无效的情况下，这一程序可能使纠纷通过外交途径予以解决，而且它还能成为《欧洲人权公约》规定的权利在所有成员国得到一致实施的集体保证。在奥地利诉意大利案中，委员会第一次阐明了这一特征。在引用了《公约》序言后，委员会指出：

> 《公约》各缔约国不打算承认相互之间负有双边的权利和义务，以追求它们各自国家的利益，而是认识到欧洲理事会在其《组织法》中所表达的目的和理想，打算建立自由民主欧洲的共同公共秩序，其目标在于保障它们共同的政治传统、理想、自由和法治遗产。[2]

在提及欧洲理事会共同的政治理想之后，委员会指出，根据第24条，

> 缔约各国已授权任何一个成员国向委员会提起任何涉嫌违反公约的行为，无论被指控的人权侵犯的受害人是不是指控国的公民，也无论被指控的人权侵犯是否特别影响到了指控国的利益；委员会认为，当本公约缔约国根据第24条向委员会提起一项涉嫌违反本

---

〔1〕［奥］曼弗雷德·诺瓦克：《国际人权制度导论》，柳华文译，孙世彦校，北京大学出版社2010年版，第167～168页。

〔2〕See *Digest of Strasbourg Case - Law Relating to the European Convention on Human Rights*, 328（P. Leuprecht and P. Van Dijk ed., 1984）.

> 《公约》的人权侵犯时，不应当认为它是在为了维护它自己的权利而行使行动的权利，毋宁是向委员会提起一件涉嫌危害欧洲公共秩序的违约行为。[1]

与个人申诉相比，国家间指控的可受理性的要求比较宽松，这进一步表明欧洲理事会将集体保证首先寄托于缔约国行动的初衷。《〈欧洲人权公约〉第11号附加议定书》对此没有丝毫改变。首先，根据原《公约》第25条（现第35条），委员会不能审查由个人提出的申诉，除非他/她声称自己是违反公约行为的一名“受害人”。因此，旨在解释《公约》或抽象地指控一项法律或惯例的公益之诉被排除在外，个人申诉必须指控法律或惯例的具体适用以违反《公约》的形式影响到了他/她。而这一限制不适用于国家间指控案件，因为缔约国可以将“任何涉嫌人权侵犯行为”提交给委员会（原第24条，现第33条）。因此，审查国家间指控的范围潜在地比个人申诉更宽。其次，根据原第26条（现第35条第1款），个人只有在用尽国内救济后，并自收到国内终局决定后6个月内提起申诉，该申诉才可以予以受理。按照判例法，如果是指控个人案件中的人权侵犯并代替受害人，这些要求同样适用于国家间指控。但是，它们并不同样适用于指控国指控一项惯例[2]的情形，并不要求提交每个案件的决定或判决作为该立法或惯例被适用的证据或

---

〔1〕 See *Digest of Strasbourg Case – Law Relating to the European Convention on Human Rights*, 328（P. Leuprecht and P. Van Dijk ed., 1984）.

〔2〕 行政惯例包括两项要素：行为的重复性和官方的容忍（土耳其案，DR 35, p. 163）欧洲人权法院认为，一项不符合《公约》的惯例由相同或相似的人权侵犯累积而成，这些人权侵犯数量巨大，并相互联系，而不仅仅是孤立的个案或例外，而是成为一种模式或制度；惯例不是脱离开这些人权侵犯而本身构成违反公约。国家当局上层应当，或至少有可能，不知道存在这样的惯例的情况，这种说法令人难以置信。根据《公约》，那些当局完全应当对其下属的行为承担责任，而不能以他们不知情为托词而逃避责任（Ireland v. UK, judgment of 18 January 1978, Series A no. 25 p. 64，§159）。

例证。[1]这一立场也同样适用于关于立法措施的指控。[2]再次，根据《公约》原第27条第2款（现第35条第3款）的规定，如果个人申诉不符合《公约》的规定或者无确凿根据，委员会应当裁定不予受理。在实践中，在可受理性阶段，委员会全面审查个人申诉的案情，包括交换书面观察报告，并经常在斯特拉斯堡举行口头听证。不仅那些不符合《公约》或明显无确凿根据的不予受理，而且那些只是无确确凿根据的申诉也不予受理。但是，这一规定不适用于国家间指控。在审查这类指控是否受理时，委员会甚至连案情初步审查都不做，也不要求指控国在这一阶段举出违反公约的初步证据，案情审查完全留待之后的阶段处理。最后，考虑到缔约国在"集体执行"制度中的伙伴责任，就可以理解指控国在该程序中享有的特权地位——只要存在表面上证据确凿的案件就可以提起指控。《欧洲人权委员会议事规则》第45条规定，所有国家间指控都由委员会自动送达被控国，由后者对可否受理予以答辩。与此相比较，只有当委员会裁定必要时，个人申诉书才会被送达被控国。根据新的欧洲人权法院《议事规则》第51条第1款、第54条第3款的规定，国家享有同样的地位。正因为如此，迄今向欧洲人权委员会和新的欧洲人权法院提起或移交的所有指控，无一例外被裁定予以受理，包括随后被裁定为不存在违反公约行为的奥地利诉意大利案也顺利通过了可受理性审查，而被裁定予以受理。

(三)《欧洲人权公约》的国家间指控程序的实际作用

1. 国家间指控的频率。国家间指控案件的可受理性要求比个人申诉宽松得多，其结果就是迄今21份国家间指控100%通过可受理性程序

---

〔1〕 Ireland v. UK（Ibid）. 行政惯例的存在同样可以免除个人申诉用尽国内救济的义务［例如，Akdivar and Others v. Turkey, judgment of 16 September 1996, Report of Judgment and Decision, 1996 - IV, P1210，§67 = 18 HRLJ209（1997）］。

〔2〕 在"土耳其案"（DR 35, pp. 162 ~ 163）中，委员会表示，这一规则在许多国家应被视为缺乏对立法的法律救济的后果。在爱尔兰诉英国案中，法院认为"人权侵犯"是由只有一项导致、指挥或授权不符合《公约》所保障的权利和自由的法律的事实导致的，如果它的措辞表达得非常清楚、准确，人权侵犯即立刻显而易见了（p. 91，§249）。

审查，而进入到了实体案情审查阶段。而登记的个人申诉只有不到10%通过可受理性程序审查，90%以上都被裁定为不予受理。即使如此，被寄予厚望的，作为首选的集体执行的强制性程序，其使用频率仍低得可怜。

而另一方面，越来越多的国家声明接受《公约》原第25条规定的个人申诉权。1953年《公约》生效时，声明接受者与未声明接受者的比例是3：7，到1960年变成了10：3，1970年是11：6，1980年是14：4，1990年则是22：0，1997年年底则是31：0。《〈欧洲人权公约〉第11号议定书》将个人申诉权由任择性的修改为强制性的，可谓水到渠成。到1999年12月31日，斯特拉斯堡机构已经登记了大约53 000件个人申诉，而国家间指控只有21份，13个案件，涉及7种情况。21世纪以来，欧洲人权法院面临的案件数量激增，并愈演愈烈，仅2008年一年就收到约5万件新的个人来文，超过以前各年的总和，法院压力巨大，案件积压严重。

2. 被指控的行为的性质。奥地利诉意大利和丹麦诉土耳其两案中，被指控的行为是针对单个个人的人权侵犯，其他案件指控的都是发生在紧急状态规则下以及军事紧张地区，民主政权不复存在或力量微弱，不能向受侵害的个人提供有效的国内或国际救济的地区涉嫌存在的大规模的严重的人权侵犯，国家间指控为此提供了一项重要工具，可以弥补个人申诉程序的不足。

3. 卷入其中的国家以及国家间指控的性质。在以往的21份国家间指控中，指控国共计23国次，其中奥地利、爱尔兰、法国和丹麦各一次，希腊、丹麦、挪威、瑞典、荷兰各2次，塞浦路斯4次。被指控国包括英国、意大利、希腊、土耳其四个国家，其中英国被指控3次，意大利1次，希腊5次，土耳其10次。

大部分案件所指控的是那些当时还没有承认个人申诉权的国家，因而只有通过国家间指控方能使有关国家对其违反公约的行为承担国际责任。在这些国家接受了个人申诉权后，其他缔约国对他们的指控也就很少了。[1]

从指控国与被指控国的力量对比来讲，除法国外，指控国均是小国，而被指控国都是大国。欧洲大国都倾向于避免卷入指控国一边。

根据指控国与被指控国的行为以及案件结果之间有无直接利害关系，可以分为两种不同性质的案件。

(1) 公益之诉，即以追求欧洲一般公共利益为主要目的而提起的案件。希腊案和土耳其案是这类案件的典型。

希腊案的背景是1967年4月希腊军事政变以及随后建立的军政府暂停《欧洲人权公约》的许多保障。该案是根据欧洲理事会谘商大会常务委员会于1967年6月23日通过的关于希腊局势的第346号决议而提起的。决议指出：

> 大会……
>
> 8. 收悉欧洲理事会秘书处接到希腊政府根据《欧洲人权公约》第15条做出的权利克减通知……
>
> 9. 相信，在这一重要而严重的局势下，《公约》各缔约国有义务根据《公约》第24条采取行动，否则，《公约》建立起来的人权集体保障机制将面临陷于毫无意义境地的危险。
>
> ……
>
> 11. 表示，希望《欧洲人权公约》各缔约国政府，单独地或联合地，根据《公约》第24条向欧洲人权委员会提起希腊案。

“应这一要求针对希腊提起指控代表着迈出了摆脱政治驱动下使用国家间指控程序的历史性一步”。[2]针对希腊政府的指控涉及其暂停希腊宪法某些条款违反了《公约》，而且希腊政府不能证明对《公约》第

---

〔1〕［美］托马斯·伯根索尔等：《国际人权法精要》（第4版），黎作恒译，法律出版社2010年版，第123页。

〔2〕 Scott Leckie, “The Inter-state Complaint Procedure in International Human Rights Law: Hopeful Prospects or Wishful Thinking?”, Vol 10 (1988), *Human Rights Quarterly*, p. 290.

15 条的克减是合理合法的。1968 年 1 月，委员会裁定这些指控予以受理。两个月后，斯堪的纳维亚国家于同年 3 月又提起新的指控，涉及对被监禁者的酷刑、不人道的或有辱人格的待遇。委员会在听取了这些国家的口头提交后宣布这些指控予以受理。

随后，委员会设立了一个小组委员会，负责接收各国的书面或口头意见书，并在委员会第五届会议上听取了 87 人的证人证言。经过小组委员会附加的 12 次会议的审议，委员会于 1969 年 10 月通过了一份报告。[1] 在此期间，当然尝试过由双方友好解决纠纷，但未能成功。因未能达成友好解决协议，委员会于 1969 年 11 月 18 日将报告转交给部长理事会。

委员会以绝对多数通过的报告特别裁定，不存在可以证明导致第 15 条规定的克减的威胁希腊生存的公共紧急状态，下列方面已经违反公约：暂停不受任意拘留的宪法保障，对被认为是威胁公共秩序和安全的人实行行政拘留（第 5 条）；军事法庭缺乏独立性，政府免职大量法官，对政治犯提出的酷刑或其他虐待的指控缺乏有效的救济（第 6 条）；警察在夜间实行逮捕（第 8 条）；通过书报审查禁止批评政府和左翼宣传（第 9、10 条及第 14 条）；禁止基于政治目的的会议，以他们是共产主义者或受共产主义者影响为由，解散数百个工会以及其他组织（第 11 条）；对政治犯的酷刑和虐待的申诉缺乏调查（第 13 条）；禁止政党（《第一议定书》第 3 条）；对因政治原因而遭逮捕者实行酷刑，并对针对这些待遇的实质性申诉缺乏有效调查（《公约》第 3 条）。

1969 年 12 月 12 日，部长委员会讨论要求暂停希腊在欧洲理事会的资格的决议草案。由于很清楚具有足够数量的国家支持通过这一决议，希腊宣布从该组织中退出，并退出《公约》。但是，这并不能阻止案件的审查。1970 年 4 月 15 日，部长委员会赞同委员会报告，决定希腊政府已经违反了《公约》第 3、5、6、8 ~ 11、13、14 条，以及《第一议

[1] XII Year Book Europe Committee on Human Rights.

定书》第3条。

希腊案之二涉及34名涉嫌颠覆活动的被告人的审判，其中一人可能被处决。该来文指控希腊政府侵犯了免受酷刑或不人道待遇的自由，以及由独立而公正的法庭审判的权利（《欧洲人权公约》第6条）。尽管希腊在几个月前已经正式宣布退出《公约》，但委员会还是宣布指控予以受理。然而，委员会决定，鉴于报告中描述的空前的特殊环境，它在该案中不能充分行使其职权。委员会决定将其决定通知部长委员会，并将关于该国的一份报告提交给部长委员会。后者于1971年4月审议了这一报告，并正式注意它，但未通过决议。

1974年希腊国内政局发生重大变化，军政府于7月垮台，经11月的议会选举和12月的公民投票，确立了民主共和政体，重新批准了《欧洲人权公约》。1975年，委员会决定邀请各国提供关于该国的信息。1976年，在首次审议该案后6年，委员会决定终止这些程序。

> 尽管针对希腊启用国家间指控促使它决定退出欧洲理事会和《欧洲人权公约》，但指控程序的实施显然利大于弊。通常与国家间指控形影相随的政治动机在希腊案中基本上消失得无影无踪。几年后希腊回归民主并且人权状况得到显著改善。尽管国家间指控程序的启用不是希腊政府最终更迭的唯一原因，但对希腊人权状况的深入公开的审查是重新民主化的必要催化剂，没有它就可能不会发生得这么快。当然，谘商大会决议的政治压力对解决该问题也发挥了一定作用。[1]

土耳其案。土耳其案的背景是1980年至1982年军政府统治。五个指控国控告被扣押者遭受大规模的系统的酷刑、不人道和有辱人格的待遇违反了《公约》第3条，指控军事法律规定的拘留和刑事程序违反

---

〔1〕 Scott Leckie, "The Inter - state Complaint Procedure in International Human Rights Law: Hopeful Prospects or Wishful Thinking?", Vol. 10 (1988), *Human Rights Quarterly*, p. 292.

《公约》第5、6条，指控对政党、工会和出版的限制违反了《公约》第9、11条。指控国还提及土耳其政府根据《公约》第5条的权利克减通知，提出无论土耳其在1980年9月12日之前是什么局势，威胁国家生存的公共紧急状态都不能持续到1982年7月1日。无论如何，立法、行政措施和惯例都涉嫌超出了状态的紧急性所要求的限度。此外，土耳其未能充分告知欧洲理事会秘书处采取了哪些措施，其理由是什么。土耳其政府反驳了这些指控。委员会裁定这些指控予以受理。1985年12月，当事各国通知委员会，他们已经达成友好解决。委员会认为该协议是建立在《公约》（第28条）规定的尊重人权的基础之上，故同意友好解决，签订了第一份这类性质的国家间指控的协议。协议包括预防酷刑和其他虐待的措施，逐步废除紧急规则以及保障人的权利和自由。

（2）以追求本国具体公共利益为目的而提起的案件。在大多数国家间指控案件中，指控国与受害人之间具有一定的密切关系。

奥地利诉意大利案。奥地利政府诉称，意大利违反了《公约》第6条。在一起涉及谋杀意大利泰罗利亚（Tyrolia）[1]海关官员的案件中的刑事诉讼程序中发生了一些违反法律的情形：6名陪审员中有4名是意大利族人，因此特别容易受意大利施压运动的影响；而被告人是一名Pfunders青年男子，不同于意大利多数公民的族裔和语言（即属于不同民族）。但委员会判定没有违反公约，部长委员会同意之。

塞浦路斯诉土耳其案（共四起）。1974年7月希腊军人政权在塞浦路斯策动政变，推翻马卡里奥斯政权。随后，土耳其以保护岛上土族居民为由，以“保护国”身份出兵塞岛。塞浦路斯土、希两族联合政权解体，塞浦路斯分裂为南北两部分，土族人控制北部38%的领土，希族人控制南部62%的领土。1975年2月，土族宣布建立“塞浦路斯土族邦”。[2]由此塞浦路斯南部形成得到国际社会承认的塞浦路斯共和国。塞浦路斯诉称，塞岛北部的土耳其占领军应对违反《公约》许多条款的

---

〔1〕 泰罗利亚是意大利的一个德语区。

〔2〕 1983年又宣布成立“北塞浦路斯土耳其共和国”。

行为负责。委员会在其1976年7月10日的报告（每一点都获得了13票中的11票支持，另外两票反对或弃权）中，尤其作出以下结论：存在违反《公约》第8条的行为。理由包括：第一，土耳其政府拒绝让170 000名希族塞浦路斯公民返回北部家园；第二，将希族塞浦路斯公民从其北部的家中驱逐出去并驱逐到南方；第三，使许多希族塞浦路斯人家庭流离失所。此外，数千名希族塞浦路斯公民被监禁在土耳其的几个希族塞浦路斯人民用和军人监禁中心，违反了《公约》第5条；土耳其士兵杀害了许多希族塞浦路斯平民，违反了《公约》第2条；土耳其军队对被囚禁者使用鞭刑和其他虐待，不给被囚禁者提供水、食物、医疗，以及虐待未被监禁的人，违反了《公约》第3条；在土耳其控制下的北部地区存在大量剥夺希族塞浦路斯人的财产的情况，违反了《第一议定书》第1条；违反公约第13条（缺乏有效救济）以及第14条（歧视希族塞浦路斯人）。部长委员会注意到委员会的报告以及土耳其政府的备忘录，判定发生在塞浦路斯的事件违反了《公约》，并邀请双方继续国际对话。

然而，在塞浦路斯诉土耳其案之三中，塞浦路斯指控土耳其违反了《公约》第5条和第8条，委员会作出了类似裁判，但部长委员会未能就此达成最终决定。

在塞浦路斯诉土耳其案之四中，委员会全体一致认为，关于希腊族塞浦路斯人失踪，不存在违反《公约》第4条或第5条的情形（事实上的监禁）；因缺乏有效调查，违反了《公约》第2条；在失踪人员家属方面持续违反《公约》第3条。至于与无家可归者住房、财产相关的事件，存在持续违反《公约》第8条和《第一议定书》第1条的情形；因不对这些违反公约的行为提供有效救济而违反了《公约》第13条。关于生活在塞浦路斯北部的希族塞浦路斯人的生活条件，不违反《公约》第2条或第5条，也不违反第11条，但违反第9条和第10条中的一条。它还进一步裁定，存在持续违反《第一议定书》第1条的情形，存在违反《第一议定书》第2条和《公约》第8条的情形。此外，歧视性对待

Karpas 地区的希族塞浦路斯人，违反了《公约》第 3 条，不有效补救已存在的违反公约行为违反了《公约》第 13 条。另一方面，委员会裁定，就无家可归的希族塞浦路斯人举行自由选举的权利或者与土族塞浦路斯人共同举行自由选举的权利被剥夺的指控，不存在违反《第一议定书》第 3 条的情形。

爱尔兰诉英国。指控国的指控集中在被指控国在北爱尔兰的未决囚犯的待遇以及未经审判剥夺自由问题上。欧洲人权法院认为，因被指控国未予反驳，根据《公约》第 3 条的含义，所谓的审讯“五项技术”的惯例构成不人道和有辱人格的待遇，但不构成酷刑（16∶1 通过）。它还一致判决，在 1971 年相当长的一段时间内，北爱尔兰皇家警察部队对大量被羁押的未决囚犯犯下的多种暴行构成不人道的待遇，违反了《公约》第 3 条。另一方面，考虑到《公约》第 15 条第 1 款规定的权利克减的条件，法院判决被指控的法外监禁不违反《公约》第 5 条，因为北爱尔兰存在“威胁国家生存”的“公共紧急状态”，而且权利克减未超出“紧急状态所严格要求”的限度，符合权利克减的要求。

4. 国家间指控的影响。一件个人申诉案件，从个人向委员会提起一件被受理的来文到欧洲人权法院或部长委员会作出最终判决，一般需要耗时 4 年，但最终判决一经作出，被指控国通常都会向受害人支付赔偿金，甚至经常准备修改其法律和行政、司法惯例。在 2/3 的被法院判决违反公约的案件中，判决生效后一年后，被告国要么终止原程序要么服从判决，都迅速地采取了这些一般措施。[1] 总体来讲，个人申诉程序被证明是相当有效的。而国家间指控的影响因案而异。

尽管欧洲人权法院注意到被指控国在某些方面存在不合作的态度，但总体来讲，爱尔兰诉英国案是唯一取得令人满意的效果的案件。在法院判决所谓的审讯“五项技术”违反公约第 3 条之前，它们就被明确放弃了。而在其他案件中，影响就没有如此积极，甚至较难评估。

---

〔1〕 这是 Scott Leckie 先生根据欧洲人权法院 1959～1998 年 40 年间公开数据所做的粗略估算。

希腊案的进程在某种程度上较为复杂，因为欧洲理事会谘商大会同时实施了另外一项政治进程，即上述第 346 号决议还要求任命一名报告员，向大会报告希腊局势，以便根据《欧洲理事会规约》采取任何必要措施。在其第 547 号建议书中，大会声明希腊政府严重违反《规约》第 3 条规定的成员国应具备的条件，并建议部长委员会考虑到《规约》第 3、7、8 条的规定，作出结论，提请希腊政府注意并采取行动。如前所述，1969 年 12 月 12 日，部长委员会讨论了要求暂停希腊在欧洲理事会的成员国资格的决议草案，鉴于决议肯定会获得多数赞同而通过，希腊政府宣布退出该组织以及《公约》。1970 年 4 月 15 日，部长委员会赞同委员会的报告，判定希腊违反了《公约》多项条款，并认为缺乏进一步采取措施实施其决定的基础。

部长委员会处理希腊问题的方式遭到了委员会成员并随后担任主席（1967 ~ 1972 年）的马克斯·索伦森（Max Sϕrensen）的批评。[1]他指出，1969 年 12 月 12 日，当部长委员会考虑暂停希腊的资格时，并未将委员会的报告列入其日程，而该报告已于一个月之前连同委员会根据《公约》第 31 条第 1 款所作提案提交给了前者。希腊的退出使得这一建议的实施落空。这一提案的主要目的是要求希腊政府向部长委员会做出一项承诺，它将根据一个具体的时间表恢复民主自由，更加严格地控制其使用安全警察的方式，关闭一些集中营，赔偿酷刑受害者，惩罚责任人。他强调，部长委员会能够监督该计划的实现，如果该计划不能得到实施，委员会保留实施制裁的权力。通常来讲，非常难以精确地确定确保国际强制措施有效的必备条件，但在该案中，具备特别有利的条件，应当铭记希腊与欧洲共同市场的关系以及希腊对美国军事力量的依赖。他还质疑希腊军政府的随后日益变本加厉可以作为政府委员会无能为力的证据。如果压力是有效的，并且施压者技术高超，完全可以产生迥然

---

〔1〕 Max Sϕrensen, “Lost Opportunity-When Human Rights Were Sacrificed”，该文首先于 1970 年 1 月 5 日发表在丹麦报纸 *Politiken* 上，谘商大会又以将该文英文版收入到 AS/Inf.（70）10（Strasbourg：Council of Europe, 26 January 1970）.

不同的良好的反应。在他看来，欧洲理事会的希腊案的结果是悲剧性的，不仅对于欧洲人权机制如此，而且对于其他以欧洲人权机制为小规模试验计划的以国家间指控为基础的其他国际人权制度也是如此。因此，索伦森不能明白，后者怎样能够成为世界其他地方解决人权问题的一个模式，而不是作为一个无论指控的主题是什么都毫无意义的方法？他补充到：

> 人权国际保护要想取得成功，就必须是一个长期的战略任务。根据政治机会主义和一时冲动而就事论事的操练是远远不够的。这是一次独一无二的局势，向所有认真对待其重大责任的人提出了严峻挑战，斯堪的纳维亚国家指导下的欧洲理事会部长委员会错失了将理念付诸成功实践的一个机会。

部长理事会在面对塞浦路斯诉土耳其案时作出决议时，政治考量甚至占了上风。在指控国看来，很难说它们的结果对局势产生了什么影响，部长委员会的各项决定的措辞足以说明这一点。在第一个和第二个案件（塞浦路斯诉土耳其——Application 6780/74 和 Application 6950/75）中，部长理事会审议了委员会 1976 年 7 月 10 日报告，于 1977 年 10 月 21 日判定审议中的在（北）塞浦路斯发生的事件构成违反公约。它要求采取措施，结束可能继续发生的这些违反公约的行为，要求双方重启国际对话。“就此而言，可能有人会说委员会试图根据《公约》第 32 条发挥其作用。然而当后来面对实施困难时，委员会采取的立场可以被视为放弃职守。”[1] 1979 年 1 月 20 日，部长委员会遗憾地考虑到双方没有接受其要求，重申其立场，即持久保护塞浦路斯的人权只能通过两个民族重建和平与信任而实现，民族间对话仍是达成纠纷解决的合适框架。部长委员会决定呼吁各方在联合国秘书长的主持下重启对话，并

---

〔1〕 Sϕren C. Prebensen, “Inter - state Complaints Under Treaty Provisions - The Experience Under the European Convention on Human Rights”, Vol. 20 (1999), No. 12 *Human Rights Law Journal*, pp. 452 ~453.

认为该决定已经完成了其对案件的审查。此外，它还表示将在 1979 年 8 月 31 日公开案件材料。

在上述三个后续案件中，塞浦路斯指控道，自 1976 年 7 月委员会终止其第一个案件的调查后，土耳其继续实施许多违反公约条款的行为。委员会基本赞同指控国的观点，将其 1983 年 10 月 4 日报告提交给部长委员会。但是，后者因未能达到规定的 2/3 多数赞成票，未通过关于该案的决定，但决定在 1992 年 4 月 2 日（几乎 10 年以后）公布委员会报告，同时表示这一决定完成了它对该案的审查。

土耳其案的友好解决就更难以评价。但这一协议当时即遭到广泛的批评。

> 首先，协议的性质和范围强烈地表明指控国希望撤销该案件。协议中没有指出涉嫌违反第 5 条和第 6 条的人权侵害得到了补救或认真解决。其次，协议几乎没有考虑酷刑指控，没有包含任何对酷刑指控的独立检查，对责任人的追究，或者对受害人的康复治疗和赔偿。再次，关于克减问题，协议指出，“特别注意到土耳其首相于 1985 年 4 月 4 日发表的声明：‘我希望剩余省份能够在 18 个月内将它废除’。”考虑到土耳其过去援引第 15 条的做法（1970 年到 1982 年间将近有 7 年），人们怀疑指控国为什么会接受协议的这一部分。最后，尽管土耳其政府有义务经由欧洲理事会秘书处向委员会提交四份报告，阐明其采取了哪些措施保障在国内法律和实践中有效遵守《欧洲人权公约》，但每份报告都是严格保密的，因此，剥夺了公众和非政府组织审查这一指控的基础。[1]

不仅协议本身难以评价，其后果也同样难以评价。对土耳其案的审议并达成友好解决，促进了土耳其的民主转型，也使其更接近欧洲理事

---

〔1〕 Scott Leckie, “The Inter - state Complaint Procedure in International Human Rights Law: Hopeful Prospects or Wishful Thinking?”, Vol. 10 (1988), *Human Rights Quarterly*, p. 293.

会的人权制度，并最终承认欧洲人权法院的管辖权以及个人申诉程序。但上述友好解决中的严重缺陷，也在一定程度上纵容了土耳其政府的恶行，并留下隐患。

> 法院在近年来由个人申诉案件认定的土耳其安全部队犯下的大量人权侵犯（特别是针对该国东南部的库尔德人）已经清楚地说明土耳其的人权状况仍然是远非完美。虽然人权非政府组织多年来一直要求国际社会更为严厉地对待土耳其政府，但是没有一个国家像对待希腊那样，支持开除土耳其。[1]

（四）公益之诉的指控国提起指控的动因以及各种考量——以荷兰为例

如上所述，在希腊案和土耳其案中，斯堪的纳维亚三国与荷兰都作为联名指控国积极参与其中。为什么是总是它们？是什么力量在驱动着它们？它们是如何在人权集体保障与本国政治经济利益之间进行权衡的？从内在的视角解答这些问题可能有助于更深入地研究作为公益之诉的国家间指控，但这方面的材料非常难以获取。斯科特·莱基先生就此于1987年3月25日和5月14日专访了土耳其案时任荷兰外交部部长的马克斯·冯·斯德勒（Max von Stoel）以及另一名要求隐名的荷兰高级外交官，并据此在其论文中对荷兰参与两案特别是土耳其案进行了分析。[2]鉴于这部分内容的真实性、稀缺性和透彻性，本书敬录如下：

> 如上所述，政治考量和污名如影随形地伴随着所有制度中的国家间指控程序，通常导致国家不愿意使用这一机制。然而，在这两个案件中，荷兰政府决定直接参与并和其他少数几个国家启动进程。单独从荷兰的角度分析荷兰是如何参与这些案件，在什么程度

〔1〕［奥］曼弗雷德·诺瓦克：《国际人权制度导论》，柳华文译，孙世彦校，北京大学出版社2010年版，第169页。

〔2〕 Scott Leckie, "The Inter - state Complaint Procedure in International Human Rights Law: Hopeful Prospects or Wishful Thinking?", Vol. 10 (1988), *Human Rights Quarterly*, pp. 293 ~ 297.

上，以及它在未来再次使用国家间指控程序的可能性，将是非常有益的。

两个案件中提起国家间指控的政治意愿都受到了荷兰议会二院的动议的鼓励，后者包含着可能使用国家间指控的提示。1967 年 5 月在一次议会辩论中就希腊案作出了一个动议，1982 年 1 月以同样的方式就土耳其案作出了一个动议。第一次时，有相当多的议员反对这一动议，特别是首相约瑟夫·朗斯（Joseph Luns）。但是，在议会的压力下，朗斯被迫接受这种行为。在土耳其案中，议会一致同意并迅速接受了动议。负责启动这两个案件的时任外交部部长的斯德勒说："国家间指控似乎是一个合乎逻辑的步骤，旨在引起并吸引对局势的关注。"

在两个案件中，从最初考虑提起指控的动议到实际提起指控期间，政府一直在收集信息，制定预案，并讨论与其他指控国的关系。当五个指控国提起一份诉土耳其的联合指控时，（荷兰政府）曾花费了几次会议的时间讨论起草一份集体的全面的指控。甚至在这一阶段，一部分政治家们和律师仍然犹豫不决，政治家们担心程序将旷日持久，而律师们则担心枪打出头鸟。尽管如此，荷兰政府最终还是决定带头提起指控。

在土耳其案早期阶段，参与这一进程的各国与土耳其当局保持正式联系，强调指控不应被视为敌意行为，而应被视为旨在恢复欧洲理事会各国的政治秩序和稳定的创举。或许这就是指控以友好解决而结束并且解决协议如此富于争议的原因。尽管如此，这一做法似乎降低了通常与使用国家间指控如影随形的政治寓意。

如果五国不集体行动提起指控，似乎就不会有任何指控被提起。之所以得出这一结论，是因为范德·斯德勒（Van der Stoel）声称："仅仅因为政治原因，一国难以单独做这件事（国家间指控），因为你会承受土耳其当局的全部狂轰乱炸……没有任何一个政府喜欢独自一个去做这件事。"范德·斯德勒还坚信如果荷兰在这两个案件中独自行事，它们将会被贴上反希腊和反土耳其的标签。他们将被迫辩诬并使自己免受对方报复的伤害。荷兰未来似乎只有确信其他国家会联合行动时才会使用国家间指控。当然，这一方针是现实的，并符合政府现在的看法，但它也意味着荷兰可能也不会为了自己的利益而单独使用国家间指控。对荷兰的看法的研究还可以推断出集体指控更有可能成功实现其目的。

除这些考虑外，荷兰政府还不得不面临由来已久的保护自己的利益与首倡保护他国的人权之间的冲突。范德·斯德勒，荷兰最有经验的政治家之一，在谈到使用国家间指控时说："原则上我必须说，相当多政府，当然不是所有的政府，不愿意在斯特拉斯堡或日内瓦提起人权事项，因为他们害怕这会损害他们的出口利益，这的确难以证明，并且你找不到实质性证据。如果政府不考虑这一点，相关出口商就会大吵大闹。这导致商务部常常向外交部敲警钟。"

荷兰是否会指控一个强大的贸易伙伴呢？荷兰政府在作出这一决定时，经济考量发挥多大作用呢？外交部做出了四点回答。

前外交部部长说，首先，"有时这些侵犯人权者总是以经济对策相威胁，但有许多讹诈成分……"换言之，许多威胁都是雷声大雨点小，因为被指控国自己的经济利益使它不能将其付诸实施。其次，"可能因当局的愤怒而出现出口订单被取消并导致经济受损。但如果一国真的想认真追求人权，政府不应因此而罢手。"再次，"在有些案件中，如果你采取长期方针，原则上它根本不会伤害经济利益。"最后，"有人指责我不考虑经济利益，但是这一积极方针已经在许多情况下提升了荷兰的名声，因此收益已经抵消了损失。"如果这一结论是正确的，就意味着一国采取积极的人权政策将会导致各国相应的视国家间指控为单纯政治性行为的观点呈下降趋势。

被采访者的基本共识似乎是，只有当外交步骤没有成效并且未来也不可能成功的情况下，才应诉诸国家间指控程序。还有一个共识，即应采取措施限制实施这一程序的时间长度，促使各国更接受它并更及时地考虑采用它。另一方面，几乎没有证据表明，人们对何时是采取国家间指控保护一国人权的合适时机达成一致意见。有的支持更加频繁地使用指控，而其他人则暗示使用指控几乎具有内在的破坏性。总的来说，只有当已经首先尝试了其他方法（而无效），并且政治经济条件方面时机合适，如果它打算使用国家间指控的话，它似乎将会在欧洲与其他国家一道根据《欧洲人权公约》而非联合国的文件来做这件事。尽管还可以对荷兰的观点做进一步分析，本文最后引用范德·斯德勒的一段话作为结语，概括那些荷兰政府中在人权问题上发挥重大作用并要求在尊重人权方面采取强硬外交政策的人士目前的观点。他说：

"有几种措施可供你使用，并且这一方法用起来可能非常顺手。即使案件达成了并不那么令人满意的友好解决，它也只是鸣枪示警。接到指控的国家将会感到'现在我们真的面临声名狼藉的危险'，绝大多数国家仍不喜欢被曝光并得到坏名声。因此在这一限度内，一些国家使用了它，这一事实表明它能产生一些效果或潜在地产生一些效果。无论如何，必须试一试。我们没有太多办法可用，一旦人权遭受侵害，需要进行讨论怎么办，我只能乐见它就在那里，并且如达摩克利斯之剑悬在那些可能打算与一大群罪人同流合污的政府头上。尽管不能完全否认这一程序可能被用作一件政治武器，但我们不能没有它，因为我们可能不得不为了一个美好的目的而使用它。"

三、小结

综上所述，国家间指控程序往往具有较强烈的政治色彩，并因此而被污名化。此外，国家间指控程序还有一些其他替代性程序或途径，因此多数尚未被使用过，或使用频率很低，即使使用，其实际效果也往往不尽如人意而受到广泛的批评。国家间指控程序的实施及其效果与当初的人权集体保障的预想有很大的差距。但几十年的实践也反映出一些积极因素。在已有的案件中，虽然不乏政治目的的驱动，但所有指控都是具有一定的事实和法律依据的，并非完全政治化的胡搅蛮缠。特别是紧急情形下发生大规模的、系统的、严重的人权侵犯后，外交努力归于无效，个人难以提起申诉或个人申诉不足以全面解决严重的人权危机时，奉行积极人权外交政策的缔约国提起国家间指控能够较好地发挥作用。此外，国际劳工组织和欧洲理事会国家间指控程序的使用频率相对较高，而联合国五项核心人权公约规定的国家间指控程序尚无一例实践，似乎表明联合国专门机构和区域性人权机构的国家间指控程序相对更受青睐一些。因此，我们应始终铭记，国家间指控程序并非屠龙之术，而是人权国际保护武器库中的一件没有得到认真对待的重型武器，当其未被使用之时，它应当对潜在的人权侵犯着具有强大的威慑力，当其被使用时，具有个人申诉不可比拟的便利性和强大的警示力和威力。这也许就是《经济、社会和文化权利国际公约任择议定书》将国家间指控程序纳入其中的原因。

第三节　《任择议定书》规定的国家间来文程序

一、将国家间来文程序纳入《任择议定书》的过程分析

提议制定《任择议定书》之初其目标非常明确，就是规定个人来文程序，因此在经济、社会和文化权利委员会起草的《任择议定书》(1997 年) 草案中并没有规定国家间指控程序。[1]

工作组第三届会议上，工作组主席兼首席报告员提出讨论国家间来文程序。无人就这一项目发言。[2]但在工作组主席兼首席报告员起草的提交工作组第四届会议讨论的《任择议定书》草案第 9 条中还是规定了国家间指控程序，并规定该程序为《任择议定书》的任择性程序，这不同于《任择议定书》规定的个人来文程序，后者是强行性程序。工作组

---

〔1〕 E/CN. 4/1997/105，《经济、社会和文化权利国际公约》任择议定书草案。

〔2〕 E/CN. 4/2006/47，卡塔丽娜·德阿尔布克尔克：《审议关于拟定〈经济、社会和文化权利国际公约〉任择议定书备选方案的不限成员名额工作组第三届会议报告》，第 76 段。

主席兼首席报告员的解释是，虽然工作组尚待讨论是否列入国家间程序的问题，而且由于联合国其他人权公约规定的国家间指控程序还从未被使用过，这一问题迄今没有得到太多注意，但由于在工作组讨论过程中提及了国家间指控程序这种可选办法，本草案第9条采用《公民权利和政治权利国际公约》第41条和《保护所有迁徙工人及其家庭成员权利国际公约》第76条并参考《禁止酷刑公约》第20条的文字。〔1〕

工作组第四届会议对《任择议定书》草案第9条进行了并不热烈的讨论。中国、厄瓜多尔、埃塞俄比亚、日本、挪威和英国建议删除第9条。埃塞俄比亚和挪威指出，尽管其他文书包括了这一程序，却从未使用过。埃及、法国、墨西哥、荷兰、葡萄牙、南非、西班牙和非政府组织联盟赞成草拟的第9条，它们指出，事实证明这一程序在区域人权体系中是有用的。澳大利亚和委内瑞拉玻利瓦尔共和国就这一问题保留其立场，而埃及和葡萄牙认为程序应当是任择性的。埃塞俄比亚和法国请求解释第1款（c）项中“用尽国内补救办法”的概念。澳大利亚、布基纳法索和日本指出有必要进一步讨论。埃塞俄比亚指出，这类程序对发展中国家费用很高。〔2〕

工作组第五届会议第一阶段对第9条的讨论仍基本限于支持和反对的表态，缺乏技术性讨论。当然建议删除第9条的反对方态度有所缓和，他们强调，如果予以保留，就必须确保案文与议定书其他部分相一致。波兰强调委员会根据本程序提交的报告的无约束力性质。〔3〕而第二阶段没有进一步讨论第9条。

总之，工作组主席兼首席报告员提出的草案第9条未作任何修改就成为提交人权理事会的《任择议定书》草案第10条，后人权理事会和

---

〔1〕 A/HRC/6/WG.4/2，主席兼报告员卡塔丽娜·德阿尔布克尔克编写：《经济、社会和文化权利国际公约》任择议定书草案，附件二《解释性备忘录》。

〔2〕 A/HRC/6/8，审议关于拟定《经济、社会和文化权利国际公约》任择议定书备选方案的不限成员名额工作组第四届会议报告，第109、110段。

〔3〕 A/HRC/8/7，拟订《经济、社会和文化权利国际公约》任择议定书问题不限成员名额工作组第五届会议报告，第94、95段。

联合国大会也未作任何修改就通过了。

二、《任择议定书》缔约国声明接受国家间来文程序的情况分析

《任择议定书》第10条第1款规定："本议定书缔约国可以在任何时候根据本条作出声明，承认委员会有权接受和审议涉及一缔约国声称另一缔约国未履行《公约》所规定义务的来文。根据本条规定提交来文的缔约国须已声明本国承认委员会有此权限，委员会方可接受和审议此种来文。来文涉及尚未作出这种声明的缔约国的，委员会不得予以接受。"因此，国家间来文程序为任择性程序。

截至2015年5月1日，《任择议定书》的20个缔约国中，只有比利时、萨尔瓦多、芬兰和葡萄牙四国在批准《任择议定书》时，声明承认委员会有权接受和审议涉及一缔约国声称另一缔约国未履行《公约》所规定义务的来文，[1]仅占缔约国1/5。也就是说，4/5的国家都未声明接受委员会对国家间来文的管辖权。这一结果并不出乎人们的预料，工作组第三、四和五届会议上多数国对这一问题的消极态度已经预示了这样冷清的结果。在这四个国家中，比利时、萨尔瓦多和芬兰迄今尚未卷入过任何国家间指控案件。葡萄牙曾经两次卷入国际劳工组织国家间指控案件，即加纳诉葡萄牙案（1961年）和葡萄牙诉利比里亚案（1962年）。这两个案件是国际劳工组织依国家间指控程序处理的头两个案件，对于国际劳工组织具有重要意义。葡萄牙在第一个案件中是被指控国，在第二个案件中是指控国，也就是说，葡萄牙在国家间指控案件中既当过指控国，又当过被指控国，在国家间指控程序的事件中可谓经历完整。

在加纳诉葡萄牙案（1961年）中，加纳在该案中指控葡萄牙在其当时的非洲殖民地莫桑比克、安哥拉和几内亚违反了国际劳工组织第105号公约《关于废止强迫劳动公约》。因为这是国际劳工组织处理的

---

〔1〕 https://treaties.un.org/Pages/ViewDetails.aspx?src=TREATY&mtdsg_no=IV-3-a&chapter=4&lang=en. Declarations made under articles 10 and 11，访问日期：2014年7月15日。

第一件国家间指控案件，该案在程序方面建立了几项先例，特别是关于调查委员会的任命与程序。并且，该案中采取的程序是国际劳工组织六个典型国家间指控案件中最全面地使用了各种手段的一个案件。

在葡萄牙诉利比里亚案（1962 年）中，葡萄牙指控利比里亚违反国际劳工组织第 29 号公约《强迫劳动公约》（1939 年）。国际劳工组织在该案中建立了调查委员会，其职能与第一个案件几乎完全相同，但没有对所涉事项进行实地调查。

可能出现这样一种情况：被指控国在收到根据本条第 1 款的指控后，撤回其声明从而停止该程序，为了避免出现这种情况，《任择议定书》第 10 条第 2 款规定："但撤回不得妨碍对业已根据本条发出的来文所涉任何事项的审议"。但撤回声明意味着该国不再承认委员会对新的国家间指控案件的管辖权，因此《任择议定书》第 10 条第 2 款还规定："在秘书长收到撤回声明的通知后，除非有关缔约国作出新的声明，否则不得再接受任何缔约国根据本条提交的其他来文。"

三、《任择议定书》中国家间来文程序的内容分析

（一）初步程序

在向经济、社会和文化权利委员会提交一项国家间来文之前，指控国应当首先与被指控国进行有效沟通，立足于通过双方协商、谈判自行解决，与此同时，当然也可以将此事通知委员会。因此《任择议定书》第 10 条第 1 款第 1 项规定：

> 本议定书一缔约国如果认为另一缔约国未履行《公约》规定的义务，可以用书面函件提请该缔约国注意此事，也可以将此事通知委员会。收函国在收到函件后 3 个月内，应当以书面形式向发函国作出解释或其他陈述，澄清此事，其中应当尽可能和具体地提及已经对此事，即将对此事或可以对此事采取的国内程序和补救办法。

正如本章开篇所指出，国家间指控程序实际上是一种斡旋和调解程序，通常包括几个不同的阶段。……究竟运用到哪一阶段，根据具体情况来决定。因此，如果双方能够自行解决，当然就无须进入委员会审议

阶段了。

（二）委员会的审议程序

1. 提交委员会的来文。如果在收函国收到最初函件后6个月内，有关事项尚未达成有关缔约国双方满意的解决，任何一方均有权以通知委员会和另一方的方式将此事提交委员会。[1]由此，案件进入委员会审议阶段。

上述通知应载有或附有以下资料：①为依照《任择议定书》第10条第1款第1项和第2项寻求解决问题而采取的步骤，包括所涉缔约国提出的最初来文的案文，以及随后提出的与问题有关的书面解释或陈述的案文；②为用尽国内补救办法而采取的步骤；③所涉缔约国采用的任何其他国际调查或解决程序。秘书长应保存委员会依照《任择议定书》第10条收到的所有来文的记录，并立即通告委员会委员，尽快向他们转交通知及有关资料的复制件。[2]

2. 委员会对国家间来文的可受理性的程序性审查。与个人来文可受理性的繁苛条件相比，《任择议定书》对国家间来文的可受理性条件的规定非常简单。“对于提交委员会的事项，委员会只有在确定已经就该事援用并用尽一切可用的国内补救办法后，方可予以处理。如果补救办法的应用被不合理地拖延，本规则不予适用。”[3]综合第10条的规定，一项国家间来文只要具备三个条件，就应当予以受理：第一，双方当事国都是《任择议定书》的缔约国，并声明接受委员会对国家间指控案件的管辖权；第二，被指控国收到最初函件后6个月内，有关事项尚未达成有关缔约国双方满意的解决；第三，用尽国内救济办法。

6个月的时限是一个最短期间，但《任择议定书》并未规定最长时限，这是考虑到初步程序的需要而作出的规定。如果规定了最长期间，就可能会产生不利于双方的协商后果，因为双方的协商可能持续数年之

[1]《任择议定书》第10条第1款第2项。
[2]《临时议事规则》第37条第2款、第38条和第39条。
[3]《任择议定书》第10条第1款第3项。

久，如能解决，则不必再向委员会提起国家间指控。

用尽国内补救办法是一项公认的国际法原则，既适用于个人来文程序，也适用于国家间来文程序，但国家间来文程序适用这一要求时较为宽松。首先，《任择议定书》第 3 条第 2 款规定，个人来文“未在用尽国内补救办法后一年之内提交”，委员会应当宣布为不可受理，“但来文人能证明在此时限内无法提交来文的情况除外”。也就是说，个人来文必须在用尽国内补救办法后一年内提交，但国家间来文的提起只要求用尽国内补救办法，而未要求用尽国内补救办法后多长时间，即只要用尽了国内补救办法，任何时间都可提起国家间指控，没有期限限制。其次，如本章第二节所述，尽管《欧洲人权公约》原第 26 条（现第 35 条第 1 款）规定，无论个人来文还是国家间来文，只有用尽国内救济后，并自收到国内终局决定后 6 个月内提起申诉，该申诉才可以予以受理。但按照判例法，如果是国家指控个人案件中的人权侵犯并代替受害人，这些要求同样适用于国家间指控。但是，它们并不适用于指控国指控一项惯例的情形，并不要求提交每个案件的决定或判决作为该立法或惯例被适用的证据或例证。这一立场也同样适用于关于立法措施的指控。因为联合国其他四项人权公约规定的国家间指控程序迄今尚无任何实践，我们很难预测经济、社会和文化权利委员会未来处理国家间来文程序时会如何解释用尽国内救济办法，但欧洲人权委员会的判例法显然具有重要的参考价值。

曼弗雷德·诺瓦克在论述《公民权利和政治权利国际公约》的国家间指控程序时也持相似的观点，他认为：

> 用尽国内补救只构成可受理性的基本条件，而且，对国家间来文的适用没有对个人来文的适用那么严格，尤其是，在该款的最后提到的例外不仅涉及补救被无理拖延的情况，还涉及补救没有成功的希望或者无效的情况。而且，根据国际法的一般原则，被申诉违反《公约》的国家还可以不必使用用尽国内补救的辩护理由。最后，这种可受理性方面的要求与所有“抽象”的国家间来文无关。

如果申诉国所声称之对《公约》的违反乃是由于有关国家的法律与条约义务相冲突或者是因为该国的一般行政行为，此时申诉国就不需要证明个人已诉诸补救措施。[1]

3. 审议、斡旋与友好解决。委员会在审议有关事项时，有关缔约国有权派代表出席并提出口头和（或）书面意见。[2]委员会应通过秘书长，尽早将审议有关事项的会议的开幕日期、会期和地点通知所涉缔约国。以口头和/或书面形式提供资料的程序应由委员会在与所涉缔约国协商后决定。[3]委员会可通过秘书长请所涉缔约国或其中一方提交口头或书面的补充资料或意见。委员会应为此种书面资料或意见的提交规定期限。[4]

国际人权机构在国家间来文程序中的主要职能是通过提供自己的斡旋，以期对相关事项达成一种友好解决。绝大多数国家间指控程序都把“友好解决”作为其重要目标。《任择议定书》也不例外，其第 10 条第 1 款第 4 项规定：“在不违反本款第 3 项规定的情况下，委员会应当向有关缔约国提供斡旋，以期在尊重《公约》规定的义务的基础上友好地解决有关事项。”

值得注意的是，《公民权利和政治权利国际公约》设专条规定“专设和解委员会对国家间来文的处理”。《公约》第 42 条第 1 款第 1 项规定：“如按第 41 条规定提交委员会处理的事项未能获得使各有关缔约国满意的解决，委员会得经各有关缔约国事先同意，指派一个专设和解委员会（以下简称‘和委会’）。和委会应对有关缔约国提供斡旋，以便在尊重本公约的基础上求得此事项的友好解决。”并进一步对和委会的组成、活动程序、工作方式以及费用负担等事项作了较为详细的规

---

〔1〕［奥］曼弗雷德·诺瓦克：《〈公民权利和政治权利国际公约〉评注》（修订第 2 版），孙世彦、毕小青译，生活·读书·新知三联书店 2008 年版，第 798 页。

〔2〕《任择议定书》第 10 条第 1 款第 7 项。

〔3〕《临时议事规则》第 45 条第 2、3 款。

〔4〕同上，第 44 条。

定。此外《消除一切形式种族歧视国际公约》、《禁止酷刑公约》以及《保护所有迁徙工人及其家庭成员权利国际公约》都有有关“和解委员会”的类似规定。但《经济、社会和文化权利国际公约任择议定书》没有类似的规定，这是因为工作组主席在其起草的初稿中未涉及和解委员会，各国对国家间指控程序的实际用途持怀疑态度，从未认真讨论过国家间指控程序这一问题，草案初稿对“专设和解委员会对国家间来文的处理”有意或无意的遗漏最终没有得到弥补。为弥补这明显一缺陷，《任择议定书》第10条第1款第8项有一个非常灵活的规定：“委员会应当在收到本款第2项规定的通知之日后尽可能适当地权宜行事”。所谓“尽可能适当地权宜行事”可以包括调停、斡旋、调解、调查、建议，等等，设立和解委员会当然在其职权范围之内。这一问题在《临时议事规则》第43条中得到了补充和明确：为提供斡旋求得友好解决斡旋，“委员会可酌情成立一个特设和解委员会”。

4. 程序的秘密性。《任择议定书》第10条第1款第5项规定：“委员会应当举行非公开会议审查根据本条提交的来文。”因此，委员会审查国家间来文的程序具有秘密性。因为这一规定模仿了《公民权利和政治权利国际公约》相关规定，因此其理由可以从后者的起草过程中寻找。

> 不论是在人权委员会的草案还是在联合国大会第三委员会的亚非草案中都没有这样的限制，在其他一些公约如《消除一切形式种族歧视国际公约》的相关条款中也没有这样的限制，但是见于《禁止酷刑公约》第21条第1款（d）项。秘密性来自法国在联合国大会第三委员会中的一个提案，其证成理由是这样可以防止将国家间来文滥用为一种宣传工具。根据该规定的措辞，秘密性只涉及委员会的会议，而不涉及例如说第41条第1款（辛）项规定的报告。[1]

---

〔1〕［奥］曼弗雷德·诺瓦克：《〈公民权利和政治权利国际公约〉评注》（修订第2版），孙世彦、毕小青译，生活·读书·新知三联书店2008年版，第796页。

当然，这种秘密性也不是绝对的。《临时议事规则》第41条规定："委员会经与所涉缔约国协商之后，可通过秘书长就委员会依照《任择议定书》第10条进行的活动发表公报，供媒体和公众使用。"

（三）委员会的报告

如果一项国家间来文被裁定为予以受理，不论是否达成友好解决，委员会都应将相关事实作成报告，从而结束该案。《任择议定书》第10条第1款第8项规定：

> 委员会应当在收到本款第2项规定的通知之日后尽可能适当地权宜行事，按照下列方式提出报告：
>
> 1. 如果按本款第4项规定达成解决办法，委员会的报告应当限于简要陈述事实及所达成的解决办法。
>
> 2. 如果未能按本款第4项规定达成解决办法，委员会的报告应当列举与有关缔约国之间问题相关的事实。有关缔约国的书面意见及口头意见记录应当附于报告之内。委员会也可以只向有关缔约国提出委员会认为与两国之间的问题相关的意见。
>
> 在上述情况下，报告应当（通过秘书长）送交有关缔约国。

与《公民权利和政治权利国际公约》第41条第1款第8项的规定相比，上述规定有一个显著的进步，即增加了"委员会也可以只向有关缔约国提出委员会认为与两国之间的问题相关的意见"。虽然"意见"不是判决，但毕竟改变了《公民权利和政治权利国际公约》的"并不令人满意的办法，即国家间来文可以在没有达成友好解决或者没有提出《对公约》的可能违反行为的意见情况下就结束"。[1]

四、小结

从《任择议定书》第10条的起草过程来看，各方对国家间指控程序心存疑虑，并不看好国家间来文程序未来的适用，因此态度较为冷

---

〔1〕［奥］曼弗雷德·诺瓦克：《〈公民权利和政治权利国际公约〉评注》（修订第2版），孙世彦、毕小青译，生活·读书·新知三联书店2008年版，第802页。

淡。联合国其他四项核心人权条约缔约国声明接受国家间指控程序的情况与此相类似，目前只有1/5的《任择议定书》缔约国声明“承认委员会有权接受和审议涉及一缔约国声称另一缔约国未履行《公约》所规定义务的来文”。由于非典型国家间指控程序以及团体申诉程序的活跃，曾经较为活跃的国际劳工组织典型国家间指控程序已有近30年陷于休眠状态；由于个人来文程序成为强制性程序并非常活跃，欧洲理事会的国家间指控程序近十多年来也陷于休眠状态。此外，国际法院的程序对人权条约的国家间指控程序也具有较强的替代性，近期发展显示，国家对使用司法性机制处理人权侵犯行为更为感兴趣，例如刚果民主共和国诉乌干达案，[1] 关于在巴勒斯坦被占领土上兴建隔离墙的法律后果的咨询意见，[2] 以及格鲁吉亚诉俄罗斯违反《消除一切形式种族歧视国际公约》。[3] 联合国其他四项核心人权公约中的国家间指控程序至今尚无一例实践，《任择议定书》规定的国家间指控程序是否会成为具文，前景的确不容乐观。

---

〔1〕 ICJ, Case Concerning Armed Activities on the Territory of the Congo (Democratic Republic of the Congo v. Uganda), Judgment, 19 December 2005.

〔2〕 ICJ, Legal Consequences of the Construction of a Wall in the Occupied Palestinian Territory, Advisory Opinion, 9 July 2004.

〔3〕 ICJ, Case Concerning Application of the International Convention on the Elimination of all Forms of Racial Discrimination (Georgia v. Russian Federation), 1 April 2011.

第五章

调查程序

第一节 调查程序概述

一、调查程序的概念

调查程序是国际人权保护的一种程序，根据这一程序，国际人权机构根据一项来文或其自己的主动行为，获得可靠资料，确有事实依据表明某一成员国/缔约国领土内存在严重或系统侵犯人权行为，它可依职权（*ex-officio*）采取主动行动。

联合国经济及社会理事会的1503程序实质上就是一种调查程序，被称为“有关侵害人权和基本自由的来文的处理程序”。[1] 国际劳工组织的团体申诉程序（《国际劳工组织章程》第24条）、国家间指控程序（《国际劳工组织章程》第26条）以及结社自由委员会的特别来文程序等三个来文程序中都包含了调查程序。在联合国人权公约中，最早规定调查程序的是《禁止酷刑公约》（第20条），此后《消除对妇女一切形式歧视公约任择议定书》（第8条）、《保护所有人免遭强迫失踪国际公约》（第33条）、《残疾人权利公约任择议定书》（第6、7条）和《经济、社会和文化权利国际公约任择议定书》（第11条）、《儿童权利公约关于设定来文程序的任择议定书》（第13条）相继规定了调查程

---

〔1〕 UN Doc. E/RES/1503（XLVⅢ），有关侵犯人权和基本自由的来文的处理程序。

序。此外，区域性人权公约中也有关于调查程序的规定。《美洲人权公约》（第48条第1款第4项）规定了美洲人权委员会在接受声称本公约所保护的任何权利遭受侵犯的请愿书或通知书后的第四项程序是："如果该案尚未结束，委员会应在当事各方都了解的情况下，审查该请愿书或通知书中所述的情况，以核对事实。要求进行有效的调查时，如果认为必要和适当的话，委员会应进行调查（investigation），有关各国应向它提供一切必要的便利"，这就是"现场调查程序"。〔1〕现行《欧洲人权公约》（第38条）也规定欧洲人权法院在审查来文时，"如有必要，可以进行调查"。《非洲人权和民族权宪章》（第46条）也授权非洲人权和民族权委员会"可以诉诸任何适当的调查方法"获取审查来文的信息。

二、调查程序的特征

根据上述宪章、公约、任择议定书以及其他人权文件的相关规定，可以概括出调查程序一般具有以下六个共同特征：

（一）相对于其他程序的独立性与辅助性

调查程序是一项相对独立的国际人权监督程序，其目的在于发现事实真相。联合国六项核心人权公约或其任择议定书并没有规定条约机构"获得可靠资料"的渠道，从实践来看，国际人权监督机构可以通过审查来文（包括个人来文、团体来文和国家间来文）、缔约国报

〔1〕现场调查程序是指只要收到确切的证据表明某一国家正在存在大规模侵犯人权的情势，如果认为适当和必要，美洲人权委员会除了可以启动国家研究程序之外，还可以单独或者合并启动现场调查程序。当然，还有一个条件，那就是需要有关政府发出邀请或表示同意，如果没有当事国的同意或邀请，委员会将无法进入该国进行调查。但是，该当事国不能阻止委员会启动国家研究程序，其权力在委员会一边。如果收到的大量来文或者指控指称某一国家存在大规模侵犯人权的情势，委员会可以要求该国政府提供情况报告，并可以从其他渠道收集相关信息。在初步信息的基础上，委员会可以再次向该国提出现场调查的要求。如果情况比较紧急，可以更早地提出这种要求。实地调查通常由委员会主席和有关国家政府之间通过互致信函和电报进行安排，一般来说，委员会向某一个国家提出准许其派员访问的请求，但一些国家有时也会主动向委员会发出访问邀请。参见谷盛开：《国际人权法：美洲区域的理论与实践》，山东人民出版社2007年版，第225页。

告以及从其他渠道获取可靠资料，确有事实依据表明某一成员国/缔约国领土内存在严重或系统侵犯人权行为。通过指派一名或几名成员进行秘密调查并向委员会提出报告，可以进一步查明事实真相，帮助人权监督机构更好地审查来文、缔约国报告，并采取后续行动。因此，相对于其他程序来讲，调查程序既是一项独立的程序，又往往具有一定的辅助性。

（二）由于其第一个特征，调查程序是任择性程序还是强制性程序往往取决于其所附属的来文程序

国际劳工组织的三个来文程序都是强制性程序，适用于所有成员国，因此，这三个程序包含中的调查程序也是强制性的。《非洲人权和民族权宪章》以及现行《欧洲人权公约》规定的国家间指控程序和个人申诉程序也都是强制性的，因此作为审理来文的一项措施，调查也是强制性的。

《保护所有人免遭强迫失踪国际公约》的个人来文程序和国家间指控程序均为任择性程序，虽然第 33 条关于调查程序的规定中没有选出或选入的规定，当缔约国在加入或批准时，可以声明保留，故仍可视为任择性程序，当然迄今尚无任何一个缔约国声明保留。联合国其他五项规定调查程序的核心人权公约或其任择议定书所规定的调查程序，均为任择性程序，缔约国在批准或加入该公约或任择议定书时，可以声明承认或不承认条约机构对调查程序的管辖权，还可以撤销先前的声明。具体可分为选出（声明不接受）和选入（声明接受）两种方式。采用迁出方式的包括《禁止酷刑公约》、《消除对妇女一切形式歧视公约任择议定书》和《儿童权利公约关于设定来文程序的任择议定书》。《禁止酷刑公约》第 28 条规定："①各国在其签署或批准本公约或加入本公约时，可声明不承认第 20 条所规定的委员职权；②按照本条第 1 款作出

保留的任何缔约国，可随时通知联合国秘书长撤销其保留。”[1]《消除对妇女一切形式歧视公约任择议定书》第10条规定：“①每一缔约国可在签署、批准或加入本议定书时候声明不承认第8条和第9条给予委员会的管辖权；②根据本条第1款作出声明的任一缔约国可随时通知秘书长，撤销这项声明。”[2]《儿童权利公约关于设定来文程序的任择议定书》第13条第7款规定：“各缔约国可以在签署、批准或加入本议定书时，声明不接受本条规定的委员会对于第1款所列部分或所有文书所载权利的权限。”[3]采用选入方式的包括《残疾人权利公约任择议定书》第8条规定：“缔约国可以在签署或批准本议定书或加入本议定书时声明不承认第6条和第7条规定的委员会权限。”[4]

（三）程序启动的主动性/积极性

调查程序由国际人权监督机构依职权启动和实施。来文程序作为一种准司法（绝大多数人权机构）或司法性程序（欧洲人权法院），其基本特征之一就是被动性/消极性，即负责接受和审查来文的国际人权机构只能在收到来文后被动地启动来文程序，而不能在未收到来文的情况下主动启动对成员国/缔约国涉嫌侵犯人权的行为进行审查。与此不同，

---

〔1〕 截至2014年7月2日《禁止酷刑公约》的缔约国中声明不承认第20条所规定的职权的国家有：阿富汗、中国、赤道几内亚、以色列、科威特、老挝人民民主共和国、毛里塔尼亚、巴基斯坦、沙特阿拉伯、阿拉伯叙利亚共和国、阿拉伯联合酋长国。下列国家曾根据该规定声明不接受这一程序，后来又撤回了其保留声明：巴林国、德国、波兰、白俄罗斯、保加利亚、智利、捷克共和国、匈牙利、摩洛哥、俄罗斯联邦、斯洛伐克、突尼斯、乌克兰、赞比亚。UNTC，https：//treaties. un. org/Pages/ViewDetails. aspx? src = TREATY&mtdsg_ no = IV – 9&chapter = 4&lang = en，访问日期：2014年7月2日。

〔2〕 截至2014年7月2日，在《消除对妇女一切形式歧视公约任择议定书》的缔约国中，只有孟加拉国、伯利兹和哥伦比亚等三国根据第10条作出了不接受这一程序的声明。Treaty bodies Treaties，http//tbinternet. ohchr. org/_ layouts/TreatyBodyExternal/Treaty. aspx，访问日期：2014年7月2日。

〔3〕 截至2014年7月2日，所有11个缔约国没有任何一个国家声明不接受委员会对调查程序的管辖权。

〔4〕 截至2014年7月2日，在83个缔约国中，只有叙利亚阿拉伯共和国声明不承认委员会对调查程序的管辖权。Treaty bodies Treaties，http//tbinternet. ohchr. org_ layouts/TreatyBodyExternal/Treaty. aspx，访问日期：2014年7月2日。

国际人权监督机构可以依职权主动启动调查程序，是否需要进行调查，调查组织的组成都是由国际人权监督机构根据具体情况自主决定的。

（四）程序的保密性

国际人权监督机构的调查活动都是秘密进行的，包括到被调查国境内的访问。调查报告是否保密，各个人权文件的规定不完全相同。国际劳工组织的调查报告往往是公开的，而联合国上述六项公约或任择议定书规定的调查报告属于保密文件。这是因为大多数国家更愿意在秘密调查程序而不是公开调查程序中开展合作，秘密调查程序更容易被缔约国接受。例如根据《禁止酷刑公约》第20条的规定以及《禁止酷刑委员会议事规则》第72条和第73条，禁止酷刑委员会在《禁止酷刑公约》第20条之下根据其职能展开的活动所涉及的所有文件和程序均属机密文件和程序，禁止酷刑委员会根据该条召开的所有会议均为非公开会议。尽管联合国人权条约机构的调查程序是保密的，但这些公约和任择议定书都规定，在调查程序完成后，委员会在与有关缔约国协商后，可将关于这种程序的结果摘要载入其年度报告中。截至目前，禁止酷刑委员会已经在8个国家启动了关于系统性的酷刑行为的调查并公布了所有调查结果。消除对妇女歧视委员会启动了一个调查程序，但没有公布调查报告，仍然处于保密状态。

（五）调查针对的是严重或大规模的连续性人权侵犯的情形

根据联合国上述六项公约和任择议定书的规定，并不是任何情形下都可以启动调查程序，而是只有条约机构在收到表明严重或大规模的连续性侵犯人权可靠资料的情形下，才依职权启动。所涉行为是否达到严重或大规模侵犯的程度要根据其侵犯人权行为的主体、方式、方法，受害人的数量、年龄、性别和健康状况，以及侵犯人权行为发生的社会、政治环境等相关因素综合考虑。如《禁止酷刑公约》第20条规定：“如果委员会收到可靠的情报，认为其中有确凿迹象显示在某一缔约国境内经常施行酷刑，委员会应请该缔约国合作研究该情报，并为此目的就有关情报提出说明。”委员会已通过了下述对“一贯性酷刑做法”的定义：

> 委员会认为，如果据报的酷刑案件不是在某一特定地点或时间突发的，而是经常、普遍和蓄意地至少在有关国家大部分地区发生的，即表示存在着一贯的酷刑做法。另一方面，一贯施加酷刑有时并不是政府的直接旨意，可能是由政府难以控制的因素所造成的，其存在可能表示中央政府的政策及地方政府在执行这些政策方面有差距。立法不够充分妥善，造成漏洞，使得酷刑得以实施，也促成这种一贯性做法。[1]

《经济、社会和文化权利国际公约任择议定书》第11条第2款也有类似规定。所以严重或大规模连续性人权侵犯的情形还要以不同的国际人权公约中的规定来定性。一般来讲，社会政治条件越差，有关严重程度的最低标准就越高，尤其是社会处于不稳定状态。

（六）实地调查取决于被调查国的许可

如果人权监督机构认为有必要，经有关缔约国同意，调查时可前往有关缔约国境内访问。如果人权监督机构决定将访问有关缔约国作为调查的一部分工作，应函请该缔约国同意这样的访问，同时将它希望访问的时间以及负责调查的成员能够执行其任务所需的便利条件通知有关缔约国。根据《美洲人权委员会议事规则》被调查国应向美洲人权委员会专门任命的负责调查的特别委员会提供执行一切必需的方便，应当确保特别委员会或者任何成员应能自由地私下会见任何个人、团体、实体或者机构，进入监狱以及其他任何拘留场所或审问所，应能私下会见被监禁或者拘留者；有关政府应对所有向特别报告委员会提供任何种类的情报、证言或者证据的人提供担保；特别应承担义务不得对于特别报告委员会合作或向它提供情报或证言的任何个人或实体实施任何种类的报复。委员会成员应能在该领土上各处自由旅行。该国政府应给予一切相应的方便，包括必需的文件，并应确保当地交通工具的使用，提供使用适当的住所，同时采取必要的措施以确保特别委员会的安全，为委员成

〔1〕 根据《公约》第20条进行的秘密调查，载 http：//www.ohchr.org/CH/HRBodies/CAT/Pages/InquiryProcedure.aspx，访问日期：2014年7月2日。

员提出的各项保证与方便也扩展到适用于秘书处职员。特别委员会应能使用任何适应的方法来收集记录或者复制它认为是有用的资料；有关政府应向特别委员会提供它认为是特别委员会提出其报告所必需的与尊重人权有关的任何文件。[1]

三、调查程序的先行者——国际劳工组织的调查程序

国际劳工组织是国际人权法各个领域的先行者，调查程序也不例外。《审议根据〈国际劳工组织章程〉第 24、25 条提起的申诉的程序固定顺序》第 5 条规定："如果委员会邀请有关政府就申诉的主题作出声明或提交进一步信息，该政府可以……（c）请求国际劳工局局长的代表访问该国，通过与胜任的当局机关或组织直接接触，获取申诉的主题方面的信息，并提交给委员会。"[2]这实质上就是一种调查程序或措施。《国际劳工组织章程》第 26 条下的国家间指控程序的核心是调查程序。[3]结社自由委员会的特别来文程序的第三阶段是事实调查和调解委员会的调查，当然这一阶段不是必经阶段。[4]在这三项调查程序/措施中，国家间指控程序中的调查程序最为典型。

据统计，迄今为止，国际劳工组织已公布的根据《章程》第 26 条建立的调查委员会的调查报告共计 13 份，涉及葡萄牙（1961 年）[5]、

---

〔1〕 参见谷盛开：《国际人权法：美洲区域的理论与实践》，山东人民出版社 2007 年版，第 227 ~ 228 页。

〔2〕 ILO Doc. GB. 291/9 (Rev.), Report of the Committee on Legal Issues and International Labour Standards, Appendices I. Standing Orders concerning the procedure for the examination of representations under articles 24 and 25 of the Constitution of the International Labour Organization, Article 5.

〔3〕 详细论述参见本书第四章《国家间来文程序》第二节国际劳工组织的国家间指控程序部分。

〔4〕 详细论述参见本书第三章第二节第二部分中的（二）"国际劳工组织的特别申诉机制——结社自由的申诉机制"部分。

〔5〕 Vol. XLV, 1962, No. 2, Supplement II, REPORT OF THE COMMISSION OF INQUIRY appointed under article 26 of the Constitution of the International Labour Organization to examine the complaint filed by the Government of Ghana concerning the observance by the Government of Portugal of the Abolition of Forced Labour Convention, 1957 (No. 105).

利比里亚（1961年）[1]、希腊（1968年）[2]、智利（1974年）[3]、多米尼加共和国和海地（1981年）[4]、波兰（1985年）[5]、德意志联邦共和国（1985年）[6]、尼加拉瓜（1987年）[7]、罗马尼亚（1989

---

〔1〕 O. B., Vol. XLVI, 1963, No. 2, Supplement II, REPORT OF THE COMMISSION OF INQUIRY appointed under article 26 of the Constitution of the International Labour Organization to examine the complaint filed by the Government of Portugal concerning the Observance by the Government of Liberia of the Forced Labour Convention, 1930 (No. 29).

〔2〕 Vol. LIV, 1971, No. 2, Special Supplement, REPORT OF THE COMMISSION OF INQUIRY appointed under article 26 of the Constitution of the International Labour Organization to examine the complaints concerning the observance by Greece of the Freedom of Association and Protection of the Right to Organise Convention, 1948 (No. 87), and the Right to Organise and Collective Bargaining Convention, 1949 (No. 98).

〔3〕 Report of the Commission, ILO, 1975, REPORT OF THE COMMISSION OF INQUIRY appointed under article 26 of the Constitution of the International Labour Organization to examine the observance by Chile of the Hours of Work (Industry) Convention, 1919 (No. 1), and the Discrimination (Employment and Occupation) Convention, 1958 (No. 111).

〔4〕 Vol. LXVI, 1983, Series B, Special Supplement, REPORT OF THE COMMISSION OF INQUIRY appointed under article 26 of the Constitution of the International Labour Organization to examine the observance of certain international labour Conventions by the Dominican Republic and Haiti with respect to the employment of Haitian workers on the sugar plantations of the Dominican Republic.

〔5〕 Vol. LXVII, 1984, Series B, Special Supplement, REPORT OF THE COMMISSION OF INQUIRY instituted under article 26 of the Constitution of the International Labour Organization to examine the complaint on the observance by Poland of the Freedom of Association and Protection of the Right to Organise Convention, 1948 (No. 87), and the Right to Organise and Collective Bargaining Convention, 1949 (No. 98).

〔6〕 Vol. LXX, 1987, Series B, Supplement 1, REPORT OF THE COMMISSION OF INQUIRY appointed under article 26 of the Constitution of the International Labour Organisation to examine the observance of the Discrimination (Employment and Occupation) Convention, 1958 (No. 111), by the Federal Republic of Germany.

〔7〕 Vol. LXXIV, 1991, Series B, Supplement 2, REPORT OF THE COMMISSION OF INQUIRY appointed under article 26 of the Constitution to examine the observance by Nicaragua of the Freedom of Association and Protection of the Right to Organise Convention, 1948 (No. 87), the Right to Organise and Collective Bargaining Convention, 1949 (No. 98), and the Tripartite Consultation (International Labour Standards) Convention, 1976 (No. 144).

年)[1]、缅甸（1996 年)[2]、白俄罗斯（2003 年)[3]和津巴布韦(2008 年)[4]等国。[5]其中，加纳诉葡萄牙案（1961 年）是国际劳工组织处理的第一件国家间指控案件，在程序方面建立了几项先例，特别是关于调查委员会的任命与程序。葡萄牙诉利比里亚案是第二件国家间指控案件，政治化色彩十分浓厚，调查委员会面临严峻挑战。在 6 个典型国家间指控案件中，只有这两个案件中建立了调查委员会。下面以这两个案件为例对调查程序及其适用予以述评。

（一）加纳诉葡萄牙案（1961 年）

在该案中，国际劳工组织理事会根据《国际劳工组织章程》第 26 条的规定建立了第一个调查委员会。调查委员会由以其个人能力获得任命的三名杰出专家组成。在调查委员会成立仪式上，国际劳工局局长特别对调查委员会成员宣布，委托给他们的任务就是无私无畏、公正不阿地查明事实，他们仅服从和效忠于真相，他们仅对他们的良心负责。[6]

---

〔1〕 Vol. LXXIV, 1991, Series B, Supplement 3, REPORT OF THE COMMISSION OF INQUIRY appointed under article 26 of the Constitution of the International Labour Organisation to examine the observance by Romania of the Discrimination (Employment and Occupation) Convention, 1958 (No. 111).

〔2〕 Vol. LXXXI, 1998, Series B, Special Supplement, REPORT OF THE COMMISSION OF INQUIRY appointed under article 26 of the Constitution of the International Labour Organization to examine the observance by Myanmar of the Forced Labour Convention, 1930 (No. 29).

〔3〕 Vol. LXXXVⅡ, 2004, Series B, Special Supplement, REPORT OF THE COMMISSION OF INQUIRY appointed under article 26 of the Constitution of the International Labour Organization to examine the Observance by the Government of the Republic of Belarus of the Freedom of Association and Protection of the Right to Organise Convention, 1948 (No. 87) and the Right to Organise and Collective Bargaining Convention, 1949 (No. 98)

〔4〕 GB. 307/5, Vol. XCIII, 2010, Series B, Special Supplement, REPORT OF THE COMMISSION OF INQUIRY appointed under article 26 of the Constitution of the International Labour Organization to examine the observance by the Government of Zimbabwe of the Freedom of Association and Protection of the Right to Organise Convention, 1948 (No. 87), and the Right to Organise and Collective Bargaining Convention, 1949 (No. 98).

〔5〕 Complaints/Commissions of Inquiry (Art 26) http://www.ilo.org/dyn/normlex/en/f?p=1000:50011:422094915731045::::P50011_DISPLAY_BY:1，访问日期：2014 年 7 月 3 日。

〔6〕 Vol. XLV, 1962, No. 2, Supplement II, REPORT OF THE COMMISSION, p. 6.

每位成员还庄严宣誓："我将正直地、忠实地、公正地、一丝不苟地履行我的义务，行使我的权利。"[1]

因为没有先例可供遵循，调查委员会在其活动中特别重视以下三点考量：第一，调查委员会始终铭记《国际劳工组织章程》中规定的程序具有司法性。第二，调查委员会认为，其职能不限于仅仅审查由双方当事国提交的或支持的信息，而是应当自行采取一切必要步骤，遵守理事给予的一般指导，确保其掌握与被调查问题相关的充分的、客观的信息，并作出处理。第三，调查委员会认为，采取的程序必须确保指控得到迅速审查。[2]这些考量成为此后的调查委员会审议行为的先例。

根据该程序的规定，调查委员会要求加纳政府提供支持其指控的有关证据材料，并要求被告国提交其评论。同时，调查委员会还向它认为可能掌握与该指控相关的真实信息其他一些国家发出函件，要求它们提供相关信息。[3]它还给一些雇主和工人的国际非政府组织以及"在法律和人道主义领域表现活跃"的其他非政府组织同样的机会。[4]

在其第一届会议期间，调查委员会收到了加纳政府的补充信息和葡萄牙政府的评论，以及来自其他国家政府和非政府组织提供的信息。随后，葡萄牙政府针对这些信息提交了其评论。在决定在其第二届会议上继续审议有关已听取的证人证言后，第一届会议闭幕。[5]在第二届会议上调查委员会在审查了提供给它的所有文件后，举行了双方当事国以及证人的听证会。在该案中，调查委员会向31名证人提出了1 500多个问题。[6]尽管调查委员会已经通过证人获得了大量的知识和深刻的理解，它仍然认为有必要访问安哥拉和莫桑比克领土，旨在形成对该情势的直接印象。根据调查委员会的安排，并在葡萄牙政府同意后，后者准备为

---

〔1〕 Vol. XLV, 1962, No. 2, Supplement II, REPORT OF THE COMMISSION, p. 7.

〔2〕 Ibid, p. 9.

〔3〕 这些国家包括安哥拉、莫桑比克、刚果、南非以及英国。

〔4〕 Vol. XLV, 1962, No. 2, Supplement II, REPORT OF THE COMMISSION, p. 11.

〔5〕 Ibid, p. 15.

〔6〕 Ibid, p. 17.

调查委员会到指控提及的领域内访问提供便利，调查委员会进行了两周的事实调查访问。在访问期间，调查委员会成员行程近9 000公里，自己决定想到哪里去，选择自己希望调查的工人，从当局机关、企业的职员和主管，以及在没有企业或当局的代表在场的情况下会见非洲工人，收集信息。[1]在结束对安哥拉和莫桑比克的访问后不久，调查委员会举行了其第三届也是其最后一届会议。

在第三届会议上，调查委员会根据其往届会议以及工作会议上收集到的大量相关信息，起草其报告。报告详细记述了调查委员会调查该事件的全过程，并载有向葡萄牙政府提出的大量建议。因首份报告很长，不可能在此述及所有的重要方面，故着重对报告中有关调查委员会的作用和调查结果的几个部分予以述评。

1. 调查委员会的作用。在调查委员会存续期间，在案件的各个阶段，它不得不考虑是否有足够明确的指控提交给它，它是否应将该程序延续下去。加纳诉葡萄牙案中第一次出现这一问题，因为加纳的指控中“只有笼统的用语，而没有任何证据”。[2]因此，最初的指控遭到了葡萄牙的强烈反对，其根据就是这些指控仅仅是一些既没有事实也无证据支持的模糊指责。随后，调查委员会又给了加纳一次补充指控的机会，并在给葡萄牙回复中指出，调查委员会的责任就是明确指控是否已得到证成。接着，调查委员会以一般性用语反驳了葡萄牙的观点：

> 尽管调查委员会认为处于危险境地的问题是如此重要，充分证明了本案中调查的必要性，但它不认为，在指控国未提交实质性证据的案件中，或者表面上有非常确凿的证据表明存在《公约》规定未得到实行的案件中，可以毋庸置疑地认为要求开展充分调查是理所当然的。[3]

---

〔1〕 Vol. XLV, 1962, No. 2, Supplement II, REPORT OF THE COMMISSION, p. 24.
〔2〕 Ibid, p. 228.
〔3〕 Ibid, p. 229.

2. 调查结果。长达250页的调查委员会报告包括：对当时非洲国家存在的强迫或强制劳动问题的讨论；指控中提到的地域内的劳动立法的演变；对指控的审查，包括根据现场调查报告所做的分析。显然，讨论的信息是如此详细，分析是如此深入，由此得出的结论是如此严谨，所有这些对认识整个非洲大陆的强迫劳动做出了重要贡献。调查委员会发现并在其报告中予以揭露的这些事实，据此向葡萄牙政府提出大量的调查结论和建议。

本案中，调查委员会最有意义的调查结论是，调查委员会一方面肯定了葡萄牙为履行《禁止强迫劳动公约》所做出的努力，另一方面又对其未全面履行义务感到不满。

> 调查委员会对葡萄牙在改变其政策、立法和惯例中表现出善意表示完全满意，但对自1960年11月23日《禁止强迫劳动公约》(1957年）对葡萄牙生效以来，《公约》规定的全部义务［未能］得到全面履行感到不满。它注意到在一些案件中，自提起指控以来，已经发生了一些重要改变，旨在使法律和惯例完全符合《公约》要求，但在其对葡萄牙生效后，《公约》的规定并没有立刻得到全面适用。它还注意到，在某些方面，有必要采取进一步措施使《公约》的规定充分发挥效力。[1]

这构成了调查委员会提出一系列调查结论和建议[2]基础。这些建议的范围非常广泛，既有具体性建议，也有一般性建议。调查委员会还建议葡萄牙在其报告中，定期指出采取了哪些措施落实调查委员会的建议。[3]

（二）葡萄牙诉利比里亚案（1961年）

在加纳（从一定意义上是代表非洲国家）对葡萄牙提起违反《禁

---

〔1〕 Vol. XLV, 1962, No. 2, Supplement II, REPORT OF THE COMMISSION, p. 234.

〔2〕 Ibid, paras. 729 ~ 770, pp. 236 ~ 245.

〔3〕 Ibid, p. 247.

止强迫劳动公约》的指控后不久，葡萄牙于同年 8 月 31 日对利比里亚提起国家间指控，指控利比里亚违反了《关于强迫或强制劳动公约》(1930 年)（C. 29）。在当时的政治情势下，特别是在利比里亚政府看来，这一指控颇有争议，被认为具有高度政治化倾向，国家间指控程序被不恰当地作为一件政治武器而使用。连理事会的官员们都决定：“毫无疑问，理事会希望通过一个与最近为审查加纳诉葡萄牙案的指控相似的程序。”〔1〕

因此，这些官员建议理事会：其一，葡萄牙政府应当向国际劳工组织提供据以指控利比里亚违反第 29 号公约的最新详情；其二，应要求利比里亚就这一事项向国际劳工局局长提交评论；其三，应邀请利比里亚和葡萄牙政府派出代表参加未来的全部过程；其四，理事会应决定是否将该事件移交给调查调查委员会。〔2〕

经劳工局局长简略审议，葡萄牙政府的答复就立即被转送给利比里亚政府。将近二个月后，国际劳工局局长收到了利比里亚的评论，其中包含一些揭露性声明。利比里亚回函的结论性评论清楚地表达了它对这一程序被滥用并毫无事实基础的关切。“葡萄牙政府企图将人们的注意力从它自古至今奉行的不人道政策转移到那些被它统治的命运悲惨的人民身上，扰乱那些在适当的论坛上要求［葡萄牙］政府改变其这方面的观点和做法的人们，从而犯下了举世罕见的恶行。”〔3〕利比里亚指出，他们已经在联合国针对葡萄牙提起了强迫劳动的议题，一项控诉葡萄牙领域内的强迫劳动的指控正在审议中，应当终止针对他们的这项指控。利比里亚政府在其回函中所作的最后一项评论以请求的形式指出：“作为一项蓄意报复行为，葡萄牙政府针对利比里亚提起的指控毫无根据，理事会应立即驳回该指控。”〔4〕

---

〔1〕 O. B., Vol. XLVI, 1963, No. 2, Supplement II, REPORT OF THE COMMISSION, p. 4.

〔2〕 Ibid, p. 5.

〔3〕 Ibid, p. 24.

〔4〕 Ibid, p. 24.

理事会经过审议后最终决定："利比里亚提出的该指控应立即驳回的要求，由调查委员会审议比由理事会审议更为合适。"[1]根据这一建议，设立了第二个调查委员会。

摆在调查委员会面前的任务是，决定接受还是驳回利比里亚的答辩，决定是否采取现场访问措施，考虑它是否有必要进一步推进下一阶段的程序，决定利比里亚遵守还是违反了《公约》，并作出调查结论和建议。

总的来说，除了没有采取现场调查措施，这个调查委员会以类似于第一个调查委员会的方式履行其职能。利比里亚的要求被以不同的理由一一驳回。最有趣的是，调查委员会驳回了利比里亚提出的基于其政治性质应立即驳回该指控的要求。在国际法院此前在一些提出同样辩论的案件中曾作出一系列判决的指导下，调查委员会指出，它"不关注这些事项中可能具有的任何政治方面，授予它的任务是对利比里亚是否已经或正在未能保证有效遵守《强迫劳动公约》的规定"。[2]在完成了对利比里亚包含国际义务的法律及其与该国现行国内法是否相一致的问题的审查后，调查委员会审议是否需要到利比里亚进行现场访问以进一步审查指控所涉及的事实问题。鉴于案件双方当事国都没有邀请调查委员会访问利比里亚，调查委员会决定当时不适宜进行访问，因为它已经掌握了必要信息，能够开始准备其报告。[3]

报告中的调查结论和建议建立在调查委员会在三届会议上发现的事实以及其他相关信息。调查委员会的第一项调查结论是："截至 1961 年 8 月 31 日，即提起指控之日，利比里亚的立法无论是在法律还是事实上都不符合《国际劳工组织章程》规定的利比里亚实施《公约》的义务，特别是《公约》第 23 ~ 25 条的具体要求。"[4]调查委员会补充说，"指

---

〔1〕 O. B., Vol. XLVI, 1963, No. 2, Supplement II, REPORT OF THE COMMISSION, p. 29.

〔2〕 Ibid, p. 155.

〔3〕 Ibid, pp. 169.

〔4〕 Ibid, pp. 164 ~ 165.

控提起以来，立法已经发生彻底改变。”[1]然后，调查委员会提出了一系列建议，建议利比里亚采取措施消除现行国内法与《公约》规定的不一致之处。调查委员会的最后调查结论以积极的口吻指出：“利比里亚已经采取实质性步骤，改进其法律和实践的立场，调查委员会完全相信它将坚持相同的政策，并使其充分落实。”[2]像第一份调查报告一样，调查委员会建议利比里亚在其报告中定期指出采取了哪些措施落实调查委员会的建议。[3]

通过以上分析，我们可以归纳出国际劳工组织的调查程序本身和调查委员会具有以下几个特征：

首先，调查委员会的任命是适当的、成功的。无论是通过现场调查的方式，还是以接受口头或书面证据方式，调查委员会的事实真相调查都第一次详细地揭示了所指控的不符合国际法的事实。通过公开揭露违反国际法的行为，激励和鞭策相关政府修改国内立法，遵守其国际义务，向涉事国家提出详细的、切实可行的建议，促进国内法、国际法律义务以及国家实践更加相互协调，这表明两个委员会都完全胜任其职责。

其次，在葡萄牙诉利比里亚案中，调查委员会驳回了利比里亚提出的基于其政治性质该指控应立即驳回的要求，并对利比里亚是否遵守国际法进行了审查。这一事实表明，即使一项指控实际具有或涉嫌具有政治动机，真正重要的是努力辨别这些法律指控是否基于事实，以及如何补救国家不履行其国际义务。

再次，两个调查委员会的经验清楚地表明，这一机构能够取得显著成效。这些机构都在较短时间内结束了调查程序。在第一个案件中，调查程序用时不到 10 个月，全部指控程序从开始到结束共持续了 13 个月。在第二个案件中，调查委员会用时一年半完成了这一过程。作为国家间指控程序的核心程序，这两个案件表明，国家间指控程序完全可以

[1] O.B., Vol. XLVI, 1963, No. 2, Supplement II, REPORT OF THE COMMISSION, p. 165.
[2] Ibid, p. 176.
[3] Ibid, p. 179.

迅速有效地得到实施。

最后，调查委员会的工作和作用具有一些共同的特征。它是一个独立的机构，胜任彻底调查所涉全部、客观信息的职责。在指控程序结束后，调查委员会还能够进一步保障监督的连续性。调查所涉事项范围如此之广，表明该指控程序相当深入地介入到国内管辖事项范围内，而这正是指控程序最为进步和重要的方面。

总之，调查程序是国际劳工组织的国家间指控程序的核心内容，并因此使国家间指控程序具有了准司法性质。调查委员会的有效性展现了任命这些机构的价值。正是通过说服而不是施加强制措施，调查委员会致力于国际标准的实施，这一经验表明，这些说服性措施，最起码在这一条件下，能够产生非常积极的效果。调查委员会的相对成功表明，国家间指控程序能够成功而富有成效地发挥作用。

四、联合国人权公约中的调查程序的历史渊源——1503 程序

促成联合国各人权公约中规定调查程序的直接历史渊源是经济和社会理事会的 1503 程序。1503 程序建立之初是一个审议具体人权侵犯的保密程序，2000 年根据经济和社会理事会第 2000/3 号决议进行改革后，人权委员会不再处理个案，该程序成为一个只处理系统性的严重和有可靠证据证明的人权侵犯的一般情势的程序。在该程序的第一阶段，由防止歧视和保护少数人小组委员会（根据第 2000/3 号决议改名为促进与保护人权小组委员会）对来文进行秘密审查，然后提请人权委员会秘密审查。人权委员会在审查防止歧视和保护少数人委员会（促进与保护人权小组委员会）提交的任何情势后，可以决定依照 1235 程序进行公开讨论，也可以决定任命一个临时调查委员会（ad hoc committee for investigation）或者一个特别报告员（special reporter）对相关形势进行更为细致的调查。

根据第 1503 号决议，此项调查只应在所涉国家明确表示同意后进行，并应与该国经常合作并依商定条件进行。无论如何，此项调查只可在下述情形下进行：已经用尽国内一切救济措施；情势与当时正在依据

联合国及其各专门机构组织法、公约或区域性公约所规定的其他程序处理之事项无关，或与所涉国家打算依据其所缔结的一般或特别国际协定交由其他程序处理的事项无关。[1]

第1503号决议对专设委员会的调查程序作出了规定：第一，专设委员会的组成。专设委员会的组成由人权委员会决定。委员会委员应由才能卓越态度公正而无可非议的独立人士担任。委员的任命须经所涉政府同意。第二，专设委员会的议事规则。专设委员会自行订立议事规则。委员会须遵守关于法定人数的规定。委员会有权于必要时接受来文并听取证人证言。调查应与所涉国家政府合作进行。第三，专设委员会的程序应当保密，其议事应于非公开会议中进行，其来文不应以任何方式公布。第四，友好解决。专设委员会在调查前、调查中甚至调查后均应设法寻求友好解决。第五，报告。专设委员会应将其认为适当的意见及建议向人权委员会报告。[2]

人权委员会对专设委员会或特别报告员的调查报告秘密审议后，可以决定是否将相关情势转至1235程序进行公开审查，是否因情势好转中止审议，是否继续对相关国家进行秘密的观察和审议。人权委员会主席只向公众提及正在接受调查的国家的名字，但不提及有关调查的信息或者委员会已达成的相关决议。大多数国家更愿意在这种秘密程序中开展合作，甚至愿意为改善人权情势而做出一些妥协。如果有关国家不愿意合作就可能转至公开的1235程序，对相关国家往往造成潜在的压力，人权委员会在公开程序中用单独的决议谴责一个国家，就相关国家中存在的严重和系统性侵犯人权表达它的临时法律意见。一旦调查完成，人权委员会就在调查结果的基础上断定此种侵犯是否仍继续存在。如果继续存在，调查则延长，直至情势明显改善，从“黑名单”中删除。其中，波兰是第一个被写入“黑名单”的国家。非常明显，相关国家和政

---

〔1〕 UN Doc. E/RES/1503（XLVⅢ），有关侵犯人权和基本自由的来文的处理程序，第6（b）段。

〔2〕 同上，第7段。

府将竭力避免自己被写进根据1235程序进行调查的国家的“黑名单”。尽管为达成一致意见需要经历长时间的调查，例如南非工作组从1967年到1995年持续了28年，赤道几内亚工作组从1976年到2002年持续了26年，但是这种压力能否最终取得成效首先取决于相关国家的政治取向和合作意见，前提是明确允许人权机构的专家进入其领土进行实地访问。而人权委员会通过公开或保密程序调查的国家名单在相当程度上反映了严重和系统地侵犯人权的状况，这也为其他国家积极改善本国的人权状况发挥了重要作用。

五、调查程序在国际人权法律监督机制中的地位和作用

调查程序是整个国际人权监督机制中的一个有机组成部分，与国家报告制度、国家间指控程序和申诉程序相互联系，相互配合，共同发挥作用。

调查程序是人权监督机构针对严重侵犯人权情形主动依职权启动的，并且调查程序涉及的问题比较宽泛，不限于申诉程序那样具体化和特定化。调查程序本身及其报告可以处理比较宽泛的问题，也可以针对缔约国在报告程序中回避的严重侵犯人权的问题，督促相关国家努力改善人权状况。

调查程序丰富了国际人权法律监督机制，在实践中也发挥了独特的作用。调查程序可以弥补其他程序的不足。对于国家间指控程序和申诉程序，有利于人权监督机构发现事实真相，促使缔约国积极回应指控国和申诉人的指控，有利于人权监督机构在查明事实的基础上，积极斡旋和调解，促进来文的友好解决，有利于人权机构提出有针对性的切实可行的意见和建议。对于缔约国报告制度，人权监督机构在较充分地掌握一国人权状况基础上，可以更有效地与报告国开展建设性对话，提高对话质量，提出切实可行的有针对性的结论、意见和建议，可以有效监督报告国的后续行动，并可要求缔约国在下次定期报告中有针对性的阐述为解决调查报告所揭示的问题采取的措施及其效果，从而督促该国改进其人权状况。

第二节 现有人权公约中的调查程序及其实施

不同于联合国人权公约和任择议定书规定国家间指控程序无一例实践，调查程序具有较为丰富的实践。本节选取与《经济、社会和文化权利国际公约任择议定书》中的调查程序具有较强可比性并具有较丰富实践经验的禁止酷刑委员会的调查程序以及美洲人权委员会的现场调查程序为主要分析对象，兼及消除对妇女歧视委员会的调查程序，概括介绍调查程序的基本内容，总结调查程序的实施现状，分析调查程序的实施效果及其制约因素，提出改进国际人权公约中的调查程序的建议。

一、调查程序的基本内容

概括地讲，调查程序包括接收资料、初步审议资料、请缔约国给予合作、决定继续审理、国家访问、转送调查结果、有关国家提交意见和后续行动等步骤。这些步骤可以几个大的阶段：

（一）初步调查阶段

条约机构[1]有理由相信可能出现严重或系统的人权侵犯情形行为时启动程序。

1. 向条约机构转递资料。条约机构有权接受指控存在严重或系统侵犯人权行为的资料。例如，根据《禁止酷刑委员会议事规则》规定，秘书长应提请委员会注意根据《公约》第20条第1款提交给委员会审议或似是提交给委员会审议的资料。[2]

2. 资料登记册。条约机构的秘书长应保持常设登记册，登记提请条约机构注意的资料，如果条约机构任何一名成员索取资料，就应向其提供这些资料。秘书长应视需要编制并向条约机构成员分发提交的资料的

---

〔1〕 并不是所有的人权监督机构都是条约机构，除条约机构外，还包括宪章机构、附属机构等其他类别。鉴于本节选取的分析对象——禁止酷刑委员会是条约机构，美洲人权委员会既是宪章机构又是条约机构，故简单地将它们统称为条约机构。

〔2〕 参见CAT/C/3/Rev. 6，《禁止酷刑委员会议事规则》（2013年），第75条。

内容简介。[1]

3. 条约机构对资料的初步审议。条约机构审议资料内容是否翔实可靠，它还可以要求提供进一步资料。例如消除对妇女歧视委员会可通过秘书长查明根据《消除对妇女一切形式歧视公约任择议定书》第8条提请其注意的资料和/或资料的来源的可靠性，并可获取能证实案情事实的有关补充资料。消除对妇女歧视委员会应确定所收到的呈件是否载有说明有关缔约国严重或有系统地侵害《消除对妇女一切形式歧视公约》所列权利行为的可靠资料。消除对妇女歧视委员会可请一个工作组协助它履行本条规定的职责。

4. 资料的审查。如果条约机构满意地认为所收到的资料是可靠的，并说明有关缔约国严重或有系统地侵害权利，条约机构就应通过秘书长请该缔约国在审查资料方面给予合作并在规定时限内就这些资料发表意见。条约机构应考虑到有关缔约国可能提交的任何意见以及其他任何有关资料。

条约机构可决定从以下来源获取补充资料：（a）有关缔约国代表；（b）政府组织；（c）非政府组织；（d）个人。条约机构应决定获取这种补充资料的方式方法，条约机构还可通过秘书长请联合国系统提供有关文件。

5. 相关政府的意见。如果条约机构认定提交的资料内容翔实可靠，在审议该资料时可以请该缔约国合作，包括向条约机构提交资料，条约机构审议缔约国提交的资料以及各政府组织、联合国系统、非政府组织和个人提供的任何补充资料，它可决定请有关缔约国代表或政府组织几个人提供额外资料，目的是获悉进一步的详情，以便就此形成意见。

（二）秘密调查阶段

1. 调查。考虑到有关缔约国可能提交的任何意见以及其他可靠资料，条约机构可指定一名或多名成员进行调查并在固定时限内提交报

---

〔1〕 参见CAT/C/3/Rev.6，《禁止酷刑委员会议事规则》（2013年），第76、77条。

告，调查应根据条约机构确定的模式秘密进行。条约机构指定负责进行调查的成员应确定自己的工作方法，在调查期间，条约机构可推迟审议有关缔约国可能提交的任何报告。

2. 有关缔约国的合作。条约机构在调查的所有阶段应设法得到有关缔约国的合作，条约机构可请有关缔约国任命一名代表同条约机构指定的成员会晤。条约机构可请有关缔约国向指定的成员提供这些成员或缔约国可能认为与调查有关的任何资料。

（三）到相关国家实地考察（获得相关政府的同意）

1. 访问。如果条约机构认为有必要，调查时可前往有关缔约国境内访问。如果条约机构决定作为调查的一部分工作，应该访问有关缔约国，条约机构就应通过秘书长请该缔约国同意这样的访问。条约机构应将它希望访问的时间以及使条约机构负责调查的成员能够执行其任务所需的便利条件通知有关缔约国。

2. 听证。如果有关缔约国同意，访问过程中可举行听证，使条约机构指定的成员能够确定事实或与调查有关的问题，听证的有关条件和保障应由条约机构指定前往缔约国调查的成员和有关缔约国确立，在条约机构指定的成员面前作证的任何人都应庄严宣誓其证词属实，并为程序保密。条约机构应通知缔约国应采取一切适当步骤，确保在其管辖下的个人不因参加与调查有关的任何听证或同条约机构指定进行调查的成员会面而受虐待或恐吓。

3. 调查过程中的协助。除秘书长应为调查工作，包括对有关缔约国的访问提供工作人员和便利条件以外，条约机构指定的成员还可通过秘书长请口译人员和/或条约机构认为需要的、在所涉领域具有特别专长的人员在调查的所有阶段提供协助。虽然这些口译员或其他具有专长的人士不需宣誓效忠联合国，但需要他们庄严宣誓他们将诚信、忠实、不偏不倚地履行职责，并且将尊重调查程序的机密性。

（四）调查结果、评论或建议的转递

条约机构在审查指定的成员根据议事规则提交的调查结果之后，应通过秘书长向有关缔约国转递这些调查结果以及评论和建议。而有关缔约国应在收到这些调查结果、评论和建议之后6个月内就此通过秘书长向条约机构提交意见。

（五）缔约国的后续行动

条约机构可通过秘书长函请收到调查的缔约国在根据公约所提交的报告中详细说明针对条约机构的调查结果、评论和建议采取的措施。在6个月结束后，条约机构可通过秘书长请有关缔约国向其通报是否已针对调查采取措施。

二、调查程序的实施现状

目前，禁止酷刑委员会、消除对妇女歧视委员会和美洲人权委员会依职权分别实施了调查程序。2004年，消除对妇女歧视委员会完成了首次调查。目前，这一程序仍然处于保密状态，所以具体的实施现状无法得知。因此，下面仅略述《禁止酷刑公约》和《美洲人权公约》中调查程序的实施现状。

（一）《禁止酷刑公约》中调查程序的实施现状

禁止酷刑委员会在其1990年4月召开的第四届会议开始根据《禁止酷刑公约》第20条开展调查工作，并在此后历届会议上继续进行，平均每届会议都举行为此举行4~5次非公开会议，少则2次，多则8次。首个调查是针对土耳其的，迄今已对8个国家进行了调查，它们分别是：土耳其、埃及、秘鲁、斯里兰卡、墨西哥、南斯拉夫联邦共和国（塞尔维亚和黑山）、巴西和尼泊尔，到2012年全部调查案件都已完成。根据《禁止酷刑公约》第20条的规定以及《禁止酷刑委员会议事规则》第78、79条，禁止酷刑委员会与其在第20条之下的职能相关的所有文件和程序均属机密文件和程序，与禁止酷刑委员会在这一条之下的程序相关的所有会议均为非公开会议。但是，根据《禁止酷刑公约》第20条第5款的规定，禁止酷刑委员会可在与有关缔约国协商后，可将一项程序结果摘要载入提交缔约国和联合国大会的年度报告中。截至2012

年10月，8个案件的调查报告也已全部公布。[1]除斯里兰卡案中禁止酷刑委员会没有确认对系统酷刑的指控外，[2]其他7个调查案件中，禁止酷刑委员会的报告已经基本证实了对系统酷刑的指控。[3]

下面以秘鲁案[4]为例，说明禁止酷刑委员会事实调查的具体情况及其取得的效果。1995年4月，禁止酷刑委员会依照《禁止酷刑公约》第20条，以非公开会议方式审议人权观察社这一非政府组织向其送交的有关秘鲁发生的有系统的酷刑现象的申诉资料。禁止酷刑委员会指出，在对秘鲁的初次报告的审议结束之前于1994年11月9日通过的结论和建议中，禁止酷刑委员会表示，“一个令人严重关注的问题是非政府组织和国际机构或委员会都提交了大量申诉，表示酷刑在对恐怖主义行为的调查过程中正被大量使用，而且犯有酷刑行为者未能得到惩治。”禁止酷刑委员会请委员会委员里卡多·吉尔·拉韦德拉（Ricardo Gil Lavedra）先生分析这些资料，并就采取进一步行动提出建议。1995年8月，全国人权协调委员会，即秘鲁的一个由大约60个非政府组织组成的非政府机构，也向条约机构提交了有关该缔约国存在的有系统的酷刑现象的申诉。1995年11月，禁止酷刑委员会决定请秘鲁政府就收到的资料的可靠性发表自己的看法。1996年5月，禁止酷刑委员会指示另一名委员阿列赞德罗·冈萨雷斯·帕尔布莱特（Alejandro Gonzúlez Plblete）

---

〔1〕 http://tbinternet.ohchr.org/_layouts/treatybodyexternal/TBSearch.aspx?Lang=zh&TreatyID=1&DocTypeCategoryID=7，访问日期：2014年7月2日。

〔2〕 斯里兰卡案，参见A/57/44（SUPP），禁止酷刑委员会的报告，第二十七届会议（2001年11月12日至23日）、第二十八届会议（2002年4月29日至5月17日），第117~195段。

〔3〕 土耳其案，参见A/48/44/Add.1和A/49/44（SUPP），paras. 172~177；埃及案，参见A/51/44（SUPP），paras. 180~222；秘鲁案，参见A/56/44（SUPP），paras. 144~193；墨西哥案，参见A/58/44（SUPP），paras. 147~153和CAT/C/75；南斯拉夫联邦共和国（塞尔维亚和黑山）案，参见A/59/44（SUPP），paras. 156~240；巴西案，参见CAT/C/39/2和A/63/44，paras. 64~72；尼泊尔案，参见尼泊尔A/67/44，paras. 88~100和Annex XⅢ.

〔4〕 参见A/56/44，联合国大会第五十六届会议，禁止酷刑委员会的报告，第144~193段。

先生（Gil Lavedra 先生未能再次当选为委员会委员）根据上述非政府组织或机构提供的资料和政府的意见，决定禁止酷刑委员会是否应当继续适用第 20 条规定的程序。秘鲁于 1988 年 7 月 7 日批准《禁止酷刑公约》，在批准之时，秘鲁没有声明它不承认第 20 条规定的委员会的职权，而第 28 条第 1 款规定可以作出此种保留，因此，第 20 条之下的调查程序适用于秘鲁。1996 年 11 月，禁止酷刑委员会得出以下结论：收到的资料是可靠的，而且所载情况清楚表明《公约》第 1 条界定的酷刑正在秘鲁有系统地得到施行。因此，禁止酷刑委员会请该缔约国就收到的资料的实质问题提出意见。1997 年 5 月，禁止酷刑委员会还请政府就人权观察社和全国人权协调委员会在近几个月中提请其注意的有关酷刑的新的申诉提出意见。禁止酷刑委员会两位委员，冈萨雷斯·帕尔布莱特（Gonzúlez Plblete）先生和本特·索伦森（Bent Sorensen）先生，同意关注程序的发展。秘鲁政府随后提交了意见，并请求由其代表与冈萨雷斯·帕尔布莱特先生和本特·索伦森先生举行一次非公开会议，这次会议于 1997 年 11 月 6 日在联合国日内瓦办事处举行。

1997 年 11 月 20 日，在第 19 次会议上，禁止酷刑委员会决定进行一次秘密调查，指定冈萨雷斯·帕尔布莱特先生和本特·索伦森先生负责进行这项调查，请秘鲁政府在调查中给予合作，并请其同意被指定的委员会委员访问秘鲁。政府同意这两名委员访问秘鲁，这次访问于 1998 年 8 月 31 日至 9 月 13 日进行。与此同时，禁止酷刑委员会继续向政府转交收到的申诉摘要，包括单个案件，并请求了解有关这些申诉的情况。1996 年至 1998 年，禁止酷刑委员会共转交 517 起据称在 1988 年 8 月至 1997 年 12 月这段时间内发生的案件。负责开展调查的禁止酷刑委员会委员于 1998 年 11 月向委员会作了口头报告，并于 1999 年 5 月向委员会提交了一份书面报告。1999 年 5 月，禁止酷刑委员会还决定核对这份报告，并将其转交缔约国，这份报告于 1999 年 5 月 26 日转交缔约国。1999 年 11 月，禁止酷刑委员会审议了政府对上述报告所载结论和建议的答复，1999 年 11 月 15 日，禁止酷刑委员会就是否有可能按照第 20

条第 5 款的规定将调查结果概述列入禁止酷刑委员会年度报告一事与政府代表进行了协商。但是，禁止酷刑委员会决定推迟就这一事项通过的一项决定，并请缔约国在2000 年9 月1 日之前就委员会建议的执行提供补充资料。

最后，禁止酷刑委员会决定在其将于 2000 年提交联合国大会的年度报告中提及这一点：它已就秘鲁的情况根据第 20 条进行了一次调查。缔约国于 2000 年 9 月 1 日和 10 月 16 日应请求向委员会发送了资料，并于 2000 年 12 月 21 日和 2001 年 2 月 7 日送交了补充资料。鉴于禁止酷刑委员会对秘鲁的调查，秘鲁政府提出了积极的改进意见，最后的缔约国报告总的来说与委员会的建议相一致。秘鲁政府正在采取必要步骤，以便成立一个专项调查委员会，后者将查明 1980 年至 2000 年这段时间内秘鲁发生的侵犯人权事件，包括酷刑事件，并制定一项为受害者采取补救措施的政策。相信秘鲁政府能够依照《禁酷刑公约》的规定，采取有力的、切实有效的步骤，以便迅速终止酷刑现象。

（二）美洲人权委员会实施现场调查程序的现状[1]

《美洲人权公约》于 1969 年 11 月 22 日由美洲国家间人权特别会议通过，1978 年 7 月 18 日生效。而现场调查程序的历史早于《美洲人权公约》。早在 1961 年，美洲人权委员会在访问多米尼加共和国时，委员会人员奔波于整个国家，举行听证会，与政府和反对派领导会面，并和来自教会、商界和工会的各界代表和个人进行了面谈，委员会还在该国设立了办事处，负责接书面或口头的申诉。委员会访问多米尼加所采用的工作方法，后来成了委员会展开实地调查的模式，这一模式基本上被沿用至今。在很长一段时间内，特别是 20 世纪 70 年代和 80 年代早期，美洲人权委员会不得不把工作重心集中于对付军人政府制造的广泛而系统的侵犯人权的情势。在履行其促进美洲国家组织成员国人权的职能的过程中，美洲人权委员会不得不面对特别的挑战。大规模、广泛侵犯人

---

〔1〕 本部分的论述参考了谷盛开：《国际人权法：美洲区域的理论与实践》，山东人民出版社 2007 年版，第 228 ~ 232 页。

权的政府很难尊重一个超国家的人权机构的权威。在这种情况下，美洲人权委员会经常借助于非政府组织，依据现场调查出版涉及有关国家的综合报告。

美洲人权保护体系在实施调查方面的广泛实践，远远超过了其他区域性人权机制。从实践来看，对美洲人权委员会提出的现场调查要求，除古巴和海地外，当事国一般很少拒绝，但是当事国往往采取拖延答复或者尽可能拖延这种调查。美洲人权委员会根据其《议事规则》第18条第（g）款的规定实施的现场调查活动稳定增加，截止到2005年12月，针对美洲国家组织成员国一般侵犯人权的事项，美洲人权委员会实施了87次现场调查行动，覆盖范围相当广泛，涉及23个国家，基本上占美洲国家组织35个成员国的2/3，不仅包括海地、巴拿马、牙买加等小国，而且还包括美国、加拿大、墨西哥、巴西、秘鲁等大国，其中，针对海地的最多，已达13次。需要指出的是，这些调查不仅在《美洲人权公约》缔约国范围实施，而且及于美洲国家组织成员国。对于非《美洲人权公约》缔约国的美国，这项调查程序已经实施了7次，涉及移民工人状况、古巴难民、监狱等多项主题。这归功于美洲人权委员会分别依据《美洲人权公约》和《美洲国家组织宪章》担负条约机构和宪章机构的双重角色。有学者认为，美洲人权委员会前期的巨大成功在很大程度上归功于在现场调查程序方面的实践。调查小组的活动对于当地人权状况具有相当的促进作用，有时可以挽救人的生命。调查报告的出版并提交给美洲国家组织大会，使调查活动超越其本身的效果，可以产生进一步的效应。

三、调查程序适用的制约因素

国际人权法中的调查程序的显著优点在于国际人权监督机构依职权主动对严重侵犯人权的制度或者惯例进行处理，但是由于调查程序的秘密性以及对缔约国的合作要求比较高等因素的制约，调查程序的实践仍处于一个不健全和低效率运作的阶段，没有起到其设计者所预期的效果，其有效性也不及其他程序特别是个人申诉程序和国家报告程序。究其根源，这主要受到国际社会成员的多样性和差异性、国家主权与国家人权的关系和国际政治等因素的制约。

(一) 国际社会成员多样性对调查程序的适用范围和限度的影响

调查程序的实现最终要依赖缔约国的配合，它的实现也是一个涉及政治、经济、法律和意识形态等多方因素的错综复杂的过程。国际社会成员在文化价值观念、政治社会制度、法律意识形态及经济发展水平等方面的差异性和多样性自然会在努力实现人权的过程中留下自己的印记，必然会对调查程序的适用范围和限度产生影响。

对调查程序的适用范围的影响。主要体现在缔约国对公约提出的保留。缔约国在批准或加入条约时所做的各种保留也使得调查程序在使用时残缺不全。而保留是一个国家主权的问题，从国际监督的一般性质上看，任何国际监督机关都不具有当然的管辖权，他们为保证国际法律规则的有效实施而进行的国际监督，必须建立在国家主权原则的基础上，调查程序也不例外。

对调查程序的适用限度的影响。主要体现在缔约国对调查程序的限制性规定，即调查程序的实施受到国内法律、国家安全、公共秩序、社会道德等限制，而这些限制往往由国家根据自己的国情和需要加以确定；国家在参加条约时，往往从国家利益出发，或者不愿意将其部分主权转让给它无法施加影响的监督机关，或者在涉及自己存在的人权问题时，援用“国家主权”或“人权系国内管辖事项”为理由来抵制人权监督机关实施的调查程序。[1]

(二) 国家主权对调查程序的制约

国家主权对调查程序的制约作用具体表现为：第一，国家主权是实现人权保护的前提和基础。主权国家参加有关调查程序的公约后，按照各自的宪法体制，采取转化的方式，将公约的规定适用于该国领土。第二，调查程序具体实施时，特别是领土访问取决于被调查国的同意。第

〔1〕 刘杰：《人权与国家主权》，上海人民出版社 2005 年版，第 129 页。

三，在调查过程中，也需要被调查国的配合与协助，特别是侵犯人权问题主要是通过主权国家的国内法予以解决。

（三）国际政治对调查程序的影响

调查程序不仅是重要的国际法问题，而且是一个棘手的国际政治问题。尽管调查的秘密性给被调查国一个缓和及解决问题的过程，但是，国际人权监督机构最后会以摘要的形式将其调查结果或意见及建议书公布在其年度报告中，这样会给被调查国带来国际政治舆论的压力，往往具有正反两个方面的作用。从正面作用来讲，有的国家迫于国际政治舆论压力，克服了国内人权保障制度的不足，从而发挥了正面的促进的作用；从反面作用来讲，国际关系中国家地位不平等的事实使得许多弱小国家特别是发展中国家对国际政治极为敏感，处于被动地位。一方面，因为这些弱小国家的政治体制不完善，经济发展不均衡，其人权制度往往不够完善；另一方面，由于对国际人权监督机构缺乏信任，这些国家往往担心如果接受政治监督，就可能成为别有用心的人权组织或外国政府侮辱或人身攻击的对象，主权遭受侵犯，为了避免自己的人权侵犯行为成为别国干涉内政的把柄，避免自己成为西方国家人权政治化的牺牲品，进而采取不合作的态度，不批准/加入人权条约，或在批准/加入人权条约时，声明不承认人权监督机构对来文程序、调查程序的管辖权。

除了这些因素之外，一些西方国家认为人权监督机构的“协商一致”的工作程序和“非公开”原则阻碍了调查程序的实施状况，也采取了不愿合作的态度，这使得调查程序的适用范围极为有限。

四、调查程序的改进

美洲人权委员会的调查程序较为广泛和频繁的实践表明，美洲国家组织的成员国对现场调查程序比较认同，优于《禁止酷刑公约》和《消除对妇女一切形式歧视公约任择议定书》中调查程序的实施情况，从一定程度上说明区域性国际组织的成员国之间同质性较高，有利于区域性人权公约中的调查程序的适用，但一个大规模、系统地侵犯人权的政府很难真正尊重一个国际人权监督机构的权威。同时，国际人权监督机构经常借助于非政府组织的力量，这就涉及了非政府组织在调查程序中发挥的作用。

（一）进一步提高人权监督机构的独立性和公正性，增进缔约国与人权监督机构之间的互相信任

如前所述，绝大多数人权文件中规定的调查程序都是任择性的；实地调查取决于被调查国的许可；调查程序的使用频率较低。缔约国是否接受调查程序，被调查国是否许可人权监督机构的实地调查，调查程序是否能够得到更好的使用，从一定程度上来讲取决于缔约国是否信任人权监督机构的独立性和公正性。因此，一方面，只有采取有效措施，进一步提高人权监督机构的独立性和公正性，增进缔约国对人权监督机构的信任，才能改善调查程序当前难尽人意的实施状况。另一方面，缔约国应尊重人权监督机构的调查结论、意见和建议，积极采取措施在国内予以实施，改善本国人权状况。例如，在禁止酷刑委员会的秘鲁调查案中，秘鲁政府最后提出了积极地改进意见，在其提交的缔约国报告中所报告的措施总的来说与委员会的建议相一致，这表明秘鲁政府能够依照《禁止酷刑公约》的规定以及委员会的建议，采取有力的、切实有效的步骤，以便迅速终止酷刑现象，树立了一个良好的典范。

（二）促进联合国和区域性人权公约中的调查程序的发展

如前所述，在联合国核心人权公约中，迄今已有六项联合国核心人权公约或其任择议定书明确规定调查程序，此外，尽管《消除一切形式种族歧视国际公约》中没有明确规定调查程序，但消除种族歧视委员会有过类似的活动，例如，以技术援助或者顾问服务以及预防性行动和早期警告措施的框架下实施调查程序。从联合国人权公约的实施机制来说，可以进一步以任择议定书的形式规定调查程序，或通过修改各人权机构的议事规则，在来文程序中加入调查程序的规定，扩大调查程序在联合国人权公约中的适用范围。

促进区域性人权调查程序的发展。除美洲人权委员会外，非洲人权

和民族权委员会[1]和欧洲人权法院在调查程序方面都有较丰富的实践。区域性调查程序更容易被该区域性国际组织的成员国接受，这与区域内各国政治制度、文化传统、经济发展水平等方面较为相似有关系，从而更容易实现更高水平的人权保护。与此相反，由于历史、文化、政治、经济等发展不均衡，联合国人权公约中的调查程序的制定和适用确实困难较大。因此，在努力进一步发展联合国系统的调查程序的同时，国际社会应该更加注重利用区域性人权保护的同质性，努力推动区域性人权公约中调查程序的发展，促进区域性人权机制中调查程序的完善，为联合国人权公约中的调查程序的发展提供借鉴及经验，推动联合国人权公约中的调查程序的发展和完善，并这也不失为一个促进调查程序发展的有效途径。

（三）促进非政府人权组织在调查程序中发挥的积极作用

引起调查程序的可靠资料往往来自个人和非政府组织。相对于个人来说，非政府组织以其精湛的专业知识，丰富的网络资源，强大的舆论工具，出色的动员手段，或者帮助、监督国家履行其人权公约义务，或者揭露国家人权侵犯的真相，帮助世界各国人民实现和捍卫他们的人权。因此，非政府组织，特别是在相关国际组织中享有谘商地位的非政府组织，在调查程序方面发挥着重要的作用。非政府人权组织的性质和工作方法在一定程度上也克服了调查程序“软法”特性，丰富了调查程序的作用，促进了调查程序的实施。

但是，在对待非政府组织的态度上，许多国家既不支持也不合作，彼此之间存在着隔阂，不愿意接受非政府组织的监督。[2]缔约国对非政府人权组织的这种不认可与后者的如下特点有关：第一，非政府人权组织往往强调理想的人权状况，这个“爱挑剔的信息传播者”，几乎谴责

---

〔1〕关于非洲人权和民族权委员会在调查程序方面的实践情况，参见 Malcolm Evans and Rachel Murray (ed.), *The African Charter on Human and People's Rights: The System in Practice 1986 - 2006* (2nd edition), Cambridge: Cambridge University Press, 2008, Chapter 4, "Evidence and Fact - finding by the African Commission", pp. 139 ~ 170.

〔2〕黎尔平：“国际人权保护机制的构成及发展趋势”，载《法商研究》2005年第5期。

过所有的国家和政府。事实上，任何一个国家的人权状况与理想人权标准都会存在差距。羞辱一个国家的政府可能迫使它改变人权政策，但也可能引起更大的冲突和麻烦。第二，非政府人权组织，目前主要是西方非政府人权组织，与非西方国家缺少对话，不顾非西方国家的发展现状，利用人权舆论压力，推行西方的人权价值观，因此也为大多数非西方国家所排斥。

尽管如此，非政府组织作为日益崛起的国际人权标准制定和实施的第三方力量，其作用越来越不容忽视。一种被广泛接受的观点是，如无非政府组织，联合国的人权机制将不能发挥作用。非政府人权组织凭借其独特的影响力，在很大程度上弥补了国际人权监督机制的不足及固有缺陷。因此要促进非政府人权组织在调查程序中发挥积极作用。

第三节 《任择议定书》中的调查程序

《经济、社会和文化权利国际公约任择议定书》（以下简称《任择议定书》）是继《禁止酷刑公约》、《消除对妇女一切形式歧视公约》、《保护所有人免遭强迫失踪国际公约》和《残疾人权利公约任择议定书》之后第五份规定调查程序的联合国人权文件。《任择议定书》调查程序继承和发展了此前人权公约中的相关规定，并为《儿童权利公约关于设定来文程序的任择议定书》中的调查程序提供了借鉴。

一、经济、社会和文化权利委员会在《任择议定书》制定之前开展调查活动的实践

虽然《经济、社会和文化权利国际公约》中没有规定正式的调查程序，但是经济、社会和文化权利委员会（以下简称“委员会”）已经根据公约第 22、23 条在报告程序后续行动以及技术援助的框架下进行了相关的实践，而且与禁止酷刑委员会的做法相似。委员会在其 1993 年的年度报告中对此进行了阐述：

> 在委员会认为它在前述程序的基础上不能获得它需要的信息的

情况下，它可以决定采取不同的方式作为替代。特别是，委员会可以像它曾经针对两个缔约国所做的那样，要求缔约国接受一个由委员会一名或两名委员组成的代表团。这种决定的前提是，委员会自身已经确信没有可以获得的充分的可替代的办法，而且它所占有的信息能够证明此种办法是合理的。这种实地调查的目的是：①收集与委员会实现公约下的职能有关的必要信息；②向委员会提供在公约第22、23条基础上实现技术援助和咨询服务职能的更为广泛的基础。委员会特别指出，它的代表要从所有可获得的渠道努力寻找信息。代表也将考虑人权中心提供的咨询服务是否能够对正在处理的特定问题有帮助。……调查结束后，代表要向委员会报告。在其提交的报告的基础上，委员会详细计划它要实现的职能，包括有关技术援助和咨询服务的职能。如果有关缔约国不接受代表团的提议，委员会将考虑向经社理事会作出任何可能是适当的建议。[1]

委员会在多米尼加共和国和巴拿马两国开展过调查，并且都与适足住房权有关。

(一) 多米尼加共和国案

委员会在1990年第五届会议上要求多米尼加共和国在第六届会议期间为其定期报告提交补充材料。[2] 多米尼加共和国未能做到，这促使委员会重申该要求，并打算使用联合国咨询服务，协助委员会“致力于在其报告中提到的大规模驱逐情形下促进［多米尼加］充分遵守《公约》”。[3]委员会在其第九届会议上仍继续关注多米尼加问题，[4]委员会接受了多米尼加政府的请求，将对该国人权状况的审议推迟到第十一届会议，因为在该案中存在例外情况。[5]1994年11月，委员会审议了由

---

〔1〕 UN Doc. E/1994/23, paras 40 ~ 41，另参见UN Doc. E/1996/22 - E/C. 12/1995/18, paras. 39 ~ 40.

〔2〕 Ibid, para. 250.

〔3〕 Ibid, paras. 330 ~ 331.

〔4〕 Ibid, para. 373.

〔5〕 UN Doc. E/1995/22 - E/C. 12/1994/20，第206 ~ 210段“多米尼加”，第207段。

于请多米尼加共和国政府特别就适足住房权提供进一步信息而引起的问题。多米尼加共和国派出包括一名专家在内的两名代表参加与委员会的建设性对话，并在全部程序中进行合作，对委员会提出的问题做出了坦诚而直率的回答，并愿意承认有许多妨碍执行公约的困难，委员会对此表示赞赏和欢迎。[1]委员会特别阐明了它对强制搬迁、住房严重不足、居住条件恶劣、公房分配不公等与适足住房权有关的问题的观点。[2]在其建议中，委员会再次向该国政府提出要求，向该国派出一个两人代表团，以便于委员会对该国的强制搬迁问题进行全面的评估。[3]多米尼加共和国第二次定期报告本应于委员会第十四届会议上予以审议，应多米尼加共和国的请求，而推迟到了第十五届会议。委员会对多米尼加共和国的做法和态度表示遗憾和不满，这是因为：第一，缔约国政府既未对委员会提出的问题单作出书面答复，也未派出一个专家代表团来提交其报告，表明该缔约国一贯漠视其《公约》义务，不愿与委员会合作；第二，该缔约国政府提交的报告如初次报告一样，未根据修订的关于报告格式和内容的指导方针编写；第三，报告所载资料不完整，特别是完全没有提到关于实际落实《公约》所载权利的情况，没有谈到委员会上次通过的结论性意见中提出的建议。委员会只能根据其工作方法，在没有专家代表团对话或参与的情况下审议该报告。[4]在其建议中，委员会没有明确重申其实地访问的要求，而是建议该缔约国“对委员会 1994 年第十一届会议通过的结论性意见提出书面答复，特别是关于请该缔约国邀请委员会代表访问多米尼加共和国问题”[5]。

1997 年 4 月，多米尼加共和国接受由委员会两名成员组成的代表团对该国进行实地访问。同年 9 月 19 日至 27 日，委员会代表团的访问成行。访问期间，多米尼加政府作出积极反应与合作，该国最高级的政府

---

〔1〕 UN Doc. E/1995/22 - E/C. 12/1994/20，第 206 ~ 210 段“多米尼加”，第 309 ~ 311 段。
〔2〕 同上，第 316 ~ 324 段。
〔3〕 同上，第 335 段。
〔4〕 UN Doc. E/1997/22 - E/C. 12/1996/6，第 212 ~ 215 段。
〔5〕 同上，第 239 段。

官员、无数个非政府组织和联合国开发署向委员会代表团提供了技术和后勤援助，并就委员会确定的访问任务的两项主题——在多米尼加共和国的海地籍工人的住房权利及其状况以及在法律和实践中执行《公约》的一般情况——提供了宝贵的资料。委员会对此表示满意和赞赏。[1]代表团的报告提交给了同年 11～12 月间举行的第十七届会议，委员会在这届会议上，结合对多米尼加共和国第二份第七报告的进一步审议，审议了该报告。[2]代表团报告描述了多米尼加共和国的总的局势，并着重描述了住房情况的各个方面的问题。更为重要的是，委员会采纳了报告中提出的结论性意见和建议。

（二）巴拿马案

委员会在巴拿马案中几乎没有遇到任何问题和障碍。巴拿马是第一个接受技术援助代表团的国家。委员会在其第六届会议上对巴拿马一些报告进行审查时，注意到几个问题，特别是关于住房权和驱逐的问题，没有得到充分的回答。[3]委员会第七届会议在对巴拿马的补充材料进行审查后决定，根据其通过的关于后续行动的程序，向巴拿马提议派一位或两位委员前往巴拿马，就第六届会议报告第 135 段查明的问题向该国政府提供咨询。[4]这一决定得到了 1993 年 7 月 28 日通过的经济和社会理事会第 1993/294 号决定的核准。委员会在第八届、第九届会议上重申了这一要求。1994 年 12 月，巴拿马政府同意委员会关于派出其一两名成员与该国政府就委员会第六至第十一届会议所确认的各项事务展开对话的提议。1995 年 4 月 16 日至 20 日，委员会代表团成行。在征得政府的同意下，委员会的两名成员由国际生境联盟执行秘书陪同进行访问。巴拿马政府为调查团提供了一切所要求的资料，对考察团所感兴趣

---

〔1〕 UN Doc. E/1998/22 – E/C. 12/1997/9，第 197～199、202 段。

〔2〕 代表团报告全文已经公布，参见 UN Doc. E/C. 12/1997/9（29 January 1998）。代表团由委员会成员菲利普·泰克西尔（Philippe Texier）先生和捷韦尔·韦默·赞布莱诺（Javier Wimer Zambrano）组成，他们还于 1995 年执行了对巴拿马的实地调查。

〔3〕 UN Doc. E/1992/23，paras 95～139.

〔4〕 UN Doc. E/1993/22 – E/C. 12/1992/2，para. 199.

的区域提供了访问便利，帮助安排了与各区域和市镇当局、非政府组织、巴拿马城和科隆的教会及学术机构代表们的各类会晤，并以建设性和开放态度与调查团进行了合作。为此，得到了调查团成员的高度赞赏。〔1〕调查报告在描述了巴拿马的概况后，着重阐明了巴拿马住房领域的国家政策，描述了住房问题的一些具体实例，并提出了一些意见和建议。〔2〕委员会第十三届会议采纳了这些意见和建议，并特别指出："经济、社会和文化权利委员会1995年4月16日至22日派往巴拿马的技术援助考察团的报告，标志着委员会与《公约》的一个缔约国之间关系的新阶段。它标志着巴拿马政府在遵循有关住房政策方面的一个新起点。"〔3〕

被委员会采纳的技术援助考察团的建议"方式积极，富有建设性，提出了实用的、合理的措施，它们构成该国无需大量开支就能够立即采取符合《公约》规定的逐步实现的步骤"。〔4〕这种方式被派往多米尼加的委员会代表团报告所继承。

总之，1999年12月1日委员会第二十一届第五十三次会议认为"已对两个缔约国采用了这种程序，委员会认为在这两个国家的经验均很成功"，〔5〕因此决定，在对前述1993年报告中的文字稍作修改后，将这一做法作为"与后续行动有关的程序"的一部分固定下来，〔6〕此后，委员会每年年度报告中都载有这一部分内容。

上述调查活动作为委员会审议缔约国定期报告的后续行动的一种方

---

〔1〕 UN Doc. E/1996/22 - E/C. 12/1995/18，附件五《经济、社会和文化权利委员会巴拿马技术援助考察团的报告》（1996年4月16日至22日），导言，第1~15段。

〔2〕 同上，"一、《考察团的报告》"和"二、《委员会通过的一些意见和建议》"。

〔3〕 UN Doc. E/1996/22 - E/C. 12/1995/18，第307段。

〔4〕 Kitty Arambulo, *Strengthening the Supervision of the International Covenant on Economic, Social and Cultural Rights: Theoretical and Procedural Aspects*, Antwerpen/Groningen/Oxford: Intersentia - Hart, 1999, p. 194.

〔5〕 E/2000/22 - E/C. 12/1999/11，经济、社会和文化权利委员会第二十届和第二十一届会议报告（1999年4月26日至5月14日，1999年11月15日至12月3日），第41段。

〔6〕 同上，第39~41段。

式，是委员会创造性地开展工作的典范，虽然没有坚实的条约基础，但确实为弥补缔约国报告程序的不足提供了一种新的工作思路和工作方式，有利于加强《公约》的实施监督机制。

二、《任择议定书》中调查程序的起草过程分析

虽然有《禁止酷刑公约》以及其他人权文件规定的调查程序可资借鉴，但是，1997 年人权高级专员向联合国人权委员会提交的、由经济、社会和文化权利委员会拟定的《经济、社会和文化权利国际公约任择议定书》草案中并没有规定调查程序。[1]时任经济、社会和文化委员会主席的菲利普·阿尔斯顿（Philip Alston）积极支持制定一项旨在规定个人来文程序的《经济、社会和文化权利国际公约任择议定书》，但他同时认为“申诉程序与调查程序之间并没有直接联系”，他还提到重要的反对意见，即“将委员会的职能定位于建设性对话的观念，会对扩展委员会的职能产生不利影响”。[2]此外，当时多数国家不愿意改进《公约》的监督和通过一项个人来文程序，更别说增加一项调查程序，这或许对将调查程序纳入任择议定书持谨慎态度起了重要作用。此外，如前所述，在当时看来，在缔约国报告程序的后续行动框架下的调查程序虽然发挥了较好的作用，但

> 说委员会在这方面的实践非常成功为时尚早，因为它使用这一程序仅有两次，而且实际上只设立了一支国家调查团。现实地看待这一程序，在着手将相似程序的发展纳入到一项在相当长的时期内还不会生效的《任择议定书》之前，静观后续行动的发展并保持这

〔1〕 参见 E/CN. 4/1997/105.

〔2〕 Philip Alston, European University Institution (Florence), “Establishing a Right to Petition under the Covenant on Economic, Social and Cultural Rights”, *Collected Courses of the Academy of European Law—The Protection of Human Rights in Europe*, Vol. IV, Book 2 – The Hague/Boston/London: Martinus Nijhoff Publishers, 1993, pp. 107 ~ 152.

一现状，也许更好。[1]

2004年2月23日至3月5日拟定《经济、社会和文化权利国际公约》任择议定书问题不限成员名额工作组（以下简称“工作组”）举行了第一届会议，工作组讨论了《经济、社会和文化权利国际公约任择议定书》是否应包括调查程序。[2]在本届会议的最后，工作组主席兼首席报告员卡塔丽娜·德·阿尔布尔克女士（葡萄牙）鼓励秘书长向工作组第二届会议提供一份国际人权文书的和联合国系统内的现有来文和调查程序的比较性摘要。

工作组于2005年1月10日至20日举行了第二届会议。在会议中决定着手讨论现有文书和调查程序确认的可受理标准可否适用于《经济、社会和文化权利国际公约任择议定书》这一问题。俄罗斯联邦和葡萄牙两国代表表示支持在任择议定书中列入一项条款，使匿名来文可予受理。法国指出，虽然匿名来文可予受理，但如果申诉者面临遭受所涉国家报复的危险时，应该考虑到来自该国的申诉者不公开姓名的可能性。[3]

工作组于2006年2月6日至17日在日内瓦举行了第三届会议，工作组讨论了调查程序的问题，它们提出的问题和关切包括：适用什么标准来决定资料是否可靠？可以考虑何种资料来源，在没有确定受害者时，是否考虑匿名提供的资料？什么是“严重和一贯侵犯”人权的标准？与其他人权机制、特别是人权委员会各特别程序相比，本程序的作用是什么？是否在调查的所有阶段都必须取得缔约国的同意？有代表提到，委员会已经在有关缔约国的邀请下而开展了一些国别访问。通过调

---

〔1〕 Kitty Arambulo, *Strengthening the Supervision of the International Covenant on Economic, Social and Cultural Rights: Theoretical and Procedural Aspects*, Antwerpen/Groningen/Oxford: Intersentia - Hart, 1999, p. 198.

〔2〕 E/CN. 4/2004/44，关于拟定《经济、社会和文化权利国际公约任择议定书》提供选择方案不限成员名额工作组第一届会议报告，第30、73、77段。

〔3〕 E/CN. 4/2005/52，关于拟定《经济、社会和文化权利国际公约任择议定书》提供选择方案不限成员名额工作组第二届会议报告，第39、45、86、109段。

查程序，任择议定书可让委员会采取积极措施。阿塞拜疆主张在调查程序中纳入“不加入”条款。非政府组织联盟、大赦国际、“欧洲与第三世界中心”、住房权中心与国际法学家委员会都发言赞成调查程序。关于调查程序与现行机制之间潜在的重复问题，有人提到各特别程序并非是以条约为基础的程序。另外，制定这些机制并非为了处理严重和一贯侵权行为，并不涵盖经济、社会和文化权利的全部内容。里德尔先生提到，根据调查程序，委员会将在与报告程序同样的基础上决定资料是否“可靠”。任何调查机制都将导致开支；但是根据其他条约机构的经验，这类开支是可以控制得住的。里德尔先生建议说，鉴于有效的资料必须表明严重和/或一贯的侵权行为，所以调查的数量是有限的，而缔约国必须表示同意。尽管委员会已经采取了这类程序，在任择议定书内规定这类程序将产生更可预测和一贯的措施。[1]

为了在条文草案中体现出这项选择，而且鉴于对这一程序的具体内容没有提出建议，工作组主席兼首席报告员起草的提交工作组第四届会议讨论的《任择议定书》草案将调查程序纳入其中，综合采用了与《消除对妇女一切形式歧视公约任择议定书》（第8、9条）和《残疾人权利公约任择议定书》（第6、7条）（草案第10条第1~5款和第11条）以及《禁止酷刑公约》（第20条第5款）（草案第10条第6款）完全相同的文字。

2007年7月16日至27日，工作组召开了第四届会议。代表们对于是否在任择议定书内纳入调查程序表达了不同意见，而这显然是需要在工作组内进一步讨论的问题。奥地利、巴西、智利、哥斯达黎加、厄瓜多尔、芬兰、列支敦士登、葡萄牙、塞内加尔、南非、瑞典和非政府组织联盟赞成设立一个调查程序。芬兰指出，这允许对严重违反行为做出及时反应。它还指出，难于利用来文程序和有受报复危险的个人和团体

---

〔1〕 E/CN.4/2006/47，关于拟定《经济、社会和文化权利国际公约任择议定书》提供选择方案不限成员名额工作组第三届会议报告，第15、69~75、138段，E/CN.4/2006/NG.23/2，第27~30段。

可以利用这一调查程序。[1]比利时、法国、意大利和英国指出，它们的代表团尚未对这一问题而决定最后立场。阿根廷、巴西、智利和西班牙提到，尽管它们已经在其他文书中接受了类似的程序，但是尚未对调查程序问题决定最后立场。[2]澳大利亚、中国、埃及、安哥拉、印度、俄罗斯和美国不赞成列入调查程序，对这种程序表示关注，并提出了反对意见。[3]尼日利亚和波兰表示对这一程序有保留。丹麦建议，如果保留这类程序，则将其适用范围局限于不歧视或其他基本和明确界定的原则上。[4]当然在讨论中还有其他问题。[5]

根据一些代表的建议，工作组主席兼首席报告员对第 11 条进行了修改，增加了第 11 条之二，明确调查程序是任择性的。[6]工作组第五届会议第一阶段进一步讨论了调查程序，除了继续表达对调查程序的支持和反对意见外，还有一些代表对“严重或系统”、“6 个月期限”以及一些其他细节问题表达了自己的意见。由于第 11 条之二明确了调查程序为任择程序，虽有不同意见，但许多代表表示出灵活态度。俄罗斯联邦赞成将第 10 条和第 11 条之二合并，以阐明调查程序是任择的。[7]俄罗斯的这一建议被工作组最终通过并提交人权理事会的《任择议定书》

---

〔1〕 A/HRC/6/8，第 111 段。

〔2〕 A/HRC/6/WG. 4/2，主席兼报告员卡塔丽娜·德阿尔布克尔克编写：《经济、社会和文化权利国际公约》任择议定书草案，第 32 段。

〔3〕 同上，第 112 段。

〔4〕 同上，第 32 段。

〔5〕 A/HRC/6/8，关于拟定《经济、社会和文化权利国际公约任择议定书》提供选择方案不限成员名额工作组第四届会议报告，第 113 ~ 118 段。美国指出，在《公民权利和政治权利国际公约》第一任择议定书中没有相当的条款。澳大利亚、埃塞俄比亚、意大利、波兰和美国指出其可能与特别报告员的工作有重复。布基纳法索和塞内加尔认为，特别报告员的工作不同于调查程序。挪威请求提供《消除对妇女一切形式歧视公约》和《禁止酷刑公约》适用类似程序及其附加价值的资料。布基纳法索、中国、埃及、埃塞俄比亚、尼日利亚和美国对“严重地和系统地侵犯”一词表示关切。巴西指出，需要明确的人权指标来确认调查的严重和系统地侵犯行为的情况。智利和英国指出，缺乏资源不能成为严重违反行为的正当理由。

〔6〕 A/HRC/8/WG. 4/2，《经济、社会和文化权利国际公约》任择议定书订正草案。

〔7〕 A/HRC/8/7，关于拟定《经济、社会和文化权利国际公约任择议定书》提供选择方案不限成员名额工作组第五届会议报告，第 96 ~ 102 段。

草案所采纳。[1]在第二阶段的讨论中，一些代表团表达了与会议第一阶段中相关讨论类似的关切。在细节讨论方面比较有意义的是，埃及请求进一步澄清对国家间程序规定选入条款而对调查程序规定选出条款这一点。俄罗斯联邦指出，在本文书中采取两种办法的法律依据不清楚，建议对两种程序采取相同处理办法。[2]这一建议也被工作组最终通过并提交人权理事会的《任择议定书》草案所采纳，都采用了选入条款的方式。[3]

三、《任择议定书》与其他联合国人权公约中调查程序的比较分析

《任择议定书》第11条第2~7款规定了调查程序的步骤、方式、方法和期限。第12条规定了调查程序的后续行动。如前所述，《任择议定书》关于调查程序的规定是在综合了《消除对妇女一切形式歧视公约任择议定书》、《残疾人权利公约任择议定书（草案）》以及《禁止酷刑公约》的基础上，并稍加修改而形成的。此外，《保护所有人免遭强迫失踪国际公约》和《儿童权利公约关于设定来文程序的任择议定书》也都是在《经济、社会和文化权利国际公约任择议定书》前后制定的，因此，联合国六项核心人权公约或其任择议定书关于调查程序的规定大同小异。

第一，结构上的异同。《禁止酷刑公约》第20、21、22条分别规定了调查程序、国家间指控程序和个人来文程序。这一顺序结构表明了调查程序完全独立于国家间指控程序和个人来文程序的逻辑。而《经济、社会和文化权利国际公约任择议定书》的结构与此完全相反，其顺序是个人来文程序、国家间指控程序和调查程序。虽然调查程序仍是一项独立程序，但这一顺序结构似乎暗示这调查程序对个人来文程序和国家间

---

〔1〕 A/HRC/8/7，关于拟定《经济、社会和文化权利国际公约任择议定书》提供选择方案不限成员名额工作组第五届会议报告，附件一《经济、社会和文化权利国际公约》任择议定书草案。第10条第1款规定："本议定书缔约国可随时声明承认委员会根据本条所具有的权限。"

〔2〕 同上，第179段。

〔3〕 同上，附件一《经济、社会和文化权利国际公约》任择议定书草案，第10条第1款、第11条第1款。

指控程序的附属性和补充性。其他四项公约或任择议定书也都采用了与《经济、社会和文化权利国际公约任择议定书》相同的来文程序在前调查程序在后的结构。

第二，措辞上的异同。《禁止酷刑公约》是第一个规定调查程序的联合国核心人权公约，而随后制定的两个任择议定书在充分借鉴前者的经验的基础上，措辞更为严谨。《经济社会和文化权利国际公约任择议定书》第 11 条第 2 ~6 款的措辞与《消除对妇女一切形式歧视公约任择议定书》第 8 条、《残疾人权利公约任择议定书》第 6 条和《儿童权利公约关于设定来文程序的任择议定书》第 13 条第 1 ~5 款的措辞相同。《保护所有人免遭强迫失踪国际公约》第 33 条的措辞与其他公约或任择议定书的措辞差异较大。[1]

第三，有关调查程序的后续行动规定的异同。《禁止酷刑公约》和《保护所有人免遭强迫失踪国际公约》没有明确规定调查程序的后续行动问题，而四个任择议定书都以单独一条两款的形式作出了明确规定，而且其措辞相同。

第四，关于各委员会就调查程序进行年度报告的义务的规定的异同。《禁止酷刑公约》、《消除对妇女一切形式歧视公约任择议定书》、《保护所有人免遭强迫失踪国际公约》和《经济、社会和文化权利国际公约任择议定书》都明确规定调查程序结束后，委员会在其年度报告中摘要介绍该程序结果的义务，其中《禁止酷刑公约》和《经济、社会和文化权利国际公约任择议定书》明确规定“应与有关缔约国协商后”，在其年度报告中摘要介绍该程序结果，而《消除对妇女一切

---

〔1〕《保护所有人免遭强迫失踪国际公约》第 33 条：①如果委员会收到可靠消息，表明一个缔约国正在严重违反本公约的规定，委员会可在征求有关缔约国的意见后，请一位或几位委员前往调查，并立即向委员会提出报告。②委员会应将安排访问的意图书面通知有关缔约国，并说明代表团的组成情况和访问的目的。缔约国应在合理的时间内向委员会作出答复。③委员会在收到缔约国提出的有充分依据的请求后，可决定推迟或取消访问。④如果缔约国同意接待来访，委员会应与有关缔约国共同制定访问计划，缔约国应为顺利完成访问，向委员会提供一切必要的便利。⑤访问结束后，委员会应向有关缔约国通报它的意见和建议。

形式歧视公约任择议定书》和《保护所有人免遭强迫失踪国际公约》未明确规定这一前提条件。《残疾人权利公约任择议定书》未明确规定报告的义务。当然，这些差异已通过各委员会的《议事规则》而得以消除。

第五，关于调查程序的任择性/强制性的规定的异同。这一问题已在本章第一节第二部分调查程序的第二个特点中予以阐述，不再赘述。

四、《任择议定书》中调查程序的声明接受情况的分析

《经济、社会和文化权利国际公约任择议定书》第 11 条第 1 款规定："本议定书缔约国可以在任何时候作出声明，承认本条规定的委员会权限"；第 8 款规定："依照本条第 1 款规定作出声明的任何缔约国，可以随时通知秘书长撤回其声明"。因此，调查程序为任择性程序。截至 2015 年 5 月 1 日，在 20 个缔约国中，与国家间指控程序相同，也只有比利时、萨尔瓦多、芬兰和葡萄牙四国接受委员会对调查程序的管辖权。[1]

如前所述，共有 6 项联合国核心人权公约或其任择议定书规定了调查程序。《经济、社会和文化权利国际公约任择议定书》的 20 个缔约国全部接受了《禁止酷刑公约》的调查程序，接受其他调查程序的各有不同，而接受《经济、社会和文化权利国际公约任择议定书》的国家最少。具体情况见下表：

〔1〕 UNTC，https：//treaties. un. org/Pages/ViewDetails. aspx？src = TREATY&mtdsg_no = IV – 3 – a&chapter = 4&lang = en，访问日期：2014 年 7 月 2 日。

表 5－1

规定调查程序的文件及条款 / 接受与否 / 国家	《禁止酷刑公约》第20条	《保护所有人免遭强迫失踪国际公约》第33条	《消除对妇女一切形式歧视公约任择议定书》第8～9条	《经济、社会和文化权利国际公约任择议定书》第11条	《儿童权利公约关于设定来文程序的任择议定书》第13条	《残疾人权利公约任择议定书》第6～7条
阿根廷	YES	YES	YES	NO	–	YES
比利时	YES	YES	YES	YES	YES	YES
玻利维亚	YES	YES	YES	NO	YES	YES
波斯尼亚和黑塞哥维那	YES	YES	YES	NO	–	YES
佛得角	YES	–	–	YES	–	YES
哥斯达黎加	YES	YES	YES	–	–	YES
厄瓜多尔	YES	YES	YES	NO	–	YES
萨尔瓦多	YES	–	–	YES	–	YES
芬　兰	YES	–	YES	YES	–	–
加　蓬	YES	YES	YES	NO	YES	YES
法　国	YES	YES	YES	–	–	YES
意大利	YES	–	YES	–	–	YES
卢森堡	YES	–	YES	–	–	YES
蒙　古	YES	–	YES	NO	–	YES
黑　山	YES	YES	YES	NO	YES	YES
尼日尔	YES	–	YES	–	–	YES
葡萄牙	YES	YES	YES	YES	YES	YES
斯洛伐克	YES	–	YES	NO	YES	YES
西班牙	YES	YES	YES	NO	YES	YES
乌拉圭	YES	YES	YES	NO	–	YES

此外，我们还注意到，阿根廷、厄瓜多尔、哥斯达黎加、萨尔瓦多、玻利维亚和乌拉圭都是《美洲人权公约》的缔约国；波斯尼亚和黑塞哥维那、芬兰、法国、意大利、卢森堡、黑山、葡萄牙、斯洛伐克和西班牙都是《欧洲人权公约》的缔约国；佛得角、加蓬和尼日尔是《非洲人权和民族权宪章》的缔约国。也就是说，除蒙古这个亚洲国家（亚洲没有区域性人权公约）外，其他19个国家还分别是所属区域的人权公约中调查程序的缔约国。由此，我们可以预测，会有越来越多国家批准或加入《经济、社会和文化权利国际公约任择议定书》，但承认委员会对调查程序管辖权的国家可能相对偏少一些，而承认者可能主要来自欧洲和美洲，因为他们所在区域有着相对丰富的实践经验。

五、展望

《任择议定书》明确规定调查程序，改变了委员会此前类似实践缺乏明确法律基础的局面，并且将调查程序的适用范围从缔约国报告的后续行动扩展到更为广阔的空间。但是我们也必须意识到调查程序是一项任择程序，并对缔约国的合作要求比较高。从条约起草过程中大量国家反对将这一程序纳入到《任择议定书》，到缔约国声明承认委员会对调查程序的管辖权的比例偏低，都似乎预示着这一调查程序的批准和实施都不会是一帆风顺的。但是我们也应当乐观地看到，《任择议定书》关于调查程序的规定毕竟为《经济、社会和文化权利国际公约》增加了一种监督程序，为经济、社会和文化权利提供了潜在的更广泛的保护空间。

| 第六章 |

经济、社会和文化权利领域的国际援助与合作

第一节　经济、社会和文化权利领域国际援助与合作概述

一、以人权本位方针看待国际援助与合作

（一）国际援助与合作与人权之间的悖论

国际援助与合作是指国际组织、国家及其他机构，为了帮助受援国解决特定问题，或者实现援助方的特定目标所进行的有偿或者无偿，有条件或者无条件的资源流动，其实质是资源在国家间的再分配。根据国际援助与合作的领域不同，可以分为军事与安全领域的援助与合作，经济、社会和文化领域的援助与合作，人权领域的援助与合作，等等。而人权领域的援助与合作又可以分为公民权利和政治权利领域的援助与合作，以及经济、社会和文化权利领域的援助与合作。

援助国对外援助与合作的目标主要分为安全目标、政治目标、经济目标等几种。[1]由于各国对外援助与合作政策目标的不同，导致了援助与合作效果的差异性，直接影响着援助与合作在受援国的实践效果。许多国家的对外援助与合作是以本国国家利益为导向的，主要意在促进本

---

〔1〕 参见丁韶彬：《大国对外援助——以社会交换论为视角》，社会科学文献出版社2010年版，第133页。

国国家目标及国民利益的实现。相对而言，援助与合作对受援国的帮助则并不理想，甚至部分援助与合作不仅没有促进受援国能力的发展，相反的还破坏了受援国的能力建设，影响了受援国国家和国民能力的提高，阻碍了受援国人权的实现。正如经济、社会和文化权利委员会所指出的："发展合作活动不是自然有助于尊重经济、社会和文化权利。许多以'发展'名义进行的活动后来被发现其设想是错误的，甚至是违反人权标准的。"〔1〕而解决这一问题的关键就在于必须以人权本位方针看待国际援助和合作。

（二）人权本位方针的基本含义〔2〕

"人权本位方针"（human rights-based approach，HRBA，有时也使用 human rights approach 或 rights - based approach）〔3〕是联合国于20世纪90年代提出的一个以国际人权标准为基础，以直接促进和保护人权为目的的人类发展过程的概念框架。

2005年，时任联合国秘书长科菲·安南在联合国大会上发表了以

---

〔1〕 经济、社会和文化权利委员会：第2号一般性评论，第7段，载E/1990/23 - E/C.12/1990/3，经济、社会和文化权利委员会第四届会议报告。

〔2〕 关于人权本位方针的详细论述可以参见 Office of the UN High Commissioner for Human Rights：Frequently Asked Questions On A Human rights-based Approach to Development Cooperation（HR/PUB/06/8），另参见郭曰君："人权本位方针及其在中国实现的宪法路径"，载《中国社会科学院研究生院学报》2013年第1期。

〔3〕 "human right-based approach"还没有统一的中文译法，在安南的《大自由》的附件三《联合国人权事务高级专员提出的行动计划》（A/59/2005/Add.3）的中文文本中译作"人权本位方针"（第68、136段），在《联合国开发计划署与人权实践指引》（下载地址：http：//www.un.org/chinese/hr/issue/docs/undp.pdf）的中文文本中译作"基于人权的方法"。人权事务高级专员办公室出版的《减贫战略人权方针的原则和准则》（HR/PUB/06/12）的中文文本中译作"人权方针"。国内目前唯一一本以"human right-based approach"为题的著作《以权利为基础促进发展》（*A Compilation of the Theses and Speeches Presented at an International Conference on the Rights - based Approach to Development*，March 2004，北京大学法学院人权研究中心编，北京大学出版社2005年版）中，将"rights-based approach"译作"以权利为基础的方法"。鉴于中文是联合国工作语言之一，《大自由》中文文本为作准文本，故本文采用"人权本位方针"的译法，但这并不表明这就是最佳译法。人权本位方针可以处理和平与安全（包括反恐举措）、发展、人道主义工作等各种问题。目前，联合国各机构主要探索以人权本位方针处理各种发展问题。因此，本文对人权本位方针的讨论也主要限于发展问题。

“大自由：实现人人共享的发展、安全和人权”为主题的秘书长报告。在报告中他提出：安全、发展、人权是当今世界的三大主题。他强调发展、安全和人权三者密不可分，不仅都有必要，而且是互为推动的。“没有发展，我们就无法享有安全；没有安全，我们就无法享有发展；不尊重人权，我们既不能享有安全，也不能享有发展。除非这些事业齐头并进，否则，其中任何一项事业都不会成功”。他呼吁所有联合国机构使人权主流化，并纳入各自的职权范围内的活动和计划。[1]在2005年5月26日“大自由：实现人人共享的发展、安全和人权”秘书长报告的附件三——秘书长（科菲·安南）给大会主席的信中，他提出：“以人权本位方针处理各种问题（human rights - based approaches to various issues）”。[2]此后，这一概念得到越来越广泛的使用。

人权本位方针致力于分析发展的实质问题——不平等，并纠正阻碍发展进程的歧视性做法和不公正的权力分配。根据人权本位方针，发展计划、政策和过程建立在国际法规定的权利及相应的义务体系之上。这有助于促进发展工作的可持续性，赋予人们——特别是最被边缘化的人们——权力，来参与制定政策并迫使义务主体履行义务予以实施。尽管没有放之四海皆准的统一做法，联合国各机构一致认为人权本位方针应当包含以下一些本质特征：第一，制定政策和计划时，其主要目标应当是为了实现人权。第二，人权本位方针认同权利主体及其权利（entitlement）、相应的义务主体及其义务，并致力于增强两方面的能力：一是权利的能力，即权利主体需要加强他们提出要求和有效实践权利的能力、问责的能力。二是义务主体需要加强他们履行自己义务的能力。第三，国际人权公约规定的原则和标准应当指导所有领域的发展合作和计划，并贯穿计划的各个阶段。[3]

---

〔1〕 参见A59/2005《大自由：实现人人共享的发展、安全和人权》，2005年3月21日。

〔2〕 参见A59/2005/Add.3《大自由：实现人人共享的发展、安全和人权》，秘书长的报告附件三：2005年5月26日秘书长给大会主席的信。

〔3〕 Office of the UN High Commissioner for Human Rights: Frequently Asked Questions On A Human rights - based Approach to Development Cooperation (HR/PUB/06/8), pp. 15 ~ 16.

（三）人权本位方针对于国际援助与合作的意义

因此，人权本位方针可以有效解决国际援助和合作与人权之间的悖论。人权本位方针的国际援助和合作旨在人权的实现，特别是受援国国家及其国民的各项权利的实现，既可以通过更加积极的、非暴力的方式解决不同利益主体间的冲突，又可以通过防止和解决武力冲突，达到减少贫困的目的，还有利于培养国家的政治意愿，增强受援国国家履行义务的能力和国民主张权利、问责的能力，从而实现国际援助和合作的安全、发展与人权目标的统一。

经济、社会和文化权利领域的国际援助与合作，是指为了增强受援国履行人权义务的能力，促进受援国人民的经济、社会和文化权利的实现，国际社会对受援国在经济、社会和文化权利领域开展的援助与合作。更具体地说，其目的就是通过国际援助与合作，特别是经济、技术援助与合作，推动受援国政治、经济和文化等方面的发展，增强受援国即义务主体履行国家义务的能力，以及受援国国民作为权利主体主张权利的能力，从而最终促进受援国人民经济、社会和文化权利的实现。因此，在经济、社会和文化权利领域的国际援助与合作中坚持以人权本位方针为指导，以人权本位方针来看待国际援助与合作，对于化解对外援助与合作中产生的诸多弊端和负面影响，以及促进经济、社会和文化权利在受援国更好更快的实现具有重要意义。

二、经济、社会和文化权利领域的国际援助和合作的国际法依据

“由于实现经济、社会和文化权利，国家的负担是很沉重的，任务也是相当的复杂，如果缺乏经济和技术资源、教育和计划、对社会中心任务的逐步重新排序以及在很多情况下所必需的国际合作，对这类权利的享受就不能得到充分的保证。这些考虑都反映在缔约国对公约所承担的‘逐渐’和‘循序渐进’的义务上。考虑到这类权利的实质和各国为保证充分享受这类权利而必须实现解决的问题，要求各国立即落实所

有权利是不切实际的。”[1]因此《经济、社会和文化权利国际公约》（以下简称《公约》）第2条第1款规定：“要求每一缔约国承担尽最大能力个别采取步骤或经由国际援助与合作，特别是经济和技术方面的援助与合作，采取步骤，以便用一切适当方法，尤其包括用立法方法，逐渐达到公约所承认的权利的充分实现。”这表明了缔约国所承诺的是“尽最大能力”地采取步骤，以“逐渐达到”这些权利的“充分实现”。其中强调了国际援助与合作跨国因素在实现经济、社会和文化权利中的重要性。

此外，《公约》第22条规定：“经济及社会理事会得提请从事技术援助的联合国和它们的辅助机构以及有关的专门机构对本公约这一部分所提到的各种报告所引起的任何事项予以注意，这些事项可能帮助这些机构在它们各自的权限内决定是否需要采取有助于促进本公约的逐步切实履行的国际措施。”《公约》第23条：“本公约缔约各国同意为实现本公约所承认的权利而采取的国际行动应包括签订公约、提出建议、进行技术援助，以及为磋商和研究的目的同有关政府共同召开区域会议和技术会议等方法。”此外，《公约》第11、15条的特别规定中也提到了国际援助与合作的要求，其中在第11条规定适当生活水准权时要求各缔约国将采取适当的步骤保证实现这一权利规定，并承认为此而实行基于自愿同意的国际合作的必要性。第15条在科学和文化权利时提到“本公约缔约各国认识到鼓励和发展科学与文化方面的国际接触和合作的好处”。[2]

在《联合国宪章》的相关规定也体现了在经济、社会和文化权利领域开展国际援助与合作的必要性。《联合国宪章》第55、56条，都要求国际合作。第55条规定：“为造成国际间以尊重人民平等权及自决原则

---

〔1〕 参见［挪］A. 艾德、［芬］C. 克罗斯、［比］A. 罗萨斯编：《经济、社会和文化的权利》，黄列译，中国社会科学出版社2003年版。

〔2〕 参见2200A（XXI）《经济、社会和文化权利国际公约》，联合国大会1966年12月16日通过，1976年1月正式生效。

为根据之和平友好关系所必要之安定及福利条件起见，联合国应促进：较高之生活程度、全民就业及经济与社会进展；国际间经济、社会、卫生及有关问题之解决；国际间文化及教育合作；全体人类之人权及基本自由之普遍尊重与遵守，不分种族、性别、语言或宗教。”第 56 条规定：“各会员国承允采取共同及个别行动与本组织合作，以达成第 55 条所载之宗旨。”

经济、社会和文化权利委员会特别重视国际援助与合作，早在 1990 年通过的第 2 号一般性评论就专门系统地阐述了国际技术援助措施（《公约》第 22 条），在后来通过一般性评论中多次阐述各缔约国在实现各项权利上承担国际义务，并强调：“有能力给予援助的缔约国和其他行为者特别有义务提供国际援助与合作，尤其是经济和技术方面的援助与合作，以便使得发展中国家能够履行其核心义务”。[1]

为进一步加强经济、社会和文化权利领域的国际援助与合作，《经济、社会和文化权利国际公约任择议定书》第 14 条规定：

> 一、对于显示有必要获得技术咨询或协助的来文和调查，委员会应当酌情在征得有关缔约国同意后，将委员会的意见或建议，连同缔约国可能就这些意见或建议提出的意见和提议，送交联合国各专门机构、基金和方案以及其他主管机构。
>
> 二、委员会也可以在征得有关缔约国同意后，提请上述机构注意任何根据本议定书审议的来文所引起的事项；此种事项可以协助

---

〔1〕 参见第 3 号一般性评论，缔约国义务的性质［第 2（1）条］，第 13 ~ 14 段；第 11 号一般性评论（1999），初级教育行动计划，第 11 段；第 12 号一般性评论（1999），取得足够食物的权利（《公约》第 11 条），第 36 ~ 41 段；第 13 号一般性评论，受教育的权利（《公约》第 13 条），第 56、60 条；第 14 号一般性评论（2000），享有能达到的最高健康标准的权利（《公约》第 12 条），第 38 ~ 45 段；第 15 号一般性评论（2002），水权（《公约》第 11、12 条），第 38、60 段；第 17 号一般性评论（2005 年），人人有权享受对其本人的任何科学、文学和艺术作品所产生的精神和物质利益的保护［《公约》第 15 条第 1 款（丙）项］，第 36 ~ 38、40 段；第 18 号一般性评论（2005）（《公约》第 6 条），第 29 ~ 30、53 段；第 19 号一般性评论（2007），社会保障的权利（《公约》第 9 条），第 52 ~ 58、61 段。

它们在各自权限范围内决定是否应当采取可能具有促进作用的国际措施，以协助各缔约国在落实《公约》确认的权利方面取得进展。

三、应当依照大会相关程序设立一个依照《联合国财务条例和细则规定》管理的信托基金，以期在征得有关缔约国同意后，向缔约国提供专家和技术援助，加强《公约》所载权利的落实，推动根据本议定书在经济、社会和文化权利领域进行国家能力建设。

四、本条规定不妨碍各缔约国履行《公约》规定的义务。

三、经济、社会和文化权利领域国际援助与合作的实施主体

经济、社会和文化权利领域国际援助与合作的主体大致可以分为援助方和受援方两个方面。这里主要考察援助方的情况，即国际援助与合作的实施主体。

这一实施主体范围比较广泛，不仅包括主权国家，而且包括国际组织（包括政府间国际组织和非政府组织）、国内机构乃至个人，基本可以分为联合国系统、区域组织和主权国家三个层面。

首先，联合国系统的援助与合作机构。主要包括三类：①政策性指导机构。如联合国大会、经济及社会理事会。②筹资机构。主要包括开发计划署、人口基金会、儿童基金会和粮食计划署等。③专门机构。在经济、社会和文化权利领域的援助与合作方面，发挥作用较大的主要包括联合国粮食及农业组织、联合国教科文组织、国际劳工组织、世界卫生组织等。

其次，欧洲联盟、非洲联盟、美洲国家组织等区域组织。他们在本区域及国际间的援助与合作中都发挥了较大的作用。

最后，主权国家。到目前为止最主要的国家包括以发展援助委员会成员国为主的 34 个 OECD 成员国，他们提供了全球国际援助与合作的绝大部分。[1]其中最为活跃的是美国、日本、法国、英国和德国等，较

---

〔1〕 参见 OECD 官网，http://www.oecd.org/pages/0，3417，en _36734052 _36761800 _1 _1 _1 _1 _1，00.html，访问日期：2011 年 11 月 16 日。

稳定地居于国际援助与合作前五位。近年来，伴随着援助与合作额的急剧增加和援助与合作对象的分散化，非发展援助委员会国家和其他新兴援助国的重要性也在不断增加。例如中国、巴西、印度和俄罗斯等。

四、经济、社会和文化权利领域国际援助与合作的普遍形式

（一）财政援助

财政援助是援助领域比较普遍的一种形式，是指国际组织、主权国家等援助方向受援国提供资金或物资援助，以满足受援国经济、社会发展的需要，解决其财政困难的一种形式。财政援助包含赠款和贷款两种方式。贷款又可划分为无息贷款和有息贷款，其中有息贷款的期限一般比较长，通常在 10 年以上，并有较长的宽限期，而且利率一般也比同期国际金融市场的利率低。

财政援助在资金方式上可分为官方发展援助、其他官方资金和民间资金三种。官方发展援助是发达国家或高收入发展中国家的官方机构为促进发展中国家的经济和社会发展，向发展中国家或多边机构提供的赠款或赠与成分不低于 25% 的优惠贷款。赠与成分是根据贷款利率、偿还期、宽限期、收益率等计算出来的一种衡量贷款优惠程度的综合性指标。衡量援助是否属于官方发展援助一般有三个标准：一是援助是由援助国政府机构实施的；二是援助是以促进发展中国家的经济发展为宗旨，不得含有任何形式的军事援助；三是援助条件必须宽松，即每笔贷款的条件必须是减让性的，其中的赠与成分必须在 25% 以上。其他官方资金指的是由援助国政府指定的专门银行或基金会向受援国银行、进口商或本国的出口商提供的，以促进援助国的商品和劳务出口为目的的资金援助，主要通过出口信贷来实施。其他官方资金也属于政府性质的资金，也以促进发展中国家的经济发展和改善其福利为援助的宗旨，贷款的赠与成分也必须在 25% 以上，它与官方资金的区别在于不是以政府的名义实施的援助。民间资金是指由非营利的团体、教会组织、学术机构

等提供的援助，它主要是以出口信贷和直接投资的形式来实施的。[1]

（二）技术援助与合作

技术援助与合作是指援助方在技能、咨询、培训、工艺等方面向技术落后的受援国提供先进技术的各项援助与合作活动。主要包括有偿和无偿两种，有偿的是指技术的提供方以优惠贷款的形式向技术的引进方提供各种技术服务，无偿的是指技术的提供方免费向受援国提供各种技术服务。

技术援助与合作一般以促进受援国经济发展为目标，内容包括医疗、农业、工业等方面。近年来，电子、信息技术援助也被联合国列入缩小南北差距的重要内容。技术援助与合作采用的形式比较多，主要包括以下几种：向受援国派遣专家或技术人员进行技术服务；提供有关物资、设备、技术资料、文献；帮助受援国建立学校、医院、科研机构、技术推广站和职业培训中心；帮助受援国兴建铁路、港口、码头、水利、厂矿等工程项目等。[2]

（三）人员培训

近年来，人员培训已成为援助方加强人权领域技术合作，促进受援国经济、社会和文化权利实现的一种重要方式。主要内容是指援助方对受援方进行的人力资源方面的培训。联合国人权高级专员办事处及其他秘书处部门，以及联合国教科文组织等联合国机构和众多国家都开展了许多包括人员培训在内的人权领域的技术合作。例如，联合国人权高级专员办事处开展了包括由“人权领域技术合作自愿基金”资助的活动在内的项目：对教师的培训，对政府官员的培训，特别是对在立法部门工作的官员的培训，极大地促进了对人权的法律保护。[3]我国在这方面开展的合作也比较多，例如，与国外人权机构（如丹麦、瑞典）举办的多

---

〔1〕 参见国际发展援助，载 http://www.doc88.com/p-31473330689.html，访问日期：2011 年 11 月 16 日。

〔2〕 同上。

〔3〕 参见［挪］A. 艾德、［芬］C. 克罗斯、［比］A. 罗萨斯编：《经济、社会和文化的权利》，黄列译，中国社会科学出版社 2003 年版，第 533 页。

次人权方面的干部培训班，其中受训者涉及多个工作岗位，包括公安局长、监狱长、检察官等。温家宝总理在2008年9月的联合国“千年发展目标”高级别会议上发表的关于促进千年发展目标实现的六项行动中也包括对人员的培训，即“在未来五年内，向发展中国家新增10 000个来华留学奖学金名额，同时专门为非洲国家培训1500名校长和教师；为对非洲国家援建的30所医院配备适当数量的医生和医疗设备，同时为有关受援国培训医生、护士和管理人员1000名”。

（四）人权研究、教育合作

人权教育指有关人权知识、意识和技能等方面的教育。《世界人权宣言》序言指出：“对权利和自由的尊重必须努力通过教育来促进。”人权教育和培训现已成为国际组织和双边机构进行技术合作努力的最强大的组成部分。迄今，人权教育的多数重点放在有选择的目标群体的培训课程、研讨会和会议上。联合国自1968年德黑兰会议就开始把人权教育列入重要日程。联合国教科文组织在推动人权教育方面也发挥了重要作用，例如，1978年在维也纳召开了第一次国际人权教育大会，1987年在马耳他召开第二次国际人权教育大会，1988年在日内瓦召开了33个国家代表参加的人权教育国际研讨会。[1]我国在新千年后也开展了多项加强人权研究、教育合作的实践活动。例如，2001年与挪威合作编写了《国际人权法教程》；从1997年起与欧洲开展人权对话，每半年举行一次，至2010年6月底已举行29次；与英国每年开展一次人权对话，至2011年已举行19次；自1999年与德国召开人权研讨会，至2008年10月已成功举办9次等。[2]通过加强在人权研究、教育方面的技术合

〔1〕 参见葛明珍：《〈经济、社会和文化权利国际公约〉及其实施》，中国社会科学出版社2003年版，第144页。

〔2〕 参见中国和欧盟人权对话举行，载http：//paper. people. com. cn/rmrbhwb/html/2010－07/02/content _559347. htm，访问日期：2011年11月16日；中国与英国人权第19次人权对话在伦敦举行，载 http：//www. humanrights. cn/cn/dt/xwtt/t20110118_698236. htm，访问日期：2011年11月16日；第九届中德人权研讨会在北京召开，载http：//news. sohu. com/20081021/n260154328. shtml，访问日期：2011年11月16日。

作，促进了社会群体对人权知识、技能和价值形成的学习，推动了世界范围内对人权的广泛尊重和保护，以及实现。

五、当前经济、社会和文化权利领域国际援助与合作的特点

新千年后，国际援助与合作在国家间关系和国际地位中的作用得到越来越多的重视，其实践也获得了进一步发展，并呈现出以下特点：

（一）政治色彩日益浓厚

在较早的国际援助与合作中，受援国的政治倾向往往是援助国提供援助与合作的关键因素，即援助国仅仅对本政治集团内或政治倾向一致的国家给予援助与合作。

20 世纪 80 年代后，随着国际政治经济形势发生的巨大变化，例如，一些社会主义国家的改革，东欧国家的巨变等，一些西方发达国家在援助与合作中开始更加地关注对受援国政治因素的考量，甚至将同本国政治倾向一致作为向受援国提供援助与合作的首要条件。在援助与合作中，他们也往往考察受援国国内的政治、经济、社会以及人权状况，并以此作为援助与合作的重要指标。例如，美国在《华盛顿共识》中就曾指出“促进民主和推行美国外交政策”是其援助与合作的目标。

（二）附加条件日益增多

在当前国际援助与合作实践中，很多援助国在援助与合作过程中通常会将本国利益作为首要考虑的因素。在援助与合作中，往往附带一定的条件，包括政治、经济以及其他方面等。例如，要求受援国按照援助国的意愿进行政治或者经济改革，以此作为提供援助与合作的条件；或者要求受援国采购援助国的商品、劳务等。据统计，发展援助委员会成员国提供的双边援助中，要求受援国采购援助国商品、使用援助国劳务的比例大约占一半以上。

（三）双边援助与合作的地理分布相对稳定

近年来，各援助大国双边援助与合作的地理分布基本上相对稳定。例如，美国双边援助与合作的重点在于中东和拉美地区；英国双边援助与合作的重点在于南亚和非洲的英联邦国家；法国双边援助与合作的重

点在于非洲讲法语的国家；日本双边援助与合作的重点则集中在东南亚各国。从总体上看，撒哈拉以南非洲得到的援助与合作占了总额的大部分，并在不断增加。

（四）减免债务正成为援助与合作的主要方式

债务一直以来都是影响国家政治、经济、文化建设进程的重要因素，由债务导致的国家贫困也一直制约着一国人权，特别是经济、社会和文化权利的实现。特别是非洲地区，全世界有48个最贫穷的国家，非洲就占了34个。依经济总量考察，非洲的经济总量仅占世界经济总量的1%左右，而其人口数量却占据了世界总人口的11%。根据联合国的统计资料显示，非洲每年大概25%的财政收入用于偿还3000多亿美元的债务，加剧了非洲国家的贫困，阻碍非洲人民各项权利的实现。因而，近年来，减免债务成为援助国援助非洲的主要方式。例如，在2000年底国际金融机构联合签署的一份公报中，宣布减免了非洲地区内18个国家价值340亿美元的债务。此外，在2005年6月八国财长会议上，发达国家宣布减免18个非洲国家对世界银行、国际货币基金组织、非洲开发银行等国际金融机构所负的400亿美元债务。

（五）发达国家往往是收益最多者

发达国家每年用于援助与合作的资金近数千亿美元，但从最终效果来看，发达国家自己仍然是最大的受益者，对受援国起到的帮助效果不是很明显。例如，美国国际开发总署的网站上直接指出，“美国始终是其对外援助与合作计划的最终受益者，美国国际开发总署近80%的合同和赠款会最终归属美国公司，从而不仅为美国的产品创造了市场，也为美国人创造了成千上万的就业机会”。2003年5月26日《华盛顿邮报》的一篇报道中也提到，“美国国际开发总署的对外援助与合作在华盛顿地区造就了一项庞大的‘生意’，在华盛顿地区聚集了数十家‘开发公司’争夺美国国际开发总署的合同，其中大多数公司员工是美国国际开发总署的退休人员。”美国民主党议员吉姆·麦克德莫特所做的一项研究表明，“美国用于非洲帮助该地区克服艾滋病危机的每一美元中，大约有 53 美分留在了华盛顿地区。”[1]

第二节 经济、社会和文化权利领域国际援助与合作现状

一、联合国系统的援助与合作

在各种援助与合作实施主体中，联合国在塑造国际援助与合作的规范、机制，推动国际社会对贫困和发展问题的关注，以及倡导增加对发展中国家的援助与合作等方面起到了不可替代的作用。[2]在经济、社会和文化权利领域的国际援助与合作中，实践比较多、发挥作用比较大的联合国机构包括联合国粮农组织、联合国教科文组织、国际劳工组织、世界卫生组织等。

下面着重介绍联合国系统内两个实践经验比较丰富、效果较为显著的两个国际组织——联合国开发计划署和联合国粮食及农业组织。

（一）联合国开发计划署

联合国开发计划署（UNDP，简称“开发计划署”）是全球最大的多边援助与合作机构，也是联合国系统内促进发展活动的中心协调组织，是联合国负责发展工作的主要机构。它是在原有的联合国技术援助扩大方案和特别基金的基础上合并而成，于 1966 年 1 月 1 日开始运转。目前，开发计划署在 166 个国家和地区设有代表处，向一百多个国家或地区提供无偿技术援助。

1. 开发计划署对外援助与合作的宗旨。开发计划署的宗旨是通过提供技术援助与合作，支持和配合发展中国家解决他们社会经济发展过程中面临的最迫切的问题，促进社会进步并提高人民生活水平。其援助与合作政策、方式、重点领域和管理制度等对其他国际多边发展援助与合作机构具有重要的示范和引导作用。

---

〔1〕 参见丁韶彬：“国际援助制度与发展治理”，载《国际观察》2008 年第 2 期。

〔2〕 参见丁韶彬：《大国对外援助——以社会交换论为视角》，社会科学文献出版社 2010 年版，第 24 页。

2. 开发计划署对外援助与合作的方式。开发计划署的活动是对联合国成员国（主要是发展中国家）的发展计划以及地区之间和全球性的开发计划提供技术援助与合作，方式主要是无偿的技术援助。这些援助与合作由联合国技术合作部、工业发展组织、粮农组织等30个机构承办和具体实施。其援助与合作的内容主要包括：向发展中国家提供经济和社会方面的发展援助；派遣专家进行考察；担任技术指导或顾问；对受援国有关人员进行培训；帮助发展中国家建立应用现代科学技术的机构；协助发展中国家制定国民经济发展计划及提高他们战胜自然灾害的能力；向发展中国家提供研究资金和人员培训方面的奖学金；提供各种技术训练设备。

3. 开发计划署对外援助与合作的范围。开发计划署技术援助与合作的主要范围包括受援国的发展战略、政策和计划的研究与开发；自然资源、农林牧副渔、工业、运输通讯等方面的考察与开发；人口、住房、卫生、就业、文化科技等方面的培训及现代技术的应用等。通过项目的执行，开发计划署将发达国家的先进技术提供给受援国，提高受援国的人员素质、技术水平和改进机构建设，从而达到提高受援国自身发展能力的目的。

4. 开发计划署对外援助与合作的实施、管理。与其他多边援助与合作机构相比，开发计划署始终坚持受援国自主原则，根据受援国的需要在相关领域开展援助与合作活动。因为该机构尊重受援国在援助与合作项目选择等方面的自主决策权，另外它将受援国人均GDP作为分配援助与合作资源的依据，这种方式真正地做到了把援助与合作用于最需要的国家和地区，[1]所以，开发计划署以其更具中立性和公正性而受到广大落后国家的欢迎。

中国自1971年恢复在联合国的合法席位之后，就开始参加开发计划署的多边技术合作活动，并向其捐款，但不接受其援助。十一届三中

---

〔1〕 参见潘忠：《国际多边发展援助与中国的发展——以联合国开发计划署援助为例》，经济科学出版社2008年版，第78页。

全会后，经国务院批准，中国于1979年6月与开发计划署签订了“合作基本协定”，决定接受其援助。自此，中国同开发计划署的合作进入了“有给有取”、全面合作的新时期。中国政府同开发计划署的合作在中国改革开放初期具有重要的战略意义。在众多的国际多边发展援助机构中，中国和开发计划署之间的合作是中国政府当时最佳的选择。

（二）联合国粮食及农业组织

联合国粮食及农业组织（以下简称“粮农组织”）在国际援助与合作中实践丰富，成效显著，有效地缓解了发展中国家，特别是最不发达国家的严重赤贫和粮食安全问题。其有效的实践经验主要包括实地项目和技术合作计划，其中技术合作计划涉及的援助与合作分配、组织和管理经验更为成熟有效，值得我们借鉴。

实地项目援助。粮农组织主要通过项目援助的形式开展对外援助与合作。从其项目数据库得知，项目援助的主要方式是实地项目援助。援助与合作资金主要有两方面的来源：一是粮农组织的核心预算，即粮农组织成员国的会费；二是多边、双边捐助者。在总价值3.7亿美元的2000个粮农组织的执行项目中，大约有10%的经费来自粮农组织正常计划的技术合作计划和粮食安全特别计划，还有90%的实地项目经费来自预算外资源，主要是政府合作计划或者单边信托基金和联合国开发计划署。〔1〕

技术合作计划。在联合国粮农组织对外援助和技术合作工作中，发挥作用比较大的是技术合作计划。技术合作计划是粮农组织响应成员国在技术援助和紧急援助方面的迫切、未预见的要求，帮助成员国建设国家能力的途径。通过技术合作计划，粮农组织可以分配有限但明确、有保障的资源，从而实现其“根据政府可能提出的要求提供技术援助”的宪章职能。技术合作计划旨在帮助成员国可以更加方便地获取粮农组织的专业能力，从而解决成员国在农、林、牧、渔业等领域的紧迫的发展

〔1〕参见联合国粮食及农业组织技术合作部官网，http://www.fao.org/tc/index_zh.asp，最后访问日期：2011年11月16日。

问题，以及相关的乡村发展和社会经济问题。

技术合作计划主要有以下特点：第一，在应对新出现的技术事宜、紧急状态方面具有灵活性；第二，关注点集中于明确的、短时期内可实现的目标；第三，运作成本相对较低，并具有催化剂作用。此外，技术合作计划还与粮农组织的其他常规及实地项目活动密切联系，无论在规划时还是在实践过程中，都致力于满足成员国提出的紧急的、未预见到的需求，填补关键性的缺口，弥补其他援助形式的不足，扩大并创造技术合作和其他投资的条件。

1. 技术合作计划的地区分配。粮农组织技术合作计划的分配每年都会有一定的变动，通过对近几年的情况的分析，可知其资源分配的关注点已基本确定。粮农组织技术合作计划拨款的最大份额一直分配于非洲。这可能是由两方面原因决定：①非洲地区国家数量较多；②非洲国家对直接农业援助的需求最为紧迫。仅次于非洲的是亚洲和太平洋地区。相对来说，因欧洲地区经济水平相对比较高，对粮食及农业援助有需求的国家较少，所以在这一地区分配的资源也相对较少。

2. 技术合作计划资源的部门分配。技术合作计划在设计时会对最不发达国家及低收入缺粮国，以及那些能为小规模生产者和工人带来效益的项目予以优先考虑。技术合作计划资源分配的部门主要集中在农业、林业、渔业等部门的生产，以及提高小农户和农业工人的收入与营养标准等方面。

技术合作计划下的项目都是有一定限度的，从时间上来看，不超过24个月；从成本上来看，不超过40万美元。其援助主要通过7个项目类别提供，包括培训、咨询服务、紧急情况、投资、制定规划与任务、国家间合作、发展援助。近年来，逐步增加了对发展计划及捐助国出资项目的规划、农业部门规划专家组、发展援助、制定规划任务项目下的粮食安全特别计划项目的规划与执行。

3. 技术合作计划的实施、管理。技术合作计划下的援助要解决的是某一特定部门或领域中当前的和具体的问题，包括具有明确目标和预期结果的实际行动。技术合作计划对要求方政府提出的高优先需求作出回应。要求方政府应充分参加到项目的执行中来，其方法包括：国家机构、人员与资源的参与；承担起后续行动的责任，以确保有关活动在粮农组织提供的支持结束后仍具有可持续性。因此，技术合作计划下的项目是政府拥有的项目。自 1976 年成立以来，技术合作计划资助了近 8700 个项目，总金额超过 10 亿美元。技术合作计划发动整个粮农组织的专业技术力量，由粮农组织技术合作部管理，技术合作计划处（TCOT）协调。技术合作计划处与粮农组织罗马总部及其办事处的技术部门和执行部门密切合作，找出解决政府、国家机构和受援农村社区面临问题的最适宜办法。[1]

技术合作部致力于联合国千年发展目标，尤其是消灭赤贫和严重饥饿的目标，是粮农组织负责执行工作的分支部门。它把粮农组织在农业、食品和营养、渔业、林业和可持续发展领域的专业知识应用于实地。它按照成员国的需要，把专业知识、资金和发展伙伴结合起来，在反饥饿的斗争中取得可持续的成果。技术合作部与各技术部、下放办事处和成员国密切合作实施和协调粮农组织的实地活动，通过这些合作使粮农组织的项目和计划有效地解决影响农村人们生活的问题。

二、区域组织的援助与合作

欧洲联盟（以下简称“欧盟”）、非洲联盟、美洲国家组织作为区域组织，在经济、社会和文化权利领域的国际援助与合作中发挥着重要作用，其中尤以欧盟的工作更为细致、贡献更为突出，下面着重介绍欧盟近年在援助与合作方面的主要工作及其经验。

罗萨斯客观地指出：

> 欧盟人权议事日程的发展有其对内、对外两个方面。欧盟的对外人权政策有若干方面。首先，我们可以区分出规范化元素，它包

---

〔1〕 参见联合国粮食及农业组织技术合作部官网，http://www.fao.org/tc/index_zh.asp，访问日期：2011 年 11 月 16 日。

> 括在与第三国的合作协议以及在于技术援助或贸易优惠相关的自动法律条令中坚持人权条约。这些规范化目标可得到以下措施的支持，如确保遵守人权公约和反对违背公约的行为，其中也包括制裁措施在内。其次，利用制裁的可能性也表明欧盟对外人权政策所包含的直接的政治目标。这样的目标也可出现在双边关系背景下欧盟对第三国人权状况的评估中，包括要求扩大关系的候选国在内。最后，欧盟试图通过财政、贸易和其他手段提供具体援助和支持以便促进第三国对人权的尊重，同时帮助公共机构、非政府组织和市民社会以这些为目标开展工作。〔1〕

1999 年 4 月，欧盟理事会通过两个新的《人权规则》，适用于欧盟在人权领域的活动，分别适用于发展中国家和主要为欧洲的国家。但是，两个规则设定的目的相同，即“为技术和金融援助提供适当基础和适当的程序，以开展那些‘有助于发展和加强民主与法治的一般目标和有助于尊重人权与基本自由’的活动”。并规定了相同的内容，即都在第 2 条中确定：“援助的目的应在于促进和保护经济、社会和文化权利，以及公民权利和政治权利”。〔2〕

1. 欧盟对外援助与合作的地区分配。欧盟对外援助与合作覆盖的范围比较广，最初集中于非洲、加勒比和太平洋地区，随后开始慢慢向全世界扩展。到 2002 年，欧盟对外援助与合作的范围已达 160 多个国家和地区，包括东南欧（巴尔干半岛地区）、南地中海、中近东、东欧和中亚、亚洲和拉丁美洲等地区。进入 21 世纪后，欧盟一直在不断增加其对外援助与合作。具体地区分配和变化趋势见图 6 – 1。

---

〔1〕 参见［挪］A. 艾德、［芬］C. 克罗斯、［比］A. 罗萨斯编：《经济、社会和文化的权利》，黄列译，中国社会科学出版社 2003 年版，第 539 ~ 540 页。

〔2〕 同上。

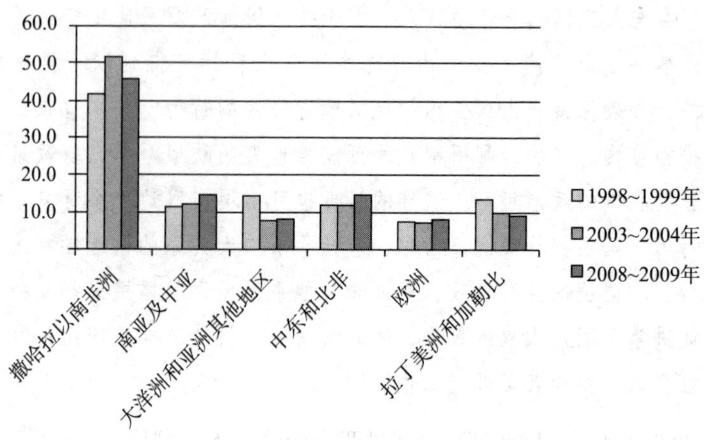

图6-1　欧盟对外援助与合作地区分配百分比（%）

（数据来自OECD官网）

2. 欧盟对外援助与合作的部门间分配。如图6-2所示，欧盟在对外援助与合作中比较关注对社会公共基础设施部门（教育、健康、人口、供水和卫生设施、政府和民间社会等）的援助与合作，2009年这一部门所占比例为34%。这与欧盟确立的对外援助与合作优先议题是分不开的。欧盟在对外援助与合作中确立了三个方面的优先议题，即减贫及联合国千年发展目标、贯通性议题、能见度较高的援助行动。欧洲共同体发展政策和欧洲发展共识中都确立了包含促进人权、性别平等、环境可持续性在内的贯通性议题，[1]并都强调将上述议题作为主流议题，实际上也是欧盟对外援助与合作的政治关注点。

[1] 欧洲共同体发展政策确立的贯通性议题包括：促进人权、性别平等、环境可持续性、冲突预防、危机管理、良治；欧洲发展共识确立的贯通性议题包括：民主、良治、人权、儿童和原住民权利、性别平等、环境可持续性、抗击艾滋病。

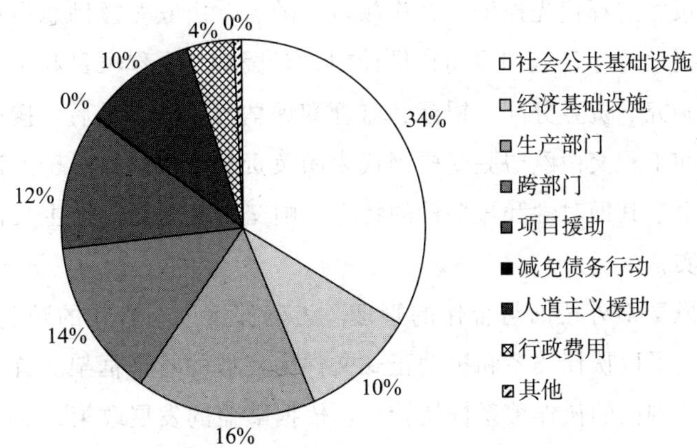

图 6-2　欧盟对外援助与合作部门间分配百分比（%）

（数据来自 OECD 官网，2009 年数据）

此外，欧盟也一直致力于对应急援助、人道主义援助和对战后重建等国际社会关注的焦点问题进行援助，以期通过此类援助提高欧盟在国际政治中的能见度，更好地展示欧盟的国际形象和提升欧盟软实力。〔1〕①应急援助和人道主义援助。例如，近几年对印度洋海啸、中国汶川地震、海地地震等重大自然灾害受灾国进行的援助。②战后重建。例如，2003 年以来欧盟对伊拉克提供了包括基础服务、政府技术援助在内的援助，支持伊拉克重建。截止到 2008 年欧盟已向伊拉克提供了 8.29 亿欧元的重建和人道主义救援资金，在很大程度上改善了伊拉克的医疗卫生、教育条件和就业环境等。

3. 欧盟对外援助与合作的组织实施。欧盟委员会是欧盟对外援助与合作的最高权力机构，负责管理欧盟对外援助与合作资金的主要来源，即欧盟预算和欧洲发展基金。欧盟委员会下属的发展总署（针对非洲、加勒比、太平洋地区）和对外关系总署（针对非洲、加勒比、太平洋以外的地区）根据欧盟对外政策的需要，制定对外援助与合作

---

〔1〕 欧盟对外援助与合作关注的国际社会焦点问题还包括在全世界进行的“选举监督行动”。

方针政策，选择优先援助与合作领域。随后，由欧盟援助总署依据经批准的援助合作领域和援助合作计划，对援助与合作项目和工程进行可行性研究、资金分配、招标、监管和评估等工作。最后，援助与合作项目和工程交由欧盟驻受援国代表团负责具体实施。对于人道主义援助，由于其即时性和短期性的特点，则交由独立的人道主义援助总署负责实施。

4. 欧盟对外援助与合作的管理。为确保援助与合作的顺利实施，欧盟建立了以伙伴关系和援助正式文件为支撑的管理框架。首先，通过全球范围内的伙伴关系框架管理。依据欧盟的发展政策，欧盟在全球范围内建立了广泛的伙伴关系，通过全球性伙伴关系开展与受援国政府的政治对话，商讨援助与合作的领域，促进受援国人权的发展，并监督援助与合作在受援国的实施。其次，通过有关援助与合作的正式文件进行管理。在经济、社会和文化权利领域的援助与合作中，欧盟有关援助与合作的正式文件包括："入盟前正式文件"，负责对入盟候选国的援助与合作；"发展合作正式文件"，负责对亚洲、拉美、南非和中亚国家的援助与合作；"发达国家地区合作正式文件"，负责对发达国家的援助与合作及协调彼此援助与合作行动；"人道主义援助正式文件"。

欧盟对外援助与合作的实施通常由地区援助与合作正式文件和主题援助与合作正式文件联合进行。其中，地区援助与合作文件采用的是垂直式管理，即由欧盟委员会与受援国共同协商确定，并负责该地区的援助与合作项目。主题援助与合作正式文件采用的是横向式管理，即由欧洲或者受援国非政府组织、公民社会提出，以欧委会拟定的国家和地区合作项目为支撑，实施时不受地域限制，对受援国保持相对独立性，集中于教育、医疗、环境和食品安全等领域，补充地区援助与合作正式文件的文件，如"食品安全"正式文件。由此可以看出，在欧盟对外援助与合作中发挥作用较大的是主题援助与合作正式文件。主题援助与合作正式文件下的援助与合作工作主要通过在受援国建立非政府组织、公民社会及与已有非政府行为体开展合作的方式进行，以非政府组织、公民社会完成推广欧盟价值观、应对全球性问题等任务的形式在受援国开展活动，而无需征求官方机构，包括受援国政府在内的机构的同意，以此避开受援国政府，直接对受援国人民施加影响。

三、主权国家的援助与合作

（一）美国

1. 美国对外援助与合作的目的。美国是世界上最大的援助国，对外援助与合作在美国的对外政策中占据重要地位，与外交、国防共同构成支撑着美国的对外政策的三大支柱。在所有发达国家中，美国也是唯一一个最为明确地主张通过对外援助与合作实现国家利益的国家。这一做法在 1961 年《对外援助法》的许多规定中就有所体现。

1961 年《对外援助法》是美国对外援助与合作的法律依据，规范着美国大部分双边经济援助和技术合作。该法案涉及 23 条具体的援助与合作目标，明确表明了美国对外援助与合作的国家利益属性。例如，“农业用品和有关农产品必须在美国国内生产，除非该用品或产品不能在美国合理生产，以履行具体的援助项目”；“若美国与受援国之间当前的外交关系严峻，禁止援助”。此外，1961 年《对外援助法》还将经济援助和受援国的人权政策联系在一起，例如，第 161 节规定：“拒绝向那些政府从事‘一贯严重侵犯国际公认的人权’活动的国家提供经济和发展援助”。[1]不仅如此，国务院还必须按照该节的规定提交一份所有受援国人权状况的年度报告。当然，如果“援助将直接惠及该国有需要的人民”，则可以作为例外，不禁止经济援助。

2. 美国对外援助与合作的政策。在援助与合作政策方面，为增强援助与合作有效性，美国还制定了两个政策，即多边债务减免倡议和

---

〔1〕 参见［美］托马斯·伯根索尔、黛娜·谢尔顿、戴维·斯图尔特：《国际人权法精要》，黎作恒译，法律出版社 2010 年版，第 311 页。

无条件援助政策。第一，多边债务减免倡议。这是指在合理情况下允许那些债务负担较重的贫困国家取消多边负债，并为更有效地帮助最贫困国家，使他们脱离贷款——还贷的恶性循环，而鼓励更多的援助者向贫困国家提供债务减免的援助，而非发放贷款。根据该倡议，美国在严重负债的贫困国家实行了一系列债务减免方案，包括2007年提供的1.828亿美元的援助。第二，无条件援助政策。美国推出的无条件援助政策是针对其先前实行的有条件援助而言的，2002年之前美国对外援助实行的一直是有条件援助，即要求受援国接受美国援助资金必须购买美国本土供应商提供的商品或服务。无可否认，这一方式增加了美国从对外援助中得到的回报，但同时也严重地限制了竞争，减缓了受援国主事权的进程，从而严重降低了援助的有效性。因此，从2002年开始，美国开始接受发展援助委员会的建议，向最不发达国家提供无条件官方援助，例如，2004年美国对阿富汗重建工作的援助。需要特别说明的是，美国的该项无条件援助政策并不适用于美国对外提供的所有形式的援助，作为美国对外援助主体的粮食援助和技术援助不包括在内。

3. 美国对外援助与合作的渠道。美国对外援助与合作主要是通过双边援助与合作的方式，并在新千年后呈现不断增长的态势，已由2001年的97.48亿美元增长到2009年的253.71亿美元，比重基本保持在80%以上。相比之下，多边援助与合作几乎没什么变动，仅由2001年的33.67亿美元微增至2009年的36.57亿美元。

4. 美国对外援助与合作的地区分配。图6-3是美国对外经济援助与合作地区分布和比例，从表中可以看到，近年美国援助与合作分布的主要地区在撒哈拉以南非洲、亚洲、中东和北非。以2008~2009年为例，以撒哈拉以南非洲最多，达到总额的39%，其次是亚洲、中东和北非，美洲和欧洲得到的援助额最少。

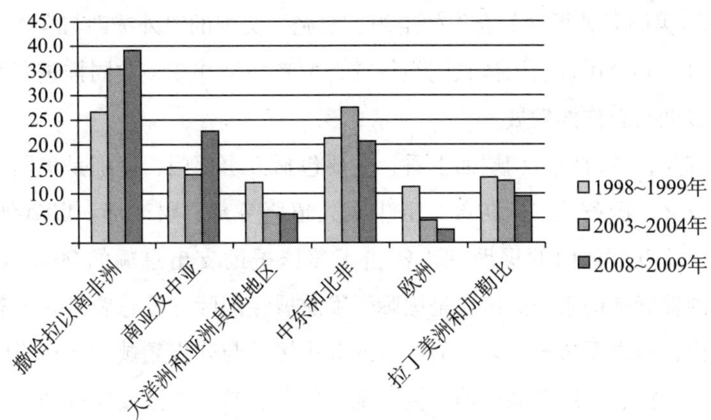

图 6-3　美国对外援助与合作地区分配百分比（%）

（数据来自 OECD 官网）

5. 美国对外援助与合作的部门间分配。如图 6-4 所示，在美国对外援助与合作的部门间分配中，占比最大的是社会公共基础设施领域，以 2009 年为例，该领域获得的分配达到 53%。而在这一部门内，又以人的投资援助最多，包括健康、教育、社会经济服务，以及对脆弱国家人口的保护等，2009 年这一比重大约占到 32%，其中又以健康领域最多。而仅次于社会公共设施领域的则是人道主义援助和经济基础设施领域援助，达到 16%。最后，生产等部门获得的援助相对较少。

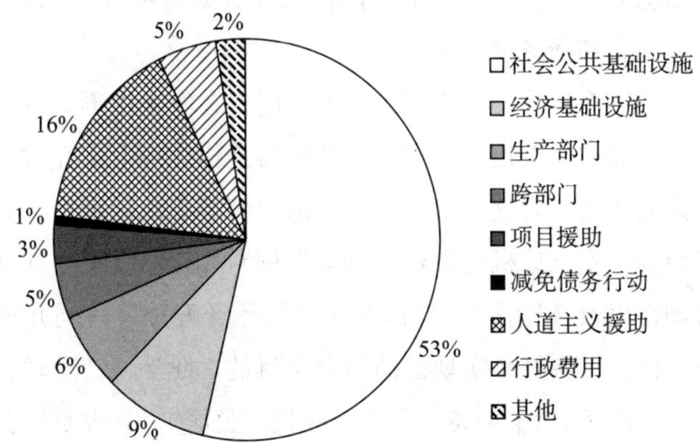

图 6-4　美国对外援助与合作部门间分配百分比（%）

（数据来自 OECD 官网，2009 年数据）

6. 美国对外援助与合作的组织、实施。美国的对外援助与合作是由政府机构和公民社会团体共同组织的，两者相辅相成，共同推进着美国对外援助与合作的发展。

首先，从政府机构层面上看，主要包括五个部门，分别是美国国际开发总署、国务院、国防部、卫生及人道服务部、财政部。以2009年为例，这五个部门的援助支出额占了美国援助支出总额的90%以上。①美国发展援助系统的核心是国际开发总署，国际开发总署是一个独立的机构，负责军事援助以外的所有的双边援助与合作领域，包括组织人道主义救援、管理发展援助、拨付维和经费、参与跨国援助行动等，是美国最大的援助与合作支出部门，2009年的比重达到53%。②国务院是美国对外援助与合作政策的制定者，根据国家外交和安全政策的需要和标准，向国会提出关于援助与合作资金地理分布的意见，并负责实施和管理援助与合作资金。但因为国务院的发展援助管理专家较少，因而在执行援助与合作方案时经常需要依赖国际开发总署的人力帮助。③国防部在美国对外援助与合作中的工作主要体现在战后重建和人道主义援助两个方面，例如在印尼海啸后提供的人道主义援助。④卫生和人道服务部的援助工作主要是负责对外援助与合作中与健康、传染疾病有关的项目的防治。⑤财政部则主要负责协调国际金融机构（例如世界银行）的对外援助项目和债务减免项目。

但由于这五个机构分属不同的职能部门，在实践中不可避免地会出现一些弊端，如组织上比较分散，在援助与合作任务上也经常会出现相互重叠，因而美国针对这一情况进行了组织管理系统的创新，成立了对外援助指导办公室。该机构负责“增强美国对外援助政策、计划和监督体系的协调性以及合理性”，与国务院、国际开发总署一同开展对外援助与合作工作，以更好地实现援助与合作目的。此外，针对联合国千年发展目标，美国于2004年成立了“千年挑战公司”，并设董事会，董事长由国务卿担任。千年挑战公司在管理方面具有一定的独立性，以开展援助与合作减少贫困为目的，“通过支持低收入国家的可持续性、转型经济增长，来减少贫困并在这些国家保持较好的政治环境”，是美国增强援助与合作有效性的一个很好的举措。[1]

除政府机构外，美国对外援助与合作的组织中另一个不可或缺的元素是公民社会团体，包括非政府组织、基金会和营利性企业。它们往往具有较大的规模、充足的资金、很强的政治影响力。例如美国最大的非政府组织 Inter Action，每年接受来自私人的捐助援助高达 30 亿美元，并且在不断增加。这些机构是美国对外援助与合作的重要组成部分，与国际开发总署、国务院等政府机构彼此相互合作，共同促进美国的对外援助与合作。例如，国务院各部每年也会援助超过 40 个公民社会团体，以向冲突国家的难民提供人道主义援助。

7. 美国对外援助与合作的管理。美国对外援助与合作有一套独特的管理和评估方式，即结果导向型绩效管理方式。结果导向型管理方式的管理流程如图 6－5：

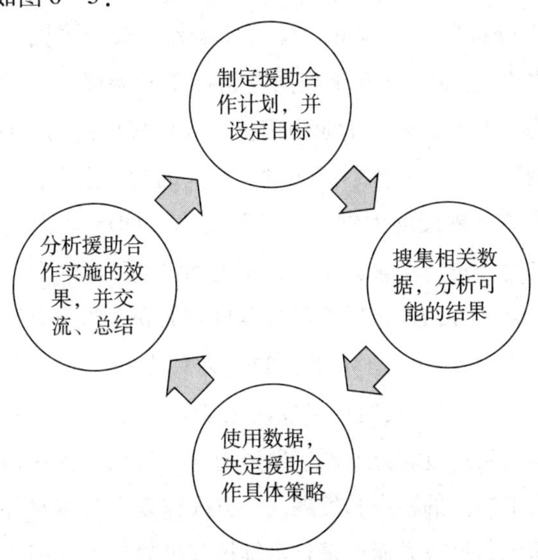

图 6－5　美国结果导向型管理方式流程图

〔1〕参见黄梅波、施莹莹：“新世纪美国的对外援助及其管理”，载《国际经济与合作》2011 年第 3 期。

在该管理模式中，绩效监督和评估占据不可忽视的重要地位，将绩效监督和评估数据结合起来，可以掌握整个方案的执行情况。不仅能够了解援助与合作产生的效果，也能够清楚产生这种效果的原因。例如，2005 年 1 月，国际开发总署建立了专门的评估分支机构——发展信息和评估中心，该中心系统地评估了所有主要援助与合作项目，强化了评估对援助与合作的促进作用。结果导向型绩效管理方式，在实践中发挥了重要的作用。首先，通过确定具体的目标计划，使利益相关者追踪方案进程和实施情况，促进了援助与合作间责制，而且通过加强项目各个环节的联系，设立行动计划，提高了援助与合作的效率。其次，通过加强机构间的交流，减少项目方案的重叠，进一步增强了援助与合作的有效性。最后，通过政府机构向其他援助国、受援国提供有效信息，密切相互间的联系，扩大了援助与合作的影响力。

（二）日本

1. 日本对外援助与合作的理念。日本是积极开展国际援助与合作的重要国家之一，也是 1979 年中国开始接受发展援助委员双边援助和国际组织多边援助后，第一个向中国提供经济援助的西方国家。《官方发展援助大纲》一直是日本对外援助与合作的指导纲领，2003 年 8 月日本修订了《官方发展援助大纲》（以下简称“ODA 新大纲”），对日本的对外援助与合作进行了重新定位，新大纲强调了以“为国际社会的和平和发展作贡献，并借此帮助确保日本自身的安全与繁荣”为口号的政治大国战略，将 ODA 作为了其重要的外交手段之一。

通过 ODA 新大纲，我们可以发现近阶段日本对外援助与合作以下方面的动机：一是通过官方发展援助努力解决发展中国家面临的各种问题，促进发展中国家的稳定和发展。一方面体现了日本对外援助与合作中的利他性动机；另一方面也是日本维护其世界最重要国家一员身份的一种努力。二是通过官方发展援助维护和发展与发展中国家的政治、经济关系，包括各种资源、能源和粮食的供给，以谋求政治大国的身份和地位。三是以应对全球性问题为途径，实现日本安全与繁荣的目标。后两方面都具有明确的国家利益导向。

日本 ODA 新大纲以全球化时代国际相互依赖为基本出发点，把促进发展中国家的稳定和发展与日本的国家利益联系起来。为实现上述目标，新大纲提出五个基本政策：

> 支持发展中国家的自助努力、支持保障“人的安全”、确保社会公正、利用日本经济和社会发展的经验和专长促进发展中国家的发展，以及与国际社会建立伙伴和协作关系。并重申了官方发展援助实施的四条原则：一是促进环境保护与开发；二是避免把官方发展援助用于任何军事目的或加剧国际冲突；三是为维护和增进国际和平与稳定；四是充分关注受援国在促进民主化和引入以市场为导向的经济方面的努力，以及在保障基本人权和自由方面的局势。[1]

2. 日本对外援助与合作的渠道。日本对外援助与合作实施的形式包括双边援助与合作和多边援助与合作，其中以双边援助与合作占较大部分，达到了 80% 左右。而在双边援助与合作中，又以有偿援助为主，其中日元贷款则占大约 70% 的份额，而无偿援助，包括无偿资金援助和无偿技术援助的份额很低，仅有 5% 左右。

3. 日本对外援助与合作的地区分配。日本对外援助与合作的优先地区包括亚洲地区（东亚、南亚、中亚和高加索地区）、非洲、中东、拉美和大洋洲地区。在日本对外援助与合作的地缘分布上，东南亚国家长期占据首要位置。但在 21 世纪后，随着日本对外援助与合作地域范围的扩大，以及东南亚经济一体化的加强和经济的快速发展，日本逐渐减少了对该地区的援助与合作。相对来说，非洲仍然是贫困国家集中的地区，而且非洲的经济发展，不仅给非洲国家带来福利，也给世界经济发展创造了市场、提供了资源；同时，2001 年非洲联盟的成立，进一步增强了非洲国家在国际舞台上的地位。因此，在全球经济相互依赖不断

---

〔1〕 参见丁韶彬：《大国对外援助——以社会交换论为视角》，社会科学文献出版社 2010 年版，第 214 页。

加强的背景下，非洲成为国际社会关注的焦点和大国政治的舞台。从图6－6可以看出，新千年以来，日本对外援助与合作的一个重要调整就是加强对非援助与合作，促进对非外交。非洲地区地位的上升，一方面有国际社会设定的全球发展议程的推动因素；另一方面不可忽视的是非洲国家对日本实现其政治大国目标（尤其是安理会常任理事国地位）具有特殊的数量优势，以及作为日本经济发展不可或缺的现实的、潜在的资源供应地和商品投资市场具有巨大的吸引力。[1]这些因素共同导致了近期日本对外援助与合作在地区分布上的调整。

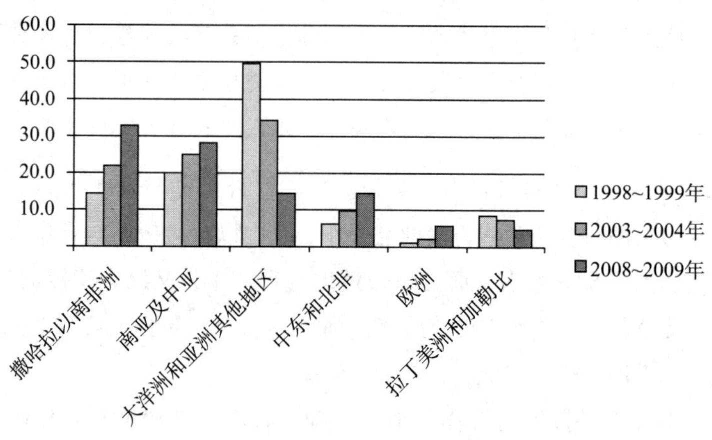

图6－6　日本对外援助与合作地区分布百分比（%）

（数据来自 OECD 官网）

4. 日本对外援助与合作的部门间分配。以日本 ODA 新大纲规定的对外援助与合作的五项基本政策为基础：日本确立了对外援助与合作分配的优先议题，涉及经济、社会和文化权利领域的援助与合作方面的议题包括：减贫、可持续增长、全球性问题（诸如气候与环境、传染病、

〔1〕 非洲国家在日本对外援助中的优先地位，尚没有在日本《官方发展援助大纲》中突出，但在2008年ODA白皮书中专设两章讨论，显示了非洲在日本对外援助分配中的地位的上升。

人口、食品、自然灾害等)。[1]由此决定了日本对外援助与合作部门间的分配比例，图6-7显示，2009年日本对外援助与合作主要分配在经济基础设施和社会公共设施领域，分别达到34%和29%。

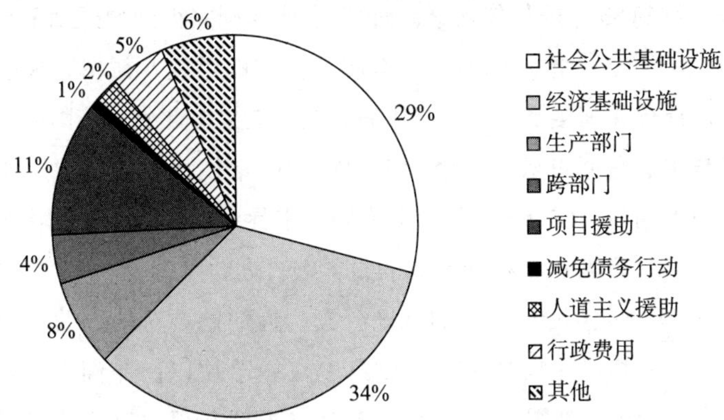

图6-7 日本对外援助与合作部门间分配百分比(%)

(数据来自OECD官网，2009年数据)

(三)德国

德国是西方主要工业国家之一，自1952年正式参加联合国“扩展援助计划”(后来的联合国开发计划署)后开始了其对外援助与合作的历程，目前是世界上实施援助与合作时间较长、规模较大、收效较明显的国家之一，至2009年德国已成为总量仅次于美国和法国的援助大国。德国的对外援助与合作对促进发展中国家消除贫困、保护生态环境、实现可持续发展发挥了重要的作用，并在长期的实践中积累了独特的经验。

1. 德国对外援助与合作的渠道。德国对外援助与合作的方式包括双边援助与合作和多边援助与合作。其中双边援助与合作是德国对外援助与合作的主要方式，且进入新世纪以来发展较为稳定，大约占德国援助净额的65%。为了确保援助与合作的水平和效果，德国对双边援助与

---

[1] 根据ODA新大纲，日本对外援助的优先议题共包括减贫、可持续增长、全球性问题以及和平建构四个方面。

合作的受援国进行了调整，从最初的84个国家中取消了27个国家，并增加了最不发达国家和低收入国家的受援比例。但实践中德国对中等收入国家的援助仍占据了较大部分，例如，2008年德国援助总额的60%左右被分配到83个非伙伴国家，而57个伙伴国家得到的援助不足双边援助份额的40%。这一问题，已引起了德国的重视，并在寻求解决办法，以确保伙伴国接受援助与合作的比例和效果。此外，德国的多边援助与合作主要是通过核心资金即多边机构的常规预算会费的形式提供的，多边援助与合作资金主要流向欧盟、世界银行、联合国机构等。以2009年为例，欧盟占了将近58%，世界银行大约为21%。

2. 德国对外援助与合作的地区分配。近期德国对外援助与合作的地区分配比例相对比较稳定，主要集中在撒哈拉以南非洲、中东、北非、亚洲等地区。如图6-8所示，2008~2009年仅对撒哈拉以南非洲的援助与合作就占了总额的36%，中东和北非大约占了19%，南亚和中亚占了16%。而近年来，随着亚洲地区经济快速发展（例如我国和印度），德国逐渐减少了对这些地区的援助与合作，但仍有大约26%的份额给予了该地区。相比之下，德国对外援助与合作的份额中，欧洲得到的是最少的，仅为8%左右。

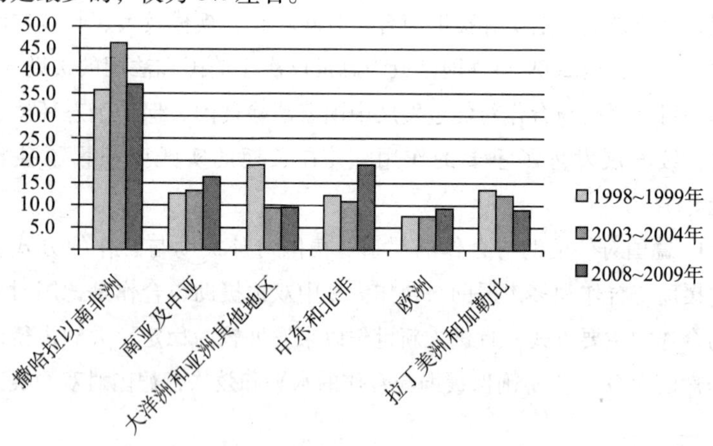

图6-8 德国对外援助与合作地区分配百分比（%）

（数据来自OECD官网）

3. 德国对外援助与合作的部门间分配。2008 年德国发展合作确定了对外援助与合作的优先领域，包括健康、教育、农村发展、气候和环境保护、人道主义、性别平等、女性权利等 11 个领域。此后，德国的对外援助与合作一直在以此为基础，不断地进行调整倾斜。从图 6－9 可以得知，2009 年德国双边援助与合作大部分主要用在两个领域：社会公共基础设施领域和经济基础设施领域。它们所占的比重分别为 50%、22%。除此之外，分配相对较多的是跨部门、生产部门和人道主义援助。

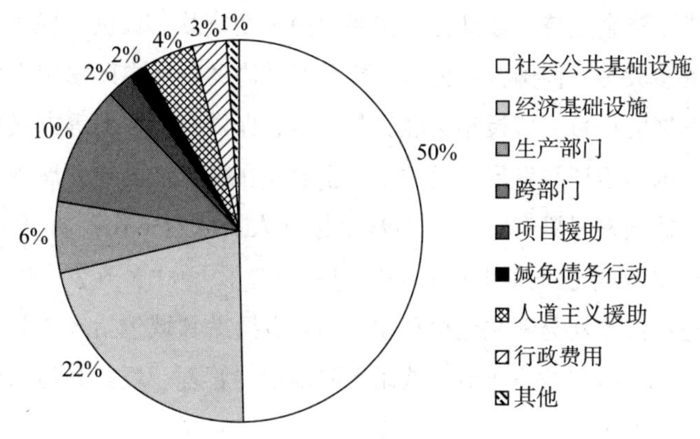

图 6－9 德国对外援助与合作部门间分配百分比（%）

（数据来自 OECD 官网，2009 年数据）

4. 德国对外援助与合作的组织、实施。德国在长期的对外援助与合作实践中形成了自己鲜明的特色，并根据实践和形势的变化不断进行创新，极大地提高了援助与合作的有效性。德国对外援助与合作有着自己的特色和优势，即由政府主管部门、政府部门和社会组织机构共同推进对外援助的组织和实施，共同促进德国对外援助与合作的发展。

德国对外援助与合作的组织实施具体分工如下：①经济合作部。经济合作部是政府中主管对外援助和发展合作政策的部门，负责发展合作政策和战略的制定，在整个德国发展合作系统中处于核心地位。为提高援助与合作的有效性，2010 年德国对该部门进行了机构精简和重组。

②发展合作项目的执行机构。德国对外援助与合作领域有众多的执行机构，这些机构负责德国发展合作项目的具体实施，最主要的执行机构是：复兴信贷银行、技术合作公司、国际培训与发展公司、德国发展服务局。上述四个机构是由德国联邦政府持有所有或大部分股权（复兴信贷银行为80%），由经济合作部提供全部或主要的资金经费，但它们在工作方式、工作重点上又各有不同，分别负责实施援助领域的信贷合作、技术合作、人员培训合作、向发展中国家派遣发展援助人员。其中，复兴信贷银行自2006年以来已向一百多个发展中国家的约2500个项目提供了资金支持，援助方式主要为中长期贷款、提供担保、咨询服务、投资参股等。德国技术公司主要是通过协助发展中国家制定促进经济社会发展的项目、传授相关经验与技术、提供专业咨询等方式提供援助支持。国际培训与发展公司的工作主要是在世界范围内开展培训与发展合作。德国发展服务公司专门从事援助人员派遣工作，从1963年公司成立至2010年已向亚非拉发展中国家派遣了1300多万名专家和技术人员。与经济、社会和文化权利相关的重点援助领域包括环境与自然资源保护、卫生与艾滋病防治、饮用水源维护与管理、垃圾和污水处理以及可持续发展等。

5. 德国对外援助与合作的管理。德国一直在根据对外援助与合作的发展需要调整和创新对外援助与合作管理工作，以提高援助与合作工作的效率和实践效果。主要体现在两方面：①加快权力下放。德国政府在2009年联盟协议中承诺改进德国发展合作系统的结构，这一承诺包括在当地赋予经济合作部国别代表更大的决定权、战略和政策授权。这一改进不仅有助于提高对德国对外援助与合作的战略监督，而且也会有效地解决一些合作伙伴在处理决定和审批上的延误问题。②建立独立的评估机构。目前关于这一评估机构，经济合作部正在各种政策框架、标准和具体方法的指导下努力完善。现阶段，主要是由经济合作部负责制定对外发展合作的评价规则、标准、质量保证，并进行评价；执行机构和一些较大的非政府组织进行独立的自我评价。但是由此也出现了一些问题，即由联邦政府主导的评估体系的一般适用性和组织机构各自的评价体系往往会发生冲突，影响评价和报告结果的客观性和有效性。因而，目前德国正在计划建立一个独立的评估机构或研究所，以提高评估的合法性和独立性，[1]从而以有效且高质量的评估来支持决策，并将德国的国家方案、资源与援助与合作结果和伙伴国的绩效评估框架联系起来，最终推动援助与合作系统的一致性，实现援助与合作效果的最大化。

四、经济、社会和文化权利领域国际援助与合作评析

（一）国际援助与合作对促进经济、社会和文化权利在受援国实现的实效分析

2005年3月，为提高援助有效性，发达国家和发展中国家负责促进发展的部长、多边和双边发展机构的首脑以及一些积极关注和从事国际援助与合作的国际非政府组织在巴黎举行关于援助有效性的高层论坛，通过了《关于援助有效性的巴黎宣言》，宣言制定了所有权、同盟、协调、结果管理和多边责任五项原则，并指出："决心采取长远和可监测的行动以改革当前援助的运行和管理方式，迎接今年晚些时候联合国对千年宣言和千年发展目标实现的5年审查。""实现联合国千年发展目标，我们必须增加援助和其他发展资源的数量，必须显著提高援助有效性，支持伙伴国在加强治理和提高发展成果方面的努力。"为加强和深化对巴黎宣言的实施，发展中国家和援助国负责发展的部长以及多边和双边发展机构的首脑于2008年9月在加纳首都阿克拉举行第三届援助有效性高层论坛，通过了《阿克拉行动议程》，指出："有证据表明我们已经取得进步，但是并不足够。目前进步的步伐太慢，如果不进行改革和采取更迅速的行动，我们将不能实现为提高援助有效性的2010年

---

〔1〕 参见黄梅波、杨莉："德国发展援助体系及管理制度"，载《国际经济与合作》2011年第8期。

承诺和目标。”进一步强调了加强协调，提高援助有效性的重要性。[1]由此可以看出，提高援助有效性是国际社会共同的心声和必然趋势，从另一方面也可以说明，目前国际社会援助与合作的效果并没有达到理想的水平。

在经济、社会和文化权利领域的国际援助与合作方面，国际社会投入巨大，特别是在近几年，国际金融机构和世界发达国家平均每年都会投入近700亿美元援助发展中国家和贫困国家，[2]因此我们有必要结合国际社会在世界各地区、各部门的援助与合作实践，对国际援助与合作实现的效果作一个分析。

2000年9月联合国大会通过《联合国千年宣言》，制定了8个方面的具体发展目标。目前，联合国千年发展目标已成为新千年国际社会的共同奋斗目标和合作方向。而且，近年来，许多国际组织和世界大国都开始将帮助受援国实现联合国千年发展目标引入援助与合作的政策目标。因而，笔者借助世界各地区近期实现联合国千年发展目标中涉及经济、社会和文化权利的几个方面的情况对国际援助与合作的效果进行分析。为此，笔者选定了经济、社会和文化权利内容下的贫困、就业、食物和营养、教育、5岁以下儿童死亡率五个方面的指标进行说明。详情参见以下图表。

减少贫困是促进经济、社会和文化权利在受援国实现的重要因素，也是《联合国千年宣言》的重要目标，联合国千年发展目标规定的第一项指标则是每天生活费低于1.25美元的人口比率。从图6-10可以看出，在21世纪开始的5年，世界各地区每天生活费不足1.25美元的人口均有所下降，其中发展中地区的贫困人口已从1990年18亿减少到2005年的14亿，贫困率从46%下降到27%。但是，就个别地区来说，

---

〔1〕 参见《关于援助有效性的巴黎宣言》，2005年3月2日；《阿克拉行动议程》，2008年9月4日，载 http://www.oecd.org/document/19/0，3746，en_2649_3236398_43554003_1_1_1_1，00.html，访问日期：2011年11月16日。

〔2〕 参见肖琳：《国际援助对发展中国家经济增长和腐败的影响》，东北师范大学2010年博士学位论文。

虽然总的贫困比率有所下降，但幅度较小，而且目前仍然占据了世界贫困人口的绝大部分，这些地区主要集中在撒哈拉以南非洲、东亚和东南亚。

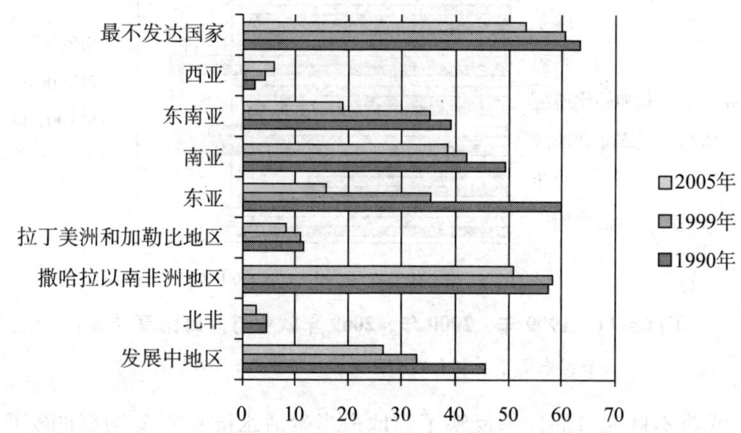

图 6－10　1990～2005 年每天生活费低于 1.25 美元的人口比率（%）

（数据来源于《联合国千年发展目标报告》2010 年）

一国或地区工作权的实现程度可以从该国就业与人口的比率得以体现。以图 6－11 关于就业与人口的比率来说，全球就业形势仍然很严峻。图表显示 2000～2009 年 10 年间各地区就业形势变化不大，这在一定程度上也与 2007 年美国房地产泡沫和随后全球金融体系瘫痪引起的经济和劳动力市场危机有一定关系，经济的恶化导致了就业与人口比例急剧下降。而且，国际社会对政府和社会基础设施领域逐步增加的援助与合作，以及对这些地区贸易、投资等经济部门的援助与合作程度普遍较低，也导致了援助与合作在受援国未能开发更多的经济增长力，因而也未能够提供更多的就业岗位，促进就业情况的改善。

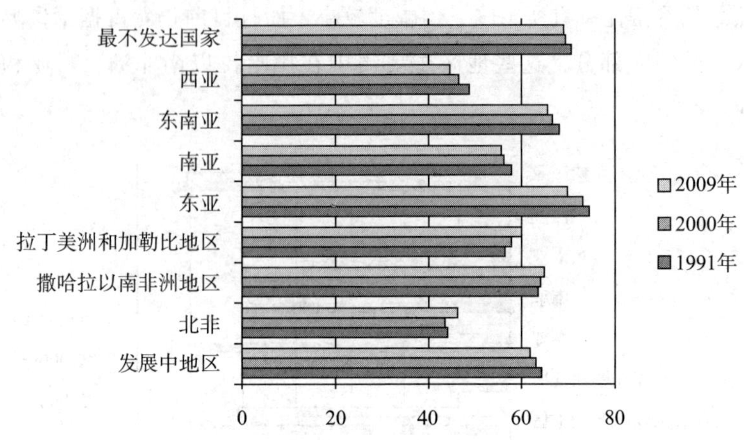

图 6－11　1999 年、2000 年、2009 年就业与人口比率（%）

（数据来源于《联合国千年发展目标报告》2010 年）

营养不良人口的比率反映了当地适当生活水准权中食物权的实现程度。从图 6－12 可以看出，在世界范围内消除饥饿这一指标已取得一定的进展。在 2005～2007 年，东南亚、东亚等地区已接近指标(1990～2015 年间，将挨饿人口的比例减半)，撒哈拉以南非洲饥饿的发生率也有所下降。这主要归功于联合国粮农组织和粮食计划署以及我国在对外粮食援助与合作中的贡献。但是，由于非洲人口基数大，增长快，所以消除饥饿对非洲来说仍然是一个亟待解决的问题。

小学教育作为基础教育，其入学率在一定程度上反映了受教育权的实现程度。图 6－13 中的 1991 年、2000 年、2008 年三年数据的变化趋势显示了世界各地区对教育问题越来越多的重视和关注，并显示在该领域已取得了不错的效果。数据显示，各地区小学入学率均有普遍上升，在发展中国家达到 89%。撒哈拉以南非洲也出现了增长，从 1999 年的 58% 到 2009 年的 76%，增长了 18 个百分点。据资料记载，甚至最贫穷的国家布隆迪和坦桑尼亚也突破了 90% 的比例。此外，南亚和北非也分别增长了 11% 和 8%。

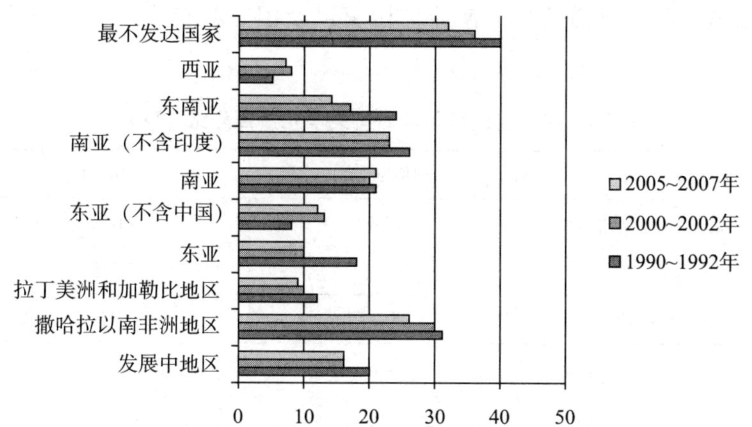

图6－12　1990～1992年、2000～2002年、2005～2007年营养不良人口的比率（%）

（数据来源于《联合国千年发展目标报告》2010年）

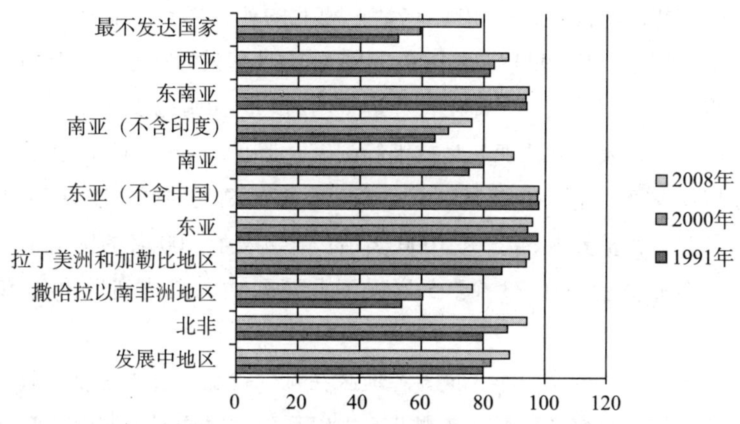

图6－13　1991年、2000年、2008年小学净入学率（%）

（数据来源于《联合国千年发展目标报告》2010年）

但同时也有另外一组数据显示有相当一部分适龄儿童入学后，又不得不面临失学的问题，如表6－14所示。其中以撒哈拉以南非洲最为严重，依2008年数据失学的适龄儿童达46%，其中大约有30%以上的小学生在读完小学最后一年级之前退学。在该地区普及初等教育并确保教育质量，还需要撒哈拉以南非洲国家以及国际社会多方面的合作及努力。

表 6－14　各地区入学后又失学儿童百分比（%）

前三个地区	1999 年	2008 年
撒哈拉以南非洲	43%	46%
南　亚	34%	27%
东南亚	4%	5%

（数据来源于《联合国千年发展目标报告》2010 年）

过高的活产婴儿儿童死亡率一直是国际社会普遍关注的问题，也是制约家庭、特别是母亲和少年儿童得到尽可能广泛的保护和协助的权利实现的重要因素。因而，长期以来国际社会在这方面给予了高度的重视，致力于提高儿童健康等方面的医疗卫生水平。如图 6－15 所示，在这二十多年的时间里，每 1000 名活产婴儿的死亡率有了显著下降，其中发展中国家已从 1990 年的 1250 万降至 2008 年的 880 万，东亚和南亚也取得了比较好的效果。即使世界最贫困的地区撒哈拉以南非洲也出现了下降，包括埃塞俄比亚、马拉维等国家。但是，图 6－15 也显示了撒哈拉以南非洲仍是世界 5 岁以下儿童死亡率最高的地区，以 2008 年的数据计算，在世界上 34 个每 1000 名活产婴儿死亡 100 名的国家中，撒哈拉以南非洲就占了 33 个，5 岁以下儿童死亡人数达到世界的 50% 左右。

综上所述，近二十年，世界各地区在减少贫困、增加就业、消除饥饿、普及初等教育和降低活产婴儿 5 岁以下死亡率这五个方面，都已取得了一定的进步，特别是消除饥饿和普及初等教育等方面进步显著。相比之下，在减少贫困和增加就业方面进步较小。上述进步的取得与近年来国际社会逐步加强了对包括教育、健康、医疗卫生在内的社会公共基础设施领域的援助与合作有着不可分割的关系。如图 6－16：

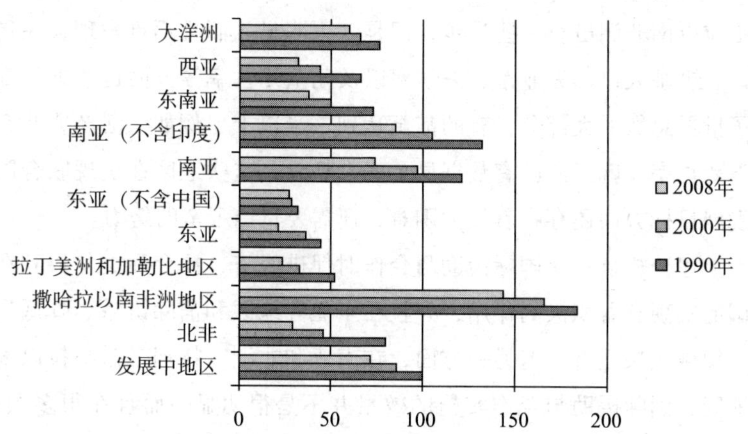

图 6－15　1990 年、2000 年、2008 年每 1000 名活产婴儿 5 岁以下死亡率（‰）

（数据来源于《联合国千年发展目标报告》2010 年）

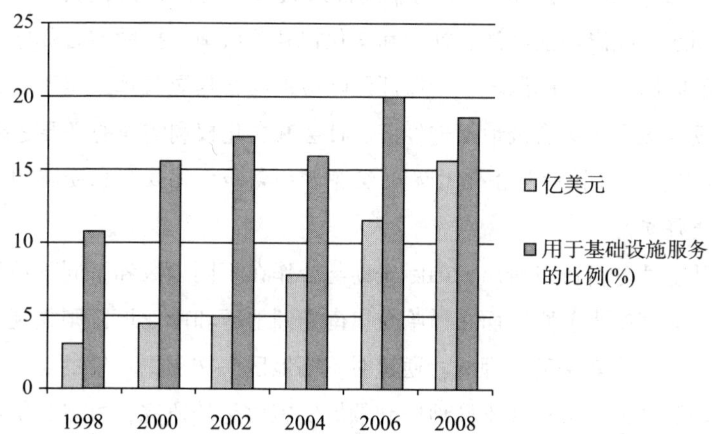

图 6－16　OECD 援助国提供的可在部门间分配的双边官方发展援助中用于基础社会服务（基础教育、初级卫生医疗、营养、安全水源和公共卫生设施）的比例（%）

（数据来源于 OECD 官网）

此外，单独从各个地区看，这些地区在上述领域都取得了一定的成就，但由于各国历史传统、政治经济环境不同，因而在程度上则显现出了较大的差距。其中以东亚的成果最为显著，而在南亚和非洲，特别是撒哈拉以南非洲虽有一些进步，但是并不明显。而且不难发现，在贫困人口、饥饿人口、失业率、失学率以及儿童死亡率等方面这些地区都占据了世界总数的大部分，有的甚至达到一半以上，例如，活产婴儿5岁以下死亡率。就当前已有数据显示的趋势看，这些地区在实现联合国千年发展目标方面还存在着较大困难，还需要付出艰辛的努力。

上述分析显示，国际援助与合作对促进经济、社会和文化权利在受援国的实现有着积极的作用，并且在东亚等地区和消除饥饿、降低失学率等领域效果显著。但另一方面，在南亚和非洲，特别是撒哈拉以南非洲地区，国际援助与合作实施的效果并不是很明显，而且在很多领域，诸如发展中国家、最不发达国家的贫困、就业等领域效果甚微，甚至由此带来了一系列负面影响，以致有报道称“国际援助与合作加剧了非洲的腐败”，“西方的国际援助把非洲推入火坑”等。因而，认真地分析上述问题，找出当前经济、社会和文化权利领域国际援助与合作中普遍存在的问题、面临的困境，是保证国际援助与合作更长远地走下去，更好地发挥效果，更有效地促进经济、社会和文化权利实现的必要之举。

（二）国际援助与合作对促进经济、社会和文化权利在受援国实现的困境评析

从上述分析可以看出，国际援助与合作在不同地区和不同领域发挥的效果有着很大差距，而在撒哈拉以南非洲地区和南亚地区则显现了国际援助与合作效果的不理想。通过对不同地区人文历史环境的比较，以及对国际援助与合作在不同地区和领域实施效果的研究，可以分析出制约国际援助与合作实施效果的原因，即国际援助与合作面临的主要困境。

1. 大部分援助与合作资源流向政治体制不健全的国家和地区。如图6－17所示，1998～2009年间国际援助与合作资源主要分配在撒哈拉以南非洲、亚洲和大洋洲地区，其中撒哈拉以南非洲一直居于首位，平均所占比例一直保持在35%左右。这些国家和地区深受殖民统治的遗害，至今没有发展起来完备的政治、经济和文化体制，政府所谓的“民

主”也并不是真正的民主，独裁政权普遍存在。加之监督机制的不完善，往往容易造成对援助与合作资源的贪污和浪费。如 2009 年 5 月，马拉维前总统巴基利·穆卢齐（Bakili Muluzi）被指控贪污援助资金 1200 万美元；赞比亚前总统弗雷德里克·奇卢巴（Frederick Chiluba）在 1991～2001 年任期内挪用了数百万美元用于医疗、教育和基础建设项目的援助资金到其私人账户。[1]

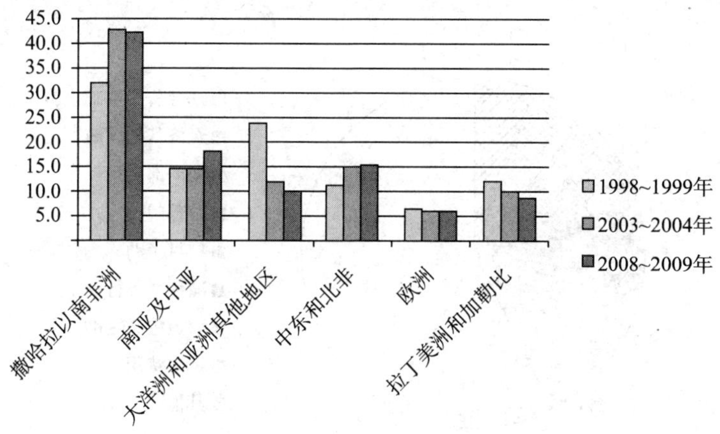

图 6－17　OECD 援助与合作地区分布百分比（%）

（数据来源于 OECD 官网）

2. 援助与合作资源对贸易和投资等部门分配较少。国际社会对援助与合作资源在部门间的分配，以社会公共基础设施领域（教育、健康、人口、供水和卫生设施、政府和民间社会等）最多，其次是经济基础设施领域（交通、通信、能源等），在生产部门得到仅有的 6% 的援助与合作资源中，又以对农业产业分配最多，甚至占到生产部门总和的 74%。相反的，那些对经济发展推动作用更大的贸易等部门分配的则很少（见图 6－18 和图 6－19）。而众所周知，援助与合作并不是国家发展的动力，它只是一种“催化剂”，只能对国家的发展起到促进作用，一

〔1〕参见“国际援助让众多非洲国家陷入腐败与动荡”，载 http://news.163.com/09/0618/10/5C37R829000125LI.html，访问日期：2011 年 11 月 16 日。

个国家的发展归根到底还是在于国家自身能力的建设。而贸易和投资才能真正地打开国家发展的大门，才能从根本上解决国家的贫困，才能实现经济的可持续增长和民众生活的根本改善。正如在 2008 年第四届东京非洲发展国际会议上，时任南非总统姆贝基所言："贸易对于非洲自身发展意义重大。我们确信，非洲良好发展的关键在于贸易，而非援助。为了不坐等援助，必须改善非洲的贸易条件。"

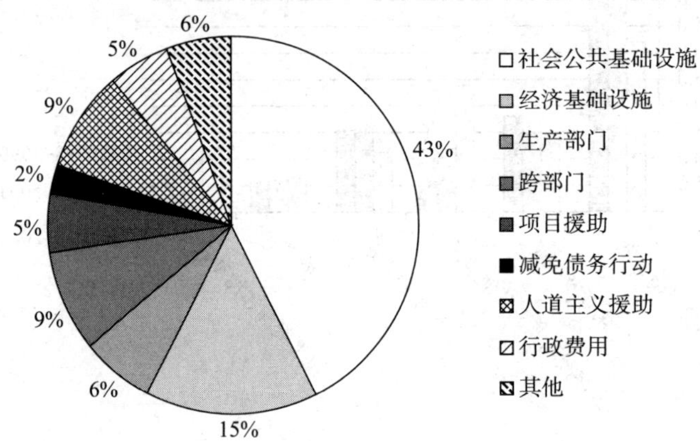

图 6－18　OECD 对外援助与合作的部门间分配百分比（%）

（数据来源于 OECD 官网，2009 年数据）

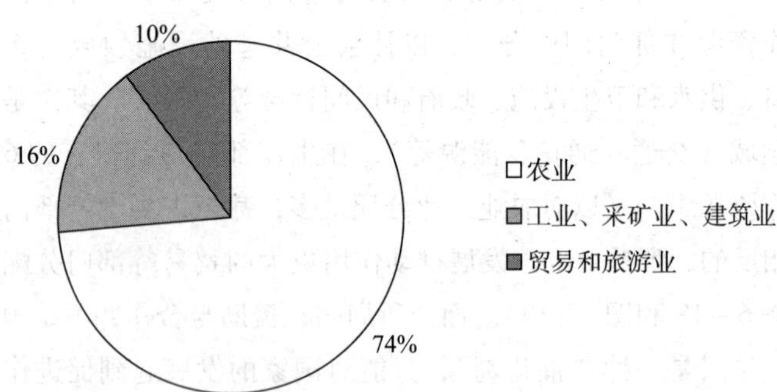

图 6－19　在生产部门间的产业分配百分比（%）

（数据来源于 OECD 官网，2009 年数据）

3. 援助与合作的成本过高。OECD 成员国提供了国际援助与合作的绝大部分，所以本图表采用 OECD 所有成员国援助与合作的总数据来说明国际援助与合作的成本变化趋势。从图 6－20 可以看出，自2003～2009 年，援助与合作成本呈增长趋势，从 2003 年的 99.7 亿左右到 2009 年 326.5 亿，增长了三倍多。这就意味着虽然每年国际社会用于援助与合作的资源总额在增加，但是随着援助与合作成本的上升，越来越多的资源用在了援助国自身，或者援助与合作的中间环节。而真正落实到受援国，实际用于受援国国内的援助与合作净额增长却很缓慢，甚至为负增长。由此可见，在援助与合作实施中，随着援助总额的增加，每年实际用于受援国的援助与合作净额所占比例在不断减少。这与联合国和国际社会提倡的加强对外援助与合作力度，提高对外援助与合作效果是不相符的。

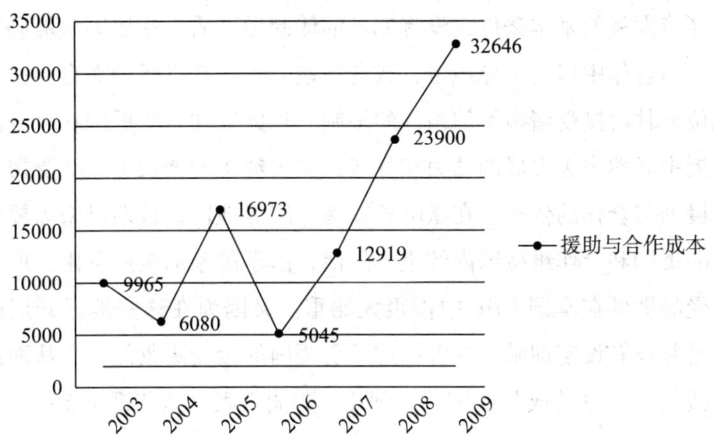

图 6－20　2003～2009 年 OECD 对外援助与合作成本变化趋势（单位：百万）

（数据来源于 OECD 官网）

4. 援助国的利益导向，导致了受援国的被动地位，削弱了援助与合作效果。援助与合作的利益导向是指提供援助与合作以本国的国家利益为指导，根据本国的利益实施对外援助与合作。现在很多西方国家的援助与合作都是以国家利益为导向的，其对外援助与合作规划的制定和实施完全围绕本国的国家利益进行，并没有考虑受援国的实际情况，不是根据受援国的实际需求提供的。因而，受援国在接受援助与合作时，无论是在援助方式，还是援助内容上往往都处于比较被动的地位。不仅在很大程度上影响了援助与合作资源在受援国发挥应有的作用，也造成了资源的浪费，甚至还会冲击到受援国自身产业的发展，影响其经济的可持续发展和国民生活水平的根本改善。

5. 部分受援国政治、经济体制不完备和对援助与合作的依赖心理。国际援助与合作在非洲的失败大多是由于非洲国家普遍缺少完备的政治、经济体制。在援助与合作实施中，如果受援国相对应的国家体系不完备，则容易导致三个方面的问题：①受援国少数政府高官的腐败。国际援助与合作容易造成这些地区政府的腐败在前面已经论及，此处不再赘述。②受援国经济增长力的缺失。现代的国际政治、经济体制是一个国家经济发展的基本条件，没有完备的体制做后盾，受援国政府则很难在援助与合作中居于主导地位，或者往往会为了获得援助而自愿放弃主动地位，甘愿接受诸多附加条件的限制。长此以往，受援国在自身的经济发展中必然失去发展的动力和优势，失去经济的增长力。③受援国对国际援助与合作的依赖。在撒哈拉以南非洲等地区，长期以来需要借助外来的援助和合作维持国内的生产生活，由于国家的极度贫困，所以每年接受的援助在本国 GDP 中占很大比重。又因为在这些地区开展的许多项目并没有设定期限，或者超过了受援国的接受吸收能力，从而助长了受援国“坐享其成”的依赖心理。[1]毋庸置疑，这些都是无助于受援国经济社会发展，以及经济、社会和文化权利在当地实现的。

6. 缺乏有效的监督和评估机制。有效的监督和评估机制是增强援助与合作有效性的关键。目前，由于尚缺乏这样一个比较健全、运行良好的监督和评估机制，导致了许多不利于提高援助与合作效果的情况出现，诸如援助与合作成本不断增加，受援国政府贪污腐败，援助合作项

---

〔1〕 参见周宝根：“西方对非援助的教训及借鉴意义”，载《亚非纵横》2009 年第 4 期。

目中途荒废等。这些情况的出现不仅不会促进受援国经济发展、能力建设以及国民生活水平的提高，还会导致援助与合作资源的浪费，助长受援国政府的腐败、官僚作风等不良现象。此外，在一定程度上也容易引发社会动荡，不利于社会安定。

目前各国在经济、社会和文化权利领域的国际援助与合作方面都获得了丰富的经验，在制度建设方面也已取得了一定的进步。但是，如前所述，当前这一领域的国际援助与合作还存在着许多的不足，严重制约着援助与合作效果的提高。2005 年《关于援助有效性的巴黎宣言》中的所有权原则："要求受援国具有可操作的国家战略、可信赖的国家体系，所接受的援助应按照国家的优先次序进行分配，通过援助与合作过程增强其能力建设。为提高援助与合作的有效性，受援国应尽力对国家发展战略、援助管理体系和相关组织机构进行全面调整。"〔1〕因而，加强对相关领域的研究，进一步建立和完善经济、社会和文化权利领域的国际援助与合作制度是增强援助与合作有效性的当务之急。

第三节　经济、社会和文化权利领域国际援助与合作制度的重审与改进

一、经济、社会和文化权利领域国际援助与合作制度的基本理论重构

（一）经济、社会和文化权利领域国际援助与合作的性质

国际援助与合作是资金、物品和服务等资源的跨国流动。目前，国际社会对经济、社会和文化权利领域国际援助与合作的性质，即对外援助与合作究竟是援助方的慈善行为还是援助方的法律义务，有着不同的观点。发展中国家普遍认为援助与合作是援助方的一种法律义务，强调

〔1〕参见黄梅波、郎建燕："主要发达国家对外援助管理体系的总体框架"，载《国际经济与合作》2011 年第 1 期。

自己与前殖民帝国之间的后殖民时代的特殊关系，强调经济全球化的资源分配，强调拥有资源优势的发达国家负有义务向发展中国家，特别是最不发达国家提供援助与合作，坚持发达国家在帮助发展中国家，特别是最不发达国家摆脱贫困、实现国家义务方面负有不可推卸的责任。发达国家则认为援助与合作仅仅是一种慈善行为，属于国际道义帮助，主张援助方是出于对受援方基本需求的人道主义关切而提供的援助与合作。

可以预见国际社会在未来一段时间内仍难就此达成一致。援助与合作作为主权国家的对外行为，本身就具有复杂性，在现实中不仅是帮助受援国解决困境、履行国家义务的方式，也是援助方实现自身特定的政策目标，展示国力、维持和提升国际影响力的重要途径。此外，援助与合作性质的确定涉及多个复杂问题。例如，提供援助与合作的两种不同分析路径：现实主义的“援助国利益”和理想主义的“受援国需求”；援助方和受援方关系的多维性质：政治层面的发达国家与第三世界国家的关系，经济层面的富裕的工业化发达国家与贫穷的发展中国家的关系，即南北关系，国际权力分配角度上的强国与弱国的关系，大国与小国的关系。[1]

对此，笔者认为不管援助与合作是法律义务还是道德义务，抑或是援助方的权利，对于提高援助与合作效果，以及通过援助与合作促进经济、社会和文化权利在受援国的实现都不重要。而重要的是在世界范围内更广泛地开展国际援助与合作，更有效地发挥援助与合作的效果，更积极地推动受援国国家能力和国民能力的发展，更大程度上促进经济、社会和文化权利在受援国的实现。

（二）经济、社会和文化权利领域国际援助与合作的目标

国际组织和国家在经济、社会和文化权利领域的国际援助与合作中坚持的目标和原则各不相同，由此产生的援助与合作效果差别也很大，

---

〔1〕 参见丁韶彬：《大国对外援助——以社会交换论为视角》，社会科学文献出版社2010年版，第2~4页。

因此有必要协调各组织、各国家援助与合作目标的一致性，以此增强援助与合作的有效性。现结合在该领域较为成功的实践经验，对经济、社会和文化权利领域国际援助与合作应遵循的目标做一总结。

如前所述，人权本位方针的核心目标是为了世界范围内人权的实现。自“人权本位方针”这一概念提出后，人权本位方针的价值和必要性已被国际社会广泛认可和接受。反思各国际组织和国家的援助与合作目标及其所产生的效果，无疑可以确定人权本位方针应成为今后实施经济、社会和文化权利领域的国际援助与合作应始终遵循的指导方针，即在经济、社会和文化权利领域的国际援助与合作制度构建中，应始终以有利于世界范围内各国家、各民族、各阶层人权的实现为宗旨。

人权本位方针要求经济、社会和文化权利领域的国际援助与合作要注重提高两方面的能力，一是国家作为义务主体履行自己义务的能力；二是国民作为权利主体主张权利的能力。帮助受援国增强国家能力是促使其更好地履行国家义务的关键。增强国家能力包括政治、经济和文化等多方面的能力。在经济、社会和文化权利领域的国际援助与合作中，援助与合作的效果由很多因素决定，在受援国国家这一层面来说，国家的治理水平、执政质量、公共机构能力都是制约援助与合作效果的关键。

有研究表明：“一个不良的政府倾向于将援助用于延长本国权力者的统治，而忽视大多数人民的疾苦。而在民主的政治体制下，国家更关心国民的福利，并促进更高的经济增长率。”“援助国应当运行一个程序，向不发达国家传递经济、政治和社会知识、技术及方法，以便在援助国撤出后，受援国可以继续运行自己的体制，从而它们可以持续经济增长”。[1]因而，有利于促进受援国家建立民主、建设公共机构能力的制度也应成为经济、社会和文化权利领域国际援助与合作的制度构建努力的方向。

---

〔1〕 肖琳：《国际援助对发展中国家经济增长和腐败的影响》，东北师范大学2010年硕士学位论文，第24页。

(三) 经济、社会和文化权利领域国际援助与合作的指导原则

人权本位方针不仅是经济、社会和文化权利领域国际援助与合作的政策目标，同样也是该领域国际援助与合作的指导原则，具体体现如下：

1. 非政治化原则。[1]提高非政治化原则要求国际组织和各国实施援助与合作以促进受援国国家整体能力、实现国民权利为目标，反对援助与合作服从于援助国政治，以政治制约援助与合作。非政治化原则是我国对非洲提供援助与合作中区别于其他西方国家，并取得成功的一项重要经验。在援非过程中，我们以合作型援助为基础，始终坚持有利于增强双方自力更生的能力，促进各自民族经济发展，尊重受援国家的民族自尊心，在自愿和互利互惠的原则基础上取得回报。目前这一原则已逐步成为国际社会的共识。

2. 关注民生原则。所谓关注民生，即国际社会在经济、社会和文化权利领域开展援助与合作，向受援国的不同部门提供资金、技术、债务减免等有限的援助与合作资源时，应侧重于对民生领域。关注民生，不仅是人权本位方针的重要启示，也是从众多援助与合作经验和教训中总结得来的。以非洲为例，虽然在过去的几十年中，非洲得到了超过 2 万亿的国际援助，但是事实上援助的效果并不乐观，不仅没有促进经济、社会和文化权利在该地区的实现，甚至造成了当地经济的大幅衰退。非洲的孩子们买不到 12 美元的药品，导致非洲疟疾死亡率居高不下；非洲的新生儿母亲得不到哪怕是 3 美元的补助，因而也无法预防非洲 500 万婴幼儿的死亡。非洲平均每年得到的大约 500 亿的援助却没有为解决当地人们基本生活中急需解决的实际问题带来一丝改善，甚至加剧了这些问题。[2]由此可见，在国际援助与合作中，援助方应该根据受援国的

---

〔1〕 参见何先锋：“中国对非援助的历史演进及其特点”，载《改革与开放》2011 年第 7 期。

〔2〕 参见“西方的国际援助把非洲推入‘火坑’”，载 http：//www. globalview. cn/readnews. asp？ newsid =20739，访问日期：2011 年 11 月 16 日。

实际情况，将有限的援助与合作资源重点分配在关乎受援国国民基本生活问题，或者他们较为关心且急需解决的民生领域。

3. 尊重受援国“主事权”原则。实施国际援助与合作，促进经济、社会和文化权利在受援国的实现，很重要的一点就是增强受援国整体能力，使受援国能够自己管理自己的国家，国民能够自己管理自己的生活。实施合作型援助，尊重受援国“主事权”是《关于援助有效性的巴黎宣言》中其他四项原则的基础，是改善援助与合作效果的关键点。[1]尊重受援国“主事权”要求转变援助与合作理念，建立援助方和受援方平等的合作伙伴关系，根据受援国自身的国情、历史传统和条件，在与受援国共同协商的基础上确立适宜受援国当地环境的援助与合作项目、援助与合作方式及援助与合作分配等。

4. 增强受援国国家能力原则。实践已证明，国际援助与合作对国家的发展而言，并不是发展的动力，而只是一个辅助手段、一种“催化剂”，关键还在于受援国自身的能力建设。因而，发展经济、社会和文化权利领域的国际援助与合作，应以帮助受援国提高自身能力建设为主要目标，正所谓“授人以鱼，不如授人以渔”。在援助与合作中尽可能地帮助受援国培养更多的专业人才，发展本国的技术力量，帮助受援国加强基础设施建设，帮助受援国勘探、开发有益的自然资源，帮助受援国逐步走上独立发展的道路。

5. 国际分工和合作原则。2005 年《关于援助有效性的巴黎宣言》和 2008 年《阿克拉行动议程》都强调了加强协调合作，增进援助有效性的重要性。在国际援助与合作中坚持国际分工和合作原则包括两个方面：一是加强国际社会在援助与合作中的联系，努力做到援助与合作能够满足受援国需求，符合受援国利益，做到资源的各取所需；二是加强各个援助方之间的联系，增加援助方优势资源的对外援助与合作，做到各方有限资源的合理分配，避免援助与合作资源分配的重叠和空白。国

---

〔1〕 参见黄梅波、陈岳：“挪威对外援助政策及管理机制”，载《国际经济与合作》2011 年第 6 期。

际分工和合作原则，是在充分认识到国际社会的整体性和紧密联系性的基础上提出的，经济、社会和文化权利领域的国际援助与合作作为一项重要的国际活动也不可例外。

（四）经济、社会和文化权利领域国际援助与合作应否附加条件

在讨论经济、社会和文化权利领域的国际援助与合作中应否附件条件问题前，先介绍三个案例。

[案例1] 2002年，非洲联盟对非洲国家的腐败做了一个调查，据估计，每年整个非洲的腐败资金大约有1.5亿美元，其重要来源则是国际援助与合作资金。由于大部分援助与合作资源没有附加条件，所以受援国政府随意支配这些资源，挪作他用，使其丧失本应有的作用。例如，1965～1997年担任扎伊尔（今天的民主刚果共和国）总统的Mobutu Șese Seko，经证实共贪污了至少50亿美元；2009年5月，马拉维前总统Bakili Muluzi被指控贪污援助资金1200万美元；赞比亚前总统Frederick Chiluba在1991～2001年任期内挪用了数百万美元用于医疗、教育和基础建设项目的援助资金到其私人账户。[1]

[案例2] 美国对外援助的目的始终是实现其外交等战略目标，对非洲的援助也都是以人权和民主的扩展作为前提条件的。不仅美国，其他许多西方国家都是如此，提供的援助往往附带有政治条件，但因非洲国家在政治、文化和社会体系方面的不同，只是简单地将经济援助问题与人权问题挂钩并没有实现美国的预期目标。而且20世纪90年代以来，西方国家对非洲提供的大量附带政治条件的援助不仅没有降低非洲的腐败程度，也没有增强非洲国家的国家能力，甚至产生了许多负面影响。至今非洲在人均国民收入、人均寿命、婴儿死亡率、生活在极端贫

〔1〕 参见“国际援助让众多非洲国家陷入腐败与动荡”，载http：//discover. news. 163. com/09/0618/10/5C37R829000125LI _2. html，访问日期：2011年11月16日。

困水平线下人口的比例等指数方面的指标仍然处于世界的最低端。[1]

[案例3]　2004年Brautigam和Knack做了一项研究，研究指出在20世纪90年代以后，有越来越多的国际援助机构开始实行有条件的援助，即更加关注受援国的政府职能情况，要求受援国，特别是发展中国家提高其执政质量。研究结果显示这种有条件的援助对于提高发展中国家政府职能有显著的成效，减少了政府的腐败，提高了援助的实际效果。[2]

从上述三个案例中可以看出，援助与合作质量的高低并不简单的取决于是否附加条件，因此在经济、社会和文化权利领域的国际援助与合作中，应否附加条件不能一概而论，即并不是在任何情况下都不能附加任何条件，也不是可以附加任何条件。关键在于附加的是什么条件，适当地附加一些合理的条件是有益的。

针对许多援助在非洲的失败，众多研究者认为这是由于非洲得到的国际援助大多没有附带条件。因为几乎没有附带条件，所以这些援助资金和物资在政治环境不好的国家可以非常容易地被挪作他用，而不能使其真正地用于支持该国的发展、权利的实现。结果可想而知，这些非洲的国家越来越贫穷，人民的生活越来越困难，而少数的政府高官则越来越富裕。简单来说，即受援国自身的政治经济管理体制也是制约援助效果的重要因素。“在体制良好的国家，增加100亿美元的援助一年就可以帮助2500万人脱贫；相反，在体制差的国家，增加100亿美元的援助只能帮助700万人解决温饱问题，甚至更差。”[3]因而，推动受援国加强自身政治、经济改革，提高执政质量，改善国内环境是提高经社文

---

〔1〕参见李莹：“中美对非洲援助政策的差异”，载《西南农业大学学报（社会科学版）》2011年第7期。

〔2〕参见肖琳：《国际援助对发展中国家经济增长和腐败的影响》，东北师范大学2010年硕士学位论文。

〔3〕毛小菁：“国际社会对非援助与非洲贫困问题”，载《国际经济与合作》2004年第5期。

权利领域国际援助与合作有效性的必要途径。

综上所述，坚持以“人权本位方针”为指导，通过增强受援国履行国家义务的能力，增强受援国国民主张权利的能力来促进经济、社会和文化权利在受援国的实现，要求在援助与合作中适当地附加一些合理的条件，但此类条件应有严格的限制。首先，应属于“非政治性”条件，不应借此对受援国附加任何政治性约束，例如以受援国为其前殖民地或者与改革受援国政治观念为前提；其次，应在受援国自愿的基础上协商约定，尊重受援国的自主权；再次，应符合受援国当地的政治、经济和文化环境，“因地制宜”；最后，应有利于经济、社会和文化权利在受援国的实现。例如，要求受援国政府公开援助与合作资源使用情况；要求受援国接受对援助与合作实施的监督评估等。

通过此类条件的约束，监督援助与合作在受援国的实施，从而有利于援助与合作资源的高效利用，提高援助与合作在受援国、地区实施的有效性，最终促进受援国经济、社会和文化权利的实现。

二、经济、社会和文化权利领域国际援助与合作的实施制度

（一）经济、社会和文化权利领域国际援助与合作的分配及有效实施方式

为了促使经济、社会和文化权利领域国际援助与合作效果最大化，在援助与合作资源的分配上，应注意以下因素：

1. 援助与合作资源的合理分配，适当加大对最不发达国家和地区的援助与合作。国际援助与合作的资源是一种稀缺资源，即使是发达国家，每年可以用于国际援助与合作的财政预算也是有限的。而且，发展中国家数量众多，贫困人口十分庞大，对援助与合作资源的需求也十分紧急。据报道，2011 年 10 月 31 日，世界人口达到 70 亿，未来 97% 的人口增长会来自发展中国家，其中近一半会出现在非洲。就目前来说，非洲和亚洲这些拥有世界最多人口、经济也最为贫穷的地区，理应得到较多支持和帮助，但是实际所得到的援助与合作资源却普遍不足。如图 6 –21所示：

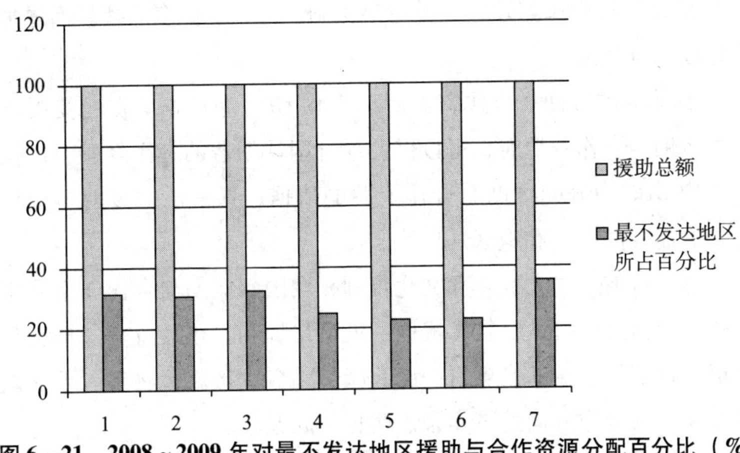

图 6－21　2008～2009 年对最不发达地区援助与合作资源分配百分比（%）

（1. 发展援助委员会总和　2. 发展援助委员会中欧盟国家
3. 美国　4. 日本　5. 德国　6. 法国　7. 英国）

（数据来源于 OECD 官网）

因而，应加强国际社会在援助与合作中的相互协调和信息共享，尽可能地将有限的资源用于“刀刃”上，用于最需要的国家和地区，避免国际社会对需要援助的国家和地区分配援助合作资源时不均衡，忽视急需援助的国家和地区或者造成地区资源分配的重叠浪费。

2. 根据受援国的需要提供援助与合作。因不同国家和地区有不同的政治经济发展水平，应加强援助国与受援国之间的相互联系，根据受援国的需要而不是援助国的利益提供援助与合作，着力解决制约受援国发展的瓶颈问题，提供受援国实现发展的关键技术或稀缺资源，达到以最少资源发挥最大效用的结果。

3. 对受援国资质的考量。提供经济援助和技术合作，就如同给予一个国家或地区许可证一样，应对其资质进行考量，确保受援国政府对使用援款负责，避免援助与合作资源付诸东流。对受援国进行考量，可以对其可信度和责任度予以关注。为此，可以采用一种竞争激励机制，促使受援国增加其可信任度和责任度。例如荷兰政府针对援助分配建立起一项新政策，即根据表现严格甄选，将援助目标从原来的 80 个减少到

20个，促使发展中国家建立一种竞争机制，为得到更多的援款而增加其可信任度和责任度。

4. 具体分配援助与合作资源时以人均GDP为依据。在向受援国具体分配援助与合作资源时，可以借鉴联合国计划署的一个经验，即按受援国人均GDP为分配援助与合作资源的依据，真正地把援助与合作资源用于最需要的国家和地区。〔1〕

此外，目前经济、社会和文化权利领域国际援助与合作通常采用多种形式，包括财政援助、技术援助、人员培训和人权教育等。据资料统计分析，目前最普遍的是项目援助、减免债务、援款援物等。下面以四个国际援助与合作方面的事实来说明这一问题。

［事实一］ 世界粮食计划署的对外援助援款多通过项目援助的方式，通过一个个具体的项目，将援助与合作资源的实惠给予受援国的每一位国民，其中具有代表性的是“激光束项目”和“食品换培训项目”。“激光束项目”致力于消除儿童营养不良，是在受援国当地直接生产营养丰富的食品，实行营养和卫生教育，实施清洁水和创收计划，从而使更多的人获得营养丰富的食物。粮食计划署通过“食品换培训项目”向饥饿人口提供食品，使贫穷的人们能够投入时间学习生存技能，例如，认字读书、养蜂等，鼓励受益者为发展项目工作，在改善受援国困难情况的同时，也增强了受援国国民自身的能力。

［事实二］ “西方的国际援助把非洲推入‘火坑’”一文中介绍到：“在非洲的一个小镇上，有个蚊帐制造商，雇佣了10名工人，可以每周生产500个蚊帐。通常，这10名工人每个人都需要供养15个以上的亲属。一项由西方国家支持的项目无偿地向这一地区提供了10万顶蚊帐，这就立即造成这个非洲的蚊帐制造商倒闭，而他的10个员工也无法继续供养他们的150个亲属。数年后，这些捐赠的蚊帐会被用破丢

〔1〕 参见潘忠：《国际多边发展援助与中国的发展——以联合国开发计划署援助为例》，经济科学出版社2008年版，第78页。

弃，但是这个非洲小镇却不再有蚊帐制造商继续这个行当，非洲人民就需要更多的援助。”许多国家提供的粮食援助也如此，例如，在美国的“食品与和平项目”下，受援国每年要花费数百万美元用以购买美国生产的粮食，然后这些粮食再通过海运运至非洲。这一项目，直接造成了受援国对美国粮食的依赖和当地农民的失业，可想而知这一援助系统产生的效果如何。

[事实三] 在援助与合作的众多方式中，不得不提到的是“荷兰病”（Dutch disease）。荷兰病是用来形容那些为受援国提供大量援助资金，而巨额援助资金的注入充斥了受援国发展中的经济，造成受援国本国货币升值，降低了受援国在国际市场上的竞争力，影响了受援国的出口，迫使那些从事该行业并以此为生的人们面临失业的问题。面对这种情况，很多国家为了防止援助带来的通货膨胀，而不得不颁布法规立即吸取过剩的资金，以避免经济形势失控。例如，乌干达在 2005 年就被迫颁布了类似的法规，吸收过剩流动的资金多达 7 亿美元，每年对应支付的利息高达 1.1 亿美元。[1]

[事实四] 在整个非洲，超过 70% 的财政预算来自国际援助，其中埃塞俄比亚高达 90% 以上，非洲的大部分国家都陶醉于援助的美梦中，没有任何动力去寻求经济发展。但正如“没有免费的午餐”一样，非洲国家每年都要为此偿还将近 200 亿美元的债务，在经济没有增长的情况下，非洲国家被迫通过损失本国的教育和医疗来还债。例如，肯尼亚用于偿还债务的资金大约是本国医疗拨款的三倍。[2]

通过对一些援助与合作方式的效果的比较分析，可以发现对于不同国家或地区援助与合作的有效方式不能一概而论，应根据受援国具体情况，具体确定较为适合的援助与合作方式。

---

〔1〕“国际援助让众多非洲国家陷入腐败与动荡”，载 http://news.163.com/09/0618/10/5C37R829000125LI_2.html，访问日期：2011 年 11 月 16 日。

〔2〕同上。

1. 对于政治经济体制较为完备的国家地区，因其具有一整套完善的政治、经济文化和法律体系，能够保证对其提供的援助与合作资源用到实处，惠及于民，所以可选择的方式也相对比较多，无偿援助、无息贷款、低息贷款等都可以，具体哪种是最为适宜的方式可以根据援助与合作对象及其对援助与合作资源的具体需求而定。

2. 对于经济发展水平较为落后、政治体制不完备的国家地区，不宜采用无偿财政援助、贷款等方式。因为在这样的国家地区，上层建筑的不完备往往无法保障援助与合作资源的使用，无法使援助与合作发挥真正的效用，而贷款也很可能加剧当地的债务负担，并且可能会同时引发更严重的社会问题，诸如腐败、社会冲突等。

3. 针对贸易投资的项目援助有利于从根本上解决非洲的问题。正如南非总统姆贝基在2008年第四届东京非洲发展国际会议上所指出的："贸易对于非洲自身发展意义重大。我们确信，非洲良好发展的关键在于贸易，而非援助。为了不坐等援助，必须改善非洲的贸易条件。"

4. ①无偿援助主要适用于帮助受援国过渡紧急情况，以及建设学校、医院、供水供电等中小型福利项目，技术合作，人力资源开发等；②无息贷款主要适用于帮助受援国建设民生项目和社会公共设施；③优惠贷款、技术合作适用于经济条件较好的一些发展中国家，可以用于帮助这些国家地区建设有经济效益和社会效益的生产型项目和大中型基础设施；④紧急人道主义援助对解决受援国突如其来的灾难，帮助受援国克服灾害带来的影响，帮助受援国国民摆脱困境具有显著的效果。[1]

目前国际社会援助与合作的重点大多集中在撒哈拉以南非洲，总结以往经验，在非洲地区开展经济、社会和文化权利领域的国际援助与合作应坚持：

1. 不适宜采用直接援款的方式进行援助。因为非洲地区许多国家长期作为殖民地，在历史传统中自身产生了一些诟病，没有完备的经

---

〔1〕 国务院新闻办公室：《中国的对外援助》，2011年4月。

济、社会和法律体系，更多的援助资金、物资并不能惠及百姓，而只能助长少数官僚的腐败。

2. 项目援助更适宜非洲地区。如上所述，直接援款援物有助于助长非洲的腐败，因而期望使援助与合作资源在非洲发挥应有的效用，最好的方法是回避非洲的不良政府，减少政府将援款用于腐败的机会。直接将援助用于具体项目则可以规避这一问题。

3. 应加大对非洲地区有关贸易和投资方面的援助与合作，例如近几年兴起的促贸援助。原因有二：①受长期作为殖民地的影响，非洲地区许多国家的经济发展是畸形的，缺乏有效的投资、税收体系。而对于这些国家来说，只有将援助纳入到国家的投资体系，建立起自己的经济、税收体系，才能带动国家的经济发展，促进“真正的民主”的建立；②直接的援款援物会冲击非洲国家自身的经济，容易造成通货膨胀，本币升值，影响本国出口和国际竞争力。而贸易投资援助，例如，利用援助资金向受援国的农民购买粮食，然后将购买的粮食在受援国当地进行再生产加工，最后将加工的食品提供给有需要的人们，这样可以实现一箭多雕：购买受援国本国农民的粮食一方面可以避免冲击受援国自身经济，另一方面可以增加受援国国民的收入；再生产加工，又可以刺激受援国经济需求，增加就业机会，改善受援国的就业形势，维护社会的稳定；将加工后的食品提供给当地有需要的人们，可以在一定程度上解决当地无劳动能力，或者处于最低生活保障标准线下的人们的社会保障问题，可以实现援助与合作的最终目的——将实惠直接惠及受援国当地人们，促进经济、社会和文化权利在受援国的实现。

（二）经济、社会和文化权利领域国际援助与合作的组织运作形式

通过本章第二节的分析表明，目前来说，在这一领域的援助与合作实践中最有效的运作方式是在受援国设立实地办事处。无论是对确保援助与合作的具体实施分配，还是实施过程中的监督、评估，实地办事处都发挥了很大的作用。目前，联合国人权事务高级专员在设立办事处方面积累了丰富的成功经验。

近年来，国际人权机构试图通过开办实地办事处来分散它们的一部分运作。它们可以利用这些办事处向当地提供技术援助，并能更加迅速地应对新出现的问题。联合国人权事务高级专员办事处于20世纪90年代初在柬埔寨成立了它的第一个实地办事处。截至2008年，人权高级专员办事处设有11个国家办事处和8个区域办事处，在那些面临人权问题的国家中执行任务。需要注意的是，目前这一数据有了新的增长，截至2010年底，人权高级专员办事处在全球范围内设立的办事处增至12个国家办事处和12个区域办事处。[1]“这些实地特派团开展人权监督工作，提供技术合作，并鼓励用以权利为基础的方法解决当地的问题。近来，大约有50个国家向人权高级专员办事处发出旨在加强国家人权能力和基础设施建设的技术合作项目的请求。”人权高级专员办事处设立实地办事处时会与东道国政府协商一份保护和促进人权的全面任务书，通过实地办事处的工作，不仅监督了各国的人权状况，而且还协助成员国及其他的义务承担者开展了能力建设，促进了当地人权问题的解决。此外，国际劳工组织同样也在许多发展中国家派驻了“多专业咨询工作队”，它们为各国政府和非政府机构提供咨询服务，协助对劳工组织标准的批准和适用，以及提供技术、甚至财政援助。[2]

设立实地办事处的优势在于：①首先，实地办事处往往独立于援助与合作计划和预算的设定机构，因而办事处可以根据援助国的援助与合作计划、预算，监督援助与合作资源在援助国的实际拨付和在受援国的落实情况。②实地办事处是援助方在受援国和地区工作的一个战略入口。通过这一入口，援助方可以直接地管理援助与合作在受援国的实施，可以确保援助与合作资源“物尽其用”。③实地办事处位于受援国，

〔1〕 参见联合国人权事务高级专员办事处官网，http：//www.ohchr.org/ch/Countries/Pages/WorkInField.aspx，访问日期：2011年11月16日。

〔2〕 参见［美］托马斯·伯根索尔、黛娜·谢尔顿、戴维·斯图尔特：《国际人权法精要》，黎作恒译，法律出版社2010年版，第101页。

与受援国具有最紧密和最直接的联系，可以及时地了解受援国的需求和环境变化，及时地跟踪、监督援助与合作落实情况，并及时准确地对援助与合作效果作出评估。

此外，与受援国家建立伙伴关系，也是提高援助与合作效果的一种不错的方式。目前，欧盟和英国都采取了这种方式。对于一些受援国，英国会与其签署十年发展伙伴关系协议或者谅解备忘录，用于提高援助与合作效果。例如，2006年英国国际发展部与卢旺达建立十年发展伙伴关系。[1]通过这种方式，一方面有利于受援国自身的长期发展规划；另一方面有利于建立双边互信关系，增强援助与合作的可预测性，最终实现援助与合作实施效果最大化。

（三）经济、社会和文化权利领域国际援助与合作的管理机制

随着国际援助与合作规模逐步扩大，援助与合作项目和执行机构逐渐增多，对外援助与合作管理法制化、制度化、规范化已成为必然要求。目前，国际援助与合作的管理模式有很多，例如，联合国开发计划署坚持受援国自主原则；欧盟建议以伙伴关系和援助正式文件为支撑的管理框架；美国则奉行结果导向型绩效管理方式等。

由于经济、社会和文化权利内容广泛，国际援助与合作覆盖的范围比较宽，而且各援助方和受援方在政府职能的设定、经济发展水平等方面也具有较大的差异性，这就决定了在经济、社会和文化权利领域的国际援助与合作实践方面，很难设定一个适合于所有国家和地区的统一标准和管理制度。但通过对不同国家、组织在这方面管理经验的比较，可以总结一些基本的共同点和值得借鉴的经验。

规范管理制度考虑多方面的因素，主要包括援助与合作政策的制定、援助与合作的执行机构、援助与合作计划的设定、援助与合作资金的来源、援助与合作资源的分配，以及援助与合作的监督、评估等。下面从援助方和受援方两个方面作一简单阐述。

---

〔1〕参见黄梅波、万慧："英国的对外援助政策及管理"，载《国际经济与合作》2011年第7期。

援助方方面。其一，在双边援助与合作中，应着力控制援助与合作计划和预算的设定，以及援助与合作实施的监督和效果的评估。①应由统一的机构进行援助与合作政策的制定和计划、预算的设定，以保证援助与合作政策和实际行动原则相一致；②计划和预算，包括援助与合作资源的分配、用途等一旦批准设定，就应赋予规范化的法律效力，不得随意更改；③设立由专业人员组成的专门负责援助与合作执行的驻受援国机构，专项负责与受援国的交流和协调，以及援助与合作的具体实施、监督和评估。例如，前面所提到的在受援国设立的实地办事处。其二，在多边援助与合作中，目前几乎所有国家采用的方式都是由多个部门共同负责，大部分的情况是财政部负责管理援助资金，主导与多边银行对话；外交部负责国内援助机构之间以及与其他国家援助机构之间的协调。在多边援助与合作中，比较重要的则是国内以及各国援助机构之间的相互沟通协调和信息共享。

受援国方面。受援国也可以采取一些行动，加强对援助与合作的管理，促进援助与合作效果的最大化。对此，《关于援助有效性的巴黎宣言》中所有权原则要求：

> 受援国具有可操作的国家战略、可信赖的国家体系，所接受的援助应按照国家的优先次序进行分配，通过援助与合作过程增强其能力建设。为提高援助的有效性，受援国应尽力对国家发展战略、援助管理体系和相关组织机构进行全面调整。援助国应给予相应的帮助。受援国应对来自于各援助国的援助予以协调，协调的范围包括援助国之间信息的交流，援助国协调小组的创建，简化程序，设计、管理和实施援助的共同安排，实施以结果为导向的绩效评估。[1]

---

〔1〕 参见《关于援助有效性的巴黎宣言》，2005 年 3 月 2 日。转引自黄梅波、郎建燕："主要发达国家对外援助管理体系的总体框架"，载《国际经济与合作》2011 年第 1 期。

在具体管理制度方面，美国的结果导向型绩效管理方式值得学习借鉴。其管理流程如下：制定援助与合作计划并设定目标——搜集相关数据，分析可能的结果——使用数据，决定援助与合作具体策略——分析援助与合作实施的结果，并交流、总结经验教训——（下一轮）制定援助与合作计划并设定目标。

结果导向型管理方式有四个优势：①通过确定具体目标计划，使利益相关者追踪方案进程和实施情况，促进援助与合作问责制；②通过加强项目各个环节的联系、设立行动计划，提高援助与合作效率；③通过加强机构间交流，减少项目方案的重叠，增强援助与合作的有效性；④通过政府机构向其他援助国、受援国提供有效信息，密切相互间的联系，扩大援助与合作的影响力。

三、经济、社会和文化权利领域国际援助与合作的监督评估制度

20 世纪 80 年代前，援助与合作领域的监督评估工作主要在多边援助与合作中开展，在双边援助与合作中进行的比较少。20 世纪 80 年代后，援助国开始注重项目的监督与评估，并就有关援助项目加强了同受援国之间的联系和合作。但目前援助方各自实行的监督和评估制度不尽相同，有的较为成功，有的有待改进完善。在国际社会确定一套系统的监督和评估制度，对提高援助与合作效果是极为有益的，结合已有的对援助与合作的监督和评估制度，提出几点建议。

（一）经济、社会和文化权利领域国际援助与合作的监督机制

援助与合作监督体系的制定。①监督机构的设立应保证监督机构的独立性和及时性。独立性是为了确保监督机构能够独立、客观地进行监督，不受其他机构的干涉和影响。及时性是为了确保监督机构能够不间断地跟踪援助与合作实施情况，及时了解出现的问题并进行调查。②监督机构的组成人员应能够熟练使用受援国当地语言，熟悉当地机构设置、职能划分和民族风情，并且应当包含一定比例的专业技术人员。③监督的范围应包含两方面：一是援助与合作资源在援助方的确定、实际拨付，即实际用于受援国的援助与合作资源；二是援助与合作资源在

受援国的实施落实情况，具体包括从援助和合作开始阶段的计划、预算、审查、拨付，到后来的监理、实施监督、中期质量检查、实施结束质量检查等。④监督的方式可以采用定期或不定期检查、与利益相关方会谈、听取汇报等方式，也可以考虑在受援国设立监督小组，采用实地访问的形式进行，时间可根据具体情况而定。相对于其他方式，实地访问的方式更加直接客观，也更加及时便捷。

世界粮食计划署在此方面有一些值得借鉴的经验。例如，2011 年 6 月 2 日世界粮食计划署针对朝鲜的粮食短缺，提供了大量粮食援助。与此同时，世界粮食计划署还展开了一系列严格的由朝鲜官方同意的监督措施。监督人员中 1/5 的人会朝鲜语，他们每月都进行超过 400 次的实地访问，涉足的地方包括当地省级和县级的市场，调查通知仅提前 24 小时发布。[1]这些举措切实保证了所提供的粮食和食物援助在朝鲜的落实，惠及广大民众。

（二）经济、社会和文化权利领域国际援助与合作的评估机制

对援助与合作评估体系的制定，需要对评估机构、评价的规则、标准、质量保证和合法性等多个方面进行规定。

1. 对援助与合作进行评估需要由项目执行单位和独立机构共同进行。一方面可以确保评估的合法性，易于政策制定者和项目执行单位接受，也便于在决策时作为参考依据；另一方面可以增加评估的独立性和客观性，增加评估结果的可信度。独立的评估机构可以是委托国内外咨询公司独立评估，也可以通过评估专家小组的形式，例如，在驻受援国实地办事处内部设立专门的评估专家小组。

2. 应注重评估标准的一致性。统一评估标准是为了解决在不同国家和地区，甚至同一国家不同组织体系内部评估标准的冲突问题。此外，还应注意采用援助与合作主管部门较为认可的逻辑方法进行评估。

3. 评估内容应以项目评估为主，兼顾国别援助与合作评估，援助与

---

〔1〕 参见联合国世界粮食计划署官网，http：//cn. wfp. org/how - help/how - help，访问日期：2011 年 11 月 16 日。

合作政策评估等。〔1〕从时间上看，可以分为援助与合作实施前评估和实施后评估。实施前评估，主要是进行项目可行性评估，是为了确定受援国最紧迫的需求和需求的程度，切实做到“雪中送炭”，以及预测援助与合作实施的效果，从而准确确定是否提供援助与合作，以及以何种方式，提供多少援助与合作。例如，2011 年 6 月 2 日，世界粮食计划署对朝鲜进行紧急粮食评估，通过评估确定朝鲜的粮食短缺已影响到数百万人的健康，此后，粮食计划署则采取公共分发机制，向朝鲜的弱势群体发放食物。实施后效果评估一是为了更好地了解援助与合作在受援国对国家能力的增强，以及国民权利的实现所起到的作用；二是为了了解项目的实施情况、实施效果，发现存在的问题，取得经验和教训，为今后的决策提供参考依据。

4. 对经济、社会和文化权利影响的评估。S. S. 阿克马克指出，“确保在发展项目中具体和周密地考虑人权的方法之一是准备人权影响评估……与人权影响评估相关的一个概念是指标概念，旨在评估经济和社会权利逐渐实现的情况。诸如采取立法措施和有关社会问题的统计数据的指标对于判断履行人权承诺是个有用的手段……此项评估包含对受援国政府作出的人权承诺的评估，为估量政府的实际行为，我们首先应确定政府需要做到哪些，然后将此与政府意愿和能够完成的事项相比较。愿意和有能力做到则以政府作出的努力和完成的情况为证明依据。所以，我们应当确定政府愿意以及有能力满足其人权义务的程度与范围。”〔2〕

5. 在不同层面有选择地发布评估结果和进行国际交流。在国际援助与合作中，高质量的援助与合作评估结果往往是下一次援助与合作的决策依据：①公开评估结果，能够加强包括援助方和受援方在内的国家

---

〔1〕 参见王晨燕：“借鉴国际经验科学推进对外援助”，载《国际经济与合作》2009 年第 6 期。

〔2〕 参见［挪］艾德、［芬］C. 克罗斯、［比］A. 罗萨斯编：《经济、社会和文化的权利》，黄列译，中国社会科学出版社 2003 年版，第 599 页。

政府、组织和人民对援助与合作落实情况的监督，鼓励受援方和其他可能接受援助的国家对各种援助项目的反馈。②世界是一个相互依存，相互联系的统一体，加强国际社会对援助与合作评估结果的交流，有利于帮助援助方准确定位，合理分配援助与合作资源；有利于援助方学习他国之经验，吸取他国之鉴，改进援助与合作的实施；有利于援助方相互共同监督各国对《联合国千年宣言》规定指标和义务的履行，最终有利于经济、社会和文化权利在世界范围内的全面实现。

第四节 《任择议定书》中的国际援助与合作

一、从《07 草案》到最终文本

如前所述，国际援助与合作问题是《任择议定书》制定过程中激烈争论的关于《任择议定书》的内容的三大关键问题之一。[1]这里着重分析从工作组主席兼首席报告员草拟的提请工作组第四届会议审议的《经济、社会和文化权利国际公约任择议定书草案》[2]（以下简称《07 草案》）到《任择议定书》最终文本过程。

《07 草案》第 13 条“国际援助与合作”规定：

> 1. 委员会应酌情将其关于那些表明需要技术咨询或援助的来文和调查的意见和建议，连同缔约国可能对这些意见和建议提出的评论和建议一起，转达给联合国各专门机构、基金和方案及其他主管机关。
>
> 2. 委员会还可提请此种机构注意任何由本议定书下审议的来文引起的事项，这可协助它们在各自的权限内决定是否应该采取可能有促进作用的国际措施，协助各缔约国在落实《公约》确认的各

[1] 第一章第三节第二部分第（三）小部分。

[2] A/HRC/6/WG. 4/2,《〈经济、社会和文化权利国际公约〉任择议定书草案》，2007 年 4 月 23 日。

项权利方面取得进展。

《07 草案》第 14 条“专门基金”规定：

1. 为支持落实委员会根据《公约》规定的任何程序提出的关于补救办法的建议，大会决定设立一个按照联合国财务规章管理的、违反《公约》行为受害者专门基金，以便缺乏资金落实补救办法的缔约国提出请求时给予资金援助。

2. 专门基金可通过各国政府、政府间组织和非政府组织及其他各种公私实体自愿捐资筹集资金。

在工作组第四届会议上，各国对《07 草案》上述规定进行了讨论，绝大多数国家表示支持第 13 条的规定，并提出许多观点、建议。这些观点和建议主要可以归纳为以下几个方面：

第一，是否将两条合并为一条。埃及（代表非洲集团）主张应当合并第 13 条和第 14 条为一条，并得到中国、白俄罗斯、布基纳法索、印度、尼泊尔、秘鲁和塞内加尔的支持；[1]其他国家虽没有直接表示反对，但许多国家对设立专门基金持反对或保留态度，意味着间接反对这一建议。

第二，是否应当设立专门基金。阿根廷、白俄罗斯、德国、斯洛文尼亚和乌克兰等国支持第 14 条设立专门基金，而奥地利、澳大利亚、比利时、丹麦、法国、列支敦士登、新西兰、波兰、瑞典、瑞士、荷兰、新西兰、英国和美国反对设立一个专门基金。日本、危地马拉、挪威、波兰、大韩民国、俄罗斯和委内瑞拉玻利瓦尔共和国在这一阶段保留关于第 14 条的立场。[2]反对者的理由可归纳为：其一，这类基金将与现行的基金重复，而且将发出一个错误信息，即可借口缺乏国际援助来为不履行《公约》权利辩解。其二，《残疾人权利公约任择议定书》

---

〔1〕 A/HRC/6/8，拟订《经济、社会和文化权利国际公约》任择议定书问题不限成员名额工作组第四届会议报告，第 120、163 段。

〔2〕 同上，第 127 段。芬兰虽未直接表示反对，但认为一个专门基金不适合于议定书。

没有设立这样专门基金。其三，拟议基金不可能吸引足够的捐款；将导致很高的管理费用并给人权高级专员办事处增加新的负担；而且不清楚如何确定基金受益者以及如何向受害者分配基金。[1]荷兰还认为将一个基金与个人来文相联系的做法令人遗憾，因为这样做会造成错觉，以为只有涉及胜诉来文时才需要国际合作。[2]支持设立专门基金者进行了针锋相对的反驳：其一，专门基金与现行基金不重复，将有助于落实《公约》第2条第1款所规定的提供国际援助的法律义务。其二，《禁止酷刑公约任择议定书》第26条设立了基金，并含有比第14条草案更具体的目标，但在其通过时，对于重复的关注并不成为问题。其三，对人权高级专员办事处增加的负担不应妨碍设立基金；委员会意见的执行需要一个有适当资金的基金；发展中国家不谋求减轻自己的义务；由于发展中国家在没有国际援助的情况下无法全面享有《公约》权利，所以需要有共同的努力——这是《公约》和《联合国宪章》规定的。[3]

第三，请求技术援助或咨询的主体以及转送的对象。第13条关于请求技术援助和咨询的主体不够明确，因此，俄罗斯建议使第13条更接近于《儿童权利公约》第45条（b）款的措辞，强调技术援助或咨询的请求应当来自于缔约国，而非委员会。白俄罗斯、中国、埃及、危地马拉、秘鲁和委内瑞拉玻利瓦尔共和国支持这一意见。[4]中国提出的在“酌情”后增加“或应有关缔约国的请求”的建议也得到了一些国家的支持。[5]中国和南非反复建议在第13条的转送对象中加上“其他缔约国”，从而将范围扩大到主权国家，这一建议得到了白俄罗斯和尼日利亚的支持，但遭到了委内瑞拉的反对，葡萄牙建议加上委员会

〔1〕 A/HRC/6/8，拟订《经济、社会和文化权利国际公约》任择议定书问题不限成员名额工作组第四届会议报告，第129段。

〔2〕 同上，第166段。

〔3〕 同上，第130段。

〔4〕 同上，第121段。

〔5〕 同上，第124段。

“可”让其他国家读到建议。[1]委内瑞拉玻利瓦尔共和国强调不能向各国强加国际援助,[2]并指出委员会仅应当在缔约国的请求下转达来文,[3]此外，委内瑞拉认为国家提交报告的程序更适合于确定技术援助和咨询的需要,[4]并不十分赞同技术援助或咨询适用于来文程序。

第四，关于技术咨询或援助的其他措辞问题。中国建议加上“财政”援助，删除“在各自的权限内”、“是否应该采取可能”、“的国际措施”等字样；白俄罗斯和尼日利亚表示支持；印度和尼泊尔支持在第一句中加上“或财政”，斯洛文尼亚则反对这一建议。

第五，基金的性质。支持第 14 条，设立基金的绝大多数国家都同意该基金应当是自愿性质的。埃及（代表非洲集团）建议删除关于基金的修饰语“专门”和“自愿”。中国、白俄罗斯、布基纳法索、印度、尼泊尔、秘鲁和塞内加尔表示支持。中国和埃及还解释道，删除“自愿”一词并不意味着向专门基金的捐款是非强制性的。而是由缔约国根据《公约》第 2 条第 1 款规定的义务，视现有资源的能力而决定捐款额。[5]一些对设立基金的态度不是十分明确的国家也表示，自愿性质的基金或许是可以接受的。[6]南非稍微有点例外，建议可以将自愿捐献和法定缴款结合起来设立基金。[7]一些对设立基金持保留或反对态度的国家，如危地马拉和英国明确表示不能够接受一个强制性的基金。[8]这意味着他们并不完全反对设立自愿性质的基金。

第六，基金的用途与设立程序。按照《07 草案》的规定，设立基

---

〔1〕 A/HRC/6/8，拟订《经济、社会和文化权利国际公约》任择议定书问题不限成员名额工作组第四届会议报告，第 124、163 段。

〔2〕 同上，第 121 段。

〔3〕 同上，第 124 段。

〔4〕 同上，第 122 段。

〔5〕 同上，第 120、128 段。

〔6〕 这些国家包括阿根廷、墨西哥、斯洛文尼亚、乌克兰、危地马拉和意大利。同上，第 127 段。

〔7〕 同上，第 127 段。

〔8〕 同上，第 165 段。

金的目的在于补救违反《公约》行为受害者，以便缺乏资金落实补救办法的缔约国提出请求时给予资金援助。一些支持设立基金的国家，例如印度建议删除第14条第1款中的“违反《公约》行为受害者”，以便强调委员会的建议也可以指缔约国因缺乏资源没有遵守《公约》的情况。而反对设立基金者，例如英国，对此提出质疑：一个为个人受害者提供补救的基金与向一个缺少资源或者甚至犯有侵犯行为的国家提供援助是否相配；奥地利、比利时、德国和英国质疑则基金的可行性和有效性。关于基金的设立程序，俄罗斯赞成用“根据大会的有关程序”取代“大会决定”，与《禁止酷刑公约》任择议定书第26条一样。[1]

此外，委内瑞拉玻利瓦尔共和国还指出，缔约国也可在提交委员会的报告中提出其需要何种国际合作。根据大会第2625（XXV）号决议即《关于各国依照〈联合国宪章〉建立友好关系和合作国际法原则宣言》(1970年10月24日)，各国必须相互合作。然而，各国应决定其是否并在何种条件下接受合作。[2]

根据上述意见和建议，工作组主席兼报告员编拟了一份订正草案，提交工作组第五届会议讨论。

第13条　国际援助和合作

1. 委员会应酌情并在征得有关缔约国同意的情况下，将其关于那些表明需要技术咨询或资金援助的来文和调查的意见或建议，连同缔约国可能对这些意见或建议提出的评论和建议一起，转交给联合国各专门机构、基金和计（规）划署及其他主管机关和其他缔约国。

2. 委员会还可提请上款提到的机构和国家注意任何由本议定书下审议的来文引起的事项，这可协助它们决定是否应该采取可能有促进作用的国际措施，协助各缔约国在落实《公约》确认的各项权利方面取得进展。

---

〔1〕 A/HRC/6/8，拟订《经济、社会和文化权利国际公约》任择议定书问题不限成员名额工作组第四届会议报告，第126条。

〔2〕 同上，第171段。

第14条　信托基金

为支持落实委员会根据本议定书规定的任何程序提出的关于补救办法的建议，应按大会相关程序设立一个按照联合国财务规则和条例管理的［、为违反《公约》行为受害者而设的］信托基金，以便在缺乏资金落实切实补救办法的缔约国提出请求时给予资金援助。[1]

大会主席兼报告员建议依然分别保留这两条，因为他认为两者实质上处理的问题不同。关于第13条第1款：修正所反映的建议是：(a) 说明各缔约国应表示同意转交任何关于需要国际援助的资料；(b) 说明这类资料也可以送交其他缔约国；(c) 在“援助”一词前加上“资金”二字。关于第13条第2款：修正所反映的建议是：(a) 补充提及国家；(b) 删除“在各自的权限内”等字。对第14条的修正显示大会主席兼报告员根据一些代表团的建议，已删除了标题和第1款中“基金”之前的“专门”一词，而代之以“信托基金”。关于第1款：其他修正所反映的建议是：采用《禁止酷刑公约任择议定书》第26条中“根据大会的有关程序”的措辞，而非“大会决定”。关于第2款：根据一些关于基金融资的意见，其建议删除这一款。因此不再提“专门”和“自愿捐款”。相反，这一问题留给联合国的一般财务规则和条例去决定。[2]

工作组第五届会议第一阶段，各国的基本立场和态度没有明显变化，针对订正草案发表了各自的意见和建议，对于增加的“并在征得有关缔约国同意的情况下”、“资金”、“和其他缔约国”以及相应的“和国家”这些字眼，支持者有之，反对者有之，支持修改后的条文者有之，支持原条文有之，基本上属于老调重弹。[3]比较引人注目的意见和

---

〔1〕 A/HRC/8/WG.4/2，《〈经济、社会和文化权利国际公约〉任择议定书订正草案》，附件一《〈经济、社会和文化权利国际公约〉任择议定书订正草案》。

〔2〕 同上，附件二《解释性备忘录》，第45～50段。

〔3〕 A/HRC/8/7，拟订《经济、社会和文化权利国际公约》任择议定书问题不限成员名额工作组第五届会议报告，第107～120段。

建议包括：其一，比利时建议增添《残疾人权利公约》第 32 条第 2 款的用语，以澄清缺少财政援助不能成为不遵守《公约》的理由，奥地利、巴西、埃及、摩洛哥和挪威对该提议表示支持。这是最为重要的一条建议。其二，加拿大希望删除第 13 条。[1]其三，埃及指出，第 13 条中国际援助的重点应当放在技术咨询上，以避免与第 14 条发生重叠。其四，关于第 13 条第 2 款，澳大利亚、埃及和荷兰建议提及“征得有关缔约国同意的情况下”，中国建议提及“事先知情”，印度尼西亚则建议提及获得有关国家的“事先通知”。[2]其五，关于第 14 条，原先一些反对设立基金或持保留态度的国家，在勉强接受的情况下建议对基金的使用加以严格限制。例如，澳大利亚指出，如果保留该条，就必须就基金的使用制订严格的标准。瑞士指出，必须澄清个人受害者和政府分别可获得的资金所占比例。瑞典和瑞士询问基金将如何受益于受害者。瑞典非常赞成不设立基金，建议使用折衷用语，规定基金只对个人提交来文给予帮助。一些代表赞成利用基金来支持受害者使用程序或为受害者提供有效补救办法。波兰指出，如果设立基金，基金就应当只为技术援助提供资金，对此，阿尔及利亚、孟加拉国和埃及予以反击，反对对基金的这种有限使用。[3]其六，中国要求删除第 14 条第一行中“关于补救办法”等字样，用“有效措施以执行委员会各项建议”替代“切实补救办法”。[4]

根据上述讨论，工作组主席编写了第二份订正草案，提交工作组第五届会议第二阶段讨论。[5]

第 13 条　国际援助和合作

1. 委员会应酌情并在征得有关缔约国同意的情况下，将其关

---

〔1〕 A/HRC/8/7，拟订《经济、社会和文化权利国际公约》任择议定书问题不限成员名额工作组第五届会议报告，第 107 段。

〔2〕 同上，第 113 段。

〔3〕 同上，第 116、117 段。

〔4〕 同上，第 119 段。

〔5〕 A/HRC/8/WG.4/3，《经济、社会和文化权利国际公约》任择议定书订正草案。

于那些表明需要技术咨询或援助的来文和调查的《意见》或建议，连同缔约国可能对这些意见或建议提出的评论和建议一起，转交给联合国各专门机构、基金和计（规）划署及其他主管机关。

2. 委员会还可在征得有关缔约国同意的情况下，提请此种机构注意任何由本议定书下审议的来文引起的事项，这可协助它们在各自权限范围内决定是否应该采取可能有促进作用的国际措施，协助各缔约国在落实《公约》确认的各项权利方面取得进展。

3. 应按大会相关程序设立一个按照联合国财务规则和条例管理的［信托基金］，以便协助个人或联名个人根据本议定书提交来文，并由委员会酌情并征得有关缔约国同意的情况下，为各国政府和非政府组织落实《公约》中承认的权利提供专家和技术援助。

4. 本条的规定不影响每一个缔约国履行《公约》义务的义务。[1]

第二份修订草案最大的变化有两点：其一，删除了转送对象中增加的“其他缔约国”，实现了否定之否定；其二，增加了第4款“本条的规定不影响每一个缔约国履行《公约》义务的义务”。在讨论上述条文时，“主席首先提到自己关于在第13条中新增一款并删除第14条的建议”，这意味着工作组主席转变了其基本立场，赞成将两条予以合并。针对这一建议，支持者和反对者仍坚持各自原来的立场，但主席的这一转变对工作组最后通过并提交人权理事会审议的《任择议定书》中将两者合并为一条起了关键作用。

鉴于这是对《任择议定书》草案的最后一次审议，因此各国异常积极地表达自己的意见和建议。争论的焦点在于基金的用处。其一，关于合并后的第13条第3款，阿根廷、澳大利亚、孟加拉国、比利时、德国、印度、瑞典和瑞士表示支持向受害者提供援助。加拿大和法国表示，不应将基金用于对违反行为受害者的赔偿，因为这是缔约国的义

---

〔1〕在《主席致工作组成员的信》中，工作组主席特别提到，“在许多情况下，还需要作进一步讨论来探讨可能的解决办法、达成共识。在这种情况下，案文仍留在方括号内。工作组尤其将需要着重注意为……第14条找到协商一致的解决办法。”

务。比利时、加拿大和美国不赞成基于“有关缔约国的同意”向受害者提供援助，印度则赞成这一规定。[1]其二，德国提议把合并后的第13条第3款最后一部分改为“委员会酌情向缔约国提供专家和技术援助，发展该国在经济、社会和文化权利领域新的国家人权能力并扶持现有能力”。[2]其三，关于基金的受益者，俄罗斯联邦支持向受害者个人和国家都提供协助。波兰支持对政府的技术援助，但对向个人提供法律援助没有明确的资格标准表示关切。塞内加尔强调必须确保向受害者作出赔偿并支持各国培养履行本国义务的能力。

经过激烈的讨论、妥协，工作组通过了《任择议定书》草案，并提交人权理事会审议。在该草案中，《07 草案》中的第 13 条“国际援助和合作”和第 14 条“专门基金”合并为一条，形成第 14 条“国际援助和合作”。人权理事会、联大第三委员会、联合国大会在对该条进行审议时，均未作任何修改而通过。

二、第 14 条“国际援助与合作”的内容分析

（一）理论基础

尽管国际社会对发达国家向发展中国家对提供国际援助的是一项法律义务还是一项道德义务，或者说获得国际援助是否一项法律权利，未能达成共识，但经济、社会和文化权利委员会还是通过其一般性评论，对《经济、社会和文化权利国际公约》第 2 条第 1 款规定的国际援助和合作进行了阐释，特别是将国际援助和合作与“核心义务”联系起来。

1990 年，委员会在其第 3 号一般性评论中指出：

> 委员会希望强调，根据《联合国宪章》第 55 条和第 56 条，已经确立的国际法原则以及本《公约》的规定，开展国际合作，促进发展，并由此促进实现经济、社会和文化权利是所有国家的一项义

---

〔1〕 A/HRC/8/7，拟订《经济、社会和文化权利国际公约》任择议定书问题不限成员名额工作组第五届会议报告，第 184 段。

〔2〕 同上，第 186 段。

务。特别是对于那些在这方面能够给予援助的国家，更是义不容辞的义务。需要强调的是，对于所有处于从事这一任务的地位的所有国家来说，如果缺乏积极的国际援助和合作规划，经济、社会和文化权利的充分实现在许多国家就只能是一个实现不了的愿望。

在最近的几份一般性评论中，委员会进一步指出：

> 为了避免任何疑问，委员会希望强调，提供“国际援助和合作，特别是经济和技术援助和合作”，使发展中国家能够履行其核心义务，特别是对于缔约国以及其他能够给予援助的行为者来讲，更是义不容辞的义务。[1]

由此可见，在经济、社会和文化权利委员会看来，提供国际援助与合作是发达国家以及相关国际组织的一项法律义务而不仅仅是一项道德义务，当然，这项法律义务是有其限度的，即使发展中国家能够履行其核心义务，或者说保证每一权利得到最低限度水平的实现。

在国际援助和合作关系中，援助方和受援方分别负有不同的义务。

对于需要国际援助和合作的发展中国家来说，其首要义务就是寻求国际援助和合作的义务。从《公约》的实施机制来讲，受援国首先应当根据《公约》第17条第2款的要求，在其定期国家报告中“就妨碍实现其权利的‘因素和困难’提出详细报告”,[2]“明确他们可能特别需要技术援助和发展合作的领域”,[3]“使委员会能够确定国际社会可以根据《公约》第22、23条帮助各国的最适宜的手段”。[4]委员会在审议报告的结论性意见和建议中，指出该国应特别在哪些领域寻求发展援助和技术合作，鼓励南南合作等。除此之外，总结委员会的一般性意见以及在对各国定期报告的结论性意见，受援国还负有下列义务：

---

[1] 第14号一般性评论，第45段；第15号一般评论，第38段；第17号一般评论，第40段；第19号一般性评论，第61段。

[2] 第1号一般性评论，第8段。

[3] 第2号一般性评论，第10段。

[4] 第1号一般性评论，第9段。

第一，不应在其立法中，妨碍国际组织接近在其管辖范围内的个人，帮助他们享有经济、社会和文化权利。受援国应当为援助到达最弱势群体提供便利，并采取步骤确保国际援助得到最有效的使用，更好地保护经济、社会和文化权利。第二，以有助于实现《公约》目标和目的，并优先满足最低核心义务的方式，使用获得的援助。第三，建立各种机制，确保有效使用获得的国际援助，确保目标受援者得到所提供的援助并实施有效的监督管理体制。第四，在分配收到的援助时，优先满足社会中最弱势和贫困群体的需要。就此而言，至关重要的是，国际援助旨在妇女赋权以及保护劳工权利和环境。第五，自主决定可行的发展或援助计划，建立明确的促进经济、社会和文化权利绩效评估基准和程序，特别是非歧视和适足食物、住房、医疗照顾以及初等和中等教育权。[1]

在过去将近三十年工作中，经济、社会和文化权利委员会在大量的结论性意见、评论和实践中，提及援助国，特别是发达国家在国际援助与合作中承担的义务的法律性质。根据经济、社会和文化权利委员会自第12号一般性评论开始使用的“三层次义务论”，所有缔约国对各项权利均负有三层次的义务，即尊重、保护和实现的义务，实现的义务又包括便利、提供和促进三个层次。这一理论也适于分析包括援助国和国际机构在内的援助方在国际援助和合作方面所承担的法律义务。

1. 尊重的义务。这一层次的义务要求援助方不能从事下列活动或行为：其一，所有直接或间接地干涉其他国家中的经济、社会和文化权利，特别是受援国国内弱势群体的权利的实现。例如，第2号一般性评论要求各国际机构（当然也包括援助国）“在其项目中应认真避免下列行为，如违反国际标准利用强迫劳动，违反《公约》规定提倡或强化歧视，或造成大批人流离失所而没有适当的保护和赔偿”。其二，实施禁

---

〔1〕 Magdalena Sepúlveda, “Obligations of ‘International Assistance and Cooperation’ in an Optional Protocol to the International Covenant on Economic, Social and Cultural Rights”, *Netherlands Quarterly of Human Rights*, Vol. 24/2 (2006), 271 ~ 303, at p. 291.

运或类似措施，阻止对于保障《公约》规定的权利必不可少的水或其他商品的供应，第 8 号一般性评论《经济制裁与经济、社会和文化权利的保护》对此作出了详细论述。其三，在规划国际援助计划时，附加繁重的条件。

2. 保护的义务。这一义务要求缔约国采取措施，防止在其管辖范围内的非国家实体在国外干扰《公约》权利的享有。易言之，它是指缔约国对非国家行为者在其域外实施的行为或者具有域外影响的行为所承担的责任。此外，这一层次的义务还要求缔约国在通过双边或多边协议时保证保护经济、社会和文化权利。在关于受教育权的第 13 号一般评论中，委员会指出："在国际协议的谈判和批准方面，缔约国应采取步骤，确保这些文书不对受教育权产生不利影响。"〔1〕在关于健康权的第 14 号一般性评论中，委员会直接指出："阻止第三方，如果他们能够通过法律或政治手段影响第三方的话，阻止他们在第三国违反这项权利。"〔2〕在关于水权的第 15 号一般性评论中，委员会又直接指出："缔约国应采取步骤，防止其本国公民和公司侵犯其他国家内的个人和团体的水权。如果缔约国能够通过法律的或政治的手段，采取步骤影响第三国尊重该权利，应当根据《联合国宪章》和可适用的国际法，采取这些步骤。"〔3〕

3. 实现的义务。这一层次的义务意味着，援助方在国际援助与合作中还应采取积极措施，使其他国家的经济、社会和文化权利得以实现。

（1）便利的义务。在制定官方发展援助（ODA）计划时，援助国不仅要考虑其政策的经济和财政方面效果，还应考虑人权方面的影响。援助国应当保证，ODA 应包括必要的机制，必须在任何计划的早期阶段，考虑它们可能对弱势群体的影响，使所有的利益相关者或受到计划影响的群体能够享有其《公约》中的权利，这意味着必须包含确保他们

---

〔1〕 第 13 号一般性评论，第 56 段。
〔2〕 第 14 号一般性评论，第 39 段。
〔3〕 第 15 号一般性评论，第 33 段。

参与的机制。便利的义务可以在受教育权上得到较好的体现。《公约》第14条规定，缔约国在参加本公约时尚未实施免费的、义务性的初等教育者，承担在两年内制定和采取一个逐步实行的详细的行动计划教育，其中规定在合理的年限内实现一切人均得受免费的义务性教育的原则。关于初等教育行动计划的第11号一般性评论明确指出，在适当情况下，委员会鼓励缔约国寻求相关国际机构，包括国际劳工组织、联合国开发计划署、教科文组织、儿童基金、国际货币基金组织、世界银行，在准备第14条规定的行动计划及其随后的实施方面的援助。〔1〕尽管这里提及的是国际机构，但这一建议也适用于缔约国。在关于工作权利的第18号一般性评论中，委员会指出："缔约国应当承认国际合作的重要作用，并遵守采取共同和单独行动争取全面实现工作权利。缔约国应酌情通过国际协议，确保《公约》第6、第7、8条规定的工作权利受到应有的重视。"〔2〕

(2) 提供的义务。关于健康权的第14号一般性评论要求"缔约国应根据资源情况在可能的情况下为在其他国家得到基本卫生服务商品和服务提供便利并在接到要求时提供必要的援助"。〔3〕这就属于提供的义务。20世纪70年代，根据联合国的倡议，世界上最富裕的国家承诺，每年拿出其GNP的0.7%用作国际发展援助。这是一个没有足够法律约束力的承诺，将其视为一个建议也许更为合适。

(3) 促进的义务。这一层次的义务要求，国际援助和合作计划能够提高受援国的《公约》权利意识，使人们能够认识和主张他们的权利；国际援助和合作计划应当为所有利益攸关者创造参与的环境；应当将可能对他们产生影响的计划、他们参加决策过程以及项目评估的权利和可能性告知利益攸关者。遵守这一层次的义务，要求援助方在它们的国家发展计划中纳入人权本位方针。委员会在关于工作权利的第18号一般

〔1〕第11号一般性评论，第11段。
〔2〕第18号一般性评论，第29段。
〔3〕第14号一般性评论，第39节。

性评论指出："缔约国为遵守与第 6 条有关的国际义务，应在其他国家以及双边和多边谈判中促进工作权利。"[1]

总之，《公约》第 2 条第 1 款关于国际援助和合作的规定，为援助方和受援国都规定了相应的法律义务，在国际援助与合作关系中，都应履行最低限度的核心义务。当他们违反这些义务侵犯相应的权利时，就构成为违反《公约》的行为，就可能成为来文指控的对象、调查的对象。当来文和调查显示有获得援助和合作时，可以启动有关程序，向有关国家提供援助与合作。

（二）技术咨询和协助

如前所述，在工作组讨论《任择议定书》关于国际援助与合作时有各种不同的建议，而最终通过的文本与非洲集团的愿望差距甚大，这反映了《任择议定书》的支持者与怀疑论阵营，发达国家与发展中国家在国际援助与合作问题上的斗争与妥协。

1. 请求技术咨询和协助的主体。如前所述，请求国际援助和合作是受援国的首要义务。这种请求可以根据《公约》的规定在缔约国报告程序中提出，也可以根据《任择议定书》的规定在来文程序和调查程序中提出。因此，在《任择议定书》起草过程中，俄罗斯建议明确规定技术援助或咨询的请求应当来自于缔约国，而不是委员会，白俄罗斯、中国、埃及、危地马拉、秘鲁和委内瑞拉玻利瓦尔共和国支持这一意见。中国提出的在"酌情"后增加"或应有关缔约国的请求"的建议也得到了一些国家的支持。《任择议定书》订正草案吸收了中国的建议，而没有采取俄罗斯的建议。

《任择议定书》第 14 条第 1 款最后的文本的措辞是："委员会应当酌情并在征得有关缔约国同意后，将委员会的意见或建议，连同缔约国可能就这些意见或建议提出的意见和提议"。这是妥协的结果。这一表述意味着当来文或调查显示出某国有必要获得技术咨询和协助时，委员

[1] 第 18 号一般性评论，第 30 段。

会掌握着提出意见或建议的主动权，并不要求有关缔约国首先主动提出技术咨询和协助的请求。经济、社会和文化权利委员会在多米尼加共和国案和巴拿马案中的实践以及其他国际人权机构的实践，几乎都是由条约机构依职权提出技术咨询和协助的意见或建议，很少有缔约国主动提出请求的。之所以出现这种情况，是因为这些国家要么缺乏足够的履行公约义务的诚意，要么对来文和调查有比较强烈的抵触情绪。因此，如果坚持必须由有关缔约国提出技术咨询或协助的请求，无异于使技术咨询或协助程序失去原动力，几乎永远无法启动。另外，委员会在提出这种意见或建议时，应当征得有关缔约国的同意。如果完全由委员会依职权提出意见或建议，而不考虑缔约国是否同意，其结果往往只能是因缔约国拒绝接受技术咨询或援助，这一程序根本无法推进。因此，可行的途径只能是由委员会依职权酌情提出意见和建议，并征得有关缔约国的同意，将委员会的意见和建议，连同缔约国可能就这些意见或建议提出的意见和建议，送交联合国各专门机构、基金和计划署以及其他主管机构。

2. 意见或建议的送交对象。如前所述，经济、社会和文化权利委员会认为，缔约国，特别是发达国家和有关国际机构负有实现相关权利的义务，其中包括提供的义务。当然，它们履行义务的前提是收到提供技术咨询和协助的请求。但是，委员会的观点并未被普遍接受，特别是未被发达国家接受。在工作组讨论《任择议定书》草案第 13 条的过程中，有关材料除了送交联合国各专门机构、基金和方案以及其他主管机构外，是否还应送交其他缔约国，经历了从无到有再到无这样的反复，其中增加有关缔约国的建议是由中国和南非反复提出，并得到一些国家的赞同，但也遭到一些国家的反对。支持者虽没有说明其理由，如果相关材料转送的对象包括其他缔约国，则意味着提供技术咨询和协助是缔约国的义务；而反对者的根本理由就是其他缔约国没有提供技术咨询和协助的义务。最终的文本说明提供技术咨询和援助只能是联合国有关机构的义务。而非缔约国的义务的观点占了上风。但这并不意味着有关缔约国在未来会断然拒绝提供技术咨询和协助，因为这可以出于自愿而非义务。

3. 财政援助。与上述有关材料的送交对象相同，财政援助也经历了从无到有再到无的反复。增加财政援助的建议者同样是中国。支持者显然认为财政援助是国际援助的一项重要内容，而反对者坚持缺少财政援助不能成为不遵守《公约》的理由。同样，最终的文本未增加财政援助但这并不意味着联合国有关机构以及有关缔约国在未来会断然拒绝提供财政援助，因为这可以出于自愿而非义务。

（三）具有促进作用的国际措施

如上所述，联合国有关机构负有促进《公约》权利实现的义务。因此《任择议定书》第 14 条第 2 款规定："委员会也可以在征得有关缔约国同意后，提请上述机构注意任何根据本议定书审议的来文所引起的事项；此种事项可以协助它们在各自权限范围内决定是否应当采取可能具有促进作用的国际措施，以协助各缔约国在落实《公约》确认的权利方面取得进展。"因为对于有关缔约国是否有义务采取可能具有促进作用的国际措施存在严重分歧，所以最终未加规定。当然，是否采取具有促进作用的国际措施，采取何种措施的最终决定权在于联合国有关国际机构。

（四）信托基金

1. 资金来源。虽然最终文本中没有规定"自愿"二字，但根据《任择议定书》的起草过程，该信托基金毫无疑问是一项自愿基金，其资金来源为各缔约国、非国家行为者的自愿捐款。

2. 征得有关缔约国同意，向缔约国提供专家和技术援助。信托基金的直接用途是向缔约国提供专家和技术援助，其前提是征得有关缔约国的同意。但如何避免与第 1 款的技术咨询或协助的重复仍是一个有待解决的问题。

在《任择议定书》起草过程中，关于该基金的用途问题争论十分激烈。有的国家建议不对基金的用途设置严格的限制，有的主张限制其适用范围，概括起来其用途可以归纳为：其一，协助个人或联名个人根据本议定书提交来文；其二，为受害者提供有效补救办法；其三，委员会酌情，为非政府组织落实《公约》中承认的权利提供专家和技术援助；其四，委员会酌情，并征得有关缔约国同意的情况下，为各国政府落实《公约》中承认的权利提供专家和技术援助。最后的结果是，因前三项用途争议较大，只保留最后一项用途，并删除了“酌情”一词。

3. 加强《公约》所载权利的落实，推动国家能力建设。设立该基金的目的当然是加强《公约》所载权利的落实，而达到目的的基本途径有两条：其一，推动国家能力建设，增强对人权负有首要义务的国家履行义务的能力；其二，推动个人和非政府组织的能力建设，增强作为人权的首要主体的个人和作为人权卫士的非政府组织能力，即要求和有效行使权利的能力、问责的能力。权利本位方针就是要同时增强这两方面的能力。《任择议定书》只规定了“推动根据本议定书在经济、社会和文化权利领域进行国家能力建设”，而未规定推动个人和非政府的能力建设。国家/政府是人权的首要义务主体，同时也是潜在的危险最大的人权侵害者，在权利主体的权利能力不能得到有效提高的条件下，国家往往缺乏足够的国家能力建设的动力和催化剂，因此，《任择议定书》的这一规定难免失之偏颇，而这恰恰反映了当前国际人权政治中主要是国家间政治、个人和非政府组织地位仍然比较低下的现实。

第七章

《任择议定书》与中国

1997 年 10 月 27 日，中国政府正式签署《经济、社会和文化权利国际公约》（以下简称《公约》）。2001 年 2 月 28 日，第九届全国人民代表大会常务委员会第二十次会议作出批准《公约》的决定。3 月 27 日，中国向联合国秘书长交存了批准书，成为《公约》缔约国。

中国是联合国人权委员会及其继承者人权理事会的成员国，中国参加了拟定《经济、社会和文化权利国际公约任择议定书》供选择方案的不限成员名额工作组（以下简称“工作组”）的历届会议，并积极发表自己的观点、意见和建议。总体来看，在个人来文程序问题上，中国的立场往往与《任择议定书》的支持者相左，比较接近于怀疑论阵营，在国际援助与合作问题上，中国的立场则比较接近于非洲集团。

中国迄今尚未签署《任择议定书》，本章通过研究中国政府在《任择议定书》起草过程中的观点、意见和建议，分析中国政府在人权国际保护问题上原则立场与国际潮流之间的吻合与背离，透视背后的制约因素，提出有针对性的意见和建议。

第一节　个人来文程序、国家间来文程序和调查程序与中国

1971 年 10 月 25 日，联合国大会第二十六届会议通过第 2758（XXVI）26 号决议：

> 承认中华人民共和国政府的代表是中国在联合国组织的唯一合法代表，中华人民共和国是安全理事会5个常任理事会之一。决定：恢复中华人民共和国的一切权利，承认她的政府的代表为中国在联合国组织的唯一合法代表并立即把蒋介石的代表从它在联合国组织及其所属一切机构中所非法占据的席位上驱逐出去。[1]

从此，中华人民共和国政府（以下简称“中国政府”）开始逐步融入以联合国为代表的国际社会，并于先后于1980年、1981年、1988年批准了《消除对妇女一切形式歧视公约》、《消除一切形式种族歧视国际公约》、《禁止酷刑公约》三项联合国核心人权公约，但未接受其中的个人来文程序、国家间指控程序以及调查程序，而且在很长一段时间内，人权被视为研究禁区。因此，中国政府和学者对这些准司法程序缺乏了解。1989年后，由于国际人权斗争的需要，人权研究禁区才逐渐被打破，国际人权法中的准司法程序开始进入中国政府和研究者的视野之中。迄今为止，除国际劳工组织以及联合国教科文组织的强制性来文程序、国家间指控程序外，我国未接受联合国各人权条约机构的准司法性程序。根据公开资料，迄今为止，仅有国际劳工组织结社自由委员会处理过涉及中国的6起团体申诉案件。

一、国际劳工组织结社自由委员会特别来文程序中的中国案件

中国是国际劳工组织的创始国之一，1944年成为国际劳工组织常任理事国。1930年起，中华民国国民政府先后批准了14个国际劳工公约。中华人民共和国成立后，台湾当局用中国政府名义非法批准了23个国际劳工公约。1971年联合国大会恢复我国合法席位后，国际劳工组织第184次理事会决定恢复我国的国际劳工组织合法席位。1983年6月，中国政府派代表团第一次出席在日内瓦召开的第六十九届国际劳工大会。1984年5月中国政府对旧中国批准的14个劳工公约重新承认，并宣布中华人民共和国政府建立后台湾当局盗用中国名义批准的23个劳工公

---

〔1〕 A/RES/2758（XXVI），恢复了中华人民共和国在联合国的合法权利。

约是非法的。国际劳工组织撤销台湾当局的批准登记。我国目前尚未批准《结社自由和保护组织权利公约》（C87）和《组织权利和团体谈判公约》（C98）。

自1989年国际自由工会联合会（ICFTU）对中国提起第一起有关结社自由的指控以来，国际劳工组织共接受6起针对中国政府有关结社自由的指控案件，并均已结束（closed）。这6起案件表现出以下显著特点：

1. 这6起指控中，前5起指控均由国际自由工会联合会提起，第6起指控由国际自由工会联合会提起，并由国际五金工人联合会（IMF）副署。国际自由工会联合会成立于1949年，是一个右翼国际性工会组织。该组织的宗旨是“面包、和平、自由”。20世纪60年代奉行不与“共产党控制的工会”来往的政策。20世纪80年代以来，在经济全球化背景下，推行国际核心劳动标准与国际贸易和投资挂钩的政策，提倡社会条款。目前在五大洲的156个国家拥有241个附属组织，会员1.55亿，其中女性会员占40%。它有三个主要地区性组织：亚洲和太平洋地区的亚太地区组织（APRO），非洲的非洲地区组织（AFRO）和美洲的ORIT。它还与欧洲工会联盟（它包括了国际自由工会联合会的全部欧洲附属组织）和全球工会联盟保持着紧密的联系。国际自由工会联合会与国际劳工组织有着密切的合作，并在联合国经济及社会理事会以及诸如联合国教科文组织、世界粮食和农业组织等专门机构享有谘商地位，并与国际货币基金、世界银行和世界贸易组织保持联系。国际自由工会联合会组织和指导的工人运动主题广泛，诸如：尊重和保护工会和工人的权利，消除强迫劳动和童工，促进工作女性的平等权利，环境，为全球工会人士开设教育项目，鼓励青年工人的组织，派遣代表团调查许多国家的工会状况。其中有5个领域具有优先性：就业和国际劳工标准，应对跨国公司，工会权利，平等、妇女、种族和移民问题，工会组织和发展新会员。国际自由工会联合会与中国工会未建立正式关系。2006年11月，以国际自由工会联合会为主，联合世界劳工联合会以及8个独立工会（其中有的有左翼倾向）形成的国际工会联合会在维也纳宣布成立。

2. 国际自由工会联合会针对中国政府提出的侵犯工会权利的指控在不同阶段有着不同的重点，往往是一个案件刚刚结束，便提起一个新的指控，对中国政府造成一定压力。在第1500号案件中指控，1989年的“六·四”事件中中国政府杀害了一些在天安门广场示威的工人，大规模抓捕“工人自治联合会”的积极分子，判处“工自联”的一些积极分子死刑。在第1652号案件中指控，1992年《工会法》规定的单一工会制违反结社自由原则，侵犯了工人的结社自由；并指控中国政府逮捕、迫害韩东方等“工自联”领导人和支持者。在第1819号案件中指控中国政府迫害在悬挂外国方便旗的远洋轮船上工作的中国海员。在第1930号案件中指控中国政府侵犯组织的权利和工会人士的基本民权，监禁工运人士，刁难他们的家庭成员；《工会法》侵犯了工人的结社自由，《劳动法》将1.5亿的农民工和城镇工人排除在法律保护之外，而且《劳动法》未保护团体谈判权、未规定罢工权利；指控《国家安全法》、《劳动教养条例》、《劳动改造条例》允许监禁企图建立独立工会的积极分子。劳动教养无需审判即可由公安机关决定监禁，被越来越多的适用。指控中举出一系列的案例证明上述问题之严重性。在第2031号案件中指控中国政府体罚、虐待和拘留工运人士，监禁那些企图建立独立工会组织或从事保护工人利益的活动的工运人士。其背景是国有企业开展减员增效的扭亏改革，大量工人下岗，生活困难，社会矛盾激化，诸如请愿、示威、罢工等职工群体性事件频发，独立工会运动有一定的社会基础。指控中列举了一些事件和工运人士及其遭遇。在第2189号案件中，国际自由工会联合会和国际五金工人联合会指控，在辽宁省辽阳市轧钢厂和黑龙江省大庆石油公司，公安机关使用包括威胁、恐吓、干涉、殴打、拘留、逮捕和虐待等压迫措施，排挤掉工厂领导人、选举的代表和独立工人组织的会员；同样，警察暴力干扰工人在广元纺织厂的示威，惩罚四川省的拥护工人权利的人士；指控在陕西省拘留、逮捕和虐待一名企图建立退休工人联合会的独立工运人士。

3. 中国政府对待国际劳工组织结社自由特别救济机制的态度发生巨大转变：从指责结社自由特别救济程序是“粗暴干涉中国内政”到“真诚地努力与国际劳工组织充分合作”。[1]1989年之前，中国政府和我国学界对人权普遍缺乏研究，政府对人权的国际保护知之甚少。中国政府虽然派团参加国际劳工组织已有6年，但对国际劳工组织的人权国际救济机制并未深刻体认。及至“六·四”余波未平，国际自由工会联合会对中国提起指控，中国政府在1989年12月24日的回复中认为：“国际自由工会联合会的指控控诉中国违反第87号公约是完全没有根据的，是对中国内政的粗暴干涉，这是中国政府不能接受的。”[2]在1990年1月5日的回复中，重申了这一立场。[3]在1990年10月11日的回复中，中国政府重申：“在其先前的报告中，委员会未认真考虑中国政府的立场，并偏信国际自由工会联合会的无理指责和令人误入歧途的信息。因此，中国政府绝对不能接受委员会的结论和建议。中国政府坚持认为，作为国际劳工组织的创始国，中国信守向国际劳工组织作出的承诺。面对对其内政的不公正干涉，中国政府称它必须予以强有力的反击。”[4]在1991年5月20日的回复中，中国政府认为：“结社自由委员会继续干涉中国内政，并毫无根据地指责中国政府。中国政府对此深表遗憾。”[5]但从措辞来看，已由愤怒变为遗憾。在最后一次回复中，中国政府虽仍坚持前述原则立场，但已不如以前强硬：“中国政府重申她在不同场合下声明的立场并一贯坚持本案与结社自由无关。司法机关审理和惩办在1989年6月北京动乱和暴乱期间违反宪法和刑法的极少数‘工自联’成员是在行使中国的主权权利。”并进一步提出：“中国政府声明，她已准备，以与国际劳工组织合作的精神，提供评论和信息，努

[1] CFA Report No. 321, para. 156.
[2] CFA Report No. 268, para. 686.
[3] CFA Report No. 270, para. 300.
[4] CFA Report No. 275, para. 340.
[5] CFA Report No. 279, para. 602.

力澄清事实。”在第1652号案件的第一次回复中，中国政府仍坚称：“该案是对主权国家内政的严重干涉。”〔1〕在第二次回复中，中国政府只是笼统的声称：“她已表明其立场的原则。”〔2〕

在第1819号案件中，中国政府在其回复中第一次未再重复以前的立场，未声称人权完全是一国内政，案件是对主权的干涉等类似的话。此后的答复均如此，这表明，通过第1500、1652号两个案件，中国政府已改变了此前的立场，开始坦然面对指控和审查。

在其第316号报告中，结社自由委员会对中国政府予以赞扬：“中国政府以诚心诚意地与国际劳工组织合作的精神，并基于责任感，作了细致的调查，寻找名单上列举的那些人的下落，以便澄清事实。”〔3〕也许是在上述赞扬鼓励下，在2000年3月6日提交的答复中，中国政府自豪地宣称：“中国政府与公安部门、法院、全国总工会以及陕西、甘肃、四川和湖南等省的相关部门一起，诚恳地希望与国际劳工组织充分合作，就指控涉及的相关问题进行了深入调查。”〔4〕

4. 中国政府在实体上坚持自己的核心立场不让步，同时在非原则问题上适当采取一些灵活措施，以缓解国际压力。中国政府始终坚持单一工会制，不同意实行多元工会制。中国坚持依照中国法律处理独立工会积极分子。但在释放积极分子的巨大压力下，往往对他们予以减刑，提前释放，同意其出国，等等。后者往往得到国际劳工组织的肯定。

5. 中国政府在答辩这一环节上，始终积极行使辩护的权利，以图澄清事实。这种做法完全符合特别救济机制的程序精神：“国际劳工组织为审查侵犯结社自由的控诉而建立这一整套程序的目的在于促进在法律上和实践上尊重工会权利。如果这一程序要保护政府免受无理指责，政府站在自己的立场上为了其自身立法的声誉就要承认这一程序的重要

〔1〕 CFA Report No. 286, para. 687.

〔2〕 CFA Report No. 292, para. 377.

〔3〕 CFA Report No. 316, para. 358.

〔4〕 CFA Report No. 321, para. 156.

性，因此就要允许客观审查，对针对他们提起的控诉给予详细的答复。委员会希望强调，在所有呈送的案件中，如果是第一次被提起，它始终认真考虑来自被指控政府的答复，不应限于笼统的答辩。"[1]

6. 国际劳工组织始终坚持自己的立场，对案件予以审查，并就相关问题做出结论和建议。关于国际劳工组织结社自由特别救济程序是否干涉中国内政的问题，国际劳工组织始终坚持："因为加入国际劳工组织，中国应当像其他所有会员国一样，承担尊重《国际劳工组织章程》和《费城宣言》规定的包括结社自由的基本权利义务"，[2] "因此，委员会认为，对侵犯工会权利的行为的指控，并不像中国政府所宣称的那样，不属于一国的内政问题。根据程序，指控完全是可接受的，委员会已将该指控立案，因此，委员会有义务以充分的注意审查该案件。"[3] 国际劳工组织认为，中国实行的单一工会制违反了结社自由的原则，要求中国修改工会法，允许工人组织独立工会。关于集体谈判权，国际劳工组织认为，中国应完善法律保障工人的集体谈判权。关于罢工自由，国际劳工组织认为中国应承认工人享有罢工自由，并予以保障。关于工运人士受到拘留、逮捕、判刑、被处以劳动教养的行政处罚，国际劳工组织认为这些行为侵犯了工人的结社自由，应当予以释放。

7. 国际劳工组织的工会权利的特别救济机制的实践，对中国的工会权利几乎不产生即刻的效果，但是，它潜移默化地改变着中国政府对待人权的态度，对中国的工会权利已经产生了一定的积极影响，但距离

---

[1] International Labour Office, *Freedom of Association: Digest of Decisions and Principles of the Freedom of Association Committee of the Governing Body of the ILO*, Fifth (revised) edition, GENEVA, 2006, p. 240.

[2] CFA Report No. 270, para. 319.

[3] Report No. 275, para. 351.

国际劳工组织的结社自由的原则还有较大差距。[1]例如，关于罢工自由，中国政府答复："虽然宪法未规定该权利，但也未禁止，其他法律也未禁止。已经发生的这些停工或罢工，本着保护工人和企业的利益，保持社会稳定的精神，由相关当事人协商，已经获得公平解决。"[2]修订后的《工会法》虽仍未明确使用罢工自由的概念，但使用了怠工、停工的概念。[3]新制定的《劳动合同法》加强了对集体谈判权的保护。

二、中国在《任择议定书》起草过程中对个人来文程序的立场、意见和建议

《任择议定书》的首要目的就在于规定个人来文程序，个人来文程序是任择议定书中的强制性程序。从中国政府对待准司法程序的原则立场出发，参加工作组历届会议的中国代表对来文程序持一种较为消极态度。尽管中国在对待经济、社会和文化权利的态度与以英美为代表的自由主义福利国家大相径庭，但在对待《任择议定书》的个人来文程序的态度上则惊人的相似，往往与怀疑论阵营持相同或相似的观点。

中国代表在工作组第二届会议上表现比较消极，在个人来文程序问题上仅提出一条建议。中国代表要求来文可受理标准尽可能具体，并建议委员会向缔约国转达来文细节，尽管在某些案件中可不提及声称受害者的姓名和地址。[4]随着讨论的逐步深入，特别是从工作组第四届会议

---

〔1〕 全国人大常委会于2001年2月28日通过的《关于批准〈经济、社会和文化权利国际公约〉的决定》中声明："中华人民共和国政府对《经济、社会及文化权利国际公约》第8条第1款（甲）项，将依据《中华人民共和国宪法》、《中华人民共和国工会法》和《中华人民共和国劳动法》等法律的有关规定办理。"此外，中国政府迄今未批准国际劳工组织C87、C98，因此中国政府有权依照中国法律保障该社自由。

〔2〕 Report No. 275, para. 699.

〔3〕《工会法》第27条规定："企业、事业单位发生停工、怠工事件，工会应当代表职工同企业、事业单位或者有关方面协商，反映职工的意见和要求并提出解决意见。对于职工的合理要求，企业、事业单位应当予以解决。工会协助企业、事业单位做好工作，尽快恢复生产、工作秩序。"

〔4〕 E/CN. 4/2005/52，经济、社会和文化权利审议关于拟定《经济、社会、文化权利国际公约》任择议定书备选方案的不限成员名额工作组第二届会议报告，第93段。

转入对《任择议定书》草案条文的讨论，中国代表在来文程序上的发言变得越来越活跃，既有一些比较原则性的意见，也有比较具体的建议。概括起来，主要包括以下几点：

1. 来文程序覆盖的权利的范围。在工作组第三届会议上，中国原则性地强调，应适当考虑各缔约国的立场，决定如何最好地处理关于来文程序所涵盖权利的范围问题。[1]并和安哥拉、日本建议，《任择议定书》应当提供保留的可能性，从而鼓励更多国家批准。委员会关于保留的意见是非约束性的，并最终取决于缔约国决定保留问题。[2]在工作组第四届会议讨论《07 草案》第 2 条时，中国和怀疑论阵营的许多国家赞同采用自选办法，即“按菜单点菜”的办法，允许各国根据草案第 2 款将来文程序适用范围局限于《公约》某些条款。它们认为这样一种选择性做法可以让更多的国家加入成为议定书的缔约国，并允许各国将来文程序的适用范围限制在已有国内补救办法的权利上。[3]在工作组第五届会议上，中国明确建议应将《公约》第一部分排除在来文程序的涵盖范围之外。[4]关于《公约》第二部分和第三部分，中国和一些国家支持采用“每一缔约国可在签署、批准或加入本议定书时声明中承认委员会有权根据《公约》第 2 条第 1 款和第 6～15 条的某些规定审议个人来文”的表述，即将第二部分除第 2 条第 1 款之外的其他条文排除在外，从而割裂第二部分与第三部分的关系。因这一表述遭到了多数国家的反对，在工作组第五届会议上，中国和一些国家改而支持美国提出的“结合第二部分的条款解读的第三部分”字样，[5]但仍将《公约》第一部分排除在外。

---

〔1〕 E/CN. 4/2006/47，关于拟定《经济、社会、文化权利国际公约》任择议定书备选方案的不限成员名额工作组第三届会议报告，第 31 段。

〔2〕 同上，第 37 段。

〔3〕 A/HRC/6/8，拟订《经济、社会和文化权利国际公约》任择议定书问题不限成员名额工作组第四届会议报告，第 37 段。

〔4〕 A/HRC/8/7，拟订《经济、社会和文化权利国际公约》任择议定书问题不限成员名额工作组第五届会议报告，第 144 段。

〔5〕 同上，第 35 段。

2. 在论及联合国人权条约机制与区域性人权机制的关系时，中国提出需要进一步讨论如何恰当考虑不同地区的不同情形，包括区域机制的作用，[1]就此，中国建议将“委员会审查本议定书下的来文时，应适当考虑其他联合国机制以及属于区域人权系统的机构的相关决定和建议”中的“应”改为“可”。[2]

3. 来文的提起者。中国反对单列一条规定团体来文，和其他一些国家建议删除单独规定团体来文的《07 草案》第 3 条，[3]这一建议后被工作组接受。但正如本书第三章第二节所述，个人来文程序的主体不仅仅是个人，而是包括个人和团体。而中国代表起初似乎对此并不了解，因此，希望澄清联名的个人提出的来文与集体来文这两者之间的差别。[4]为限制个人提起来文，中国建议采用“直接受害者”的提法，认为只有直接受害者或经其正当授权而为其行事的代表应当具有身份。[5]中国还和埃及（代表非洲国家集团）以及其他一些国家建议，代表个人或联名的个人提出的来文应先征得所代表的人的“明示”同意。对此，厄瓜多尔、秘鲁、非政府组织联盟和国际法学家委员会指出，它们对这一提案表示关切，因为在某些案例中是很难取得明示同意的。[6]于是中国答复说，自己不能提交来文的个人或联名的个人可授权一个代表为其提交来文。非政府组织联盟、国际人权联合会和大赦国际指出：非政府组织应当能够代表个人或联名的个人提交来文，在难以取得“明示”同意的情况下不经其“明示”同意。[7]鉴于规定团体来文的条款被删除，中国支持删除“个人来文”标题中的“个人”字眼的

〔1〕 E/CN. 4/2006/47，关于拟定《经济、社会和文化权利国际公约》任择议定书备选方案的不限成员名额工作组第三届会议报告，第 55 段。

〔2〕 A/HRC/6/8，拟订《经济、社会和文化权利国际公约》任择议定书问题不限成员名额工作组第四届会议报告，第 37 段。

〔3〕 同上，第 47 段。

〔4〕 同上，第 47 段。

〔5〕 同上，第 42、156 段。

〔6〕 同上，第 43 段。

〔7〕 同上，第 158 段。

建议，[1]这一建议后被采纳。

4. 来文指控的行为。中国和加拿大、波兰和瑞典赞成将来文指控的对象仅限于严重侵犯《公约》所规定的任何权利。[2]而许多国家赞成删除“严重”二字。

5. 来文受理标准。中国和土耳其告诫不要让委员会确定国内补救办法的应用是否被不合理拖延。[3]中国和孟加拉国、埃及和伊朗伊斯兰共和国支持删除“被不合理拖延”的措辞。[4]中国还和孟加拉国、埃及、伊朗伊斯兰共和国、波兰、俄罗斯联邦和美国提出了一项提案，建议在国内补救办法的定语“所有可用的”一语之后插入“有效”一词，该建议得到智利、英国、墨西哥和荷兰的支持。[5]中国还和印度建议增列一项标准，规定根据二手资料提出的指控不予受理。[6]

6. 关于临时措施，中国和美国认为委员会应“转交”声称侵权行为受害者提出的临时措施请求，而不是自行提出这种请求。[7]中国和加拿大、丹麦、意大利、爱尔兰、波兰、西班牙、英国和美国赞成增添“在特殊情况下”一语，[8]从而限制临时措施的适用。中国、印度和尼泊尔赞成保留“考虑到现有资源”的措辞，[9]从而放宽缔约国采取临时措施的条件。

7. 关于来文的友好解决，中国与印度、瑞典和美国认为，根据其

---

〔1〕 A/HRC/8/7，拟订《经济、社会和文化权利国际公约》任择议定书问题不限成员名额工作组第五届会议报告，第31段。

〔2〕 同上，第33段。

〔3〕 A/HRC/6/8，拟订《经济、社会和文化权利国际公约》任择议定书问题不限成员名额工作组第四届会议报告，第58段。

〔4〕 A/HRC/8/7，拟订《经济、社会和文化权利国际公约》任择议定书问题不限成员名额工作组第五届会议报告，第48段。

〔5〕 同上，第47段。

〔6〕 A/HRC/6/8，拟订《经济、社会和文化权利国际公约》任择议定书问题不限成员名额工作组第四届会议报告，第66段。

〔7〕 同上，第70段。

〔8〕 A/HRC/8/7，拟订《经济、社会和文化权利国际公约》任择议定书问题不限成员名额工作组第五届会议报告，第61段。

〔9〕 同上，第62段。

他人权文书，友好解决程序只应适用于国家间指控，[1]因此不适用于个人来文。中国和俄罗斯指出必须考虑友好解决的法律效果。澳大利亚对此解释道，友好解决的法律效果将是不再对来文进行审议。[2]墨西哥认为，委员会必须密切注意友好解决的落实情况。芬兰和西班牙指出，委员会应当有权审议友好解决协议。中国和澳大利亚、美国和委内瑞拉玻利瓦尔共和国反对这种看法。[3]

8. 关于来文的审查，加拿大和中国认为工作组主席兼首席报告员提请第五届会议第二阶段审议的第二次修订的《任择议定书》草案第8条第4款中"where relevant"的措辞不清楚。[4]主席指出，各国有义务立即执行《公约》，如适用不歧视权利等。中国指出，采取行动消除现有歧视需要财政和其他资源。[5]中国还指出，《公约》第2条第1款规定了"本公约中所承认的权利"，并未对权利加以区别。[6]这实际上是不同权利存在位阶高低之分而非平等的观念的变相表达，表明中国仍坚持"按菜单点菜"的方式或保留的方式。

三、中国在《任择议定书》起草过程中对国家间来文程序和调查程序的立场、意见和建议

中国代表在工作组会议上，始终对《任择议定书（草案）》中关于国家间来文程序和调查程序的规定持反对态度。在工作组第四届会议开幕式上，中国即指出需要进一步讨论草案中所载集体和国家间指控机制

---

〔1〕 A/HRC/6/8，拟订《经济、社会和文化权利国际公约》任择议定书问题不限成员名额工作组第四届会议报告，第81段。

〔2〕 同上，第184段。

〔3〕 同上，第87段。

〔4〕 在工作组最后通过《任择议定书》草案中，这一措辞被删除。

〔5〕 这可能表明中国认为不歧视的权利不是可以即刻实现的，而是应当逐步实现的，虽然中国的这一观点与经济、社会和文化权利委员会的观点不相一致，但必须承认在中国逐步消除或缩小城乡差别，保证广大农村居民享有较高水平的公共服务，确实需要财政和其他资源，因此只能逐步实现。

〔6〕 A/HRC/8/7，拟订《经济、社会和文化权利国际公约》任择议定书问题不限成员名额工作组第五届会议报告，第174段。

和调查程序。[1]

关于调查程序，《07 草案》第 1 条规定："加入本议定书的《公约》缔约国承认委员会有权根据本议定书条款的规定接受和审议来文，并开展调查。"中国和哥伦比亚、丹麦、印度、日本以及俄罗斯对委员会开展调查的权限有所保留。[2]在讨论第 10 条和第 11 条关于调查程序的规定时，中国与澳大利亚、埃及、印度、俄罗斯以及美国明确表示不赞成列入调查程序，建议删除第 10 条、第 11 条和第 20 条。[3]此外，中国还和一些国家对"严重地和系统地侵犯"一词表示关切。[4]

关于国家间来文程序，中国和厄瓜多尔、埃塞俄比亚、日本、挪威以及英国建议删除第 9 条的相关规定。埃塞俄比亚和挪威指出，尽管其他文书包括了这一程序，却从未使用过。[5]

在工作组第五届会议上，中国继续坚持原有立场，但也作出了一定程度的妥协，中国和持相同立场的其他国家强调，如果予以保留，就必须确保案文与议定书其他部分相一致。[6]

四、中国政府对待准司法性程序的原则立场及其反思

人权外交是当代国际关系的一个重要领域。冷战终结后，一方面，人权外交的整体对抗性下降，特别是"9·11"事件后，以美国为首的西方国家受反恐战争和伊拉克等问题的牵制，人权问题在其外交政策中地位有所下降，而发展中国家力量崛起，此消彼长间，虽然西方大国仍占据主导地位，但原有人权领域西方大国独霸的局面已被打破。[7]另一

---

〔1〕 A/HRC/6/8，拟订《经济、社会和文化权利国际公约》任择议定书问题不限成员名额工作组第四届会议报告，第 11 段。

〔2〕 同上，第 31 段。

〔3〕 同上，第 112 段。

〔4〕 同上，第 114 段。

〔5〕 同上，第 109 段。

〔6〕 A/HRC/8/7，拟订《经济、社会和文化权利国际公约》任择议定书问题不限成员名额工作组第五届会议报告，第 26、95 段。

〔7〕 参见中国联合国协会编：《中国的联合国外交》，世界知识出版社 2009 年版，第 88 ~ 89 页。

方面，人权领域“原来东西方之间的紧张关系正逐渐为南北之间的分歧所取代。……这些分歧的焦点在于，面对持续发展和社会正义，人权是否应当得到优先考虑。这些分歧也体现在，从合作性对话到对抗性的谴责，或干涉的幅度范围内如何选择国际人权监督的手段”。〔1〕同时，冷战思维对国际人权领域仍有影响，由于社会制度和意识形态的不同，中国的人权一直是西方国家特别是某些国家以及一些非政府组织的批评和非难的对象，中国人权外交成为国际人权政治的东西南北斗争的焦点之一。在此背景下，中国于20世纪90年代率先提出“人权对话”以代替一些西方国家的“人权对抗”。中国政府主张人权观念的出现是人类文明进步的产物，具有普世的价值；从全球的情况来看，没有一个国家的人权状况是十全十美的；在全球范围内促进和改善人权的有效方式是在平等和相互尊重的基础上对话，而不是对抗；在人权领域的分歧不是短期内可以消除的，因为这种分歧的出现除去各国的国情不同外，还有更深刻的文化上的根源。〔2〕中国政府提倡人权对话反对人权对抗的理念和做法是正确的，获得了许多国家特别是第三世界国家的支持和赞扬，并取得了良好的效果。

人权公约缔约国报告制度和人权理事会普遍定期审议机制都是一种建设性对话机制，但其中也不可避免会有一定的对抗因素。鉴于它们均属于强行性程序，我国在批准相应的人权公约时，都毫无例外地接受了缔约国报告程序，并忠实地履行了报告义务，积极参加与各条约机构的审议；对于普遍定期审议机制，我国是第一个连续六年担任两届人权理事会成员国的联合国安理会常任理事国，迄今按照人权理事会普遍定期审议机制的日程表提交了两次报告，并接受审议，积极履行相关义务。

《任择议定书》规定的个人来文程序是由个人或非政府组织针对国

---

〔1〕［瑞典］格德门德尔·阿尔弗雷德松、［挪威］阿斯布佐恩·艾德编：《〈世界人权宣言〉：努力实现的共同标准》，中国人权研究会组织翻译，四川人民出版社1999年版，第6页。

〔2〕参见吴建民：《世界大变化：吴建民的看法与思考2》，中国人民大学出版社2010年版，第77～81页。

家提起指控，确实具有较强的对抗性。“从人权概念产生的社会历史过程来看，人权是一种反抗权利。也就是说，在观念上，人权诉求反映了人们反抗特权、反抗统治者压迫和剥削的愿望；在现实中，法律权利逐步增长乃至进化为人权，是人们反抗人身依附、政治专制和精神压迫的斗争不断取得胜利的结果。”[1]换言之，人权首先是反抗政府/国家的权利。个人来文程序旨在当个人的权利遭受侵犯，用尽国内救济措施仍然不能获得有效补救时，为受害人提供进一步的救济渠道。从一定意义上来讲，个人来文程序为个人提供了在国际人权机构中反抗政府的机会和可能，是国内救济措施的延伸。但我们不能因此而将诉诸具有较强对抗性的个人来文程序视为国际人权斗争中的人权对抗，因为前者仍属于依法维权的范畴，而后者属于国际政治的范畴。进一步讲，《任择议定书》第 8 条为个人来文程序引入友好解决方式，在一定程度上降低了个人来文程序的对抗性。

《任择议定书》规定的国家间指控程序同样具有对抗性，并且是国家间的对抗。但正如本书第四章所述，国家间指控机制是最为符合传统国际法理论的准司法性国际人权救济机制。按照传统国际理论，只有国家（而不是人权侵犯的实际受害者）才有权在国际性法院或者准司法权威那里针对另外的国家提出指控。通过国家间指控解决一国国内的系统的大规模的严重的人权侵犯行为，可以消灭威胁国际集体安全的隐患，国家对此负有首要的责任。从理论上来讲，国家间指控的实施可以将两国之间或多国之间的纠纷控制在法律层面，而不至于蔓延至政治、经济或战略层面。由独立机构审议案件可以帮助降低当事各国之间的紧张程度，并提高人权保护水平。也就是说，作为一种法律机制，国家间指控程序可以管控纠纷，降低对抗的强度。特别需要强调的是，国家间指控程序实际上是一种斡旋和调解程序。国际人权机构在国家间来文程序中的主要职能是通过提供自己的斡旋，以期对相关事项达成一种友好解

---

〔1〕 夏勇：《人权概念起源——权利的历史哲学》，中国政法大学出版社 2001 年版，第 170 页。

决。《任择议定书》也不例外，其第10条第1款第4项规定："在不违反本款第3项规定的情况下，委员会应当向有关缔约国提供斡旋，以期在尊重《公约》规定的义务的基础上友好地解决有关事项。"这一规定也大大降低了该程序的对抗性程度。

总而言之，个人来文程序和国家间来文程序虽有较强的对抗性，但这种对抗性不同于国际人权斗争中的人权对抗。将个人来文程序和国家间指控程序的对抗性与人权对抗画等号而予以排斥，可能是一种过度反应。

五、中国对《任择议定书》中规定的个人来文程序、国家间来文程序和调查程序的应对

根据中国政府的上述原则立场以及在《任择议定书》起草过程中的作为不难推测，中国在短期内甚至在较长一段时间内不会签署和批准《任择议定书》。但这并不意味着我国政府因此而可以无所作为。

加强和完善经济、社会和文化权利的国内立法、行政、政策、财政等保障措施。自2001年全国人大常委会批准《经济、社会和文化权利国际公约》以来，我国积极认真履行条约义务，采取立法、行政、政策、规划和财政等多种措施，尊重和保障各项经济、社会和文化权利，取得了巨大的成绩，但也面临着一系列和困难和挑战。[1]经济、社会和文化权利委员会在充分肯定中国取得的成就和进展的前提下，就一系列关注的主要问题提出了其建议。[2]这些问题可谓切中要害，而其建议也具有很强的针对性与可行性。我国政府应根据我国国情，以最大诚意认真研究委员会的这些建议，通过立法、行政、政策、规划和财政等措施，提高对经济、社会和文化权利的保障水平。

完善人权救济特别是司法救济制度。"用尽国内/当地补救办法"是

---

〔1〕 参见E/C.12/CHN/2，《经济、社会和文化权利国际公约》的执行情况——缔约国根据《公约》第16条和第17条提交的第二次定期报告·中国，2010年6月30日。

〔2〕 参见E/C.12/CHN/CO/2，经济、社会和文化权利委员会：《关于中国（包括中国香港和中国澳门）第二次定期报告的结论性意见》，2014年6月13日。

联合国各人权公约规定的条约机构受理个人来文和处理国家间指控的前提条件之一，《任择议定书》当然也不例外。但是，这一规则并不是绝对的。《任择议定书》第2条第1项规定，个人来文未在用尽国内补救办法后一年之内提交委员会的，应当宣布为不可受理，但来文人能证明在此时限内无法提交来文的情况除外；关于国家间来文，《任择议定书》第10条第3项规定："对于提交委员会的事项，委员会只有在确定已经就该事援用并用尽一切可用的国内补救办法后，方可予以处理。如果补救办法的应用被不合理地拖延，本规则不予适用。"这里所谓的国内救济包括公助救济和公力救济。公助救济主要是指调解和仲裁，而公力救济包括行政复议、诉讼等。我国目前已建立了较为完备的商事仲裁、劳动调解仲裁等公助救济法律制度，建立了较为完备的行政复议、民事诉讼、行政诉讼和刑事诉讼法律制度。从一定意义上来讲，包括个人来文程序、国家间指控程序和调查程序的国际人权准司法救济制度对于我国国内人权救济特别是司法救济制度的完善和改革具有一定的倒逼作用。1998年10月5日，中国政府签署了《公民权利和政治权利国际公约》，全国人大常委会迄今尚未批准该公约，这确实给中国政府带来了较大的国际压力。[1]2008年3月18日，时任国务院总理温家宝第十一届全国人大一次会议闭幕后，接受中外记者的采访时曾表示："中国正在积极推进政治体制改革，包括司法制度的改革。司法制度改革最根本的目标就是实现司法公正，这就需要保持司法的独立。我们在司法制度的改革上已经迈出了较大的步伐，比如我们收回死刑的核准权到最高人民法院，并且严格地限制判处死刑。你提到的《公民权利和政治权利国际公约》，我们正在协调各方，努力地解决国内法与国际法相衔接的问题，尽快批准。"[2]这些年来，我国修订了《刑事诉讼法》、《民事诉讼法》

---

〔1〕 参见郭曰君："人权理事会普遍定期审议机制视野下的中国人权外交"，载《金陵法律评论》2013年春季卷，第159-173页。

〔2〕 温家宝："将尽快批准公民权利和政治权利国际公约"，载http：//www.china.com.cn/policy/txt/2008-03/18/content__12953506.htm，访问日期：2015年1月30日。

和《行政诉讼法》，进一步改革和健全诉讼制度，这当然是我国以司法保障人权的重要成果，具有强大的内生动力，但是争取早日批准《公民权利和政治权利国际公约》的倒逼力量也是一个不可忽视的外在因素。虽然我国尚未签署《经济、社会和文化权利国际公约任择议定书》，但作为一个负责任的大国，作为最大的发展中国家、首个连续六年担任人权理事会成员国的联合国安理会常任理事国，应当顺应包括《经济、社会和文化权利国际公约》在内的国际人权法实施机制不断加强的历史潮流，加强经济、社会和文化权利的国内法律救济特别是司法救济机制，为签署和批准《任择议定书》积极创造条件。

在适当时机签署和批准《任择议定书》。当经济、社会和文化权利国内救济制度较为完备之后，在条件较为成熟时，我国可以在适当时机签署和批准《任择议定书》。所谓条件较为成熟，并不是说我国人权法律救济制度已经完备无缺、十全十美。事实上，任何国家的人权法律救济制度都不可能是十全十美的。一方面，《任择议定书》的签署和批准同样具有倒逼作用，可以进一步促进经济、社会和文化权利国内法律救济制度的完善，另一方面，可以表明中国政府保障经济、社会和文化权利的自信心以及更加深入地参与国际人权保障事业的态度。在批准《任择议定书》时，如认为必要，可以不接受委员会对国家间来文程序和调查程序的管辖权。事实上，这也是《任择议定书》缔约国目前普通采取的做法。

第二节 国际援助和合作与中国

一、中国对外援助和合作的回顾与反思

（一）中国对外援助与合作取得的成就

我国是世界上最大的发展中国家，从20世纪50年代初期开始对外援助与合作，从帮助周边友好国家开始起步，至今已走过了六十多年的历程，这六十多年间我国对外援助和合作的规模持续增长，并始终坚持不附带任何政治条件，不干涉受援国内政，充分尊重受援国自主选择发

展道路和模式的权利，相互尊重、平等相待、重信守诺、互利共赢是中国对外援助的基本原则。

截止到 2012 年，我国累计向 282 个国家和地区提供援助与合作，包括亚洲地区、非洲地区、大洋洲地区、拉美和加勒比地区、欧洲地区，以及非洲联盟等区域组织等，其中亚洲和非洲是我国对外援助的主要地区。我国对外援助和合作的方式主要包括援建成套项目、提供一般物资、开展技术合作和人力资源开发、派遣援外医疗队和志愿者、提供紧急人道主义援助以及减免受援国债务等，近年以成套项目建设和物资援助为主。

在援助资金方面，我国的对外援助资金更多地投向低收入发展中国家。以 2010 ~ 2012 年为例，我国对外援助金额为 893.4 亿元人民币，包括无偿援助、无息贷款和优惠贷款三种方式。无偿援助重点用于帮助受援国建设中小型社会福利项目以及实施人力资源开发合作、技术合作、物资援助和紧急人道主义援助等。无息贷款主要用于帮助受援国建设社会公共设施和民生项目。优惠贷款主要用于帮助受援国建设有经济社会效益的生产型项目、大中型基础设施项目，提供较大型成套设备、机电产品等。所占比例分别为 36.2%、8.1%、55.7%。

2010 ~ 2012 年，我国对外援助和合作的主要内容包括推动改善民生、促进经济社会发展、推动区域合作、参与国际交流合作。支持其他发展中国家减少贫困和改善民生是我国对外援助和合作的主要内容，在这一方面，我国重点支持其他发展中国家促进农业发展，提高教育水平，改善医疗服务，建设社会公益设施，并在其他国家遭遇重大灾害时及时提供人道主义援助。在促进经济社会发展方面，我国积极帮助其他发展中国家建设基础设施，加强能力建设和贸易发展，加大对环境保护领域的援助投入，帮助受援国实现经济社会发展。在推动区域合作方面，我国注重在区域合作层面加强与受援国的集体磋商，利用中非合作论坛、中国—东盟领导人会议等区域合作机制和平台，多次宣布一揽子援助举措，积极回应各地区的发展需要。同时，随着参与国际发展事务能力的增强，我国在力所能及的前提下，一直积极支持多边发展机构的援助工作，以更加开放的姿态开展经验交流，探讨务实合作。对外援助与合作六十多年，我国取得了一些自己的经验：充分尊重，真诚相助；量力而行，尽力而为；急人所需，雪中送炭；提高能力，授人以渔；平等相待，患难与共。[1]

近年来，在对外援助管理和法律规范方面，我国也取得了一定进步。为了规范对外援助管理，提高对外援助效果，商务部颁布了《对外援助管理办法（试行）》（以下简称“《办法》”），该《办法》已于2014年12月15日生效。《办法》较好地体现了商务部在对外援助项目管理体制改革中坚持的“创新管理、优化队伍、规范竞争、落实责任”的原则，具有以下几个亮点：其一，转变政府职能。按照对外援助管理的传统做法，政府管理具体事项比较多，管理得比较细。根据《办法》，商务部将管理的重点转移到宏观政策研究、法规制度建设、项目立项和评估这些工作上来，特别是要强化援外国别政策管理和中长期规划。其二，创新援外项目实施管理的模式。鉴于受援国内力有限，援外项目传统上都由中方实施。随着部分受援国的经济实力和管理能力的增强，具备了一定的项目实施能力，商务部将根据《办法》逐步推广与受援方合作，由受援方来实施一些项目，也就是“本土化”的模式。另外，对于援外成套项目，过去的管理是分设计、施工、监理各个环节，参与主体比较多。现在根据国际经验和国内一些做法创新引入了“项目管理＋工程总承包”的实施管理模式，现在正在进行试点，试点成功后逐步推广。其三，抓好援外项目的立项前期管理。立项管理是援外工作的源头，立项工作的质量关系到援助目的的实现，所以《办法》特别重视立项管理，全面加强立项管理，增强立项工作的科学性。其四，建立健全项目合同管理制度。《办法》强调由政府部门和实施主体签订实施合同，合同中明晰双方的权利和义务。其五，完善竞争性的援外招标制度。根

---

〔1〕 以上内容参见国务院新闻办公室：《中国的对外援助（2014）》白皮书，2014年7月。

据《办法》，援外项目招标管理制度要做完善，通过修订评标原则，引导建立合理的价格形成机制。其六，落实援外项目的质量保证责任。援外工作事关国家形象，不允许有一丝一毫的马虎，也绝不允许出现“豆腐渣”工程。《办法》中明确将成套项目建成后的长效质量保障和配套技术的服务纳入管理范围。对于实施主体在合理的年限内要承担相应的质量保证责任在合同中予以明确。对于不履行质量保证的责任，造成不良影响的实施主体将给予行政和经济处罚。[1]我们有理由相信，《办法》的实施，将有助于进一步健全我国对外援助管理体制，提高我国对外援助管理水平。

（二）高举人权旗帜，进一步加强经济、社会和文化权利领域的对外援助与合作

六十多年来，我国对外援助与合作对于促进受援国经济和社会发展，增强国家能力，实质上起到了促进受援国人权发展，推动受援国经济、社会和文化权利全面实现的作用。但是，由于各种原因，我国一直回避使用人权概念，没有旗帜鲜明地举起人权的旗帜，无论是在对外援助与合作的政策目标中，还是援助与合作的具体规划中，都未提及人权或者经济、社会和文化权利的概念。

自联合国于1945年成立，迄今已经整整70年的时间，人权国际保护在观念、规范、机制三个方面已全面展开，发展到相对成熟的阶段。加之20世纪70年代以来，新一轮的宪政改革席卷全球，人权的国内保护取得显著进步。以《大自由：实现人人共享的安全、发展和人权》、《2005年世界首脑会议成果》和人权理事会的成立为标志，人权已经成为与发展、安全与和平并列的当今时代的三大主题之一。党的十五大报告中指出“要和平、求合作、促发展已经成为时代的主流”，党的十六大之后“和平发展合作”成为我国外交的旗帜。但笔者认为，合作仅仅是实现和平和发展两大主题的手段，与和平、发展不在同一层面，而人

---

〔1〕“商务部召开《对外援助管理办法》解读媒体吹风会”，载 http://www.mofcom.gov.cn/article/ae/slfw/201412/20141200824824.shtml，访问日期：2014年12月20日。

权与和平、发展完全在一个层面，甚至高于后两者，三者可以等量齐观。[1]

尽管我国非常重视国际人权交流与合作，认真履行我国承担的人权公约规定的国家义务，在经济、社会和文化权利领域的国际援助与合作中做了许多卓有成效的工作，例如，积极参加联合国千年行动计划、全球对发展中国家减免债务行动等，都在很大程度上促进了当地的人权发展，但因为我国在内政外交上没有确立人权的时代主题地位，在外交上一直没有鲜明地高举人权这一旗帜，导致我国在人权外交中经常处于被动地位。我国对外援助与合作的重点地区分布于非洲，其中大多援助与合作项目都是与当地政府交接，有的援助与合作项目未能惠及普通民众，导致受援国人民产生不满情绪。因而，当某些受援国发生非正常更迭，难免出现我国所做的大量援助与合作前功尽弃，难以维持与受援国长久友谊的尴尬局面。

（三）改进我国在经济、社会和文化权利领域对外援助与合作的建议

2010 年是我国对外援助与合作六十周年，在庆祝六十周年之际，我国政府强调“应总结经验，改进工作，使中国援助能够更好地为中国与发展中国家的共同发展服务”。[2] 2010 年 8 月 14 日我国召开了全国援外工作会议，时任国务院总理温家宝就改进我国援外工作作出了许多重要指示，指出“做好新形势下援助工作要在优化机构、提高质量、帮助受援国资助发展和完善中国援外体制机制等方面进一步努力”。温家宝还就改进措施提出了一些建议，包括“援助要向最不发达国家和小岛国倾斜，应当根据不同发展中国家的不同需求，提供受援国急需和当地人欢迎的民生项目，应当加强对援助项目的可行性评估、搞好项目招投标和监督、培养好援外队伍、调动民间和企业力量参与发展中国家发展的积

---

〔1〕 郭曰君：“人权：当今时代主题及我国的应对”，载《广州大学学报（社会科学版）》2013 年第 1 期。

〔2〕 周弘：“中国援外六十年的回顾与展望”，载《外交评论》2010 年第 5 期。

极性等等”。[1]

回顾我国援外六十多年的历程，结合温家宝同志的讲话，笔者就今后我国在经济、社会和文化权利领域援助与合作方面应做的努力提出几点拙见：

1. 将人权放在显著位置。如前所述，六十多年来我国一直坚持将贫困的非洲地区作为援助与合作的重点，每年提供大量的援助与合作，但也引起了一些非洲国家民间的敌对情绪甚至被某些西方势力污蔑为“新殖民主义”。其中很大一个原因则是没有旗帜鲜明地坚持普适的人权价值，提出人权概念。因而，在改进我国的对外援助与合作方面，首要的应是将人权放在显著位置，奉行人权本位方针，不仅加大对人权领域的援助与合作，而且援助与合作中明确地提出人权概念，将我国的援助与合作同普适的人权价值相联系，将援助与合作落实到受援国普通民众生活的实处，切实增强受援国民众特别是最弱势群体行使经济、社会和文化权力的能力，真正惠及人民群众，从而发挥我国作为世界大国的地位和作用，推动经济、社会和文化权利在世界范围内尽快全面实现，树立我国良好的人权形象。

2. 在理论方面，应加快对外援助与合作领域的理论研究，以科学的理论支持实践发展。加快对外援助与合作的理论研究，明确我国对外援助与合作的定位，总结我国对外援助与合作实践的有效方式和经验，研究对外援助与合作实践中出现的问题及解决对策，形成一套科学的理论和援助与合作模式，以此促进我国对外援助与合作工作的理性化、科学化，促进我国对外援助与合作发挥更好的效果。

3. 继续加强对外援助与合作方面的国际合作。虽然目前我国的对外援助与合作主要以双边援助合作为主，但是鉴于国际社会的统一性，国际援助与合作的多元化，以及我国作为世界大国的责任，我们应在今后的对外援助与合作工作中继续加强与联合国等多边组织的交流，力所

---

〔1〕 参见“全国援外工作会议在京召开”，载 http：//news. sina. com. cn/o/2010 - 08 - 15/233317968114s. shtml，访问日期：2011 年 11 月 16 日。

能及地支持和参与多边机构的援助活动，健全我国对外援助与合作的管理机制。例如，加强同联合国开发计划署、联合国儿童基金会和世界银行及区域开发银行等的合作。“一路一带”建设是由中国政府倡议并得到各国积极响应的，由中国主导的国际经济合作战略，将成为我国开展多边援助与合作的重要平台，强化多边合作机制作用，将我国对外援助与合作提升到一个前所未有的新高度。

二、中国在《任择议定书》起草过程中对国际援助与合作的立场、意见和建议

如前所述，作为世界上最大的发展中国家，中国始终重视对外援助与合作。在《经济、社会和文化权利国际公约任择议定书》的起草过程中，中国支持非洲集团的正当要求，为《任择议定书》关于国际援助和合作的条款的规定作出了自己的贡献。

（一）始终强调在经济、社会和文化权利领域加强国际援助和合作的重要性

在2005年2月工作组第二届会议上，中国代表注意到《公约》第11条提及国际合作的重要性，并询问是否可根据来文程序，审议涉及缺乏国际合作的申诉。[1]在对拟订《任择议定书》备选方案和《公约》第一部分和第二部分的讨论中，埃塞俄比亚代表（以非洲集团名义）、埃及、刚果等非洲国家提出，《任择议定书》应规定具体和定义明确的对发展中国家提供的国际经济和技术支助，[2]中国对此表示支持。中国代表指出，《公约》第2条第1款规定的“采取步骤”涉及在国家一级采取措施，以及在国际一级开展合作和援助，其目的是做到逐步实现各项权利。中国与捷克共和国、芬兰和葡萄牙四国代表强调了载有《公

〔1〕 E/CN.4/2005/52，经济、社会和文化权利审议关于拟定《经济、社会和文化权利国际公约》任择议定书备选方案的不限成员名额工作组第二届会议报告，第63段。

〔2〕 同上，第74、77段。

约》第2条第1款的任择议定书的重要性。[1]

在2006年3月召开的工作组第三届会议上，摩洛哥代表非洲国家集团强调根据《公约》第2条第1款而加强国际援助和合作的重要性，并建议在未来任择议定书中规定设立基金会，帮助发展中国家落实委员会建议。[2]中国同古巴、埃及、伊朗伊斯兰共和国、尼泊尔、阿根廷、比利时、芬兰、安哥拉、布基纳法索、刚果、埃塞俄比亚、莱索托、马达加斯加、塞内加尔和墨西哥等国积极回应摩洛哥代表的发言，一致强调加强国际合作和援助及其对实现人权的重要性，认为任择议定书应当有助于落实国际合作的义务，呼吁设立基金会来帮助各国，特别是援助发展中国家，完全落实《公约》所规定的权利，并根据任择议定书而贯彻委员会的意见。[3]为打消某些国家的疑虑，中国和阿根廷、芬兰解释说，作为一个程序性文书，任择议定书规定国际援助与合作并不能创造新的权利。值得指出的是，非洲国家集团和一些国家强调说，国际援助与合作是《公约》所规定的一个法律义务，必须根据各种政治声明和承诺，包括《蒙特雷宣言》和《千年宣言》来考虑这一义务。[4]对此，中国并没有予以正面回应。

正是因为非洲国家集团的上述意见和建议得到了包括中国在内的众多国家的支持，工作组主席兼首席报告员吸收了上述建议，在其草拟并提交给工作组第四届会议讨论的任择议定书草案中增加了“国际援助与合作”以及“专门基金”两条规定。

（二）对国际援助和合作条款的具体规定的贡献

在工作组第四届会议上，中国代表除继续强调国际援助和合作的重要性，将关注的焦点集中在国际援助与合作条款的措辞上。

---

〔1〕 E/CN. 4/2005/52，经济、社会和文化权利审议关于拟定《经济、社会和文化权利国际公约》任择议定书备选方案的不限成员名额工作组第二届会议报告，第77、78段。

〔2〕 E/CN. 4/2006/47，关于拟定《经济、社会和文化权利国际公约》任择议定书备选方案的不限成员名额工作组第三届会议报告，第7段。

〔3〕 同上，第12、79和132段。

〔4〕 同上，第78段。

1. 支持埃及（代表非洲集团）提出的将第 13 条和第 14 条合并在一个标题之下，删除关于基金的修饰语“专门”和“自愿”的建议。[1] 中国和埃及指出，删除“自愿”一词并不意味着向专门基金的捐款是非强制性的，而是由缔约国根据《公约》第 2 条第 1 款规定的义务，视现有资源的能力而决定捐款额。[2]

2. 支持俄罗斯提出的使《任择议定书》第 13 条更接近于《儿童权利公约》第 45 条（b）款的措辞，强调技术援助或咨询的请求应当来自于缔约国，而非委员会的建议。[3]

3. 中国建议将《任择议定书》第 13 条第一句和第二句分为二段，在“酌情”后加上“或应有关缔约国的请求”，加上“财政”援助以及在转达对象中加上“其他缔约国”，删除“在各自的权限内”、“是否应该采取可能”、“的国际措施”等字样。[4]

上述第一条建议最终被采纳，而第 2、3 条建议因一些国家特别是怀疑论阵营的强烈反对，而最终未被采纳。尽管如此，正如本书第六章所述，中国代表的上述建议表明了中国在这些问题上的立场，获得了发展中国家特别是非洲集团的认同，并为经济、社会和文化权利委员会未来能动地适用和解释《公约》和《任择议定书》相关规定提供了更为广阔的空间。

三、中国对《任择议定书》规定的国际援助与合作的应对

毫无疑问，中国在未来批准《任择议定书》时不会对第 14 条予以保留，而是会积极参与该条的实施。

无论是否批准《任择议定书》，中国都会以积极的姿态参与国际发展合作，发挥出建设性作用。特别是近些年来中国越来越注重参与多边

---

〔1〕 A/HRC/6/8，拟订《经济、社会和文化权利国际公约》任择议定书问题不限成员名额工作组第四届会议报告，第 120 段。

〔2〕 同上，第 128 段。

〔3〕 同上，第 121 段。

〔4〕 同上，第 124、163 段。

发展机构的援助工作。

> 2010年至2012年，中国向联合国开发计划署、工业发展组织、人口基金会、儿童基金会、粮食计划署、粮食及农业组织、教育科学及文化组织、世界银行、国际货币基金组织、世界卫生组织以及全球抗击艾滋病、结核病和疟疾基金等国际机构累计捐款约17.6亿元人民币，支持其他发展中国家在减贫、粮食安全、贸易发展、危机预防与重建、人口发展、妇幼保健、疾病防控、教育、环境保护等领域的发展。三年中，中国通过联合国粮食及农业组织项目，先后派出235名专家赴蒙古、尼日利亚、乌干达等9个国家，为当地提高农业生产水平提供技术援助。2011年至2012年，中国与世界卫生组织密切配合，先后派出15名专家赴纳米比亚、尼日利亚、埃塞俄比亚和巴基斯坦，帮助当地控制脊髓灰质炎传播。2012年，中国在联合国教育科学及文化组织设立援非教育信托基金，帮助非洲8个国家开展师资培训。[1]

因此，在未签署和批准《任择议定书》之前，中国也可以考虑向根据《任择议定书》第14条第3款设立的信托基金适当捐款，中国还可以应经济、社会和文化权利委员会的邀请，在获得受援国的同意后，向相关缔约国提供专家和技术援助，从而实现“加强《公约》所载权利的落实，推动根据本议定书在经济、社会和文化权利领域进行国家能力建设”的初衷。

---

[1] 国务院新闻办公室:《中国的对外援助（2014）》白皮书，2014年7月。

附　录

经济、社会和文化权利国际公约

（联合国大会于1966年12月16日通过，1976年1月3日生效）

序　言

本公约缔约各国，

考虑到，按照联合国宪章所宣布的原则，对人类家庭所有成员的固有尊严及其平等的和不移的权利的承认，乃是世界自由、正义与和平的基础，

确认这些权利是源于人身的固有尊严，

确认，按照世界人权宣言，只有在创造了使人可以享有其经济、社会及文化权利，正如享有其公民和政治权利一样的条件的情况下，才能实现自由人类享有免于恐惧和匮乏的自由的理想，

考虑到各国根据联合国宪章负有义务促进对人的权利和自由的普遍尊重和遵行，

认识到个人对其他个人和对他所属的社会负有义务，应为促进和遵行本公约所承认的权利而努力，

兹同意下述各条：

第一部分

第一条

一、所有人民都有自决权。他们凭这种权利自由决定他们的政治地位，并自由谋求他们的经济、社会和文化的发展。

二、所有人民得为他们自己的目的自由处置他们的天然财富和资源，而不损害根据基于互利原则的

国际经济合作和国际法而产生的任何义务。在任何情况下不得剥夺一个人民自己的生存手段。

三、本公约缔约各国，包括那些负责管理非自治领土和托管领土的国家，应在符合联合国宪章规定的条件下，促进自决权的实现，并尊重这种权利。

第二部分

第二条

一、每一缔约国家承担尽最大能力个别采取步骤或经由国际援助和合作，特别是经济和技术方面的援助和合作，采取步骤，以便用一切适当方法，尤其包括用立法方法，逐渐达到本公约中所承认的权利的充分实现。

二、本公约缔约各国承担保证，本公约所宣布的权利应予普遍行使，而不得有例如种族、肤色、性别、语言、宗教、政治或其他见解、国籍或社会出身、财产、出生或其他身分等任何区分。

三、发展中国家，在适当顾到人权及它们的民族经济的情况下，得决定它们对非本国国民的享受本公约中所承认的经济权利，给予什么程度的保证。

第三条

本公约缔约各国承担保证男子和妇女在本公约所载一切经济、社会及文化权利方面有平等的权利。

第四条

本公约缔约各国承认，在对各国依据本公约而规定的这些权利的享有方面，国家对此等权利只能加以限制同这些权利的性质不相违背而且只是为了促进民主社会中的总的福利的目的的法律所确定的限制。

第五条

一、本公约中任何部分不得解释为隐示任何国家、团体或个人有权利从事于任何旨在破坏本公约所承认的任何权利或自由或对它们加以较本公约所规定的范围更广的限制的活动或行为。

二、对于任何国家中依据法律、惯例、条例或习惯而被承认或存在的任何基本人权，不得借口本公约未予承认或只在较小范围上予以承认而予以限制或克减。

第三部分

第六条

一、本公约缔约各国承认工作权，包括人人应有机会凭其自由选择和接受的工作来谋生的权利，并将采取适当步骤来保障这一权利。

二、本公约缔约各国为充分实现这一权利而采取的步骤应包括技术的和职业的指导和训练，以及在保障个人基本政治和经济自由的条件下达到稳定的经济、社会和文化的发展和充分的生产就业的计划、政策和技术。

第七条

本公约缔约各国承认人人有权享受公正和良好的工作条件，特别要保证：

（甲）最低限度给予所有工人以下列报酬：

(1) 公平的工资和同值工作同酬而没有任何歧视，特别是保证妇女享受不差于男子所享受的工作条件，并享受同工同酬；

(2) 保证他们自己和他们的家庭得有符合本公约规定的过得去的生活；

（乙）安全和卫生的工作条件；

（丙）人人在其行业中有适当的提级的同等机会，除资历和能力的考虑外，不受其他考虑的限制；

（丁）休息、闲暇和工作时间的合理限制，定期给薪休假以及公共假日报酬。

第八条

一、本公约缔约各国承担保证：

（甲）人人有权组织工会和参加他所选择的工会，以促进和保护他的经济和社会利益；这个权利只受有关工会的规章的限制。对这一权利的行使，不得加以除法律所规定及在民主社会中为了国家安全或公共秩序的利益或为保护他人的权利和自由所需要的限制以外的任何限制；

（乙）工会有权建立全国性的协会或联合会，有权组织或参加国际工会组织；

（丙）工会有权自由地进行工作，不受除法律所规定及在民主社会中为了国家安全或公共秩序的利益或为保护他人的权利和自由所需要的限制以外的任何限制；

（丁）有权罢工，但应按照各个国家的法律行使此项权利。

二、本条不应禁止对军队或警

察或国家行政机关成员的行使这些权利，加以合法的限制。

三、本条并不授权参加一九四八年关于结社自由及保护组织权国际劳工公约的缔约国采取足以损害该公约中所规定的保证的立法措施，或在应用法律时损害这种保证。

第九条

本公约缔约各国承认人人有权享受社会保障，包括社会保险。

第十条

本公约缔约各国承认：

一、对作为社会的自然和基本的单元的家庭，特别是对于它的建立和当它负责照顾和教育未独立的儿童时，应给予尽可能广泛的保护和协助。缔婚必须经男女双方自由同意。

二、对母亲，在产前和产后的合理期间，应给以特别保护。在此期间，对有工作的母亲应给以给薪休假或有适当社会保障福利金的休假。

三、应为一切儿童和少年采取特殊的保护和协助措施，不得因出身或其他条件而有任何歧视。儿童和少年应予保护免受经济和社会的剥削。雇佣他们做对他们的道德或健康有害或对生命有危险的工作或做足以妨害他们正常发育的工作，依法应受惩罚。各国亦应规定限定的年龄，凡雇佣这个年龄以下的童工，应予禁止和依法应受惩罚。

第十一条

一、本公约缔约各国承认人人有权为他自己和家庭获得相当的生活水准，包括足够的食物、衣着和住房，并能不断改进生活条件。各缔约国将采取适当的步骤保证实现这一权利，并承认为此而实行基于自愿同意的国际合作的重要性。

二、本公约缔约各国既确认人人享有免于饥饿的基本权利，应为下列目的，个别采取必要的措施或经由国际合作采取必要的措施，包括具体的计划在内：

（甲）用充分利用科技知识、传播营养原则的知识、和发展或改革土地制度以使天然资源得到最有效的开发和利用等方法，改进粮食的生产、保存及分配方法；

（乙）在顾到粮食入口国家和粮食出口国家的问题的情况下，保证世界粮食供应，会按照需要，公平分配。

第十二条

一、本公约缔约各国承认人人有权享有能达到的最高的体质和心理健康的标准。

二、本公约缔约各国为充分实现这一权利而采取的步骤应包括为达到下列目标所需的步骤：

（甲）减低死胎率和婴儿死亡率，和使儿童得到健康的发育；

（乙）改善环境卫生和工业卫生的各个方面；

（丙）预防、治疗和控制传染病、风土病、职业病以及其他的疾病；

（丁）创造保证人人在患病时能得到医疗照顾的条件。

第十三条

一、本公约缔约各国承认，人人有受教育的权利。它们同意，教育应鼓励人的个性和尊严的充分发展，加强对人权和基本自由的尊重，并应使所有的人能有效地参加自由社会，促进各民族之间和各种族、人种或宗教团体之间的了解、容忍和友谊，和促进联合国维护和平的各项活动。

二、本公约缔约各国认为，为了充分实现这一权利起见：

（甲）初等教育应属义务性质并一律免费；

（乙）各种形式的中等教育，包括中等技术和职业教育，应以一切适当方法，普遍设立，并对一切人开放，特别要逐渐做到免费；

（丙）高等教育应根据成绩，以一切适当方法，对一切人平等开放，特别要逐渐做到免费；

（丁）对那些未受到或未完成初等教育的人的基础教育，应尽可能加以鼓励或推进；

（戊）各级学校的制度，应积极加以发展；适当的奖学金制度，应予设置；教员的物质条件，应不断加以改善。

三、本公约缔约各国承担，尊重父母和（如适用时）法定监护人的下列自由：为他们的孩子选择非公立的但系符合于国家所可能规定或批准的最低教育标准的学校，并保证他们的孩子能按照他们自己的信仰接受宗教和道德教育。

四、本条的任何部分不得解释为干涉个人或团体设立及管理教育机构的自由，但以遵守本条第一款所述各项原则及此等机构实施的教育必须符合于国家所可能规定的最低标准为限。

第十四条

本公约任何缔约国在参加本公约时尚未能在其宗主领土或其他在其管辖下的领土实施免费的、义务性的初等教育者，承担在两年之内制定和采取一个逐步实行的详细的行动计划，其中规定在合理的年限内实现一切人均得受免费的义务性教育的原则。

第十五条

一、本公约缔约各国承认人人有权：

（甲）参加文化生活；

（乙）享受科学进步及其应用所产生的利益；

（丙）对其本人的任何科学、文学或艺术作品所产生的精神上和物质上的利益，享受被保护之利。

二、本公约缔约各国为充分实现这一权利而采取的步骤应包括为保存、发展和传播科学和文化所必需的步骤。

三、本公约缔约各国承担尊重进行科学研究和创造性活动所不可缺少的自由。

四、本公约缔约各国认识到鼓励和发展科学与文化方面的国际接触和合作的好处。

第四部分

第十六条

一、本公约缔约各国承担依照本公约这一部分提出关于在遵行本公约所承认的权利方面所采取的措施和所取得的进展的报告。

二、（甲）所有的报告应提交给联合国秘书长；联合国秘书长应将报告副本转交经济及社会理事会按照本公约的规定审议；

（乙）本公约任何缔约国，同时是一个专门机构的成员国者，其所提交的报告或其中某部分，倘若与按照该专门机构的组织法规定属于该机构职司范围的事项有关，联合国秘书长应同时将报告副本或其中的有关部分转交该专门机构。

第十七条

一、本公约缔约各国应按照经济及社会理事会在同本公约缔约各国和有关的专门机构进行谘商后，于本公约生效后一年内，所制定的计划，分期提供报告。

二、报告得指出影响履行本公约义务的程度的因素和困难。

三、凡有关的材料业经本公约任一缔约国提供给联合国或某一专门机构时，即不需要复制该项材料，而只需确切指明所提供材料的所在地即可。

第十八条

经济及社会理事会按照其根据联合国宪章在人权方面的责任，得和专门机构就专门机构向理事会报告在使本公约中属于各专门机构活动范围的规定获得遵行方面的进展作出安排。这些报告得包括它们的主管机构所采取的关于此等履行措施的决定和建议的细节。

第十九条

经济及社会理事会得将各国按照第十六条和第十七条规定提出的关于人权的报告和各专门机构按照第十八条规定提出的关于人权的报告转交人权委员会以供研究和提出一般建议或在适当时候参考。

第二十条

本公约缔约各国以及有关的专门机构得就第十九条中规定的任何一般建议或就人权委员会的任何报告中的此种一般建议或其中所提及的任何文件，向经济及社会理事会提出意见。

第二十一条

经济及社会理事会得随时和其本身的报告一起向大会提出一般性的建议以及从本公约各缔约国和各专门机构收到的关于在普遍遵行本公约所承认的权利方面所采取的措施和所取得的进展的材料的摘要。

第二十二条

经济及社会理事会得提请从事技术援助的其他联合国机构和它们的辅助机构以及有关的专门机构对本公约这一部分所提到的各种报告所引起的任何事项予以注意，这些事项可能帮助这些机构在它们各自的权限内决定是否需要采取有助于促进本公约的逐步切实履行的国际措施。

第二十三条

本公约缔约各国同意为实现本公约所承认的权利而采取的国际行动应包括签订公约、提出建议、进行技术援助、以及为磋商和研究的目的同有关政府共同召开区域会议和技术会议等方法。

第二十四条

本公约的任何部分不得解释为有损联合国宪章和各专门机构组织法中确定联合国各机构和各专门机构在本公约所涉及事项方面的责任的规定。

第二十五条

本公约中任何部分不得解释为有损所有人民充分地和自由地享受和利用他们的天然财富与资源的固有权利。

第五部分

第二十六条

一、本公约开放给联合国任何会员国或其专门机构的任何会员国、国际法院规约的任何当事国、和经联合国大会邀请为本公约缔约国的任何其他国家签字。

二、本公约须经批准。批准书应交存联合国秘书长。

三、本公约应开放给本条第一款所述的任何国家加入。

四、加入应向联合国秘书长交存加入书。

五、联合国秘书长应将每一批准书或加入书的交存通知已经签字或加入本公约的所有国家。

第二十七条

一、本公约应自第三十五件批准书或加入书交存联合国秘书长之日起三个月后生效。

二、对于在第三十五件批准书或加入书交存后批准或加入本公约的国家，本公约应自该国交存其批准书或加入书之日起三个月后生效。

第二十八条

本公约的规定应扩及联邦国家的所有部分，没有任何限制和例外。

第二十九条

一、本公约的任何缔约国均得提出对本公约的修正案，并将其提交联合国秘书长。秘书长应立即将提出的修正案转知本公约各缔约国，同时请它们通知秘书长是否赞成召开缔约国会议以审议这个提案并对它进行表决。在至少有三分之一缔约国赞成召开这一会议的情况下，秘书长应在联合国主持下召开此会议。为会议上出席并投票的多数缔约国所通过的任何修正案，应提交联合国大会批准。

二、此等修正案由联合国大会批准并为本公约缔约国的三分之二多数按照它们各自的宪法程序加以接受后，即行生效。

三、此等修正案生效时，对已加接受的各缔约国有拘束力，其他缔约国仍受本公约的条款和它们已接受的任何以前的修正案的拘束。

第三十条

除按照第二十六条第五款作出的通知外，联合国秘书长应将下列事项通知同条第一款所述的所有国家：

（甲）按照第二十六条规定所作的签字、批准和加入；

（乙）本公约按照第二十七条规定生效的日期，以及对本公约的任何修正案按照第二十九条规定生效的日期。

第三十一条

一、本公约应交存联合国档库，其中文、英文、法文、俄文、西班牙文各本同一作准。

二、联合国秘书长应将本公约的正式副本分送第二十六条所指的所有国家。

经济、社会、文化权利国际公约任择议定书

（联合国大会于2008年12月10日通过，2013年5月5日生效）

序　言

本议定书缔约国，

考虑到根据《联合国宪章》宣告的原则，承认人类家庭所有成员的固有尊严及其平等和不可剥夺的权利，是世界自由、正义与和平的基础，

注意到《世界人权宣言》宣告，人人生而自由，在尊严和权利上一律平等，人人有资格享受《宣言》所载的一切权利和自由，不分种族、肤色、性别、语言、宗教、政治或其他意见、民族本源或社会出身、财产、出生或其他身份等任何区别，

忆及《世界人权宣言》和国际人权两公约确认，只有创造条件，使人人都可以享有公民、文化、经济、政治和社会权利，才能实现自由人类免于恐惧和匮乏的理想，

重申一切人权和基本自由都是普遍、不可分割、相互依存、相互关联的，

忆及《经济、社会、文化权利国际公约》（下称“《公约》”）每一缔约国承诺单独采取步骤或通过国际援助和合作，特别是经济和技术援助和合作，采取步骤，尽最大能力，采用一切适当方法，尤其是包括采用立法措施，逐步争取充分实现《公约》所承认的权利，

考虑到为进一步实现《公约》的宗旨，落实《公约》各项规定，应设法使经济、社会和文化权利委员会（下称“委员会”）能够履行本议定书规定的职能，

议定如下：

第一条　委员会接受和审议来文的权限

一、成为本议定书缔约方的《公约》缔约国承认委员会有权根据本议定书条款的规定接受和审议来文。

二、委员会不得接受涉及非本议定书缔约方的《公约》缔约国的来文。

第二条　来文

来文可以由声称因一缔约国侵犯《公约》所规定的任何经济、社会和文化权利而受到伤害的该缔约国管辖下的个人自行或联名提交或以其名义提交。代表个人或联名个人提交来文，应当征得当事人的同意，除非来文人能说明未经当事人同意而代为提交的正当理由。

第三条　可受理性

一、除非委员会已确定一切可用的国内补救办法均已用尽，否则委员会不得审议来文。如果补救办法的应用被不合理地拖延，本规则不予适用。

二、来文有下列情形之一的，委员会应当宣布为不可受理：

（一）未在用尽国内补救办法后一年之内提交，但来文人能证明在此时限内无法提交来文的情况除外；

（二）所述事实发生在本议定书对有关缔约国生效之前，除非这些事实存续至生效之日后；

（三）同一事项业经委员会审查或已由或正由另一国际调查或解决程序审查；

（四）不符合《公约》的规定；

（五）明显没有根据或缺乏充分证据，或仅以大众媒体传播的报道为根据；

（六）滥用提交来文的权利；或

（七）采用匿名形式或未以书面形式提交。

第四条　未显示处境明显不利的来文

委员会必要时可以对未显示来文人处于明显不利境况的来文不予审议，除非委员会认为来文提出了具有普遍意义的严重问题。

第五条　临时措施

一、委员会收到来文后，在对实质问题作出裁断前，可以随时向

有关缔约国发出请求，请该国从速考虑根据特殊情况采取必要的临时措施，以避免对声称权利被侵犯的受害人造成可能不可弥补的损害。

二、委员会根据本条第一款行使酌处权，并不意味对来文的可受理性或实质问题作出裁断。

第六条　转交来文

一、除非委员会认定来文不可受理，不送交有关缔约国，否则任何根据本议定书提交委员会的来文，委员会均应当以保密方式提请有关缔约国注意。

二、收文缔约国应当在六个月内向委员会提交书面解释或陈述，澄清有关事项及该缔约国可能已提供的任何补救办法。

第七条　友好解决

一、委员会应当向有关当事方提供斡旋，以期在尊重《公约》规定的义务的基础上友好解决有关问题。

二、一旦达成友好解决协定，根据本议定书提交的来文审议工作即告结束。

第八条　审查来文

一、委员会应当根据提交委员会的全部文件资料审查根据本议定书第二条收到的来文，但这些文件资料应当送交有关当事方。

二、委员会应当通过非公开会议审查根据本议定书提交的来文。

三、委员会在审查根据本议定书提交的来文时，可以酌情查阅其他联合国机构、专门机构、基金、方案和机制及包括区域人权系统在内的其他国际组织的相关文件资料，以及有关缔约国的任何意见或评论。

四、委员会在审查根据本议定书提交的来文时，应当审议缔约国依照《公约》第二部分规定采取的步骤的合理性。在这方面，委员会应当注意到缔约国可以为落实《公约》规定的权利而可能采取的多种政策措施。

第九条　委员会意见的后续行动

一、委员会在审查来文后，应当向有关当事方传达委员会对来文的意见及可能提出的任何建议。

二、缔约国应当适当考虑委员会的意见及可能提出的建议，并应当在六个月内向委员会提交书面答复，包括通报根据委员会意见和建议采取的任何行动。

三、委员会可以邀请缔约国就委员会的意见或建议所可能采取的任何措施提供进一步资料，包括在委员会认为适当的情况下，在缔约国随后根据《公约》第十六条和第十七条提交的报告中提供这些资料。

第十条 国家间来文

一、本议定书缔约国可以在任何时候根据本条作出声明，承认委员会有权接受和审议涉及一缔约国声称另一缔约国未履行《公约》所规定义务的来文。根据本条规定提交来文的缔约国须已声明本国承认委员会有此权限，委员会方可接受和审议此种来文。来文涉及尚未作出这种声明的缔约国的，委员会不得予以接受。

根据本条规定接受的来文，应当按下列程序处理：

（一）本议定书一缔约国如果认为另一缔约国未履行《公约》规定的义务，可以用书面函件提请该缔约国注意此事，也可以将此事通知委员会。收函国在收到函件后三个月内，应当以书面形式向发函国作出解释或其他陈述，澄清此事，其中应当尽可能和具体地提及已经对此事，即将对此事或可以对此事采取的国内程序和补救办法；

（二）如果在收函国收到最初函件后六个月内，有关事项尚未达成有关缔约国双方满意的解决，任何一方均有权以通知委员会和另一方的方式将此事提交委员会；

（三）对于提交委员会的事项，委员会只有在确定已经就该事援用并用尽一切可用的国内补救办法后，方可予以处理。如果补救办法的应用被不合理地拖延，本规则不予适用；

（四）在不违反本款第（三）项规定的情况下，委员会应当向有关缔约国提供斡旋，以期在尊重《公约》规定的义务的基础上友好地解决有关事项；

（五）委员会应当举行非公开会议审查根据本条提交的来文；

（六）对于依照本款第（二）项规定提交的任何事项，委员会可以要求第（二）项所提的有关缔约国提供任何相关资料；

（七）委员会审议有关事项时，本款第（二）项所提的有关缔约国有权派代表出席并提出口头和（或）书面意见；

（八）委员会应当在收到本款第（二）项规定的通知之日后尽可能适当地权宜行事，按照下列方式提出报告：

1. 如果按本款第（四）项规定

达成解决办法，委员会的报告应当限于简要陈述事实及所达成的解决办法；

2. 如果未能按本款第（四）项规定达成解决办法，委员会的报告应当列举与有关缔约国之间问题相关的事实。有关缔约国的书面意见及口头意见记录应当附于报告之内。委员会也可以只向有关缔约国提出委员会认为与两国之间的问题相关的意见。

在上述情况下，报告应当送交有关缔约国。

二、根据本条第一款作出的声明，应当由缔约国交存联合国秘书长，由秘书长将声明副本分送其他缔约国。任何声明可随时以通知秘书长的方式予以撤回。撤回不得妨碍对业已根据本条发出的来文所涉任何事项的审议；在秘书长收到撤回声明的通知后，除非有关缔约国作出新的声明，否则不得再接受任何缔约国根据本条提交的其他来文。

第十一条　调查程序

一、本议定书缔约国可以在任何时候作出声明，承认本条规定的委员会权限。

二、如果委员会收到可靠资料，显示某一缔约国严重或有系统地侵犯《公约》规定的任何经济、社会和文化权利，委员会应当邀请该缔约国合作研究这些资料，并为此就有关资料提出意见。

三、在考虑有关缔约国可能提出的任何意见以及委员会掌握的任何其他可靠资料后，委员会可以指派一名或多名成员进行调查，从速向委员会报告。必要时，在征得有关缔约国同意后，调查可以包括前往该国领土访问。

四、调查应当以保密方式进行，并应当在程序的各个阶段寻求有关缔约国的合作。

五、对调查结果进行审查后，委员会应当将调查结果连同任何评论和建议一并送交有关缔约国。

六、有关缔约国应当在收到委员会送交的调查结果、评论和建议后六个月内，向委员会提交本国意见。

七、依照本条第二款规定进行的调查程序结束后，委员会经与有关缔约国协商，可以决定在本议定书第十五条规定的委员会年度报告中摘要介绍程序结果。

八、依照本条第一款规定作出声明的任何缔约国，可以随时通知秘书长撤回其声明。

第十二条 调查程序的后续行动

一、委员会可以邀请有关缔约国在其根据《公约》第十六条和第十七条提交的报告中，详述就根据本议定书第十一条进行的调查所采取的任何措施。

二、必要时，委员会可以在第十一条第六款所述六个月期间结束后，邀请有关缔约国向委员会通报该国就调查所采取的措施。

第十三条 保护措施

缔约国应当采取一切适当措施，确保在其管辖下的个人不会因为根据本议定书与委员会联络而受到任何形式的不当待遇或恐吓。

第十四条 国际援助与合作

一、对于显示有必要获得技术咨询或协助的来文和调查，委员会应当酌情在征得有关缔约国同意后，将委员会的意见或建议，连同缔约国可能就这些意见或建议提出的意见和提议，送交联合国各专门机构、基金和方案以及其他主管机构。

二、委员会也可以在征得有关缔约国同意后，提请上述机构注意任何根据本议定书审议的来文所引起的事项；此种事项可以协助它们在各自权限范围内决定是否应当采取可能具有促进作用的国际措施，以协助各缔约国在落实《公约》确认的权利方面取得进展。

三、应当依照大会相关程序设立一个依照《联合国财务条例和细则规定》管理的信托基金，以期在征得有关缔约国同意后，向缔约国提供专家和技术援助，加强《公约》所载权利的落实，推动根据本议定书在经济、社会和文化权利领域进行国家能力建设。

四、本条规定不妨碍各缔约国履行《公约》规定的义务。

第十五条 年度报告

委员会的年度报告应当摘要介绍根据本议定书开展的活动。

第十六条 传播与信息

各缔约国承诺广泛宣传和传播《公约》及本议定书，为获得信息以了解委员会的意见和建议，特别是涉及本国的事项的意见和建议提供便利，并在这方面以无障碍模式向残疾人提供信息。

第十七条 签署、批准和加入

一、本议定书开放供任何已签署、批准或加入《公约》的国家签署。

二、本议定书须经已批准或加

入《公约》的国家批准。批准书交存联合国秘书长。

三、本议定书开放供任何已批准或加入《公约》的国家加入。

四、向联合国秘书长交存加入书后，加入即行生效。

第十八条 生效

一、本议定书在第十份批准书或加入书交存联合国秘书长之日起三个月后生效。

二、对于在第十份批准书或加入书交存后批准或加入议定书的国家，议定书在该国交存批准书或加入书之日起三个月后生效。

第十九条 修正

一、任何缔约国均可以对本议定书提出修正案，提交联合国秘书长。秘书长应当将任何提议的修正案通告各缔约国，请缔约国通知秘书长，表示是否赞成召开缔约国会议对提案进行审议和作出决定。在上述通告发出之日起四个月内，如果有至少三分之一的缔约国赞成召开缔约国会议，秘书长应当在联合国主持下召开会议。经出席并参加表决的缔约国三分之二多数通过的任何修正案，应当由秘书长提交联合国大会核准，然后提交所有缔约国接受。

二、依照本条第一款的规定通过并核准的修正案，应当在交存的接受书数目达到修正案通过之日缔约国数目的三分之二后第三十天生效。此后，修正案应当在任何缔约国交存其接受书后第三十天对该缔约国生效。修正案只对接受该项修正案的缔约国具有约束力。

第二十条 退约

一、缔约国可以随时书面通知联合国秘书长退出本议定书。退约应当在秘书长收到通知之日起六个月后生效。

二、退约不妨碍本议定书各项规定继续适用于退约生效之日前根据第二条和第十条提交的任何来文，以及退约生效之日前根据第十一条启动的任何程序。

第二十一条 秘书长的通知

联合国秘书长应当将下列具体情况通知《公约》第二十六条第一款所提的所有国家：

（一）本议定书的签署、批准和加入；

（二）本议定书和任何根据第十九条提出的修正案的生效日期；

（三）任何根据第二十条发出的退约通知。

第二十二条　正式语文

一、本议定书应当交存联合国档案库，其阿拉伯文、中文、英文、法文、俄文和西班牙文文本同等作准。

二、联合国秘书长应当将本议定书经证明无误的副本分送《公约》第二十六条所提的所有国家。

经济、社会、文化权利委员会议事规则*

第一部分　一般规则

一、会议

第一条　会期和会议地点

经济、社会、文化权利委员会（下称“委员会”）应每年举行会议，会期最长为三个星期，或由经济及社会理事会（下称“理事会”）在考虑到委员会拟审查的报告数量的情况下决定。委员会会议应在日内瓦举行或在理事会决定的任何地方举行。

第二条　会议日期

委员会会议应在理事会与联合国秘书长（下称“秘书长”）协商决定的日期举行。

第三条　通知会议开幕日期

秘书长应将每届会议第一次会议的日期通知委员会委员。应在每届会议开幕前至少六个星期发出此种通知。

二、议程

第四条　会议临时议程

每届会议的临时议程应由秘书长与委员会主席协商拟订，应包括：

(a) 委员会在前一届会议上决定列入的任何项目；

(b) 理事会为履行《经济、社会、文化权利国际公约》（下称《公约》）为它规定的职责而提议列入的任何项目；

(c) 委员会主席提议列入的任何项目；

(d)《公约》一缔约国提议列入的任何项目；

* 取自E/C.12/1990/4/Rev.1号文件并反映了委员会第四届会议（1990年）和第八届会议（1993年）通过的修正。

(e) 委员会一委员提议列入的任何项目;

(f) 秘书长提议列入的任何项目。

第五条 通过议程

除根据第十四条的要求选举主席团成员以外,任何一届会议临时议程的第一个项目应为通过议程。

第六条 修改议程

委员会在每届会议期间可修改议程,并可视情况增加、决定推迟审议或删去某些项目。

第七条 发送临时议程和基本文件

秘书长应尽快向委员会委员发送临时议程和与议程项目有关的基本文件。

第八条 工作安排

在每届会议开始时,委员会应审议适当的工作安排事项,包括会议时间表和能否围绕在落实《公约》所承认的权利方面采取的措施和取得的进展举行一般性讨论的问题。

三、委员会委员

第九条 委员

委员会的委员应为理事会按照第1985/17号决议(b)和(c)段选举的十八名专家。

第十条 任期

当选的委员会委员的任期于其当选后的一月一日开始,于拟接替他们的委员当选后的十二月三十一日结束。

第十一条 宣布临时空缺

1. 如果委员会其他委员都一致认为委员会的某一委员是由于临时缺席以外的任何其他原因而停止履行其职责,委员会主席应通知秘书长,秘书长应宣布该委员职位出缺。

2. 如果委员会某一委员死亡或辞职,主席应立即通知秘书长,秘书长应宣布该职位自死亡之日起或自辞职生效之日起出缺。辞职的委员应向主席或秘书长直接提交书面辞呈,唯有在收到这一辞呈之后才可采取行动宣布职位出缺。

第十二条 填补临时空缺

1. 在按照以上第十一条宣布空缺之后并且如果拟填补的职位的任期不会在宣布空缺后六个月内到期,秘书长应通知按照理事会第1985/17号决议(b)段分配到委员会这一空缺职位的区域集团的每一缔约国。这些缔约国可按照同一决议的(b)段和(c)段在二个月内提出候选人。

2. 秘书长应按提出的候选人姓

名的英文字母顺序编制一个名单并提交理事会。理事会应按照第1985/17号决议（c）段确定的程序举行选举，以填补委员会的空缺。选举应在空缺职位候选人的提名截止日期过后举行的理事会会议上进行。

3. 填补按以上第十一条宣布的空缺的当选委员应履行空出委员席位的委员余下的任期。

第十三条　庄严宣誓

委员会每一委员在就职之前，应在委员会的公开会议上庄严宣誓如下：

“我庄严保证，作为经济、社会、文化权利委员会的委员，我将公正和认真地履行我的职责。”

四、主席团成员

第十四条　选举

委员会应适当考虑到公平地域分配，从委员中选举一名主席、三名副主席和一名报告员。

第十五条　任期

委员会主席团成员任期二年，可连选连任。但只要不再担任委员会委员，则不得继续任职。

第十六条　主席在委员会中的地位

主席应履行本议事规则和委员会的决定所授予他的职能。主席在履行其职能时，应始终处于委员会权力之下。

第十七条　代理主席

如果在某届会议期间主席不能出席某次会议或其一部分，他应指定一名副主席代行其职。

第十八条　代理主席的权力和职责

代行主席之职的副主席应具有与主席相同的权力和职责。

第十九条　更换主席团成员

如果有任何委员会主席团成员停止履行或宣布不能继续履行委员会委员的职能，或由于某种原因不能再担任主席团成员，应另选举一名主席团成员完成其前任余下的任期。

五、秘书处

第二十条　秘书长的职责

1. 委员会秘书处和委员会可能设立的附属机构的秘书处应由秘书长提供。

2. 秘书长应向秘书处提供其有效履行职能所必需的工作人员和便利，同时应铭记需要适当地宣传委员会的工作。

第二十一条　说明

秘书长或其代表应出席委员会的一切会议。在遵守第三十七条的前提下，秘书长或其代表可在委员会或其附属机构的会议上作口头或书面说明。

第二十二条 使委员了解情况

秘书长应负责使委员会委员及时了解可能提请委员会审议的任何问题。

第二十三条 提案所涉经费问题

委员会或其附属机构通过任何涉及经费问题的提案之前，秘书长应尽早编制并向委员会委员或附属机构成员分发有关提案所涉费用的概算。主席有责任提请各委员注意这一概算，并请他们在委员会或其附属机构审议提案时对概算进行讨论。

六、语文

第二十四条 正式语文和工作语文

阿拉伯文、英文、法文、俄文和西班牙文为委员会的正式语文，英文、法文、俄文和西班牙文为委员会的工作语文。

第二十五条 口译

1. 以一种正式语文所作的发言应译成其他正式语文。

2. 发言者可用正式语文以外的语文发言，但发言者须自行提供将所用语文译为一种正式语文的口译。秘书处口译人员可根据最先译出的正式语文，将发言译成其他正式语文。

第二十六条 记录所用的语文

委员会各次会议的简要记录应以英文、法文和西班牙文编写和分发。

第二十七条 正式决定和正式文件所用的语文

委员会提交理事会的所有正式决定应以理事会的各种正式语文提供。委员会所有其他正式文件应以各种工作语文发表，其中任何文件可根据理事会的决定以理事会的所有正式语文发表。

七、公开会议和非公开会议

第二十八条 公开会议和非公开会议

委员会及其附属机构的会议应公开举行，除非委员会另有决定。

第二十九条 就非公开会议发表公报

每次非公开会议结束时，委员会或其附属机构可通过秘书长就委员会非公开会议的活动发表公报，供新闻媒体和公众使用。

八、记录

第三十条 会议简要记录及其更正

1. 秘书长应向委员会提供会议简要记录，简要记录应与委员会的报告同时提供给理事会。

2. 与会者可提交对简要记录的更正，更正应以印发简要记录所用的语文向秘书处提出。对各次会议简要记录的更正应合并成一份更正文件，在该届会议结束后即印发。

九、委员会报告和其他正式文件的分发

第三十一条　正式文件的分发

委员会的报告、正式决定和所有其他正式文件应为普遍分发的文件，除非委员会另有决定。

十、会议的掌握

第三十二条　法定人数

委员会十二名委员构成法定人数。

第三十三条　主席的权力

主席应宣布委员会每次会议的开始和结束，主持讨论，确保本议事规则得到遵守，授予发言权，将问题付诸表决，以及宣布决定。在遵守本议事规则的前提下，主席应掌握委员会会议的进行并维持会议秩序。在讨论某一项目的过程中，主席可向委员会提议限制发言者的发言时间、限制每一发言者就任何问题的发言次数以及停止发言报名。主席应对程序问题作出裁决，还应有权提议暂停或结束辩论、休会或暂停会议。辩论应只限于委员会正在讨论的问题，如果某一发言者的发言与正在讨论的问题无关，主席可以敦促该发言者遵守规则。

第三十四条　发言时间限制

委员会可限制每个发言者就任何问题进行发言的时间。当辩论时间有限而某一发言者超过为之分配的时间时，主席应立即请该发言者遵守规则。

第三十五条　发言者名单

在辩论过程中，主席可宣布发言者名单，并可经委员会同意后宣布发言报名停止。但是，如果在他宣布发言报名停止之后某一发言者所作的发言使得别人有必要作出答复，主席可授予任何委员或代表以答辩权。当对某一项目进行的辩论因没有其他发言者而停止时，主席应宣布结束辩论。此种结束与委员会同意的结束具有同等效力。

第三十六条　程序问题

在对任何事项的讨论过程中，委员可在任何时候提出一个程序问题，主席应按照议事规则立即对这一程序问题作出裁决。对主席裁决提出的任何异议应立即付诸表决。主席的裁决，除非被出席的委员多数否决，否则将继续有效。委员在提出程序问题时不得谈论所讨论问题的实质内容。

第三十七条　会议暂停或休会

在对任何问题的讨论过程中，委员可提出动议，要求会议暂停或休会。不允许对此种动议进行讨论，必须立即付诸表决。

第三十八条　暂停辩论

在对任何问题的讨论过程中，委员可提出动议，要求暂停对所讨论项目的辩论。提出这一动议之后，还可以有一人发言表示赞成，一人发言表示反对，在此之后应立即将动议付诸表决。

第三十九条　结束辩论

1. 当对某一项目进行的辩论因没有其他发言者而停止时，主席应宣布结束辩论。此种结束与委员会同意的结束具有同等效力。

2. 不论是否有任何其他委员或代表表示希望发言，委员可在任何时候提出动议，要求结束对所讨论项目的辩论。只能允许两名反对结束辩论的发言者就结束辩论问题进行发言，在此之后应立即将这一动议付诸表决。

第四十条　动议的顺序

在遵守第三十六条的前提下，按下述顺序排列的下列动议优先于会上提出的所有其他建议或动议：

(a) 暂停会议；

(b) 休会；

(c) 暂停对所讨论项目的辩论；

(d) 结束对所讨论项目的辩论。

第四十一条　提交提案

除非委员会另有决定，否则委员的提案和实质性修正案或动议应以书面形式向秘书处提出，如果有任何委员要求审议，审议应推迟到第二天的下一次会议上进行。

第四十二条　关于权限的决定

在遵守第四十条的前提下，如果有委员提出动议要求对委员会是否有权通过它所收到的一项提案的问题作出决定，则应在对有关提案进行表决之前立即将此项动议付诸表决。

第四十三条　撤回动议

在对一项动议没有作出修正的条件下，提出动议的委员可在进行表决之前的任何时候撤回动议。已经撤回的动议可由任何委员再次提出。

第四十四条　提案的重新审议

一项提案被通过或否决之后，

在同一届会议上不得重新审议，除非委员会决定重新审议。只能允许两名赞成重新审议的委员和两名反对重新审议的委员就要求重新审议的动议进行发言，在此之后应立即将此项动议付诸表决。

十一、表决

第四十五条　表决权

委员会每一委员应有一票表决权。

第四十六条　通过决定

委员会的决定应由出席的委员过半数作出，但委员会应努力根据协商一致原则进行工作。

第四十七条　赞成票和反对票票数相等

在就选举以外的问题进行的表决中，如果赞成票和反对票票数相等，提案应视为被否决。

第四十八条　表决办法

1. 在遵守第五十三条的前提下，委员会一般应实行举手表决，在有任何委员要求的情况下也可实行唱名表决，唱名表决应从主席抽签决定的委员开始，按委员姓名英文字母顺序进行。

2. 参加唱名表决的每一委员的投票情况应载入记录。

第四十九条　表决守则和对投票的解释

表决开始后不得打断，除非某一委员希望就与实际进行表决有关的程序问题发言。在表决开始之前或表决完成之后，主席可允许委员仅就其投票进行简短的解释性发言。

第五十条　提案分部分表决

如果某一委员要求将提案分为若干部分，则该提案应按部分分别进行表决。提案已通过的各部分随后应合成整体再付诸表决；如果一项提案的所有执行部分被否决，该提案即被视为整个被否决。

第五十一条　修正案的表决顺序

1. 当对某项提案提出一项修正案时，应首先对该修正案进行表决。当对某项提案提出两项或更多项修正案时，委员会应首先对实质内容距原提案最远的修正案进行表决，然后对次远的修正案进行表决，直至所有修正案已付诸表决为止。如果一项或更多项修正案被通过，然后应对修正后的提案进行表决。

2. 仅对一项提案加以增删或部分修改的动议应视为该提案的修正案。

第五十二条　提案的表决顺序

1. 如果两项或更多项提案都与同一问题有关，除非委员会另有决定，应按提出的先后顺序进行表决。

2. 在每次对一项提案进行表决之后，委员会可决定是否要对下一项提案进行表决。

3. 但是，任何要求不要就这些提案的实质内容作出决定的动议应被视为先决问题，应在这些提案付诸表决之前先付诸表决。

十二、选举

第五十三条　选举办法

选举应以无记名投票方式进行，除非在只有一名候选人的填补一个职位空缺的选举中委员会另有决定。

第五十四条　只有一个待选职位需要填补时的选举

1. 当只有一个待选职位需要填补并且在第一次投票中没有候选人获得所要求的多数票时，应进行第二次投票，并且应只限于对获得最多票数的两名候选人投票。

2. 如果第二次投票没有结果，而要求的当选票数为出席的委员过半数，则应进行第三次投票，并且可对任何符合条件的委员投票。如果第三次投票仍无结果，则下一次投票应只限于在第三次投票中获最多票数的两名候选人。无限制投票和限制投票依此交替进行，直至选定一名候选人。

3. 如果第二次投票没有结果而要求的当选票数为三分之二多数，投票则应继续进行，直至一名候选人获得必要的三分之二多数票。在以后的三次投票中，可对任何符合条件的委员投票。如果三次这样无限制的投票均无结果，以后三次投票则应只限于在第三次这样的无限制投票中获最多票数的两名候选人。此后的三次投票又应是无限制的，依此交替进行，直至选定一名候选人。

第五十五条　有两个或更多待选职位需要填补时的选举

在相同的条件下通过一次选举填补两个或更多待选职位时，在第一次投票中获得所要求多数票的候选人即为当选者。如果获得此种多数票的候选人的人数少于要选出的委员数，则应增加投票次数以填补余下的职位，投票应只限于对在前一次投票中得票最多者，其人数不得超过余下的职位数的两倍，但在第三次无结果的投票之后，即可对任何符合条件的候选人投票。如果三次此种无限制投票均无结果，后三次投票应只限于在第三次此种无限制投票中得票最多的候选人，其人数不得超过余下的待填补职位数的两倍。此后三次投票又应为无限制投票，依此交替进行，直至所有职位得到填补。

十三、附属机构

第五十六条　特设附属机构

1. 在遵守经济及社会理事会议事规则第二十四条第二款的前提下，委员会可设立它认为履行其职能所必需的特设附属机构并规定其组成和职权。

2. 每一附属机构应选出自己的主席团成员和通过自己的议事规则。如果没有自己的议事规则，则应比照适用本议事规则。

十四、委员会的报告

第五十七条　年度报告

1. 委员会应每年向理事会提交关于其活动的报告，该报告除其他外，应载有委员会就每一缔约国的报告提出的结论性意见。委员会的报告应附有《公约》缔约国名单并注明缔约国提交报告的情况。

2. 委员会的报告还应载有第六十四条所提到的一般性质的提议和建议。

第二部分　与委员会职能有关的规则

十五、缔约国根据《公约》第十六和第十七条提交的报告

第五十八条　提交报告

1. 按照《公约》第十六条，各缔约国应向理事会提交拟由委员会审议的关于在落实《公约》所承认的权利方面采取的措施和取得的进展的报告。

2. 按照《公约》第十七条和理事会第1988/4号决议，各缔约国应在《公约》对其生效后二年内提交初次报告，之后每隔五年提交定期报告。

第五十九条　未提交报告

1. 秘书长应在每届会议上将没有按照以上第58条提交报告的所有情况通知委员会。针对此种情况，委员会可建议理事会通过秘书长向有关缔约国发送催促其提交报告的信件。

2. 在发送本条第1款所提到的催促信后如果有关缔约国仍不提交以上第58条所要求的报告，委员会应在其给理事会的年度报告中提及此事。

第六十条　报告的形式和内容

1. 经理事会核准后，委员会可

通过秘书长就按照《公约》第十六条和依理事会第1988/4号决议确立的计划而应提交的报告的形式和内容向各缔约国提出希望。

2. 委员会在必要时可审议关于缔约国报告的一般准则，以期提出改进准则的建议。

第六十一条　审议报告

1. 委员会应按照理事会第1988/4号决议确立的计划审议《公约》缔约国提交的报告。

2. 委员会通常应按照秘书长收到缔约国根据《公约》第十六条提交的报告的顺序对这些报告予以审议。

3. 对于委员会已排定时间准备审议的缔约国报告，应至迟在委员会开会前六个星期向委员会委员提供。秘书长在委员会开会前少于十二个星期的时间里收到的需处理的任何缔约国报告应提供给委员会下一年会议。

第六十二条　缔约国出席审查报告的会议

1. 在审查缔约国报告时，有关缔约国的代表有权出席委员会会议。这些代表应能就其国家提交的报告作出说明并回答委员会委员可能向他们提出的问题。

2. 委员会应通过秘书长尽快把拟对缔约国报告进行审查的会议的开幕日期和会期通知各有关缔约国。对于上一款所提到的会议，应专门邀请有关缔约国的代表参加。

3. 一旦缔约国同意委员会审议其报告的时间安排，委员会即应着手在预定的时间审议该缔约国的报告，即使该缔约国的代表届时缺席。

第六十三条　要求提供补充资料

1. 在审议缔约国根据《公约》第十六条提交的报告时，委员会应首先确定报告已提供现有准则所要求的所有资料。

2. 如果委员会认为缔约国报告所载资料不足，委员会可请有关国家提供所要求的补充资料，并同时指明提交补充资料的方式和期限。

第六十四条　意见和建议

委员会应根据对缔约国所提交的报告和专门机构提交的报告的审议，提出一般性质的意见和建议，以协助理事会履行尤其是《公约》第二十一和第二十二条为它规定的职责。委员会还可以提出与《公约》第十九和第二十三条有关的建议，供理事会审议。

第六十五条　一般性意见

委员会可根据《公约》的各项条款拟定一般性意见，以协助缔约国履行其报告义务。

十六、专门机构根据《公约》第十八条提交的报告

第六十六条　提交报告

按照《公约》第十八条的规定和理事会据此作出的安排，委员会可请各专门机构就《公约》与其活动有关的各项条款的遵行方面的进展提出报告。这些报告可包括各专门机构的主管机关通过的与执行《公约》有关的决定和建议的细节。

第六十七条　审议报告

委员会受委托负责审议各专门机构按照《公约》第十八条的规定和理事会第 1988（LX）号决议确立的计划提交理事会的报告。

第六十八条　专门机构参加会议

应邀请有关专门机构派代表参加委员会会议。这些代表在委员会讨论《公约》每一缔约国的报告时，可就各自组织活动范围内的事项作出陈述。向委员会介绍报告的缔约国代表对专门机构所作的陈述可自由地作出回应或予以考虑。

十七、其他资料来源

第六十九条　提交资料、文件和书面陈述

1. 在理事会具有谘商地位的非政府组织可向委员会提交可能有助于《公约》所载权利得到充分和普遍的承认和实现的书面陈述。

2. 除了接收书面资料以外，委员会会前工作组在其每届会议开始时将为非政府组织提供一小段时间，使它们有机会向工作组成员提交有关的口头资料。

3. 此外，委员会将拨出每届会议第一个下午的部分时间用于听取非政府组织提供的口头资料。这些资料应：（a）具体围绕《经济、社会、文化权利国际公约》的规定；（b）与委员会审议的事项直接有关；（c）可靠；（d）不是辱骂性质的。有关会议应是公开会议并应配备口译服务，但不编印简要记录。

4. 委员会可建议理事会邀请联合国有关机构和各区域政府间组织向委员会酌情提交与委员会按照《公约》进行的活动有关的资料、文件和书面陈述。

第三部分　解释和修正

十八、解释和修正

第七十条　标题

本议事规则中的标题仅供参考，在解释规则时应不予考虑。

第七十一条　修正

本议事规则议可由委员会作出决定予以修正，但须由理事会核准。

第七十二条　理事会的核准和修改

本议事规则须由理事会核准，只要未被理事会的决定予以取代或修改，将一直有效。

《经济、社会、文化权利国际公约任择议定书》临时议事规则

（经济、社会和文化权利委员会2012年11月12日至30日第四十九届会议通过）

依照《任择议定书》收到的来文的审议程序

第一条　向委员会转交来文

1. 秘书长应根据本议事规则，提请委员会注意依照或似为依照《任择议定书》第二条提交委员会审议的来文。

2. 秘书长可请提交人说明是否希望依照《任择议定书》将来文提交委员会审议。如果不能确定提交人是否希望如此，秘书长将提请委员会注意来文。

3. 委员会不应接受属于下列情况的来文：

（a）所涉国家不是《任择议定书》的缔约国；

（b）未以书面形式提交；

（c）采用匿名形式。

第二条　来文记录和清单

1. 秘书长应为所有依照《任择议定书》提交委员会审议的来文保存记录。

2. 秘书长应为委员会登记的来文编写清单及简短摘要。可应委员会任何委员的请求，以原文向该委员提供任何一份此类来文

的全文。

第三条 要求作出澄清或提供补充资料

1. 秘书长可请来文提交人作出澄清或提供补充资料，包括：

(a) 提交人姓名、住址、出生日期和职业，及提交人身份的核实信息；

(b) 来文所控缔约国国名；

(c) 来文的目的；

(d) 控告的事实；

(e) 提交人为用尽国内补救办法所采取的步骤；

(f) 同一事项在多大程度上正在或已由另一国际调查或解决程序审理；

(g) 据称所违反的《公约》条款。

2. 秘书长在要求作出澄清或提供补充资料时，应向提交人说明提供这种资料的时限。

3. 委员会可以核准发出问卷，以便利提请来文提交人作出澄清或提供补充资料。

第四条 来文提交人

来文可由声称因一缔约国侵犯《公约》所列任何经济、社会和文化权利而受到伤害的该缔约国管辖下的个人或联名个人或其代表提交。来文如由个人或联名个人的代表提交，应征得个人或联名个人的同意，除非提交人能说明未经当事人同意而代为提交的正当理由。

第五条 委员不能参加审查来文的情况

1. 在下列情况下，委员会委员不应参加审查来文：

(a) 委员本人与案件有关；

(b) 委员曾以《任择议定书》适用的程序规定之外的其他身份参与就来文所述案件作出和通过决定；

(c) 委员是所涉缔约国国民。

2. 本条第1款可能产生的任何问题，应由委员会在所涉委员不参加的情况下作出决定。

3. 如委员认为自己不应参加或不应继续参加对某一来文的审查，该委员应经由主席将其决定退出一事通知委员会。

第六条 设立工作组和指定报告员

1. 对于任何与《任择议定书》之下的来文有关的事项，委员会可设立一个工作组，并/或可指定报告员，负责就该事项向委员会提出建议，并/或以委员会可能决定的任何方式向委员会提供协助。

2. 根据本条设立的工作组或指

定的报告员应受本议事规则的约束，并酌情受委员会议事规则的约束。

第七条　临时措施

1. 在收到来文之后、确定案情之前，委员会可在特殊情况下请所涉缔约国紧急考虑采取委员会认为必要的临时措施，以避免对所称违反行为的受害人可能造成的无法挽回的损害。

2. 如委员会根据本条请求采取临时措施，应在请求中说明这并不意味着已确定来文可否受理或已确定来文的案情。

3. 缔约国可在程序的任何阶段申述理由，说明为何采取临时措施的请求不再合理。

4. 委员会可根据缔约国和来文提交人的呈件撤回采取临时措施的请求。

第八条　来文的次序

1. 来文应按秘书长收到来文的次序审理，除非委员会另有决定。

2. 委员会可决定一并审议两份或多份来文。

3. 如来文事关不止一个问题、或所指各人或所控侵犯行为在时间地点上互不关联，委员会可将其分成几部分，单独加以审议。

第九条　来文处理办法

1. 委员会应以简单多数决定依照《任择议定书》可否受理来文。

2. 根据本议事规则设立的工作组也可作出认为来文可受理或不可受理的决定，但须由全体成员如此决定。此种决定须经委员会全体会议确认，后者无需进行正式讨论，除非委员会一名委员提请进行这种讨论。

第十条　与所收到来文有关的程序

1. 收到来文后，如果所涉个人或联名个人同意向所涉缔约国公布其身份，委员会本身或委员会通过工作组或报告员应尽早以保密方式提请缔约国注意来文，并请该缔约国提交书面答复。

2. 根据本条第一款提出的任何请求，应说明这种请求并不意味着已就来文可否受理问题或案情作出任何决定。

3. 缔约国在收到委员会依照本条提出的请求后的六个月内，应就来文可否受理问题及其案情，以及为此可能已经采取的任何补救办法，向委员会提交书面解释或陈述。

4. 委员会本身或委员会通过工作组或报告员可请缔约国仅就来文

可否受理作出书面解释或陈述，但在这种情况下，缔约国仍可在委员会提出请求后的六个月内，就来文可否受理问题及其案情提交书面解释或陈述。

5. 如提交人称已用尽一切可用的国内补救办法，但所涉缔约国根据《任择议定书》第三条第一款对此提出异议，该缔约国应详细说明所称受害人可用、并在此案特定情况下据称有效的补救办法。

6. 委员会本身或委员会通过工作组或报告员可请缔约国或来文提交人在规定期限内提交与来文可否受理问题或案情有关的补充书面解释或陈述。

7. 委员会本身或委员会通过工作组或报告员应向当事一方转交另一方根据本条提交的呈件，并让各方有机会在规定期限内就这些呈件发表评论。

第十一条　缔约方请求将来否受理与案情分开审议

1. 根据第十条第一款请缔约国作出书面答复后，接到请求的缔约国可书面请求不受理来文，提出不可受理的理由，但这种请求须在收到根据第十条第一款提出的请求后两个月内提交委员会。

2. 委员会本身或委员会通过工作组或报告员可决定将可否受理与案情分开审议。

3. 除非委员会本身或委员会通过工作组或报告员决定将可否受理与案情分开审议，否则不应因缔约国依照本条第一款提出请求而延长其提交书面解释或陈述的六个月期限。

第十二条　不可受理的来文

1. 委员会如决定某一来文不可受理，应通过秘书长向提交人和所涉缔约国转达其决定及作此决定的理由。

2. 如收到提交人或以提交人名义提交的书面请求，指出不可受理的理由不再适用，委员会可对宣布来文不可受理的决定进行审查。

第十三条　在缔约国提交对案情的意见之前宣布可受理的来文

1. 在缔约国提交对案情的意见之前宣布来文可受理的决定，应通过秘书长转交来文提交人及所涉缔约国。

2. 委员会可根据缔约国和提交人提交的解释或陈述，收回关于来文可受理的决定。

第十四条　审查来文案情

1. 在收到来文之后、确定案情

之前，委员会本身或委员会通过工作组或报告员可随时酌情查阅其他联合国机构、专门机构、基金、计（规）划署和机制及包括区域人权系统在内的其他国际组织可能有助于审理来文的相关文献，但委员会应让各当事方都有机会在规定期限内就这种第三方的文献或资料发表评论。

2. 委员会应参考按照《任择议定书》第八条第一款提供的所有资料，制定对来文的意见，但这些资料必须已正式转交给所涉各方。

3. 委员会根据本条第一款审议第三方提交的资料，绝不意味着这些第三方成为有关程序的当事方。

4. 委员会可将任何来文交给一个工作组，由该工作组就来文的案情向委员会提出建议。

5. 委员会不对《任择议定书》第二和第三条提及的所有可受理理由是否适用进行审议，就不应对来文案情作出决定。

6. 秘书长应将委员会的意见及任何建议转交提交人和所涉缔约国。

第十五条　友好解决

1. 在收到来文之后、确定案情之前，应任何一方的请求，委员会应随时向各方提供斡旋，以期在尊重《公约》规定的义务的基础上，就据称构成违反《公约》的、依照《任择议定书》提交审议的事项达成友好解决。

2. 友好解决程序应在各方同意的基础上进行。

3. 委员会可指定一名或多名委员协助各方间的谈判。

4. 友好解决程序应保密，且不影响各方提交委员会的呈件。在委员会的来文程序中，任何书面来文或口头通报、以及在尝试达成友好解决的框架内所作提议和让步都不应被用以损害对方。

5. 委员会若得出结论认为不可能就此事项达成解决方法，或任何一方不同意采用友好解决、决定终止该程序或未显示出在尊重《公约》规定义务的基础上达成友好解决所必需的意愿，可以停止协助友好解决程序。

6. 如双方明确同意友好解决，委员会应通过决定，其中包括关于事实及所达成的解决办法的说明。决定将转交给所涉各方，并在委员会年度报告中公布。在通过决定之前，委员会应确证所控侵犯行为的受害人是否认同友好解决协议。在任何情况下，友好解决都必须建立在尊重《公约》规定义务的基础上。

7. 如不能达成友好解决，委员会应继续依照本议事规则审查来文。

第十六条　个人意见

参加作出决定的任何委员都可请求在委员会的决定或意见后附上其个人意见。委员会可规定提交此种个人意见的期限。

第十七条　终止审议来文

如依照《任择议定书》提交来文请委员会审议的理由已不成立，委员会可终止审议来文。

第十八条　委员会意见和友好解决协议的后续行动

1. 在委员会转交对来文的意见或决定因达成友好解决而结束审议来文后的六个月内，所涉缔约国应向委员会提交一份书面答复，其中包括说明根据委员会的意见和建议可能已采取的任何行动。

2. 在本条第一款所指六个月期限之后，委员会可请所涉缔约国提交进一步资料，说明该缔约国根据委员会的意见和建议、或根据友好解决协议采取了哪些措施。

3. 委员会应通过秘书长将缔约国提交的资料转交来文提交人。

4. 委员会可请缔约国在随后依照《公约》第十六和第十七条提交的报告中提供资料，说明根据委员会在达成友好解决协议后结束审议来文时提出的意见、建议或作出的决定所采取的任何行动。

5. 委员会应指定一名报告员或一个工作组，负责就依照《任择议定书》第九条通过的意见采取后续行动，以确证缔约国为落实委员会在达成友好解决协议后结束审议来文时提出的意见、建议或作出的决定所采取的措施。

6. 报告员或工作组可视妥善履行职能的需要，酌情进行联系，采取行动，如有必要，应建议委员会采取进一步行动。

7. 除提出书面陈述、会见缔约国正式委派的代表之外，报告员或工作组可向来文提交人和受害人或其他有关来源了解情况。

8. 报告员或工作组应在委员会每届会议上向委员会汇报后续活动。

9. 委员会在依照《公约》第二十一条和《任择议定书》第十五条提交的年度报告中，应列入关于后续活动的资料。

第十九条　来文的保密

1. 依照《任择议定书》提交的来文应由委员会、工作组或报告员在非公开会议上审查。

2. 秘书长为委员会、工作组或报告员编写的所有工作文件均应保密，除非委员会另有决定。

3. 在关于来文可受理的决定发布之前，秘书长、委员会、工作组或报告员不应公布任何来文或有关某一来文的呈件。但这不影响委员会依照《任择议定书》第八条第三款拥有的特权。

4. 依据职权或应提交人所称受害人或所涉缔约国的请求，委员会可决定，不在关于来文可受理的决定中，以及不在达成友好解决协议后结束审议来文时提出的意见或作出的决定中，公布来文提交人或声称受害于侵犯《公约》所列权利行为的个人的姓名。

5. 委员会、工作组或报告员可请来文提交人或所涉缔约国对关于程序的任何呈件或资料全部或部分保密。

6. 在不违反本条第四和第五款的前提下，本条的任何规定均不影响提交人、所称受害人或所涉缔约国公布与程序有关的任何呈件或资料的权利。

7. 在不违反本条第四和第五款的前提下，委员会应公布关于来文不可受理的最后决定及其意见。

8. 秘书处应负责向提交人和所涉缔约国传送委员会的最后决定。

9. 除委员会另有决定外，关于各方依照《任择议定书》第九条就委员会意见和建议采取的后续行动的资料不应保密，关于各方依照《任择议定书》第七条就达成的友好解决协议采取的后续行动的资料也不应保密。

10. 委员会应在年度报告中列入所审议的来文的摘要，并酌情列入所涉缔约国所做解释和陈述的摘要，以及委员会建议的摘要。

第二十条　保护措施

如收到可靠资料，表明一缔约国没有遵守《任择议定书》第十三条规定的义务采取一切适当措施，确保其管辖下的个人不会受到任何形式的虐待或恐吓，委员会可请所涉缔约国提交书面解释或陈述，以澄清问题，并说明正采取何种行动确保履行第十三条规定的义务。之后，委员会可请该缔约国出台并立即采取一切适当措施，终止报告的违反行为。

依照《任择议定书》调查程序进行的程序

第二十一条　适用性

本议事规则第二十一至第三十五条仅适用于依照《任择议定书》

第十一条第一款作出声明的缔约国。

第二十二条　向委员会转交资料

根据本议事规则，秘书长应提请委员会注意所收到供委员会审议的、表明某一缔约国严重或蓄意侵犯《公约》规定的任何经济、社会和文化权利的可靠资料。

第二十三条　资料记录

秘书长应长期保持依照本议事规则第二十二条提请委员会注意的资料记录，并应委员会任何委员的请求向其提供资料。

第二十四条　资料摘要

秘书长应酌情编制并向委员会委员分发依照本议事规则第二十二条提交的资料的简短摘要。

第二十五条　保密

1. 委员会与进行调查有关的所有文件和程序均应保密，但这不影响《任择议定书》第十一条第七款的规定。

2. 委员会审议依照《任择议定书》第十一条进行的调查的会议应为非公开会议。

第二十六条　委员会对资料的初步审议

1. 委员会可通过秘书长查实依照《任择议定书》第十一条提请其注意的资料和/或资料来源是否可靠。委员会可设法获取能证实案情事实的相关补充资料。

2. 委员会应确定收到的资料中是否有表明所涉缔约国严重或蓄意侵犯《公约》规定权利的可靠资料。

3. 委员会可任命一名或多名委员协助委员会履行本条规定的职责。

第二十七条　资料的审查

1. 委员会如认为所收到的和/或其自行汇集的资料可靠，并且似表明所涉缔约国严重或蓄意侵犯《公约》所列权利，应通过秘书长请该缔约国在规定期限内就这些资料提交意见。

2. 委员会应考虑到所涉缔约国可能已经提交的任何意见，并考虑到任何其他相关资料。

3. 委员会可设法除其他外从以下来源获取补充资料：

（a）所涉缔约国代表；

（b）政府组织；

（c）联合国机构、专门机构、基金、计（规）划署和机制；

（d）国际组织，包括区域人权系统；

（e）国家人权机构；

（f）非政府组织。

第二十八条 调查的确定

1. 委员会考虑到所涉缔约国可能已经提交的任何意见及其他可靠资料，可指定一名或多名委员进行调查并在适当期限内提交报告。

2. 调查应以委员会确定的任何方式在保密情况下进行。

3. 委员会指定负责进行调查的委员应在考虑到《公约》、《任择议定书》和本议事规则的情况下，确定自己的工作方法。

4. 在调查期间，委员会可推迟审议所涉缔约国可能根据《公约》第十六和十七条已经提交的任何报告。

第二十九条 所涉缔约国的合作

1. 在调查的各个阶段，委员会都应寻求所涉缔约国的合作。

2. 委员会可请所涉缔约国任命一名代表，与委员会指定的委员会晤。

3. 委员会可请所涉缔约国向委员会指定的委员提供这些委员或缔约国可能认为与调查有关的任何资料。

第三十条 访问

1. 如委员会认为有必要，调查中可包括派员前往所涉缔约国境内访问。

2. 如委员会决定调查中应包括访问所涉缔约国，应通过秘书长请该缔约国同意访问。

3. 委员会应通知所涉缔约国希望何时访问，以及需要何种便利条件以便委员会指定负责调查的委员完成任务。

第三十一条 听证

1. 访问中可包括举行听证，以便委员会指定的委员查明事实或与调查有关的问题。

2. 依照本条第 1 款举行的听证，其有关条件和保障应由委员会指定前往该缔约国调查的委员确定。

3. 任何人在委员会指定的委员面前作证时，都应庄严宣誓其证词属实，并宣誓为程序保密。

4. 委员会应请缔约国采取一切适当步骤，确保其管辖下的个人不因提供资料或参加与调查有关的任何听证和会面而遭报复。

第三十二条 调查过程中的协助

1. 除由秘书长为调查工作，包括为访问所涉缔约国，提供的工作人员和便利条件之外，委员会指定的委员可通过秘书长请口译员和/或委员会认为需要的、在《公约》所涉领域具有特别专长的人员在调查的各个阶段提供协助。

2. 如这类口译员或其他具有专长的人员不受效忠联合国的誓词约束，应要求他们庄严宣誓，他们将诚信、忠实、不偏不倚地履行职责，并为程序保密。

第三十三条 调查结果、评论或建议的转交

1. 委员会在审查指定的委员根据本议事规则第 28 条提交的调查结果后，应通过秘书长向所涉缔约国转交这些调查结果以及任何评论和建议。

2. 如此转交调查结果、评论和建议不影响《任择议定书》第十一条第七款。

3. 所涉缔约国应在收到调查结果、评论和建议后的六个月内，通过秘书长向委员会提交有关意见。

第三十四条 缔约国的后续行动

1. 在以上第三十三条第二款所指六个月期限结束后，委员会可请所涉缔约国提供补充资料，说明联系调查情况相应采取的措施。

2. 委员会可请接受调查的缔约国在依照《公约》第十六和第十七条提交的报告中，详细说明联系委员会的调查结果、评论和建议相应采取的措施。

第三十五条 保护措施

如收到可靠资料，表明一缔约国没有遵守《任择议定书》第十三条规定的义务采取一切适当措施，确保其管辖下的个人不会受到任何形式的虐待或恐吓，委员会可请所涉缔约国提交书面解释或陈述，以澄清问题，并说明正采取何种行动确保履行第十三条规定的义务。之后，委员会可请该缔约国出台并立即采取一切适当措施，终止报告的违反行为。

《任择议定书》国家来文程序之下的行事办法

第三十六条 缔约国的声明

1. 本议事规则第三十六至第四十六条仅适用于依照《任择议定书》第十条第一款作出声明的缔约国。

2. 撤回依照《任择议定书》第十条所作的声明不应影响对已依照该条提交的来文所述任何事项的审议；如果秘书长已收到某一缔约国关于撤回此种声明的通知，即不应再接受该缔约国依照该条提交的任何进一步的来文，除非该缔约国作出新的声明。

第三十七条　所涉缔约国发出的通知

1. 依照《任择议定书》第十条提交的来文可由两个所涉缔约国中任何一个依照该条第一款（b）项发出通知而转交委员会。

2. 本条第一款所指通知应载有或附有以下资料：

（a）为依照《任择议定书》第十条第一款（a）和（b）项寻求解决问题而采取的步骤，包括所涉缔约国提出的最初来文的案文，以及随后提出的与问题有关的书面解释或陈述的案文；

（b）为用尽国内补救办法而采取的步骤；

（c）所涉缔约国采用的任何其他国际调查或解决程序。

第三十八条　来文记录

秘书长应保存委员会依照《任择议定书》第十条收到的所有来文的记录。

第三十九条　通报委员会委员

秘书长应立即向委员会委员通报依照本议事规则第三十七条发出的任何通知，并尽快向他们转交通知及有关资料的复制件。

第四十条　会议

委员会应在非公开会议中审查依照《任择议定书》第十条提交的来文。

第四十一条　就非公开会议发表公报

委员会经与所涉缔约国协商之后，可通过秘书长就委员会依照《任择议定书》第十条进行的活动发表公报，供媒体和公众使用。

第四十二条　审议来文的条件

委员会审议来文的条件是：

（a）两个所涉缔约国都依照《任择议定书》第十条第一款作出了声明；

（b）《任择议定书》第十条第一款规定的期限已过；

（c）委员会断定，对于有关事项，所有可用的有效国内补救办法都已援用并被用尽，或存在不合理地拖延采用这些补救办法的情况。

第四十三条　斡旋

1. 在不违反本议事规则第四十二条的情况下，委员会应向所涉缔约国提供斡旋，以便在尊重《公约》规定义务的基础上，求得友好解决。

2. 为本条第一款之目的，委员会可酌情成立一个特设和解委员会。

第四十四条　请求提供资料

委员会可通过秘书长请所涉缔约国或其中一方提交口头或书面的补充资料或意见。委员会应为此种书面资料或意见的提交规定期限。

第四十五条　所涉缔约国出席会议

1. 在委员会审议有关事项时，所涉缔约国有权派代表出席委员会会议，并以口头和/或书面形式提供资料。

2. 委员会应通过秘书长，尽早将审议有关事项的会议的开幕日期、会期和地点通知所涉缔约国。

3. 以口头和/或书面形式提供资料的程序应由委员会在与所涉缔约国协商后决定。

第四十六条　委员会的报告

1. 自收到依照《任择议定书》第十条第一款（b）项发出的通知之日起，委员会应在合理期限内依照《任择议定书》第十条第一款（h）项通过一份报告。

2. 本议事规则第四十五条第一款的规定不适用于委员会为通过报告而进行的讨论。

3. 委员会的报告应通过秘书长送交所涉缔约国。

第四十七条　关于委员会依照《任择议定书》进行的活动情况的公报

委员会可就依照《任择议定书》进行的活动发表新闻公报，供媒体和公众使用。

主要参考文献

一、中文论著

1. 北京大学法学院人权研究中心编：《以权利为基础促进发展》（A Compilation of the Theses and Speeches Presented at an International Conference on the Rights-based Approach to Development in March, 2004），北京大学出版社2005年版。
2. 丁韶彬：《大国对外援助——以社会交换论为视角》，社会科学文献出版社2010年版。
3. 董云虎、刘武萍编著：《世界人权约法纵览》（续编），四川人民出版社1993年版。
4. 葛明珍：《〈经济、社会和文化权利国际公约〉及其实施》，中国社会科学出版社2003年版。
5. 谷盛开：《国际人权法：美洲区域的理论与实践》，山东人民出版社2007年版。
6. 黄金荣：《司法保障人权的限度——经济和社会权利可诉性问题研究》，社会科学文献出版社2009年版。
7. 柳华文：《论国家在〈经济、社会和文化权利国际公约〉下义务的不对称性》，北京大学出版社2005年版。
8. 刘海年主编：《经济、社会和文化权利国际公约》，中国法制出版社2000年版。
9. 刘杰：《人权与国家主权》，上海人民出版社2005年版。
10. 刘有锦编：《国际劳工标准概要》，劳动人事出版社1985年版。
11. 刘旭：《国际劳工标准概述》，中国劳动社会保障出版社2003年版。

12. 莫纪宏:《国际人权公约与中国》,世界知识出版社 2005 年版。
13. 潘忠:《国际多边发展援助与中国的发展——以联合国开发计划署援助为例》,经济科学出版社 2008 年版。
14. 彭锡华:《〈公民权利和政治权利国际公约〉国际监督制度研究》,吉林人民出版社 2001 年版。
15. 邵沙平、余敏友主编:《国际法问题专论》,武汉大学出版社 2002 年版。
16. 王家福、刘海年主编:《中国人权百科全书》,中国大百科全书出版社 1998 年版。
17. 张爱宁:《国际法原理与案例解析》,人民法院出版社 2000 年版。
18. 朱晓青:《欧洲人权法律保护机制研究》,法律出版社 2003 年版。
19. [美] 史蒂芬·霍尔姆斯、凯斯·R. 桑斯坦:《权利的成本——为什么自由依赖于税收》,毕竟悦译,北京大学出版社 2004 年版。
20. [美] L. 亨金:《权利的时代》,信春鹰、吴玉章、李林译,知识出版社 1997 年版。
21. [瑞典] 格德门德尔·阿尔弗雷德松、[挪] 阿斯布佐恩·艾德编:《〈世界人权宣言〉:努力实现的共同标准》,中国人权研究会组织翻译,四川人民出版社 1999 年版。
22. [挪] A. 艾德、[芬] C. 克罗斯、[比] A. 罗萨斯编:《经济、社会和文化权利》,黄列译,中国社会科学出版社 2003 年版。
23. [奥] 曼弗雷德·诺瓦克:《〈公民权利和政治权利国际公约〉评注》(修订第 2 版),孙世彦、毕小青译,三联书店 2008 年版。
24. [奥] 曼弗雷德·诺瓦克:《国际人权制度导论》,柳华文译,北京大学出版社 2010 年版。
25. [美] 托马斯·伯根索尔、黛娜·谢尔顿、戴维斯·图尔特:《国际人权法精要》(第 4 版),黎作恒译,法律出版社 2010 年版。
26. 郭曰君:“普遍定期审查机制与缔约国报告制度的动态关联考察”,载《比较法研究》2012 年第 6 期。
27. 郭曰君:“人权本位方针及其在中国实现的宪法路径”,载《中国社会科学院研究生院学报》2013 年第 1 期。

28. 郭曰君："人权：当今时代主题及我国的应对"，载《广州大学学报（社会科学版）》2013 年第 1 期。

29. 郭曰君："人权理事会普遍定期审查机制视野下的中国人权外交"，载《金陵法律评论》2013 年春季卷。

30. 郭曰君："联合国教科文组织 104 程序及其改进"，载《北方法学》2012 年第 5 期。

31. 郭曰君："国际人权法的比较研究"，载《南京大学法律评论》2012 年春季卷。

32. 郭曰君、杜倩："论欧洲历史会经济和社会权利集体申诉机制"，载《广州大学学报（社会科学版）》2012 年第 1 期。

33. 郭曰君："论国际劳工组织的经济和社会权利的救济机制"，载《东吴法学》2010 年秋季刊。

34. 郭曰君："美洲国家组织申诉机制在社会权利领域的实践"，载《拉丁美洲研究》2009 年第 3 期。

35. 郭曰君："经济和社会权利国际救济机制述评"，载《环球法律评论》2008 年第 5 期。

36. 黄梅波、杨莉："德国发展援助体系及管理制度"，载《国际经济与合作》2011 年第 8 期。

37. 黄梅波、陈岳："挪威对外援助政策及管理机制"，载《国际经济与合作》2011 年第 6 期。

38. 黄梅波、万慧："英国的对外援助政策及管理"，载《国际经济与合作》2011 年第 7 期。

39. 黄梅波、郎建燕："主要发达国家对外援助管理体系的总体框架"，载《国际经济与合作》2011 年第 1 期。

40. 何先锋："中国对非援助的历史演进及其特点"，载《改革与开放》2011 年第 7 期。

41. 李莹："中美对非洲援助政策的差异"，载《西南农业大学学报（社会科学版）》2011 年第 7 期。

42. 黎尔平："国际人权保护机制的构成及发展趋势"，载《法商研究》2005

年第5期。
43. 毛小菁："国际社会对非援助与非洲贫困问题"，载《国际经济与合作》2004年第5期。
44. 王晨燕："借鉴国际经验科学推进对外援助"，载《国际经济与合作》2009年第6期。
45. 肖琳："国际援助对发展中国家经济增长和腐败的影响"，东北师范大学2010年硕士学位论文。
46. 张爱宁："国际人权公约特点评述"，载《比较法研究》2006年第6期。
47. 周宝根："西方对非援助的教训及借鉴意义"，载《亚非纵横》2009年第4期。

二、英文论著

1. Arne Vandenbogaerde, Wouter Vandenhole, "The Optional Protocol to the International Covenant on Economic, Social and Cultural Rights: An Ex Ante Assessment of Its Effectiveness in Light of the Drafting Process", *Human rights Law Review*10: 2 (2010).
2. Brian Griffey, "The 'Reasonableness' Test: Assessing Violations of State Obligations under the Optional Protocol to the International Covenant on Economic, Social and Cultural Rights", *Human Rights Law Review* 11: 2 (2011).
3. Bruce Poter, "The Reasonableness of Article 8. 4—Adjudicating Claims from the Margins", (2009) 27 *Nordic Journal on Human Rights.*
4. Claire Mahon, "Progress at the Front: The Draft Optional Protocol to the International Covenant on Economic, Social and Cultural Rights", *Human Rights Law Review* 8: 4 (2008).
5. UNESCO, *Committee on Conventions and Recommendations*, 2010 edition, Paris.
6. Felice D. Gaer and Christen L. Broecker (ed.), *The United Nations High Commissioner for Human Rights: Conscience for the World*, Leiden/Boston: Martinus Nijhoff Publishers, 2014.
7. Gudmundur Alfredsson, Jonas Grimheden, Betram G. Ramcharan and Alfred de Zayas (ed.), *International Human Rights Monitoring Mechanisms: Essays in*

Honour of Jakob Th. Möller, The Hague/London/New York: Martinus Nijhoff Publishers, 2001.

8. Office of the UN High Commissioner for Human Rights, *Frequently Asked Questions on A Human Rights-based Approach to Development Cooperation*, HR/PUB/06/8.
9. Janusz Symonides (ed.), *Human Rights: International Protection, Monitoring, Enforcement*, Ashgate/UNESCO Publishing, 2003.
10. Kitty Arambulo, *Strenthening the Supervision of the International Covenant on Economic, Social and Cultural Rights: Theoretical and Procedural Aspects*, Antwerpen/Groningen/Oxford: Intersentia-Hart, 1999.
11. Malcolm Evans and Rachel Murray (ed.), *The African Charter on Human and People's Rights: The System in Practice 1986 ~ 2006* (2nd Edition), Cambridge: Cambridge University Press, 2008.
12. Marco Odello and Francesco Seatzu, *The UN Committee on Economic, Social and Cultural Rights: The Law, Process and Practice*, London/New York: Routledge, 2013.
13. Marshall T. H., *Citizenship and Social Class and Other Essays*, The Cambridge University Press, 1950.
14. Martin Scheinin, "The Proposed Optional Protocol to the Covenant on Economic, Social and Cultural Rights: A Blueprint for UN Human Rights Treaty Body Reform—Without Amending the Existing Treaties", *Human Rights Law Review* 6: 1 (2006).
15. Magdalena Sepülveda, "Obligations of 'International Assistance and Cooperation' in an Optional Protocol to the International Covenant on Economic, Social and Cultural Rights", *Netherlands Quaterly of Human Rights*, vol. 24/2 (2006).
16. Michael O'Flaherty, *Human Rights and the UN: Practice before the Treaty Bodies* (2nd Edition), The Hague/London/New York: Martinus Nijhoff Publishers, 2002.
17. S. Tully, "A Human Rights to Access Water?: A Critique of General Comment

No. 15”, *Netherlands Quarterly of Human Rights*, vol. 23, 2005.

18. UNESCO, *UNESCO's Procedure for the Protection of Human Rights*: *The Legislative History of the 104 EX/3. 3 Procedure*, 2009.

19. Scott Leckie, “The Inter – state Complaint Procedure in International Human Rights Law: Hopeful Prospects or Wishful thinking?”, *Human Rights Quarterly*, vol. 10.

20. Sϕren C. Prebensen, “Inter-state Complaints under Treaty Provisions—The Experience under the European Convention on Human Rights”, No. 12 *Human rights Law Journal*, Vol. 20 (1999).

21. Pieter Van Dijk, Fried Van Hook, Arjen van Rijn, Leo Zwaak (ed.), *Theory and Practice of the European Convention on Human Rights* (4th edition), Antwerpen/Oxford: Intersentia, 2006.

22. Wouter Vandenhole, “Completing the UN Complaint Mechanisms for Human Rights Violations Step by Step: Towards a Complaints Procedure Complementing the International Covenant on Economic, Social and Cultural Rights”, *Netherlands Quarterly of Human Rights*, Vol. 21/3, 2003.

23. Wouter Vandenhole, *The Procedures before the UN Human Rights Treaty Bodies*: *Divergence or Convergence*?, Antwerpen/Oxford: Intersentia, 2004.

24. Menno Kamminga, “Is the European Convention on Human Rights Sufficiently Equipped to Cope with Gross and Systematic Violation?”, *Netherlands Quarterly of Human Rights*, Vol. 2 (1994).

三、主要国际组织网站

1. 联合国，http：//www. un. org.
2. 联合国人权高级专员办事处，http：//www. ohchur. org.
3. 国际劳工组织，http：//www. ilo. org.
4. 联合国教科文组织，http：//www. unesco. org.
5. 欧洲理事会，http：//www. coe. int.
6. 美洲国家间组织，http：//www. oas. org.
7. 非洲联盟，http：//www. au. int.

后记

自2004年在博士学位论文写作过程中开始接触并关注《经济、社会和文化权利国际公约任择议定书》的起草，到本书问世，转眼间已经11个年头了。从一个对国际人权法几乎一无所知的门外汉到登堂入室，在国际人权法领域享受探索寻宝的乐趣并有所收获，一路走来虽然辛苦但也充满了惊喜和快乐。

还记得2007年暑假时，我在修改博士学位论文的过程中，发现经济、社会和文化权利国际救济机制是一座几乎尚未开采的科研富矿，兴奋之情难以抑制。在强烈的求知欲的支配下，我废寝忘食，连续工作40来天，每天工作约16个小时，通过联合国及其人权高级专员办事处、国际劳工组织、欧洲理事会和美洲国家间组织等重要国际组织的官方网站，浏览、下载了几百万字的第一手资料（多数为英文），较为全面地掌握了经济、社会和文化权利国际救济机制的法律规定、实施情况以及其实效，撰写出《经济和社会权利的国际救济机制述评》和《国际劳工组织视野下的中国工会权利》等论文，合计6万余字，国际人权法就这样向一个门外汉敞开了大门。

2008年12月10日，《经济、社会和文化权利国际公约任择议定书》在联合国大会上获得通过。2009年，我以《〈经济、社会和文化权利国际公约任择议定书〉和中国》为题申请教育部人文社会科学项目，蒙匿名评审专家垂青，课题获得立项，从此可以专心致志地研究自己喜欢的问题，这是何等幸运！

按照最初的计划，本课题在3年之内完成。但研究过程远比预想的艰难，被迫一次次地延期。在本书即将面世接受学界同行检验之际，我心中充满了收获的喜悦，更充满感激之情。

感谢教育部人文社会科学项目以及项目评审匿名专家。如果没有匿名专家慧眼独具，如果本课题未获立项，我就不可能集中精力系统研究这一问题，可能因遭遇重重困难半途而废。

特别感谢英国诺丁汉大学法学院人权法研究中心主任大卫·哈里斯（David Harris）教授邀请本人于2013年8月至2014年8月在该中心进行一年的学术访问。诺丁汉大学法学院人权法中心是世界顶尖的人权法研究机构。大卫·哈里斯教授是享誉世界的国际人权法专家，海牙国际法院前院长罗莎琳·希金斯（Dame Rosalyn Higgins）法官称赞道："当我想到大卫·哈里斯时，我的脑海中首先浮现出的词语就是'尊敬'。……这种尊敬源于一组事实：大卫·哈里斯的人权研究工作牢固地建立在精通国际法的基础之上；其在经济、社会和文化权利领域学识之渊博无出其右者；他在这一领域做出了开创性的巨大贡献。"[1]诺丁汉大学图书馆国际人权法方面的图书资料和电子资源丰富，为我的研究提供了巨大的便利。如果没有诺丁汉之行，我真的怀疑我是否能够高质量地完成本课题的研究。此外，感谢诺丁汉大学法学院人权法中心的艾格尼丝·弗卢埃斯（Agnes Flues）女士、罗斯玛丽·麦凯布（Rosemary McCabe）女士、艾米·威瑟伯恩（Amy Weatherburn）女士在访学之前和期间对我的帮助，感谢诺丁汉大学法学院的奥菲·诺兰（Aoife Nolan）教授和阿拉斯泰尔·莫布雷（Alastair Mowbray）教授，通过参加由他们分别主持的《经济、社会和文化权利》和《欧洲人权公约》研讨课，拓展了我对这两个领域的知识的广度和深度。

感谢国家留学基金委员会对我出国访学的资助。私以为，做好科研和教学等本职工作，也许就是书生报国的最佳方式。

感谢11年来关心、支持和帮助我的研究的师友们。感谢唐亚林教授在课题申请过程中的鼓励、鞭策和细致入微的指导；感谢郭道晖教授、刘兆兴教授、王志华教授、陈佑武教授和龚相和教授等师友在研究

[1] Judge Dame Rosalyn Higgins, "Foreword", in Mashood A. Baderin, Robert Mccorquodale (ed.), *Economic, Social and Cultural Rights in Action*, Oxford University Press, 2007.

过程中对我的指导、帮助和鼓励；感谢《环球法律评论》、《比较法研究》、《东吴法学》、《拉丁美洲研究》、《北方法学》、《中国社会科学院研究生院学报》和《广州大学学报（社会科学版）》等学术刊物的各位编辑老师，感谢他们以学术水平为评价标准遴选论文，使本课题的一系列前期成果和中期成果得以发表，接受学术界的检验。

感谢我的老师赵建文教授。应笔者之邀，赵老师在百忙之中通读全部书稿，提出一些非常有建设性的修改意见，并欣然作序，为本书增色不少。

感谢我指导的硕士研究生杜倩与我教学相长，她承担了本书第六章“经济、社会和文化权利领域国际援助和合作”大部分初稿的撰写任务，为本课题的完成贡献了一份力量。此外，杨彦会同学参与了第五章“调查程序”部分初稿的撰写，一并表示感谢。

感谢华东理工大学法学院将本书纳入“华东理工大学卓越法学文库”资助出版；感谢中国政法大学出版社第三编辑部主任彭江副编审为策划本套文库付出的辛勤努力；感谢责任编辑于函玉细致耐心精益求精的工作为本书增色不少。

最后，感谢我的妻子吕铁贞副教授多年来为家庭的付出以及对我的研究工作的支持，感谢女儿郭吕思之小朋友带给我快乐。女儿今年已经11岁，与我对《经济、社会和文化权利国际公约任择议定书》的研究年头相同，如今本书即将问世，女儿已经是一个可爱的小学生了，我的学术进步与女儿的健康成长相互辉映，岂不令人欣喜。

最后，需要指出的是，尽管本人已尽了非常大的努力，但本书仍然会存在许多不足之处，敬请读者诸君批评指正。

郭曰君*

2015 年 5 月 1 日初稿

6 月 2 日定稿于沪上

* 联系方式：guoyj3635@ sina. com.

图书在版编目（CIP）数据

国际人权救济机制和援助制度研究：以《经济、社会和文化权利国际公约任择议定书》为中心/郭曰君等著.—北京：中国政法大学出版社，2015.8

ISBN 978-7-5620-6207-3

Ⅰ.①国…　Ⅱ.①郭…　Ⅲ.①国际人权公约（1966）—研究　Ⅳ.①D815.7

中国版本图书馆CIP数据核字(2015)第186370号

出版者　中国政法大学出版社

地　址　北京市海淀区西土城路25号

邮寄地址　北京100088信箱8034分箱　邮编100088

网　址　http://www.cuplpress.com（网络实名：中国政法大学出版社）

电　话　010-58908289(编辑部)　58908334(邮购部)

承　印　固安华明印业有限公司

开　本　880mm×1230mm　1/32

印　张　14

字　数　390千字

版　次　2015年8月第1版

印　次　2015年8月第1次印刷

定　价　54.00元